NEGRA SEMENTE
FINA FLOR DA MALANDRAGEM

SAMBA BATUCADO
DO
ESTÁCIO DE SÁ

Negra semente
Fina flor da malandragem

Samba batucado do Estácio de Sá

de Carlos Didier

𝄞 2/4

Copyright © Carlos de Vasconcellos Didier
Todos os direitos reservados
CPF: 425.273.507/63
Endereço: carlosvdidier@gmail.com

Este livro contém citações de pequenos trechos de obras, destinadas a análises literárias e musicais, em conformidade com a Lei nº 9.610/1998, relativa aos Direitos Autorais

Créditos:
Pesquisa, análise e texto: Carlos Didier
Edição, capa e diagramação: Carlos Didier
Imagem da capa: rua do Estácio, esquina de Pereira Franco, endereço do Bar Apollo e do Café do Compadre, mapa de 1935

Dados Internacionais de Catalogação na Publicação (CIP)
(Câmara Brasileira do Livro, SP, Brasil)

Didier, Carlos
  Negra semente, fina flor da malandragem : samba batucado do Estácio de Sá / Carlos Didier. -- 1. ed. -- Rio de Janeiro : Ed. do Autor, 2022.
  ISBN 978-65-00-51462-9
  1. Samba (Música) - História I. Título.

22-120243
CDD-784.1888098153

Índices para catálogo sistemático:
1. Samba : Música : Estácio : Rio de Janeiro : Cidade : História 784.1888098153
Aline Graziele Benitez - Bibliotecária - CRB-1/3129

2022

ÍNDICE DE CAPÍTULOS

7	Dedicatória
9	À memória dos historiadores pioneiros
11	Agradecimentos às testemunhas da história
13	Agradecimentos por dicas
15	Apresentação
17	Capítulo 1
20	Capítulo 2
23	Capítulo 3
27	Capítulo 4
30	Capítulo 5
32	Capítulo 6
36	Capítulo 7
39	Capítulo 8
44	Capítulo 9
52	Capítulo 10
68	Capítulo 11
75	Capítulo 12
85	Capítulo 13
92	Capítulo 14
101	Capítulo 15
115	Capítulo 16
124	Capítulo 17
138	Capítulo 18
155	Capítulo 19
166	Capítulo 20
180	Capítulo 21
192	Capítulo 22
201	Capítulo 23
215	Capítulo 24
226	Capítulo 25
239	Capítulo 26
253	Capítulo 27
264	Capítulo 28
276	Capítulo 29
291	Capítulo 30
305	Capítulo 31
322	Capítulo 32

347 Fontes da pesquisa
387 Índice de assuntos por capítulo
391 Índice de nomes por capítulo
405 Que saibam todos
407 Sobre a música
409 Sobre o autor

DEDICATÓRIA

Para José Antonio Nonato Duque Estrada de Barros, aquele que apresentou Ismael Silva ao autor, encontro que é o marco zero deste livro.

À MEMÓRIA DOS HISTORIADORES PIONEIROS

Carlos Felinto Cavalcanti (1909-1974)
Juarez Barroso (1934-1976)
Francisco Duarte (1929-2004)

AGRADECIMENTOS ÀS TESTEMUNHAS DA HISTÓRIA
que generosamente contaram ao autor
aquilo que viram e ouviram

Altamiro Carrilho
Angenor de Oliveira, o Cartola
Antônio Cardoso Martins, o Russo do Pandeiro
Antonio Nássara
Aracy de Almeida
Ary Vasconcellos
Eduardo Corrêa de Azevedo
Emma D'Ávila
Euzébia Silva de Oliveira, a Dona Zica
Heitor dos Prazeres Filho
Homero Dornellas
Horondino José da Silva, o Dino 7 Cordas
Ismael Silva
João Carlos Carino
José Antônio Nonato Duque Estrada de Barros
José Maria Arantes
Juracy Corrêa de Moraes, a Ceci
Manuel do Espírito Santo, o Zé Pretinho
Manuel Ferreira
Maria José da Bélgica, rainha da Itália
Marília Baptista
Neuma Gonçalves, a Dona Neuma
Nilton Marçal
Oscar Luiz Werneck Pellon, o Oscar Bolão
Raul Marques
Roberto Martins
Venancio Pereira Velloso Filho
Waldiro Frederico Tramontano, o Canhoto do Cavaquinho

AGRADECIMENTOS POR DICAS
documentos, gravações e partituras

Alexandre Dias
Ary Vasconcellos
Eduardo Pontin
Fernando Paiva
Francisco Rodrigues Didier
Gilberto Inácio Gonçalves
Gustavo de Vasconcellos Didier
Humberto de Moraes Franceschi
Jerônimo Duque Estrada de Barros
João Carlos Rodrigues
Jorge Roberto Martins
José Maurício Parreiras Horta, o Kiko Horta
José Ramos Tinhorão
Juarez Barroso
Leonardo Castilho
Leon Barg
Lygia Santos
Marcelo Bonavides
Margarida Autran
Maria Eugênia de Barros
Maria Lúcia Rangel
Miguel Ângelo de Azevedo, o Nirez
Moacyr Andrade
Nestor de Hollanda Cavalcanti Filho
Paulo Mathias
Ricardo Martins, o Barão do Pandeiro
Sebastião Luiz de Andrade Figueira

Agradecimento especial a Antonio Nássara, por me colocar na pista de Carlos Cavalcanti, o primeiro historiador do samba do Estácio.

Sem esquecer do *anjo batuqueiro* que, certa tarde, desceu dos céus da Biblioteca Nacional para me passar a dica da série *A cidade do samba e do amor...*, de Carlos Cavalcanti.

Apresentação

O samba batucado, a um só tempo viril e pungente, criação de malandros afrodescendentes, de melodias de notas longas, de saltos súbitos para o agudo, de pulsação rítmica mais ampla e sincopada que a do samba da Bahia, surgia, após 1922, no Estácio de Sá, bairro central do Rio de Janeiro, entre o morro de São Carlos e a zona do Mangue, nas vizinhanças do Catumbi, a zona do agrião.

Era resultado da fusão de sambas baianos com canções seresteiras e marchas-rancho cariocas, penetrados por pontos afro-brasileiros, entoados ao som de palmas e atabaques, de toques carregados da rítmica de ancestrais lundus.

Um samba que se espalhava, sem demora, por Mangueira, Oswaldo Cruz e Salgueiro, e logo por todo o território nacional, a fim de se fazer um bem brasileiro. Um fator de união, como o hino e a bandeira. Como se em todos os cantos sempre houvesse estado. Como havia, de fato, em sua forma folclórica, sempre soado.

O ano de 1922 tinha sido de revolução: em fevereiro, a Semana de Arte Moderna; em março, o Partido Comunista; em julho, a Revolta do Forte. Acontecimentos que marcariam fundo o país.

"Não desfazendo em ninguém", como diziam Ismael Silva & Nilton Bastos, em 1922 atingia o esplendor a zona de prostituição do Mangue, o pulmão do Estácio, origem de revolucionárias transformações culturais.

Uma história pesquisada em fontes primárias: depoimentos de testemunhas, gravações e partituras originais, registros civis e religiosos, processos criminais, mapas antigos da cidade, notas, crônicas e reportagens da época.

Uma história para quem não desconhece que os homens, como também as mulheres, trazem em si o céu e o inferno, como cantava, muitos séculos antes, o poeta persa Omar Khayyam.

Uma história para quem sabe que o crime não era, nem podia ser, coisa estranha aos malandros, cujas musas dos sambas eram as malandrinhas do bairro do prazer.

Samba batucado do Estácio de Sá, de Carlos Didier

Uma história para gente grande, com início na chegada de um grande homem, o rei Alberto, e de uma grande mulher, a rainha Elizabeth, os soberanos da Bélgica.

Que Suas Altezas relevem tão plebeia ousadia.

Carlos Didier

1

Em 1920, o Rio de Janeiro, ao se preparar para bem acolher Alberto e Elizabeth, reis da Bélgica, daria o passo decisivo para a criação do samba batucado.

Suas Altezas vinham em missão de agradecimentos e de negócios. De um lado, pelos protestos brasileiros contra a invasão de seu território na Grande Guerra. De outro, pela Siderúrgica Mineira, companhia que teria, após a real aprovação, o antepositivo Belgo acoplado ao nome, além de robustos capitais adicionados ao cofre.

Sem menosprezo por gratidões ou por finanças, aquele decisivo passo seria um ato sem fumo de fidalguia: a fixação da zona de baixo meretrício do Mangue, em decorrência de nossos cuidados em sempre bem servir tão altas majestades.

O Rio de Janeiro era, então, uma cidade coalhada de bordéis. No Centro, entre lojas de comércio e residências familiares, espalhavam-se os pontos: as pensões de mulheres, conhecidas como casas de tolerância, tradução do francês *maisons de tolérance*, onde elas atendiam e residiam; as *maisons de rendez-vous*, que frequentavam quando assim o desejavam; e as hospedarias populares, versão nacional das *maisons de passe*, destinadas a conquistas pelas calçadas. E o medo das honradas autoridades era um só: que o rei e a rainha, ao darem um piparote no protocolo, improvisassem um passeio por calçadas indevidas, vissem aquilo que não deveriam ver.

Em 17 de setembro, dois dias antes do régio desembarque, *A Folha*, jornal de oposição, troçava com a nota *Para o Rei não ver*. Por onde se sabia que o chefe de polícia, Geminiano da Franca, intimara as "mulheres de baixa prostituição" a abandonar três ruas: Núncio, Tobias Barreto e São Jorge, as atuais República do Líbano, Regente Feijó e Gonçalves Ledo. As profissionais que permanecessem estavam "proibidas de chegar às janelas", assim como de *faire le trottoir*, fazer a calçada, em francês.

Tratava-se de intervenção localizada, visto que, na capital da república, a prostituição era mais franca que o dr. Geminiano: grassava sem cerimônia, alimentava muitos.

Além dos cafetões e gigolôs, dos gerentes, porteiros e garçons, sem esquecer dos agentes da lei, aqueles casarios antigos, de quartos pequenos e sem higiene, de roupas de cama trocadas de quando em vez, proporcionavam ricos rendimentos aos proprietários: aluguéis parrudos, em dinheiro vivo, longe de impostos e outras contrariedades. Muito chá grã-fino era servido, então, em cima de grosseiros lençóis.

O perigo de Suas Majestades fugirem ao protocolo não era, contudo, um disparate. A fim de conhecerem de perto a cidade, improvisariam, de fato, um passeio pela avenida Rio Branco, atravessariam a rua do Ouvidor, entrariam em agências bancárias, visitariam a Candelária e outras igrejas.

Ao regressarem à Bélgica, levariam na bagagem duas lembranças brasileiras: um casal de urubus, que passaria a desfrutar de finos cuidados no palácio, assim como a exalar nada nobres cheiros; e uma inveja persistente, por parte apenas da rainha, em relação às pernas das cariocas.

Um despeito com o qual ela maltrataria a princesa Maria José, sem atrativos nesse capítulo. Uma revelação da então ex-rainha da Itália ao autor deste livro, com a providencial ajuda de uma intérprete francesa, em 17 de março de 1987.

Uma inveja que podia ter nascido durante o banho de mar dos soberanos em Copacabana. Mas que talvez tivesse origem em fortuita visão de pernas femininas durante aquelas perambulações por pecaminosas ruas do Centro.

Ainda antes dos augustos pés de Elizabeth e Alberto pisarem os humildes solos brasileiros, ganhava força a campanha pela criação de uma área oficial de prostituição.

Ao criticar o chefe de polícia, cujas ações preventivas teriam aumentado a dispersão do serviço, *A Folha* argumentava que o Rio de Janeiro seguia na contramão das capitais europeias, onde se procurava "reunir todo o pessoal de baixa prostituição em zonas facilmente vigiáveis". Justo o que o Mangue seria.

A expressão zona do Mangue era usada, até então, em sentido apenas geográfico: a área do mangal de São Diogo, entre o Campo de Sant'Anna e a Ponte dos Marinheiros. Um vasto charco, reduzido, havia muito, a um canal: de um lado, a Senador Euzébio; do outro, a Visconde de Itaúna.

O bairro do prazer não seria inaugurado com banda de música, bênçãos da igreja e discursos de autoridades. Estava solidamente implantado, no entanto, em 14 de julho de 1922, como garantia a nota de Francisco Guimarães, o Vagalume, em *O Brasil*, sobre a inauguração de um "mafuá", explorado por "capitalistas malandros", na Visconde de Itaúna, esquina de Pinto de Azevedo, "onde está localizada a zona da prostituição mais reles que tem a pobre e heroica cidade de São Sebastião do Rio de Janeiro".

Naquele momento, permanecia no comando da polícia o dr. Geminiano da Franca. Em 1º de novembro, em reconhecimento por sua competência jurídica, seria nomeado ministro do Supremo Tribunal Federal.

Sem cerimônia de inauguração, sem alvarás de funcionamento e sem cobranças de impostos, como também sem fronteiras nitidamente definidas, o coração do Mangue batia mais forte entre a Visconde de Itaúna e a Júlio do Carmo, a Comandante Maurity e a Pereira Franco.

Na esquina de Pereira Franco com Júlio do Carmo, atendiam a clientela as malandrinhas. No encontro daquela rua com a Estácio de Sá, abria portas o Bar Apollo, o quartel-general dos malandros-sambistas. Entre os dois pontos, menos de 400 metros, 5 minutos a pé.

O Mangue era o pulmão do Estácio.

2

A ocupação começava quando as horizontais, pressionadas a abandonar a zona da lama, despertavam o interesse de proprietários de casas da Pereira Franco, Pinto de Azevedo e Visconde de Duprat, nas imediações da Afonso Cavalcanti. A área do Mangue mais próxima do Rio Comprido.

Seis meses antes do desembarque dos soberanos da Bélgica, as laboriosas portas mercantis e as bem comportadas janelas familiares se viam vizinhas de portas e janelas de mulheres em tratativas sexuais, em camisas e fumando, à luz do dia e noite adentro. Era quando o *Correio da Manhã* fazia vibrar a reportagem: "Alastra-se o baixo meretrício".

Para o chefe de polícia, a notícia soava, naquele 1º de março de 1920, mais como solução do que como problema. Porque o dr. Geminiano da Franca não escondia a preocupação com a prostituição nas ruas do 3º e 4º Distritos, entre a da Conceição e o Campo de Sant'Anna, trecho que incluía as de São Jorge, de Tobias Barreto e do Núncio, as "ruas para o rei não ver". Uma região batizada pela imprensa como *zona da lama*.

Em 1º de outubro, o 2º delegado auxiliar, Armando Vidal, relatava ao chefe a desocupação da última daquelas vias, a da Conceição, com 48 prostíbulos e 176 meretrizes. O que, de acordo com o delegado, evitava que as profissionais fossem processadas com base na lei número 2.992, de 1915. Aquela que definia os "crimes contra a segurança da honra e honestidade das famílias e do ultraje público ao pudor".

Dois anos depois, a zona do Mangue vivia seu apogeu: nas calçadas, os homens ávidos de sempre; nas casas, mulheres em exposição; nas ruas, indo e vindo, garçons. Isso mesmo, garçons. Porque o Mangue tinha regras e modos de vida próprios.

Como a polícia proibia as profissionais de frequentarem os bares no período de maior movimento nas pensões, os botequineiros mantinham empregados para atendê-las *in loco*, seja no cigarro, seja no café, seja no álcool. Vinham daí as frequentes dívidas com garçons, cujas cobranças faziam parte do dia a dia do Mangue. Para a cocaína, havia fornecedores especializados.

O consumo do pó branco por prostitutas, a dez, quinze, vinte mil réis por frasco, era rotina. Em maio de 1922, a polícia prendia o português Manoel Ferreira do Couto, no botequim da rua da Glória, 84, por vender cinquenta vidrinhos a Manoel Lopes, empregado da Tinturaria Francesa. Pressionado, entregava Joaquim Valle, funcionário de "importante drogaria". Um retrato 3x4 da cadeia distributiva da cocaína: das prateleiras das farmácias até as consumidoras finais, passando pelo atacadista e pelo varejista.

Na zona do Mangue, Russo, conhecido traficante do Catumbi, confiava a comercialização à amante, Ignez Alves, de 22 anos, da Afonso Cavalcanti, 63. Ela seria presa, em janeiro de 1923, quando entregava a mercadoria a Eponina Anna da Cruz, colega da Pinto de Azevedo, 27. Se Eponina e Ignez negociavam em paz, no Mangue o pó alimentava muitas desavenças. Assim com Isolina dos Santos. Por espalhar que Jenny Rodrigues, da Pinto de Azevedo, 12, tinha o "vício de ingerir cocaína", experimentava a navalha da rival na cabeça e no ventre.

O Mangue congregava militares da ativa e da reserva, malandros profissionais e vadios amadores, funcionários públicos e operários de todas as estivas. Contava com um camelô de roupas femininas, furtadas em Mendes, vendidas a preços convidativos na Benedito Hipólito. Um padre dorminhoco, cuja batina desfilava, no corpo da dona da cama, por pura troça, pela Pereira Franco. Um sapateiro que, após encher o odre na tendinha, dava para brigar com uma mulher, mas essa reagia, aplicava-lhe uma sova de chinelos, sandálias e tamancos, com a ajuda de outras.

Justiça, porém, seja feita: os principais agentes da desordem eram mesmo os militares. Como o marinheiro Emílio Meirelles da Rocha, do navio Guaporé. Ao atracar no botequim da Afonso Cavalcanti, 53, mergulhava em cervejas e sanduíches, emergia achando a conta uma pirataria e, por via das dúvidas, descia o porrete no garçom. Um caso coberto pelo *Correio da Manhã*, de 27 de janeiro de 1928. Uma autêntica "lógica 9º Distrito", expressão do cronista Orestes Barbosa.

Na zona do Mangue se ignorava, com frequência, a própria hierarquia militar. Como acontecia com o tenente Guimarães Júnior ao tentar chamar à ordem, em 6 de janeiro de 1927, o sargento Osmar de Freitas Tavares, na esquina de Benedito

Hipólito com Comandante Maurity. Segundo o *Correio da Manhã*, o sargento entrava a descompor o tenente e, ao receber voz de prisão, ambos se atracavam. Mais tarde, Osmar seria conduzido, com a devida escolta, ao quartel-general da 1ª Região Militar. Porque, quando o infrator pertencia às forças armadas, cabia à polícia apenas dar uma carona segura até a corporação. Sobre o destino de Guimarães Júnior, a reportagem nada esclarecia: teria ganho o caminho de casa para os curativos ou completado a missão no Mangue.

Uma hierarquia desrespeitada, ainda com maior assiduidade, quando a patente superior era da segurança pública: "Você pra mim é canja, ó seu polícia!", gritava João Felisberto de Sant'Anna, praça do Exército, para um sargento da Polícia Militar. Este fingia que não era com ele, montava em seu cavalo. Havia cavalos no Mangue. Mas, quando o soldado entrava a dar tiros a esmo, a fuzilaria se fazia formidável, garantia o *Correio da Manhã*, de 14 de dezembro de 1927. Porque os *malandros da zona*, sem perder a deixa, sacavam seus revólveres.

Um episódio com quatro feridos: na cabeça, o soldado arruaceiro João Felisberto, de 20 anos, morador da Marechal Floriano; no braço direito, o sapateiro Gabriel Gervásio Ferreira, de 20, da Conde de Bonfim; na coxa esquerda, o menor José Ribeiro, de 15, da Frei Caneca; na clavícula esquerda, o soldado da polícia Sebastião dos Santos, de 26, da rua das Opalas, em Honório Gurgel.

Uma amostra da freguesia do Mangue, colhida a esmo, com base na mira de um revólver tresloucado, numa espécie de pesquisa estatística à moda da casa.

Uma reportagem que colocava em cena um tipo de peculiar importância para a criação do samba batucado: o *malandro da zona*.

3

Prostituição era empreendimento de grande porte, rico faturamento, abrangência internacional. Um serviço alimentado pelo tráfico de escravas brancas, com transações em Paris, embarques em Barcelona, Marselha e Nápoles. Uma rede mundial de negócios, de sede sul-americana em Buenos Aires.

Era da Argentina que seguiam para Porto Alegre, Rio de Janeiro e São Paulo, para onde houvesse demanda. Na capital do Brasil, o percurso era uma ladeira: no alto, as pensões da Glória; ao sopé, a zona do Mangue. Ao fundo do Mangue, o malandro.

Na série *Através de um mundo à parte*, trazida a público por *A Manhã*, entre dezembro de 1926 e maio de 1927, Alfred Marc, redator do *Le Matin*, traçava um panorama do meretrício, do baixo ao de alto bordo, na Argentina, no Brasil e na França. Resultado de entrevistas, ao longo de três anos, com "viciados e contraventores cosmopolitas de toda casta". Portas abertas por um colega de bancos escolares, profissional da rede internacional de cáftens, oculto pela alcunha de Belo Brun.

Naquela Europa da década de 1920, a prostituição pertencia ao dia a dia das grandes cidades. Em Londres, importante centro do tráfico de brancas, homens-sanduíches anunciavam: "Miss Falsifl, massagista para homens, não recebe senão *gentlemen*". Em Berlim, jornais propagandeavam: "*Fraeulein* Schneidersmann aceita discípulos de dia e de noite. Boa saúde, garantida por atestados médicos". Já na Bélgica, quando se entregava um *louis* para pagar um charuto na tabacaria, a atendente não falhava: "Quereis, *Menherr*, vosso troco, ou preferis lucrar às escondidas?".

Em Marselha, que guerreava com a capital pela liderança na *barboterie*, onde *barbot* era sinônimo de cáften, o cliente escutava nos "chalés de necessidade", tão logo encerrava a função, uma voz feminina indagar se não necessitava de alguém. Em Paris, um jornal publicava, ao lado da crônica *A moralidade e o futuro da raça humana*: "Liane de Doranville. Japonesa ideal, muito experimentada, conhecendo a fundo o coração dos homens, recebe das duas às sete da noite".

Na França, onde a atividade era legalizada, as profissionais podiam, mesmo as do baixo, recorrer à polícia em caso de calote. Enquanto as do alto, as *demi-mondaines*, brilhavam, no Bois de Boulogne, nos salões dos hotéis, nos foyers dos teatros e nos cafés da moda, para êxtase das damas da aristocracia.

Maisons de rendez-vous, havia as de primeira e as de segunda. Nessas, as mulheres ficavam em exposição na sala. Naquelas, o cliente era recebido por "senhora já grisalha, de aspecto venerável", sábia na "arte do proxenetismo", mestra na ciência de satisfazer desejos: "Célebres atrizes", "esposas de funcionários", "mulher de conhecido industrial", "operárias honestas". Todas aguardavam o chamado. Todas, às vezes, encarnadas pela mesma profissional.

Casas que sofriam, havia vinte anos, a concorrência das agências indicadoras, instaladas em escritório, com duas poltronas e um arquivo de uma centena de "mundanas e semimundanas, conhecidas e desconhecidas".

O gerente indagava se o cliente preferia as trigueiras às louras, se gostava das jovens ou das maduras, das delgadas ou das gordas, das pequenas ou das grandes. Somente então, fazia a indicação: uma que matara de beijos "três homens fortes como turcos"; outra que, sem ter completado 16 anos, acabava de "sair da Casa de Correção". Agências de onde o cliente partia com uma carta de apresentação e uma garantia: "Caso a pessoa não lhe convier, por acontecer estarem trocadas as fotografias, o sr. voltará e, sem outros compromissos, receberá outro endereço".

Paris era o centro do comércio de escravas brancas na Europa Ocidental. Era a Paris que cáftens se dirigiam para *faire la remonte* (fazer o recrutamento). Era em Paris que tramavam as viagens de futuras prostitutas: moças ingênuas das aldeias, seduzidas por promessas de casamento; moças pobres das cidades, à margem de oportunidades de trabalho. Sempre moças sem proteção, sem horizontes.

No meio da viagem, a perda da virgindade, a mudança no comportamento do cáften, antes amável, agora agressivo. Era o início do processo de submissão. Na chegada ao destino, ela era entregue aos cuidados de uma dona de bordel. Sem falar a língua, sem conhecer ninguém, a prostituição surgia como sobrevivência. Segundo *Os estrangeiros e o comércio do prazer nas ruas do Rio, 1890-1930*, de Lená Medeiros de Menezes, assim atuava a Zwi Migdal, a poderosa organização judaica de prostituição.

Alfred Marc jantara com Jacquot, cáften italiano de origem judaica, com cinco casas de tolerância em Montevidéu, um provável membro da Zwi Migdal. Expulso da França por suas atividades, Jacquot — na língua francesa, ao lado de Jacques e Jacob, um dos nomes derivados do hebreu Yaakov — mantinha agora um "importante mercado de escravas", nas proximidades da Gare de l'Est, no 10º arrondissement, em Paris. Era, novamente, bem-vindo.

Seja pelo faturamento mensal, seja pelo capital que amealhara de dois milhões e quinhentos mil francos, voltara à ação, casado com Huguette, a favorita, uma das quatro *maitresses* de seu time. Todas merecedoras de recompensas: três com "algumas centenas de piastras", Huguette com o prêmio maior.

Durante o jantar, Alfred Marc conhecia de perto a vida dos cáftens na França. À direita da anfitriã, posição de honra, ficava o escritor; à esquerda, Paul le Balafré, recém-chegado de Buenos Aires; defronte, Jacquot, dentro de um *smoking*. Os demais convidados eram Belo Brun e André de Fouquières, o famoso colunista do *Le Figaro*, cuja presença comprovava o prestígio social do dono da casa.

Degustados os cincos primeiros pratos, o sexto era trazido por uma jovem magra e pálida, "ainda cozinheira", "em breve horizontal em La Plata", na Argentina. Como faltasse a Balafré uma companhia feminina, ele a convidava para a mesa. Como ela sofria de "moléstia incurável", era de se supor o recrutamento em hospital, uma das minas dos rufiões.

Comia de cabeça baixa, como se estivesse fora de seu lugar, enquanto recebia instruções: "Quando lá estivermos, o seu homem leva-la-á ao Restaurante Palermo, pagar-lhe-á os táxis, as luvas e o pó de arroz, mas, para isso, convém que se mostre corajosa, trabalhadeira, de modo a arranjar clientela".

Jacquot se dizia pessimista: "Está muito magra". Um diagnóstico confirmado pela experiente Huguette: "Eu também era magra e não fazia um vintém"; "terá ela ao menos pernas?"; "meu Deus, que cambitos". Era quando, apalpada como um cavalo, os olhos da moça marejavam.

Uma cena que Alfred Marc resumia com humor cínico: "O pudor se lhe arrepelara um pouco; mas o pudor da mulher é como o fio que une as pérolas no colar: uma vez cortado, deixa cair as pérolas".

Após a comida, hora de homens tratarem de negócios, a bordo de uma dose de *kummel*, envoltos por nuvem de charutos cubanos. Indagado sobre quantas conseguira recrutar, Balafré respondia: "Com a *mochté* que você viu, cinco". A *mochté* era a pequena dos olhos marejados. "Uma eu reservo para mim".

As duas maiores de idade, com os "fafios" (papéis) em ordem, seriam entregues, em Marselha, ao chefe das máquinas do vapor Traviata. Onde traficar mulheres em embarcação com nome da ópera de Verdi soava como riso perverso, humor de cáften.

Para as três menores, com embarques em Barcelona, encomendara passaportes à polícia espanhola. Como o preço do documento andava pelas mil pesetas, contava com um desconto pela quantidade. Gozava da camaradagem do chefe de polícia. Na última leva, ele lhe surrupiara uma *môme* para uso próprio.

A pequena que Paul escolhera para si viajaria de primeira classe: "Ela é *chic* e pode fazer bons fretes". As demais iriam na intermediária. O que dava mote para a indagação zombeteira de Belo Brun: "E você? Vai na terceira classe?".

O cáften reservara para si mesmo uma cabine de luxo, em outro vapor, o Massília, longe da mercadoria contrabandeada. Riqueza e segurança para o traficante Paul le Balafré, "Paulo, o Cicatriz". Destino: Buenos Aires.

4

Sobre Buenos Aires, onde boa parte dos teatros, *music-halls* e *dancings* pertencia a ricos cáftens, assim como as agências líricas, grandes *magazins* e restaurantes da moda, Alfred Marc carregava uma tirada espirituosa: "Que a América foi descoberta por Cristóvão Colombo, isso não está provado. Mas que os proxenetas e rufiões conquistaram a Argentina, ninguém o contesta".

A fim de confirmar sua tese, citava um que fizera fortuna, em Córdoba ou em Rio Cuarto, ao longo de vinte anos, com dois lupanares. Outro que, com casa de tolerância em Buenos Aires, se fazia proprietário de *villa* com criadagem de libré. E mais um, dono de casa de modas, que acolhia a alta sociedade com máxima distinção. Embora Alfred não acreditasse que gozassem da sincera consideração das pessoas de bem, estava certo de que compravam aquela consideração.

A permissão para que cada prostituta abrisse sua própria *casita*, com uma gerente para tomar conta de cada mulher, era lei. A ideia de libertá-las de seus senhores tropeçava, no entanto, em complexa relação de amor e medo.

Uma mistura de dependência afetiva e econômica que fazia com que a lei não vingasse: as *casitas* chegavam a 2.800 em Buenos Aires, mas os rufiões permaneciam no comando.

Os polacos, que possuíam 1.200 delas, abocanhavam 100 piastras de aluguel, além de 40% da receita. Como cada pequena atendia de trinta a quarenta clientes por dia, a receita diária variava, a 5 piastras por serviço, entre 150 e 200 piastras. Algo que soava bem aos ouvidos cáftens, cuja meta era um faturamento em torno de 1.500 francos por semana. Isso a cinco francos, uma piastra. Uma taxa de câmbio fornecida pelo proxeneta Jacquot.

Para conhecer de perto o funcionamento das tais *casitas*, Alfred Marc visitava a de Yolanda, em Junin, província de Buenos Aires, atrás de uma entrevista com aquela protegida do polaco Anatole.

Na sala estreita, outros quatro clientes aguardavam: um senhor e três jovens. Na parede, um cartaz, com chancela do governo, orientava sobre como evitar moléstias. Havia ainda uma estranha pintura de mulher nua, de ventre em forma de funil, coxas que pareciam duas varetas de tambor, com uma legenda: "Aquele que se afasta da realidade, renuncia às mais doces alegrias do mundo". Enquanto uma senhora de *lorgnons* azuis passava, vez por outra, com uma vasilha de água quente nas mãos, uma recomendação de paciência na boca.

No quarto, Yolanda, uma morena de 20 anos, recém-chegada de Paris, ao ser informada que o sexo seria do tipo falado, aproveitava para descansar: "Não disponho de um minuto sequer"; "recebi hoje um mundo de gente". Pois ela, a favorita de seu cáften, era uma daquelas preciosas *mômes* de 150 a 200 piastras diárias. E sua história contava a de muitas.

Filha caçula de um funcionário da Compagnie Générale des Omnibus, perdia muito cedo a mãe, via o pai mergulhar a infelicidade na bebida. Era quando passava a ser criada por uma vizinha, junto com a irmã, Maria, uma adolescente que se fazia, aos 12 anos, *petit main* (pequena mão) em oficina de costura, na avenida de l'Opéra, com jornada diária de nove horas, a sete francos por semana.

Após o recolhimento do pai a um hospital de alienados, em seguida à morte daquela segunda mãe, sem recursos para sustentar a si mesma e à irmã, Maria arranjava um amante. Era quando Yolanda, a fim de afastar a "miséria com o seu cortejo de humilhações", também conquistava um.

Sem escapar ao roteiro, o protetor, após o nascimento de Georges, abandonava o bebê e a protegida, enquanto ela, para manter o pequerrucho, entrava na vida. De início, sentia vergonha e repugnância, mas pensava no filho. Assim, pouco a pouco, habituara-se ao ofício.

Operária sexual independente, Yolanda apreciava quando um cavalheiro, antes de lhe dirigir a palavra, descobria-se, ou seja, tirava o chapéu, em sinal de respeito. Tudo corria bem até ser presa, sete meses antes da idade prevista nos regulamentos.

Após entregar o filho aos cuidados da irmã, mergulhava, por três anos, no curso de especialização da Casa de Correção, a "escola de vício e de deboche". A principal formadora de mão de obra para a rede internacional de prostituição.

Como que para provar a complexidade daquele relacionamento, Yolanda declarava que, acima de seu cáften, colocava apenas Maria e Georges: "Minha irmã sempre foi boazinha para mim. É a única pessoa, depois do pequeno, a quem sacrificarei o meu amante, sendo preciso". Na mesma sentença, amor e morte.

Sempre que a favorita deixava, por morte ou fuga, o harém daquele paxá, outra *fille d'amour* ocupava o lugar. "Quase sempre é a mais moça ou a mais bonita; sempre é a que mais ganha", esclarecia Alfred Marc. Elas mudavam, ele permanecia.

Prostituição era empreendimento de grande porte, comandado por agentes estrangeiros, de cotações em moedas internacionais. Um negócio centralizado em Paris, com gírias francesas, exportações através dos portos de Barcelona, Marselha e Nápoles.

Uma operação de sede sul-americana em Buenos Aires. Uma viagem de última escala no Mangue. Uma zona em que o malandro era o paxá de um harém de cor preferencial, mas não exclusivamente, morena.

5

As estrangeiras eram de dois tipos: francesas e polacas. Sem que as polacas fossem, necessariamente, da Polônia; nem as francesas, de fato, da França. Acima de tudo, eram duas marcas de mercado.

As francesas atendiam com *finesse* e *expertise*: não apenas satisfaziam, ensinavam e encantavam. Por aquela perícia, eram as mais valorizadas: recebiam em *maisons* da Glória e arredores, cobravam quatro vezes mais que as colegas do Mangue. Profissionais de alto bordo, de idades entre 20 e 30, se declaravam, em depoimentos à justiça, alfabetizadas e solteiras, artistas, costureiras ou modistas. Quando o sexo parecia quase uma invenção francesa.

Todas as demais estrangeiras recebiam a classificação de polacas. Muitas sob o domínio da Zwi Migdal, cuja origem polonesa teria naturalizado as suas alemãs, austríacas, espanholas, italianas, portuguesas, romenas, russas e turcas. Muitas analfabetas, muitas casadas, muitas de regiões agrícolas. De perfil que contrastava, exceto na idade, com o das francesas, se declaravam, perante a lei, aquilo que, de fato, eram: meretrizes. Uma comparação traçada com base em *Os estrangeiros e o comércio do prazer no Rio, 1890-1930*, de Lená Medeiros de Menezes.

Se a nacionalidade das profissionais se fazia um mistério, era porque o registro oficial fazia parte do jogo sujo. Caso de duas estrangeiras que aportavam no Rio de Janeiro, em companhia de seu cáften, em 1925. Segundo Alfred Marc, a polícia brasileira, alertada pelo comandante sobre um indivíduo suspeito que escoltava duas moças, interrompia os planos. Impedido de descer, o trio seguia rumo a Buenos Aires, onde o serviço de imigração, afinado com os capitães daquela indústria, legalizava a documentação. Uma semana depois, elas desembarcavam na capital do Brasil, "sob as vistas de seu proprietário", com nacionalidade argentina.

Em Porto Alegre, entre 1917 e 1921, o barão de La Vayssière, cônsul francês, era acionado quando uma família suspeitava de sequestro. Duas dessas pequenas, localizadas após dura busca, apresentavam documentação da Espanha. E afirmavam não se reconhecer nas fotografias remetidas por seus próprios pais: "Somos espanholas, *señor*, andaluzas".

As coisas ficariam assim, se o cônsul não fosse procurado pelo rufião, com a proposta de venda de uma das protegidas por 500 francos. Se o barão, do alto de sua barba branca, como de sua nobre ingenuidade, não pagasse, ele mesmo, por imaginar uma família sem recursos, o resgate.

Uma derrota que contava sem perder o humor: "O único remorso que me fica é de haver pago o que ela não valia". Com a grana no bolso, o cáften carregava a pequena de volta à Europa. De onde ela regressava como uma "italiana loura que não falava uma palavra do italiano". "Como o senhor vê, a carreira consular nos leva a tudo".

Uma história que chegava ao fim com a descrição do proxeneta gaúcho: "Feio, marcado de bexiga, ignorante, pretensioso, tresandando a fumo e cachaça; apenas usava camisas de seda, não falava senão em *argot* e moía-a de pancadas".

Um perfil que, nas pancadas, nas gírias e nas camisas de seda, se aproximava daquele dos malandros-cáftens cariocas.

Donos da banca internacional, os rufiões da Zwi Migdal davam as cartas nas *maisons* da Glória e da Lapa. Ao passo que os malandros, senhores do Estácio de Sá, buscavam a sorte no pano verde e amarelo do Mangue.

Se depositavam fichas em damas de ouros de peles morenas, não desprezavam as claras e de sotaques carregados. Contanto que fossem damas, desde que do naipe de ouros.

Mangue de francesas autênticas, como também de falsas, sempre em fim de carreira. Mangue de polacas sempre falsas, de muitos pontos do continente europeu. Mangue de brasileiras legítimas, de vários estados do país, trigueiras, quase sempre trigueiras.

6

Nem tudo era negócio, havia amores no Mangue.

Amores como o de Mamede Libanio, de 28 anos, marinheiro do cruzador Barroso, por Maria das Dores Prado, de 21, da pensão de Maria Antônia Fernandes, da Laura de Araújo, 59.

Um amor intenso, carregado de intrigantes ciúmes. Sempre que batia em Maria, Mamede a advertia: "Não quero que converses com nenhum homem".

Ela se queixava, mas garantia que o amava. Se apresentava denúncia à polícia, logo se arrependia. "Por que não te separas?", indagavam. "Isso é que não é possível", respondia. Sem saber o que fazer, fugia para a Belo Horizonte natal. Na paz da capital mineira, sentia saudades daquela animação.

De volta ao bairro do prazer, Maria das Dores arranjava um novo marujo para acarinhar, enquanto Mamede tinha outra para maltratar. Permaneciam distantes até se esbarrarem, ali mesmo, não por acaso, na pensão de dona Maria Antônia. "Ora, nós nos amamos", dizia ela.

Um caso que terminava somente quando, na madrugada de 10 de maio de 1927, após mais uma bofetada, Maria matava Mamede, com dois tiros de pistola, para depois disparar contra a própria cabeça.

Um desfecho estranho. Embora fosse, de fato, estranho o amor das malandrinhas por cáftens e gigolôs.

Entre os cáftens estrangeiros, havia dois tipos: o francês e o polaco. O primeiro seria, segundo Lená Medeiros de Menezes, um *bon vivant*, "profissional na arte do amor e amante do prazer".

Um tipo que carregava, de acordo com Alfred Marc, o prestígio da escola que semeava, de Belém a Porto Alegre, "casas garridas, adornadas de flores vistosas, janelas hermeticamente fechadas, com tabuletas como estas: *Le Pavillon d'Armenonville, L'Abbaye de Thélème, Le Moulin Rouge, Les Dames de chez Maxim's, Maison Parisienne, Au gai Montmartre, À la Tour Eiffel* ou, simplesmente, *Aux élégants et jolies françaises*".

Uma cadeia de pensões em que as *filles d'amour* aguardavam, "vestidas tão só de uma gaze transparente", a "visita de adolescentes recém-saídos dos bancos escolares", assim como de "velhos cavalheiros escapos ao tálamo conjugal".

O cáften francês sabia prender suas *mômes*, havia muito, pelo encantamento: "Brilho das roupas", "comida abundante e muitas vezes requintada", "vinhos e licores", "apartamento ricamente mobiliado", "empregados para servi-las". Como contava Alexandre Jean Baptiste Parent-Duchatelet, em *De la prostitution dans la ville de Paris*, em 1836.

Um poder de sedução que ajudava a entender os testemunhos de certas pequenas em processos de expulsão de certos rufiões. Como acontecia, em 1929, com Marthe Blance Rose Bourgois. Uma francesinha que, aos 22, assegurava entregar espontaneamente a Vallet Pierre Michel tudo que ganhava com a "prática do amor livre", apenas "por gostar dele, nunca tendo recebido agressão de sua parte". Uma revelação de Lená Medeiros de Menezes.

Já o cáften polaco, de origem tão variada como a de suas protegidas, não cultivava requinte algum. Sua técnica de domínio baseava-se apenas em ameaças e maus tratos, inclusive espancamentos. E elas, em terra estranha, sem contatos afetivos, sem dominar a língua, com medo do desamparo, da punição e da morte, preferiam, mesmo quando aparecia a oportunidade da denúncia à justiça, preservar o carrasco do coração, aquele que sabia onde arranjar a sobrevivência.

Na complexa vida afetiva das malandrinhas, havia ainda o amigo: aquele que, segundo Luís Martins, em *Lapa*, velava pelo sono da guerreira. Uma profissional que reclamava dois cuidados para dormir, ambos frutos do medo: luz acesa e companhia amorosa. Um medo que era personagem central na trama da prostituição.

Um amigo cujo braço era apenas para os bastidores, não para a cena aberta. Nunca a acompanhava ao teatro e ao cinema, nunca lanchava em sua companhia em cafés chiques, nunca passeava em praça pública a seu lado. Um personagem cuja distância para um gigolô podia ser medida por alguns mil réis. Uma amizade que chegava ao fim quase sempre por iniciativa dele.

Samba batucado do Estácio de Sá, de Carlos Didier

Assim como o amigo, o gigolô trazia o braço para a noite, o ouvido para as confissões da alma, o corpo para o prazer. A diferença era que o gigolô buscava dinheiro.

Em relação ao cáften, tanto o gigolô quanto o amigo eram rivais. Ambos se faziam, com frequência, o artifício da presa para escapulir da armadilha. Personificavam o perigo da exaustão da mina.

Entre as confidências de Belo Brun a Alfred Marc se achava esta: quando o cáften sentia que a *môme* poderia, de fato, fugir, criava uma armadilha dentro da armadilha. Conseguia um colega para lhe fazer a corte, conquistá-la com a promessa de que seria sua esposa, o sonho secreto de quase todas. Depois, declarava a pequena livre para seguir seu destino. Ela chorava de contentamento. Mas, aos poucos, o novo proprietário saberia extrair ouro, outra vez, daquela mina.

Inimigos naturais do cáften, janelas para as passarinhas ganharem os espaços, o gigolô e o amigo tinham suas ações predadoras temidas em Paris, em Buenos Aires e no Rio de Janeiro.

Como acontecia com Nina Ivanovich, a Boneca, russa de Petrogrado, polaca do Mangue, de 23 anos, que conquistara a amizade de Messad Benchitrite, de 21, vendedor ambulante de meias e sedas, natural de Casablanca, mais conhecido como Marroquino.

Por influência daquele amigo, Boneca voava da Benedito Hipólito para a pensão de Rosita Gressner, na Joaquim Silva, esquina de Augusto Severo, na Lapa. O endereço em que Marroquino a buscava, todas as noites, para dormirem juntos em seu próprio ninho.

Seria uma história de amor de final feliz, caso Nina não pertencesse a Abner Chatachvili, um russo mal-encarado. Um esposo-cáften que não demorava a aparecer atrás de dinheiro.

Sophia Pelez, a gerente, mentia que ela não estava, Nina garantia que ia pagar. Abner, porém, pegaria os dois passarinhos no momento em que pousavam para o sono, na rua da Lapa, 56.

O dono da leiteria da esquina, ao escutar gemidos, encontrava Marroquino, sentado na calçada, sangrando. A vizinha, Mignone Wilfsin, colega de profissão, via Nina no chão e Chatachvili em fuga. Na mão do cáften, o punhal que enterrara, com destreza profissional, no tórax do rival e no da protegida.

Todos aqueles nomes estrangeiros, oriundos das Europas Central e Oriental, eram indícios de atuação da Zwi Migdal, a organização internacional de prostituição.

Ainda no dia do crime, 10 de maio de 1927, surgia mais um: Wanda Pachocinska. Uma amiga disposta a custear o enterro de Nina Ivanovich, a Boneca, no São João Baptista. E *O Jornal* informava: "De posse dos cadáveres, rabinos israelitas os lavaram cuidadosamente, vestindo-os depois, de acordo com o ritual".

O respeito aos corpos sem vida era a nota suave da tragédia: "Marroquino foi envolvido em longa túnica branca, com dispositivos que lhe tornavam velado o rosto. Nina, com uma roupagem de seda também branca, recebeu na cabeça um véu, preso por um halo dourado e cheio de estrelas".

Havia amores no Mangue, nem tudo era negócio.

7

Malandro era todo aquele que vivia de expedientes. Um tipo boêmio que se sustentava com espertezas, trapaças e explorações. Um vadio vocacional que, decididamente, não pegava no pesado.

Na tipologia da malandragem, figuravam: o malandro-cáften, mantido pelas malandrinhas do Mangue; o malandro dos jogos, prestidigitador da chapinha e do baralho; o malandro da segurança, valente que afastava, com sua simples presença, de cabarés e casas de jogatina, outros malandros; e o malandro da estia, o dono do pedaço, aquele que achacava quem operava em seus domínios.

Todos se espalhavam por Saúde, Gamboa, Santo Cristo e Catumbi, quando a zona de baixo meretrício do Mangue ainda não existia. Pois a malandragem era flor antiga, nascida da sementeira da capoeiragem.

Nos tempos de Pedro II, o Rio de Janeiro era dominado por duas maltas de capoeiras. Dois partidos de bambas que, com destreza nas pernas e na cabeça, no cacete e na navalha, dividiam o poder com a alta cúpula do império: os nagoas e os guaiamus. Como cabos eleitorais, garantiam os comícios dos confrades, assim como dispersavam os dos adversários; engravidavam urnas amigas, enquanto desapareciam com as contrárias; e aplicavam corretivos, sempre em nome do patriotismo de aluguel.

Eram atores tão ruidosos que a república tratava de tirá-los rápido de cena, com a nomeação de João Baptista Sampaio Ferraz como chefe de polícia. Um promotor público que, também capoeira, sabia como executar o serviço: de posse dos endereços precisos, capturava os cabeças e os despachava para a ilha de Fernando de Noronha. Não sem dar uma rasteira na lei, como observaria Carlos Eugênio Líbano Soares, em *A negregada instituição*. Mais uma tradição imperial que se fazia republicana.

Sumiam as maltas, ficava a capoeiragem; morria o capoeira, nascia o malandro. Um filho muito parecido com o pai. Como prova o *Malandro da Saúde*, lundu gravado pelo cantor Campos, nos primeiros anos do século XX: "Gingando na rua, chapéu desabado/ Lenço no pescoço, cacete na mão". Um malandro que era a cara dos nagoas e guaiamus em ação.

Uma diferença, entretanto, chamava a atenção: em vez de atuar em grupo, o malandro agia sozinho, contava apenas consigo mesmo. Uma solidão que, fundamental para todo artista, estaria na raiz de um saboroso fruto musical chamado samba batucado.

Na segunda década do século XX, transformava-se o malandro. Ele aparece em caricatura de Palumbo, na capa de *Ban-ban-ban!*, de Orestes Barbosa, de chapéu de abas largas e lenço no pescoço, paletó justo e calça afunilada, bengala debaixo do braço, bota de bico fino e salto carrapeta. Do *Malandro da Saúde*, descrito no lundu, restava apenas o lenço, enquanto o cacete se havia convertido em bengala, com idêntica finalidade.

Em 1923, porém, quando *Ban-ban-ban!* chegava às livrarias, os malandros já tinham abandonado, segundo o próprio cronista, "a bombacha, a botina de salto alto, o chapéu desabado e a moca".

Por aquela época, já desfilavam pela zona do Mangue, ao menos os que possuíam uma "mulher de classe", de terno de palha ou de linho, camisa colorida de seda, gravata e botina, como recordaria o guarda–civil e compositor Roberto Martins, que os conhecia bem de perto. Um depoimento ao autor deste livro, de 22 de fevereiro de 1981.

Se eram muitas as mudanças na indumentária, o essencial da profissão, contudo, permanecia.

Em 1915, cinco anos antes da chegada do rei Alberto, Henrique Lima de Mesquita tinha sob seu comando Eurydice Isabel da Conceição, ambos de 22 anos. Ela atendia em uma das "imundas hospedarias da rua Senhor dos Passos", de acordo com *A Rua*, de 12 de dezembro. Ele, após uma temporada na Casa de Detenção, desconfiava que Eurydice havia encontrado um novo Orfeu. Por conta dessa suspeita, ecoavam três tiros dentro de um botequim da rua de São Pedro. O primeiro no pescoço da ninfa.

Toda uma cultura, todo um modo de convivência e sobrevivência, se deslocara da *zona da lama*, entre a rua da Conceição e o Campo de Sant'Anna, para a *zona do Mangue*, à margem do canal, nas costas da Visconde de Itaúna, em direção ao Estácio de Sá.

Uma cultura em que o amor que imperava era o do malandro: ambicioneiro, volúvel, perverso. Um amor sempre no comando.

Como no samba de Alcebiades Barcellos: "Você diz que é malandro/ Malandro você não é/ Malandro é seu Abóbora/ Que manobra com as *mulhé* ".

Era a letra da lei.

8

Sylvio Fernandes Lima, o Brancura, era um malandro completo. Ou quase. Porque nesse mundo imperfeito nem mesmo os desvios marginais costumam ser livres de defeito. Para Bucy Moreira, era um "malandro contratual".

De tipo físico "acaboclado", como o do craque Leônidas da Silva, 1 metro e 80 de altura, talvez um pouco mais, "não queria nada com o batente", mas "andava lindo, bem vestido", pois vivia "à custa das damas". Seu apelido viria do gosto de "viver entre mulheres brancas, leitosas, estrangeiras que chegavam para a prostituição no Mangue". Um depoimento de Antonio Moreira da Silva para o *Diário de Notícias*, de 20 de janeiro de 1974, e para o *Brasil Especial*, da TV Globo, de 14 de outubro de 1977.

O papel do malandro na zona seria descrito, em palavras simples e autênticas, por Manuel Ferreira, sambista de raiz, com vivências na Lapa e no Estácio: "Tinha que ter um brabo pra quando um qualquer queria dar nelas, queria bater"; "um machão". Um depoimento colhido pelo autor deste livro, em 21 de maio de 1983.

Um serviço de proteção que Nestor de Hollanda Cavalcanti, recém-chegado de Pernambuco, testemunharia. Quando entrava, aos 19 anos, pela Laura de Araújo, dobrava na Benedito Hipólito, outra vez na Carmo Neto, de novo na Júlio do Carmo, para fechar negócio com uma "loura de bons modos".

Já no quarto, recebia, após despir o paletó, uma instrução operacional: "Não precisa tirar os sapatos. Eu ponho um jornal na cama. É para ir logo...". Habituado, talvez, com outro padrão de atendimento, desistia do serviço e, com um simples "Não quero mais", tentava sair sem pagar.

Ela, no entanto, via a coisa de outro ângulo: "Paga. Tomou meu tempo". Era quando adentrava o palco um "tipo com jeito de malandro, gingando, de calças apertadas nas bocas, chapéu no alto da cabeleira, a falar como se estivesse mascando chicles": "Paga para ser feliz, ó meu. Senão, a gente vai se machucar". Era o *modus operandi* da categoria de Brancura. Uma história de *Memórias do Café Nice*.

Samba batucado do Estácio de Sá, de Carlos Didier

Além dos cáftens, muitos eram os que exploravam as meninas: gerentes de pensões, agentes de polícia, advogados de porta de cadeia e proprietários de imóveis. Todo níquel que circulava na zona era extraído daquelas minas. Dinheiro que nem sempre cediam de forma voluntária. Porque a dor da prostituta era a dor do primeiro elo da cadeia alimentar.

De proteção, precisavam contra os próprios malandros. Caso de Oswaldo Moreira, negro de traços finos, rosto bem proporcionado. Uma figura perversa, que maltratava Benedicta de Jesus, negra de olhos grandes, sobrancelhas finas e lábios carnudos, profissional da Júlio de Carmo, 229. Espancava todo dia, sempre com alegação de ciúmes. Seria recolhido ao 9º Distrito após navalhar seu rosto, tórax e pernas. Uma maldade transformada em notícia por *A Manhã*, de 28 de maio de 1927.

Brancura era assim. Se a mulher ameaçava sair do controle, ele agia: apertava, submetia. Tinha sido para castigar que pedira a Manuel do Espírito Santo, o Zé Pretinho, seu quarto na Moncorvo Filho, 40.

Meia-noite e pouco, a intuição batia em Manuel, segurança de casa de jogos perto da Central do Brasil: "Vocês vão me dispensar, que eu tenho pressa de ver um negócio aí". Ainda na rua, defronte da casa de cômodos, enxergava as lâmpadas acesas, todo mundo na janela: "Puta que o pariu, o que é que houve?". Brancura, porém, procurava tranquilizá-lo: "Não fiz nada, não. Você vai ver que não foi nada".

O nada de Sylvio Fernandes era uma "mulher enrolada num lençol, toda ensanguentada". Uma pequena que Zé Pretinho conduzia ao Pronto Socorro, no Campo de Sant'Anna, com detalhadas instruções: "Lá você não diz que houve isso. Diz que, de fato, você teve criança, comeu um troço aí que fez mal, senão vai complicar a mim. Não é a ele, não. Você vai complicar a mim, que o dono do quarto sou eu".

No hospital, uma bênção inesperada: Santo, investigador de polícia, achava por bem abandonar a cena, a fim de não complicar a vida do ex-colega de Marinha. E tudo acabava com a moça dentro de um táxi, com algum dinheiro na mão. "Muito boa aquela menina, sabe?", reconheceria o malandro. Um depoimento ao autor, de 3 de fevereiro de 1981.

Em seus processos criminais, Sylvio Fernandes Lima, o Brancura, se declarava apenas Sylvio Fernandes, filho de Arthur Fernandes e de Leonidia ou de Christina Fernandes, ora nascido em 1902, ora em 1903. Um trapaceiro até nos autos de qualificação.

Em 27 de outubro de 1900, Arthur Fernandes Lima, de 39 anos, ferreiro, morador da Riachuelo, 29, casado com Leonidia Maia Lima, de 31, entrara no cartório da 5ª Pretoria do Distrito Federal, na Lavradio, 164, a fim de registrar que, "em sua casa, às seis horas da tarde de ontem, sua mulher dera à luz uma criança de cor morena do sexo masculino que tomou o nome de Sylvio".

Uma declaração que o escrivão Maximiano Francisco Duarte assinava, em presença das testemunhas, a rogo do declarante, por este estar "doente da mão direita". Uma fórmula social para informar que Arthur não sabia escrever. Um pai que teria, com a mesma esposa, mais dois filhos malandros: Armando e Ernani.

Armando Fernandes Lima, o Doca, nascia em 15 de março de 1903, quando seus pais ainda residiam no 29 da Riachuelo, de acordo com o *Jornal do Brasil*, de 24. Já Ernani Fernandes Lima, o Ernani do Estácio, vinha ao mundo em 11 de maio de 1905, no 61 da Lavradio, segundo o registro de nascimento. Dois endereços nas cercanias dos Arcos da Lapa. Um bairro adequado para a fabricação de malandros em série.

Sylvio, o malandro mais velho, começava a carreira com uma detenção, em 3 de dezembro de 1922, para simples "averiguações". Um ano e quatro meses depois, a *Gazeta de Notícias* e *O Jornal*, de 17 de abril e 22 de maio de 1924, traziam a público dois pedidos de *habeas corpus*, junto à 3ª Câmara da Corte de Apelação, em seu nome e no de Oswaldo Bartholomeu Vasques, o Baiaco.

Em 9 de março de 1926, o currículo de Brancura ganhava vulto, com um processo por estupro de menor, no 20º Distrito, na Piedade. Indiciado nos artigos 268 e 272 do *Código penal*, seria absolvido três meses depois. Ainda assim, esse passeio pelos "crimes contra a segurança da honra e honestidade das famílias e do ultraje público ao pudor" seria um marco em sua biografia.

Em 11 de dezembro, perseverava naquele título do código, com base no 266, em outra freguesia, a do 6º Distrito, responsável por Glória, Catete, Flamengo, Laranjeiras e Cosme Velho. Um crime de proveitosa leitura: "Atentar contra o pudor de pessoa de um ou de outro sexo, por meio de violência ou ameaças, com o fim de saciar paixões lascivas ou por depravação moral". Um artigo cujo parágrafo único tratava de corrupção de "pessoa de menor idade, praticando com ela ou contra ela atos de libidinagem".

Textos jurídicos que pareciam trechos da biografia de Sylvio Fernandes, segundo o depoimento de Bucy Moreira a Francisco Duarte, em 19 de agosto de 1978: "Aconteceram lá muitos casos graves de rapaz simpático... de dar medo, pederastia na polícia desgraçada, aqueles tipos valentes que queriam profanar o rapazinho novo. Nunca aconteceu isso com Tancredo: *Ó Brancura, o que é que há, rapaz? Vá se foder!*".

Uma cena em que aquele jovem que escapava das investidas era Tancredo da Silva Pinto, futuro sacerdote de umbanda, um dos autores de *Jogo proibido*, o samba de breque inaugural.

Em 1927, tinham início as condenações de Sylvio Fernandes. Naquele ano, a justiça o enquadrava, por quatro vezes, no 399: "Deixar de exercitar profissão, ofício, ou qualquer mister em que se ganhe a vida"; "prover a subsistência por meio de ocupação proibida por lei, ou manifestamente ofensiva da moral e dos bons costumes". Um artigo que era mais um terno sob medida para o elegante malandro.

Do primeiro processo, Sylvio se livrava com a alegação, confirmada por testemunha, de que vendia café em feiras livres. Por onde se sabia que, em momentos de fraqueza, ele abandonava a nobreza da malandragem para se virar como um plebeu otário. Pelo segundo, entrava na chave em 31 de maio, passava 18 dias e saía "absolvido". Pelo terceiro, pagava 21 dias a partir de 1º de agosto. E o quarto era de especial significação biográfica: marcava a chegada de Brancura à zona do agrião, o 9º Distrito: Catumbi, Estácio e Mangue. Por conta desse feito, adentrava a Casa de Detenção em 26 de setembro, com direito a 121 dias de meditação.

Sylvio Fernandes rompia o ano de 1928 preso. Transferido em 25 de janeiro para a Colônia de Dois Rios, era solto, em 28 de fevereiro, por suspensão temporária da execução. Para voltar ao cárcere em 25 de junho, indiciado no 377: "Usar de armas ofensivas sem licença da autoridade policial". E voltava às ruas em 4 de julho.

Sua próxima detenção aconteceria somente em 20 de agosto. O que significava que permanecia livre em 20 de julho, quando o seu *Samba de verdade* estreava, na revista *Não é isso que eu procuro...*, da

Companhia Trólóló, no palco do Carlos Gomes, pelas vozes de Francisco Alves e Ottilia Amorim.

    Porque Brancura era mesmo um malandro completo: "Um dos sujeitos mais elegantes", segundo Bucy Moreira; "extrovertido, muito diplomático, respeitador e respeitado", de acordo com Moreira da Silva; batuqueiro de rasteira temida, trapaceiro do jogo da chapinha, protetor de malandrinhas do Mangue, compositor de pungentes sambas batucados.

9

Na década de 1920, as revistas teatrais eram uma sequência de quadros maliciosos ou cômicos, de crítica social ou política, recheados de dança e música, ainda distantes do sexualismo e da suntuosidade.

Sempre em busca de entretenimento, aproveitavam-se do encanto e da vitalidade das canções populares. Caso de *Não é isso que eu procuro...*, de Horacio Campos e Pacheco Filho, com música de Martinez Grau, de título fisgado em samba de Ismael Silva, acrescido de marotas reticências.

Uma revista em que o cantor e ator Francisco Alves e a atriz e cantora Ottilia Amorim interpretavam, no sexto quadro, *Samba de verdade*, de Brancura, pela primeira vez, em 20 de julho de 1928. Quando ambos viviam momentos especiais em suas carreiras: ele, enfim, no ápice; ela em pleno esplendor.

Francisco de Moraes Alves namorava o palco desde os 13 anos, idade com que penetrava, por camaradagem do porteiro, no Teatro Recreio. Quando se deslumbrava com a opereta vienense *Pufferl*, mais conhecida como *Amores de príncipe*, sonhava ser o tenor da Companhia Taveira, sem deixar de se deliciar com a atriz Palmyra Bastos. Por aquele devaneio, se fazia tenor de quintal, em árias daquela opereta, com a guitarra portuguesa do pai, sobre barricas velhas, em meio a árvores frutíferas da rua do Riachuelo.

Sua estreia profissional acontecia em 1918, aos 20, após três meses de aulas com o barítono Sante Athos, nas revistas *Logo cedo* e *Cidade Nova*, pela companhia de João de Deus e João Martins, no Polytheama do Méier e no Pavilhão Fernandes de São Cristóvão. Uma trupe sem bom destino: dissolvia-se rápido, por falta de artistas e de público, após a entrada em cena da Gripe Espanhola.

Se os dez anos entre a estreia e o *Samba de verdade* tinham sido duros, de atuações em partes secundárias, de críticas ao ator de "tristíssimo papel" e ao "tenor de uma só corda", a verdade era que das madeiras daqueles palcos seria talhado o grande cantor. Quando encontrasse seu estilo, carregaria na voz, inclusive na interpretação de sambas, o cristalino dos tenores de operetas.

Ottilia Soares Amorim, uma flor do Catumbi, de 13 de novembro de 1894, da Padre Miguelinho, aos 17 se fazia corista da companhia de Leopoldo Fróes, a idade com que colocava seu encanto a serviço da opereta *A princesa dos dollars*. Embora recordasse, em depoimento a Bricio de Abreu, do Teatro Rio Branco, *A Noite* garantia a estreia no Apollo, na rua do Lavradio, em 14 de maio de 1912. Quando, mais uma vez, as operetas surgiam no caminho da música popular brasileira, com benéficas influências para a criação de melodias cativantes à primeira audição.

Ottilia seria a primeira estrela da melhor fase da revista carioca, os anos 20 e 30, o "vintênio de ouro", na opinião do crítico Salvyano Cavalcanti de Paiva. Quando o talento e a beleza teriam dado as mãos, em quadros com mulheres graciosas e sensuais, sem vulgaridades, dentro de figurinos e cenários criativos, em feéricas apoteoses.

Em 1913, Ottilia encarnava Petiza, a filha predileta da Rainha da Capadócia, em *A Cachucha*. Em seguida, Rosa, em *A casta Suzana*, ao lado da protagonista Ismenia Matteos; Rosinha, menina sabida, na burleta *O cordão*; e Chica, chefe de grupo de foliões, em *O pauzinho*. Em 1916, formava par com Raul Soares, no "maxixe original", na revista *Está regulando*. Era quando rompia com o namorado, Antonio Bastos.

Um ano depois, no momento em que deixava a casa, na rua do Catete, 41, Antonio pedia para trocar algumas palavras em confiança com Ottilia. Palavras cortadas pela navalha: duas vezes no pescoço, uma próxima ao queixo. No Posto Central de Assistência, no entanto, ela declarava ignorar o nome do agressor: "Não, senhor, não sei; foi alguém que me quer mal".

Duas navalhadas ao jeito dos cáftens. Uma declaração que lembrava a afeição torta das moças por seus algozes. Não à toa, o repórter de *A Razão*, de 2 de janeiro de 1917, deduzia que ele fosse seu *amant de coeur*.

As muitas fotografias, ao longo da exitosa carreira, não confirmariam a "deformação no rosto" profetizada pelos médicos da Assistência. Mas ela possuía, de fato, um tipo de beleza vivida que a tornava ainda mais atraente.

A fama vinha em 1918, quando passava a integrar a trupe do São José, na praça Tiradentes. Era ali, onde havia nascido o teatro ligeiro e de espírito, de personagens e modos de falar cariocas, que, após estrear como Arlette, a bailarina, em *Flor de Catumbi*, ela se fazia, ao dar vida a tipos populares, a divete da companhia.

Ottilia seria a crioula Miquelina, em *À todo pano*; as mulatas Ernesta, Graciosa, Fabiana Ternurinhas e Genuína, em *Angu à baiana*, *O saco do Alferes*, *A mulata do cinema* e *Os tubarões*; a telefonista e a florista, em *Fogo na canjica*; a cigana e a melindrosa, em *Respeita as caras*; e Florzinha, cozinheira e porta-estandarte, em *Reco-reco*.

Um conjunto de tipos pelos quais merecia, de *Palcos e Telas*, com o crítico Mario Nunes na chefia da redação, um comentário certeiro: "Figura interessantíssima de brasileira, com todos os encantos e dengues, que nos fazem tanto mal ou tanto bem (questão de ponto de vista)".

A sensualidade era mesmo um trunfo de Ottilia Amorim, que representava a própria Vênus, em *Trepa moleque*, e vivia a segunda filha dos deuses, de "formas esculturais", em *À última hora*. Uma revista onde era ainda a *cocotte* (cortesã), em dueto com Pedro Dias, o *souteneur* (proxeneta), seu mais constante parceiro de dança.

Em dupla com Julia Martins, com quem fazia as *grisettes* de *O cabo Ophrasio*, provocava gritos do pessoal das torrinhas. Em especial, naquele "rebolamento enroscado dos quadris": "Aí, Ottilia!"; "Mais embaixo, Julia!". E não titubeava na resposta, para a *Theatro e Sport*, sobre sua fantasia para o carnaval: "Saia curta para não atrapalhar as pernas no maxixe e um colete para melhor a gente apertar os ossos... no Castelo". Onde Castelo era a sede do Clube dos Democráticos.

Em *Gato, baeta e carapicu*, revista em que gato era o folião dos Fenianos, baeta, o dos Tenentes do Diabo, e carapicu, o dos Democráticos, logo após o quadro de apresentação daquelas três sociedades, vinha o do "acordar do Carioca". Onde o personagem principal dormia de pijama, na pobre paz de seu quarto, até que o chamamento de um "longínquo samba" o fazia maxixar ainda deitado. Era quando entrava em cena a lavadeira Felizarda, uma morena dessas que "não foi Deus quem inventou", e que só de ouvir falar em carnaval atalhava de pronto: "Não fala, não fala". E, "arregaçando a manga", dizia: "Já estou toda *arripiada*". No papel de Felizarda, a carapicu Ottilia Amorim, "democrata de coração".

Na noite em que *O pé de anjo*, de título pescado em marchinha de Sinhô, batia o 2º centenário, com Ottilia Amorim e Pedro Dias na dança dos caubóis, a revista já havia sido assistida por 251.679 espectadores. O que representava uma média superior a 1.250. Um sucesso que, atribuído à estrela maior, levaria à aventura da Companhia Ottilia Amorim.

Uma trupe que estreava vitoriosa, no Recreio, com as 185 récitas de *Meu bem, não chora*, de título outra vez capturado em Sinhô, com Pedro e Ottilia no bailado dos índios. Uma revista cujo anúncio na imprensa prometia "35 números de alegre e encantadora música". Porque o teatro tanto aproveitava a popularidade das músicas quanto lançava músicas à popularidade.

Durante a encenação, cartazes exibiam as letras das canções, penduradas no teto, em "tamanho razoável", todas de melodias cativantes, sempre com arranjos bem cuidados, a cargo de pequenas orquestras. Era assim que, com os bis e tris frequentes, a canção "nascia no palco e saltava para a plateia", que deixava a sala "assobiando e cantarolando". Como testemunhava José Antonio Lima Guimarães, o Guima, ainda muito jovem, "encolhido na cadeira", de olhos atentos aos "requebros". Assim nas *Memórias do Homem Sizudo*, do *Correio da Manhã*, de 11 de setembro de 1960.

Seria de Guima, em 30 de outubro daquele ano, a lembrança do primeiro encontro em palco de Ottilia Amorim e Francisco Alves, na revista *Reco-reco*, de 1921. Ela como Florzinha, cozinheira e porta estandarte. Ele na pele do personagem Cordão, de camisa de malandro, à frente de um cortejo: "Olha a menina/ Sem saia/ Freguês.../ Cai o povinho/ Na vaia/ De vez...".

Embora a voz de Ottilia Amorim agradasse em cheio à plateia, não recebia os mesmos aplausos da crítica. Pelo menos até as aulas com o tenor Cezar Marcondes. O que rendia a nota *Uma boa nova*, em *Theatro e Sport*, de 1º de julho de 1922: a "estrela do São José" havia conseguido, afinal, "desengarrafar a sua voz de soprano para dentro". Se a cantora se sentia feliz, mais ainda ficava o professor ao cativar o coração da cantora. Estavam juntos na aventura da Companhia Ottilia Amorim.

Entre *Meu bem, não chora*, de Cardoso de Menezes e Carlos Bittencourt, e *Penas de pavão*, de Affonso de Carvalho e Marques Porto, dois êxitos, o público amara a companhia durante dezesseis meses e quinze peças; nada menos. Um amor que seria bem mais longo, não fossem os nada curtos cinquenta contos da dívida.

Tratava-se de um empréstimo, firmado em duas notas promissórias de vinte e cinco, do italiano Giuseppe Miccolis, dono de tipografia, diretor-proprietário do diário *La Patria degli Italiani*, sócio da editora Benjamin Costallat & Miccolis, casado com a mãe do ator e cantor Cezar Marcondes, marido da estrela.

Se a aventura da Companhia Ottilia Amorim chegava ao fim com a penhora dos cenários das revistas *A maçã* e *Penas de pavão*, em cena de escândalo à porta do Recreio, sua queda terminaria por atingir aquele esperto homem de negócios. Dois anos depois, Julio Junqueira de Aquino protestaria de Giuseppe Miccolis os mesmos cinquenta contos de réis. O que levaria à falência da editora Benjamim Costallat & Miccolis, responsável pelas publicações de *Ban-ban-ban!*, de Orestes Barbosa, *A cidade mulher*, de Alvaro Moreyra, e *Mlle. Cinema*, do próprio Costallat.

Enquanto uma companhia de teatro e uma editora desmoronavam, o prestígio de Ottilia seguia sólido. Em 1925, "viva, inteligente, travessa", "sabendo dizer e sabendo movimentar-se", ela encarnava, "mais roliça e mais trêfega", Zizinha, personagem da revista *Se a moda pega...*, cantada na buliçosa marchinha de José Francisco de Freitas: "Ó vem comigo,/ Vem minha santinha,/ Também quero tirar uma casquinha...".

Uma daquelas canções que nasciam no palco e saltavam para a plateia, com o destino de conquistar para seu autor, pelo assobio e pela cantarola, a glória anônima das ruas no carnaval. E não seria difícil imaginar os gracejos e movimentações de Ottilia Amorim, para lá e para cá, no palco do São José.

Um mês depois, ainda nos ensaios de *Mão na roda*, o chefe da censura, severo defensor dos bons costumes, a repreendia por "excessos cometidos em cena". Porque aquela mulher de olhos amendoados e nariz forte, cabelos fartos, sorriso iluminado, sempre muito vestida, com crucifixo ao pescoço em três fotografias, mas nua num riacho, no filme *Alma sertaneja*, de Alberto Botelho e Luiz de Barros, sabia mesmo mexer com os corações masculinos.

Àquela altura, dividia o posto de estrela maior com duas outras cantoras e atrizes: Aracy Cortes e Margarida Max. Três provocadoras de enchentes, como se dizia na gíria. Contudo, enquanto Margarida e Aracy tinham vozes que frequentavam a região aguda das sopranos, Ottilia, dona de timbre quente e denso, cantava dois ou três tons abaixo, em registro contralto.

Se era verdade que, em *Não é isso que eu procuro...*, muitos números recebiam, todas as noites, pedidos de bis, apenas um merecia a consagração do tris: aquele em que o tenor Francisco Alves e a contralto Ottilia Amorim, ao som da orquestra do maestro Affonso Martinez Grau, "eletrizando a assistência", entoavam: "Mulher, para mim perdeste o valor/ Porque zombaste de meu sofrer/ Mas o destino Deus é quem dá/ Escuta, vem cá/ Mais tarde hei de te ver chorar". Era o *Samba de verdade*, de Sylvio Fernandes, o Brancura.

Samba de verdade, de Brancura, 1ª frase

Um refrão onde o valor perdido era financeiro. Onde soava como ameaça aquele "Escuta vem cá/ Mais tarde, hei de te ver chorar". Uma segunda em que brilhava o fio da navalha: "A mulher que me enganar,/ Me engana uma só vez./ Eu procuro me vingar". Incômodas confissões que escapavam da alma do malandro-cáften.

No ano seguinte, o poeta Olegario Marianno, na revista *Laranja da China*, contava em versos o amor de uma prostituta por seu cáften: "Polícia já foi lá em casa saber/ Se eu dou meu dinheiro todo a você". Era esse o refrão. Na segunda, o dia a dia da relação: "Eu já não sei que fazer mais/ Para te pagar/ Tanta pancada que você me dá/ Meu bem, o castigo que Deus me deu/ É teu". Mais adiante, a clássica perda da virgindade com o próprio rufião: "Por ti, o que era meu eu perdi/ Ai, meu Deus, foi assim que eu caí".

Um quadro em que Aracy Cortes vivia, sem acanhamentos, o papel da prostituta. Um samba em que o poeta Olegario Marianno Carneiro da Cunha, homem fino, de tradicional família pernambucana, membro da Academia de Letras, podia dizer, sem receios, o que sabia do amor no submundo.

Um segredo passado adiante pelo jornalista Moacyr Andrade, em companhia do escritor Juarez Barroso, para o autor deste livro, em mesa boêmia do Café Lamas, em 6 de agosto de 1976: "Em samba do Estácio, mulher era mulher do Mangue".

Se Francisco Alves e Ottilia Amorim tivessem gravado juntos aquele samba de Brancura, o encontro da voz potente do tenor com a miúda da contralto teria antecipado em dois anos a dupla Francisco Alves e Mário Reis. *Samba de verdade*, entretanto, chegaria ao disco em solo do cantor, acompanhado por dois violões chorões, com intervenções de um cavaquinho, em 4 de agosto de 1928, quinze dias após o lançamento na revista.

Na gravação, a pulsação rítmica dos sambas baianos, bem nítida na introdução. Em compasso binário: "semicolcheia, colcheia, semicolcheia; colcheia, colcheia". O que significava que a boa nova do samba batucado ainda não havia chegado aos atentos ouvidos chorões.

Pulsação rítmica do samba baiano

A melodia de *Samba de verdade*, contudo, estava impregnada pela pungência do Estácio de Sá, resultado de deslocamentos súbitos para notas agudas e longas. Como aquele salto de quatro tons, entre o "Mas" e o "o", em "Mas o destino Deus é quem dá". Um movimento que carregava uma dor lancinante. O que confirmava que, em questões de destino, estamos todos nas mãos de forças superiores.

Embora as segundas nem sempre fossem criações dos autores dos estribilhos, a de *Samba de verdade* tinha alta probabilidade de ser do próprio Brancura. Pelo que trazia de confessional da relação sadomasoquista com as malandrinhas. Como também pela semelhança entre a melodia de seu primeiro verso ("A mulher que me enganar") e a do primeiro verso do refrão de *Coração volúvel* ("Meu coração é volúvel"), outro samba do mesmo autor.

Evidências musicais e poéticas que contrariavam a insistente lenda de que Sylvio Fernandes não seria um legítimo criador, mas somente um atravessador de sambas para Francisco Alves.

A estrela da boa sorte parecia brilhar, afinal, para Brancura. Seu *Samba de verdade*, cantado e dançado por Ottilia Amorim e Francisco Alves, fazia tanto sucesso que o cantor, em sua autobiografia, o apontaria como o início de seu próprio êxito: "Minha taça de sofrimento já se havia esgotado"; "nessa época eu já tinha o *Samba de verdade*, *Voz do violão*, *Lua nova*".

Se a fortuna clareava o caminho do tenor do samba, a felicidade do malandro-sambista era como a ilusão das revistas: apoteoses iluminadas, cortinas fechadas, alegrias apagadas.

Em setembro de 1928, quando *Samba de verdade* chegava às lojas para uma vendagem perto de 20 mil unidades, Sylvio Fernandes, reincidente na arma ofensiva e na vadiagem, cumpria mais uma pena, dessa vez de 69 dias, nas sombras da Colônia Correcional de Dois Rios, na Ilha Grande.

10

Cinco dias após deixar a Colônia Penal, Sylvio Fernandes jogava no calçamento da Júlio do Carmo, com um soco no olho direito, o comerciário Alberto Queriquim. Tudo teria ficado por isso, caso não houvesse duas testemunhas: Luiz Dias Pereira, um jovem morador, e Talisman da Silva Campos, um guarda civil, o azar de muito malandro.

No 9º Distrito, após se dizer casado, caixeiro de botequim e analfabeto, Brancura negava o soco. Sem, contudo, se lembrar por onde andava às 23 horas daquele 5 de novembro de 1928.

O exame de corpo de delito, efetuado 17 dias depois, não detectava "vestígios de ofensas físicas" na vítima. Mesmo assim, o delegado Mario Lucena achava por bem dar prosseguimento ao processo. Tudo levava a crer na veracidade da agressão.

De acordo com as testemunhas, seria uma violência sem razão aparente, um gesto tresloucado. Algo possível, dado o perfil psicológico do agressor. No entanto, poderia ser, com base em seu currículo profissional, uma ação de cáften: um tranco na concorrência, um corretivo em freguês mau pagador. Dois assuntos sempre longe dos tribunais. Afinal, o que faziam os 24 anos de Alberto Queriquim, naquela segunda-feira, tarde da noite, bem no coração do Mangue?

Se aquele murro terminaria arquivado, sem maiores consequências para Brancura, a façanha de 15 de março de 1929, contada por Maria Clementina Pereira Cunha, em *Não me ponha no xadrez com esse malandrão*, teria diferente destino. Tratava-se de detenção pelo jogo da bolinha. Um golpe batizado pelos agentes da lei, com precisão, como "curra da chapinha".

Era a curiosidade que despertava a atenção do freguês para um tabuleiro com três tampinhas de cerveja. Todas escorregavam pela ação de dedos hábeis, enquanto apenas uma escondia uma semente. O malandro colocava uma nota no tabuleiro, se o cliente quisesse participar devia casar o mesmo valor. Se desvendasse qual chapinha guardava a semente, o dinheiro era seu. Caso contrário, era da banca.

Os truques eram dois. O primeiro, o da encenação. Os clientes que punham a mão na grana eram apenas faróis. O segundo, o do sumiço. Quando o malandro queria, a bolinha desaparecia debaixo de suas unhas. A aposta começava bem baixa para que o otário tivesse despertada a cobiça. Quando a parada subia, não havia jeito: a semente sumia, estava consumada a curra.

O golpe no francês Pierre Georges Nicolas Lagrange — Robert George Nicolau Lagrange, segundo o sistema de informações do Arquivo Nacional — seguia o enredo clássico. Na banca, Oswaldo Caetano Vasques, o Baiaco, dentro de um distinto terno de casimira furta-cor. Uma peça talvez do guarda-roupa de Brancura, o único da dupla com gosto apurado.

Após a primeira aposta de 5 mil réis, Baiaco tomava-se de entusiasmo, arrancava o maço de 120 mil das mãos do freguês, disparava rumo ao carro de praça em que Brancura o aguardava. Era quando o jogo se fazia simples furto, sem truque algum.

Os malandros achavam que o francês assimilaria o golpe e desapareceria do mapa. Surpreendidos ao levar a erva para passear nas imediações da zona, escapavam pela Presidente Barroso, refugiavam-se numa tinturaria, a fim de se livrar daquele terno vistoso. No momento em que era preso, Oswaldo tentava vestir outro paletó, enquanto Sylvio já tinha escapado pelos fundos.

Pelo golpe em Lagrange, Brancura seria encarcerado em 18 de abril de 1929, na estreia do artigo 330: "Subtrair para si, ou para outrem, cousa alheia, contra a vontade do seu dono", com a devida restrição do parágrafo 3: "Se de valor inferior a 200$000". Para ser absolvido, em 24 de setembro, por fraqueza de provas.

Uma absolvição que não significava imediata reconquista da liberdade, em razão da condenação a um ano de prisão em Colônia, imposta pela Corte de Apelação, em 18 de janeiro, por vadiagem e uso de armas ofensivas.

Desse modo, em junho de 1929, quando seu segundo disco chegava às lojas, com dois sambas da maior categoria, *Coração volúvel* e *Mulher venenosa*, outra vez pela voz de Francisco Alves, Sylvio Fernandes seguia encarcerado.

O estribilho de *Coração volúvel* traçava, sem meias tintas, o retrato de um malandro: "Meu coração é volúvel/ Ó mulher!/ Sou de um pensar passageiro/ Ora, meu bem!/ Tenho um olhar ambicioneiro/ Isto, sim!/ Mas não gosto de ninguém".

O malandro seria, assim, um homem de coração leviano, pensamento inconstante e olhar cobiçoso, alguém incapaz de uma afeição. Mas, enquanto a letra confessava o desvio, a sentida melodia atenuava o que as palavras afirmavam.

A primeira nota de *Coração volúvel*, entoada antes do primeiro tempo forte e por ele estendida, tinha como consequência o alongamento da segunda sílaba. Uma antecipação e uma dilatação que faziam pingar, naquele salto da primeira para a segunda nota, de apenas um tom e meio, uma gota de tristeza. De tal forma que o coração seria, apesar de volúvel, sofrido. Uma prova da eterna contradição da alma dos homens, da qual nem os malandros perversos escapavam.

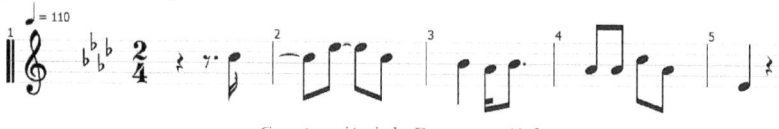

Coração volúvel, de Brancura, 1ª frase

Chamavam a atenção as interjeições: "Ó mulher!"; "Ora, meu bem!"; "Isto, sim!". Comentários melódico-poéticos que, dispensáveis ao encadeamento lógico, quebravam a rigidez rítmica dos versos. Eram, na verdade, expressões cotidianas dos malandros-sambistas.

Sem aqueles comentários, o refrão de *Coração volúvel* seria, com sete, sete, oito e sete sílabas poéticas, quase uma quadra de versos regulares, como as dos sambas folclóricos. A bossa das interjeições reinventava a tradição.

Na segunda, o malandro dizia algo para sua protegida nunca mais esquecer: "Tu pensas que me invocas/ Com esse olhar encantador/ Meu bem, vou te contar/ Uma história de amor...". Tinha início, então, uma das mais sintéticas histórias de amor já escritas: "Era uma vez,/ Eu gostei, ela não quis/ Me deixou abandonado/ Mesmo assim, eu sou feliz". Na escola antirromântica do Estácio, uma perfeição.

Uma estrofe em que não se percebia o dedo do malandro-cáften. Ele não ameaçava a mulher, apenas se afastava e era feliz. Havia muita sabedoria, nenhuma perversidade. O que fugia do padrão.

O primeiro verso do samba ("Meu coração é volúvel") carregava melodia quase idêntica à do primeiro verso da segunda parte de *Samba de verdade* ("A mulher que me enganar"). Eram as mesmas notas, com ligeiras diferenças nas durações. Como se a inspiração do autor tivesse como ponto de partida o samba anterior.

Ao fim de cada verso, as interjeições funcionavam como segunda linha melódica. Enquanto a melodia de "Meu coração é volúvel" prosseguia na de "Sou de um pensar passageiro", a de "Ó mulher!" continuava na de "Ora, meu bem!" e, mais adiante, na de "Isto, sim!".

No verso final, as duas linhas se resolviam, com um salto de sete tons, do grave para o agudo, entre o "sim" de "Isto, sim" e o "Mas" de "Mas não gosto de ninguém". Um deslocamento que respondia pela pungência dos sambas do Estácio. Pois havia dor por trás daquela independência afetiva.

Uma vez que o tema da segunda se inspirava no do estribilho, quem escutava percebia melodias irmanadas. Sendo que a da segunda trazia uma alteração momentânea de tonalidade: de lá bemol maior para dó sustenido menor. O que depositava na música um grão de doçura e de volúpia: "Era uma vez...".

Numa época em que, com frequência, as segundas eram encomendadas a compositores profissionais, sem que seus nomes constassem nos discos e nas partituras, aqueles requintes musicais, somados à ausência de perversidade na letra, conduziam à hipótese de um parceiro oculto. Um malandro de aluguel, conhecedor de música, hábil na confecção de versos, portador de coração compreensivo.

Junto daquele *Coração volúvel* morava uma *Mulher venenosa*, também de Brancura: "Mulher, por que és tão venenosa?/ Tens o gosto de me ver sofrendo assim,/ É teu prazer./ O castigo de Deus vem tarde, mas é certo,/ Meu bem, a gente paga sem querer".

Uma melodia de tema idêntico ao de *Samba de verdade*. As mesmas cinco notas sustentavam as cinco primeiras sílabas das duas letras: "Mulher, por que és" e "Mulher, para mim".

Um samba em que brilhava outra faceta do compositor Sylvio Fernandes: a do malandro 330. O artigo do *Código penal* dedicado aos que costumavam "subtrair para si, ou para outrem, cousa alheia móvel, contra a vontade de seu dono". Na suposição de que samba possa ser classificado como "cousa alheia móvel".

O acusador chamava-se Paulo Benjamin de Oliveira, mais conhecido como Paulo da Portela, homem de caráter íntegro, muito afeito às gentilezas. A queixa-crime referia-se à apropriação indébita do seu *Mulher, tu és orgulhosa*, "ainda na memória de toda a gente", de acordo com o *Diário Carioca*, de 22 de março de 1933. Título: "*Os autores dos sambas dos outros...*". Uma propriedade reivindicada, mais uma vez, em *A Manhã*, de 18 de outubro de 1935.

Até 1923, Paulo da Portela se mostrara, segundo ele mesmo, "o maior inimigo do samba". Não tolerava o gênero, bastava escutar a palavra para que a raiva brotasse. Aquele "verdadeiro horror", no entanto, era apenas medo de amar: "Medo que eu tinha de cair na roda do samba, onde só gente bamba se metia".

Um receio que duraria até comparecer, "quase arrastado", à casa de Dona Dorothéa, em Oswaldo Cruz. Onde percebia que "raiava" a bossa. Quando, "sem saber como", via nascer sua primeira contribuição ao gênero: "Mulher, tu és orgulhosa,/ Tens o gosto de ver qualquer um sofrer,/Meu bem, este mundo não é nosso,/Mulher, a gente paga sem querer".

Um samba cuja primeira audição, na residência de Napoleão José do Nascimento, pai de Natal da Portela, seria o ponto de partida de um luminoso caminho.

Se as coincidências entre a letra de *Mulher, tu és orgulhosa*, de Paulo da Portela, e a de *Mulher venenosa*, de Sylvio Fernandes, asseguravam que a primeira tinha sido a matriz da segunda, não menos relevantes se mostravam as diferenças.

No primeiro verso, enquanto o adjetivo "orgulhosa", de Paulo, dizia de uma mulher vaidosa e cheia de si, o "venenosa", de Sylvio, a qualificava como maledicente e malévola.

O segundo verso, aquele sobre o prazer com a dor alheia, criação de Paulo da Portela, tinha sido abraçado por Brancura, com modificações em sua extensão.

Já o terceiro, "Meu bem, este mundo não é nosso", de Paulo, carregado de ternura e desejo de parceria, cedia lugar a outro, de Brancura, de tom ameaçador: "O castigo de Deus vem tarde, mas é certo". Pois o cáften controlava suas mulheres como uma espécie de deus severo.

O quarto verso de Paulo da Portela era mantido por Sylvio Fernandes, com a simples troca de "Mulher" por "Meu bem": "Meu bem, a gente paga sem querer".

Por conta de certas diferenças do número de sílabas, sabia-se que a melodia de *Mulher, tu és orgulhosa* não era a mesma de *Mulher venenosa*. Enquanto o primeiro verso da *Orgulhosa* tinha sete, o da *Venenosa* possuía nove. Se os segundos versos traziam as mesmas onze sílabas, embora com acentuações diferentes, havia o breve verso extra de Brancura, inexistente no samba-matriz: "É teu prazer". Diferenças que perseveravam em "Meu bem, este mundo não é nosso", com três sílabas a menos do que "O castigo de Deus vem tarde, mas é certo". Um ajuste que se mostrava perfeito apenas no verso final: "Meu bem, a gente paga sem querer". Assim, a melodia que cantava uma estrofe não cantava perfeitamente a outra.

Mulher venenosa, de Brancura, 1ª frase

Em resumo, se as muitas coincidências indicavam que os versos de *Mulher venenosa* tinham nascido dos de *Mulher, tu és orgulhosa*, as divergências, que não eram poucas, afiançavam uma recriação na melodia e na letra.

Na segunda parte, *Mulher venenosa* não trazia nem vestígio da perversidade do malandro-cáften: "Não sejas ingrata/ Nem me trates com desdém". Era uma simples queixa de amor: "Tu só me maltratas/ E eu a ti só quero bem". Apenas a doída declaração de um coração arrebatado: "Confesso, te adoro/ Tu não gostas mais de mim/ E eu por ti a Deus imploro".

Do ponto de vista musical, à semelhança de *Coração volúvel*, o motivo melódico da segunda parte saía de dentro do da primeira. E o efeito era, mais uma vez, uma perfeita integração entre estribilho e segunda parte. Um artifício de compositor maduro.

A melodia do primeiro verso da estrofe, em forma de descida, recebia desenvolvimento só no terceiro, uma outra descida, com início na mesma nota uma oitava acima. Uma vez que o mesmo acontecia com as melodias do segundo e do quarto versos, as quatro juntas funcionavam como um diálogo melódico de duas perguntas e duas respostas.

Tudo antes da troca momentânea de tonalidade, uma modulação, de mi bemol maior para lá bemol menor, equivalente à de *Coração volúvel*, dessa vez acrescida de um alongamento na duração das notas. Modulação e alongamento que temperavam a música com dois grãos de doçura e de volúpia. O que tornava aquele "Confesso, te adoro" intensamente pungente e apaixonado.

Uma segunda que exigia do solista uma extensão que beirava as três oitavas: do si bemol da região grave ao sol da região aguda. Uma melodia cujo encanto levava o arranjador a escolhê-la para solo da Orquestra Pan American, à base de trompete, clarinete, sax, trombone e tuba.

Uma criação de autor semierudito. Quem sabe um componente da própria orquestra. Um músico que, numa charada para o futuro, deixava como pista as impressões digitais. Talvez o mesmo autor da segunda de *Coração volúvel*, cujas coincidências na carpintaria, inclusive a mesma modulação, pareciam indicar o mesmo artesão.

Em síntese, as letras e as músicas das segundas partes de *Coração volúvel* e de *Mulher venenosa* indicavam um parceiro à sombra, talvez dois: um para as músicas, outro para as letras. Porque as trilhas daqueles versos enamorados e melodias requintadas não conduziam ao "caboclo bonitão", que "não queria nada com o batente", que "andava lindo, bem vestido", "à custa das damas".

Um "malandro contratual", cuja vida seguia no mesmo tom. Em 22 de novembro de 1929, Sylvio Fernandes se via processado, no 5º Distrito, por "uso de arma ofensiva": navalha, na certa.

Enquanto aguardava a decisão da justiça, era detido, ainda outra vez, em 11 de dezembro, pelo investigador Manoel Martins do Espírito Santo, por estar "vagando sem destino, na mais completa ociosidade", na Júlio do Carmo, em plena zona do Mangue. Porque aquele policial garantia que o conhecia como "vadio jogador de chapinha, sem profissão ou meio de vida, sem meio de subsistência, nem residência ou domicílio certo".

A denúncia do investigador e o depoimento de duas testemunhas seriam suficientes para que o delegado Attila Silva Neves, da 1ª Auxiliar, o enquadrasse no artigo 399, o da vadiagem. E o remetesse direto para as grades.

Em sua defesa, o advogado Wenceslao Barcellos declarava, e sublinhava, que era "tudo falso", "produto de prevenção contra o acusado". Argumentava que Sylvio tinha residência certa, na rua dos Coqueiros, 32, no Catumbi. Garantia que trabalhava, desde 8 de novembro, no Café Nova Estrella, na Júlio do Carmo, 182, esquina de Comandante Maurity, no turno de 6 da tarde às 6 da manhã. Por fim, estranhava que não tivesse sido ouvido Manoel Joaquim Corrêa, o patrão. Porque a detenção de seu cliente tinha sido feita durante "momento de sua folga", quase em frente à porta do café.

Por conta dos argumentos da defesa, o diretor da Casa de Detenção, coronel Arthur de Meira Lima, fazia apresentar Sylvio Fernandes ao juiz da 5ª Pretoria Criminal, Florencio Aguiar de Mattos, em 28 de dezembro, data do depoimento do botequineiro.

Manoel Joaquim Corrêa, português, 33 anos, além de confirmar as palavras do advogado, detalhava que o salário era de 250 mil réis. Como prova, trazia o livro da Lei de Férias, onde, no verso da folha 12, constavam a matrícula e o retrato do empregado. Ao final, louvava o "procedimento correto" de Sylvio Fernandes.

Três dias depois, o juiz Carlos Araujo, com base naquele testemunho, considerava improcedente o processo, absolvia o réu. Uma passagem que jogava luz sobre um personagem importante, embora pouco conhecido. Um proprietário de botequins, inclusive de um, a partir de 27 de julho de 1931, no bairro vizinho, à rua do Estácio, 14, batizado pelos malandros-sambistas como Café do Compadre. Onde ele mesmo seria, provavelmente, o compadre do café. Um compadrio que aquele depoimento, perante o juiz da 5ª Pretoria, assegurava.

A navalha de Brancura, no entanto, não demoraria a cortar. Em 23 de fevereiro de 1930, um "bloco de malandros" desfilava na Senador Euzébio, entre o Campo de Sant'Anna e a Praça Onze, quando o folião João Pinheiro, de 20 anos, achava por bem esmurrar Raymundo Cunha, soldado do Exército, e Secundino Gomes de Souza, fuzileiro naval. No momento em que os militares se refugiavam na barbearia de Eduardo Pighliasco, no 81, o próprio barbeiro entrava no enredo. Um caso coberto por *A Noite*.

Dos oito malandros do bloco, três conseguiam escapar do flagrante: Brancura, Dentinho e Fumaça. Três figuras manjadas pelo 14º Distrito, cujo delegado concluía que um deles seria o autor das irônicas navalhadas no barbeiro Pighliasco. Um processo em que Sylvio Fernandes terminaria absolvido por alegar que agia, naquela madrugada, em outro distrito. Afinal, não passava de um pacato "trabalhador de carvão".

Cumpria prisão, contudo, entre 3 de abril e 9 de maio de 1930, por uso de arma, decorrente daquela ação que tivera início no 5º Distrito, em 22 de novembro do ano anterior. Mas aprontava pelas calçadas em 9 de setembro, quando Francisco Alves e Mario Reis gravavam, acompanhados pela Orquestra Copacabana, o primeiro número da mais influente dupla da música brasileira: *Deixa essa mulher chorar*, outra criação sua.

Um samba perfeito para testar a viabilidade do encontro de duas vozes tão desiguais: a miúda e delicada de Mario, a extensa e poderosa de Francisco. Perfeito porque permitia que os dois grandes cantores entoassem alternadamente: Reis bem perto do microfone, Alves mais atrás, um pouco de lado. O que inspiraria uma tirada de Orestes Barbosa, testemunha, com Antonio Nássara, da gravação histórica: "Não sei como esse rapaz não semitona, com o Chico apitando como um trem em seu ouvido!". Um depoimento ao autor deste livro, de 14 de agosto de 1985.

Mario cantava: "Deixa esta mulher chorar"; Chico confirmava: "Deixa esta mulher chorar". Reis prosseguia: "Pra pagar o que me fez"; Alves secundava: "Pra pagar o que me fez". Mas somente Mario, naquela "blandícia que fez escola", como dizia Orestes, arrematava o refrão: "Zombou de quem soube amar/ Por querer/Hoje toca a tua vez de sofrer". Um samba afinado com o prazer sádico do malandro-cáften.

Bucy Moreira garantia, em depoimento a Sérgio Cabral, que o autor de *Deixa essa mulher chorar* seria, na verdade, Alvaro Soares, o Maciste da Mangueira. Mas aquela letra com alma de cáften comprometia a informação do neto de Tia Ciata.

Alvaro Soares tinha sido um pugilista peso leve. Após perder por pontos, em 1922, para Arthur Amorim, o Andarahy, no ring do Colyseu Dudu, era posto a nocaute, em 1924, pelas luvas de Spinelli Santos, com a alcunha ampliada para Maciste Carioca, no São Cristóvão Boxing Club.

Como compositor, deixaria poucas criações. Mas a letra do seu *Samba da Bahia*, publicada por *A Manhã*, em 8 de novembro de

1935, mostrava um coração cheio de cuidados com a mulher. Após presenteá-la com saia, pano da costa, colares, guias e sandália, pelo simples prazer de vê-la brincar, Maciste complementava: "Em cima do coração/ Tenho teu nome no peito/ É sinal de respeito/ E de veneração".

Seria parceiro de Angenor de Oliveira em dois sambas: *Amar, amar*, registrado pelo próprio Cartola no gravador do poeta Hermínio Bello de Carvalho; e *Pérolas para o teu colar*, interpretado pelo conjunto da Estação Primeira de Mangueira, em programa transmitido pela Rádio Philips, em 29 de janeiro de 1936, direto do terreiro da escola.

Do primeiro, eram as seguintes estrofes: "Amar, amar/ Amar para sofrer/ Hei de te esquecer...". Ao segundo pertenciam um par de preciosos versos, preservados pela memória do cronista Rubem Braga, no *Correio da Manhã*, de 1º de janeiro de 1954: "As lágrimas que eu choro sem cessar/ São pérolas para o teu colar".

Quando *A Nação* promovesse, em março de 1935, o concurso *Qual será o maior compositor de nossas Escolas de Samba?*, Maciste Carioca receberia surpreendentes 1.805 votos. Muito atrás dos 44.709 de Paulo da Portela, o grande vencedor, mas suficientes para garantir o 9º lugar, sendo o mais votado da Mangueira. Cartola mereceria apenas 2 votos, um dos quais do parceiro Noel Rosa.

As composições de Maciste, apesar de poucas, indicavam uma psique em paz com a vida. Podia ter colaborado com a melodia de *Deixa essa mulher chorar*, mas a letra daquele estribilho não deixava dúvida: era de malandro-cáften.

Na segunda parte, uma completa mudança na personalidade do compositor. Em vez do malandro perverso, entrava em cena um poeta sensível: "Estou bem feliz/ Não me fazes mais sofrer/ Agora sou eu quem diz/ Que não quero mais te ver". Uma segunda compatível com o perfil de Alvaro Soares, o Maciste.

Do ponto de vista musical, a melodia do samba sabia a marcha-rancho, seja pelos contracantos característicos, seja pelo fraseado cantábile, seja ainda pelo tom menor, mais comum nas marchas que nos sambas.

Em junho de 1954, Lúcio Rangel, entre as coisas que testemunhara e que valiam a pena registrar, citaria: "Brancura, o magnífico, cantando o seu *Deixa essa mulher chorar*". Um flagrante que, em si, provava a musicalidade do malandro. Embora Ismael Silva garantisse, em seu primeiro depoimento ao Museu da Imagem e do Som, de 29 de setembro de 1966, que Sylvio Fernandes não era de fazer samba: *Deixa essa mulher chorar* teria sido comprado, por 50 mil réis, de um sambista desconhecido, a fim de ser revendido, por 150, para Francisco Alves.

Para complicar ainda mais, Sylvio Fernandes apareceria, em fotografia do DVD *Samba de Sambar do Estácio*, do livro homônimo de Humberto Franceschi, abraçado a um violão. Na mão direita, um caimento correto, sinal de intimidade com as cordas; na esquerda, um acorde de lá bemol maior com pestana. O que significava que aquele detento era violonista. Um *desvio social* que não constava no currículo do malandro Brancura.

Se a alguém causar estranheza a convivência de musicalidade e valentia, talvez o exemplo de Manuel do Espírito Santo, o Zé Pretinho, malandro e compositor, parceiro de espertezas de Brancura, possa fornecer, por tabela, uma prova convincente. Quem ouvia aquela voz aflautada, toda delicadeza, toda afinação, sentia brotar uma sonora certeza: a música morava em Zé Pretinho.

Malandro de corpo e alma, a alma do malandro Brancura aparecia no corpo dos sambas de Sylvio Fernandes. Quase como uma assinatura. Em *Carinho, eu tenho*, com deliciosa interpretação de Ismael Silva, não era diferente.

Após o irônico primeiro verso, "Carinho, eu tenho até demais", vinha: "A nota é como eu te digo". Tratava-se da confirmação da cota que cabia ao malandro nos serviços da malandrinha. Em seguida, um aviso: "Meu desejo é uma ordem, meu bem". Onde coabitavam a delicadeza do "meu bem" e a truculência da "ordem". Uma estrofe que terminava assim: "Quando Deus quer, não há castigo". Onde o severo deus era o próprio autor. Outro fiel retrato do malandro-cáften.

A última composição de Sylvio Fernandes chegaria ao disco em 1935, novamente pela voz de Francisco Alves: *Você chorou*. Uma parceria com Bucy Moreira, a testemunha definitiva de que o malandro Brancura era mesmo compositor.

Bucy Moreira conhecera Francisco Alves numa esquina da Praça Onze, quando cantarolava, em roda de amigos, junto com o parceiro Nelson Januario Gomes, um samba da dupla: "Tudo acabado/Eu desprezado...".

Sempre atento aos diamantes brutos, o cantor, que estacionara seu "fordzinho" nas proximidades, ia direto ao ponto: "Esse negócio é bom, que samba é esse?". Surpreendido pelo interesse, a resposta vinha modesta: "Nós fizemos aqui, de brincadeira". Uma modéstia interrompida pelo brio do interlocutor: "Ó rapaz, sabe que eu posso gravar esse samba pra você? Sabe quem sou eu? Francisco Alves".

Como o encontro terminasse com um "Você me procure", Bucy partia, sem demora, para a sede da Odeon, onde Chico cumpria o prometido: após apresentá-lo ao maestro Casado, responsável por colocar a melodia na pauta, gravava o *Tudo acabado*, acompanhado pela Orquestra Pan American, com o título de *Palhaço*. Um sentido samba à moda do Estácio, embora seu autor fosse neto da baiana Ciata.

"*Admiro você* veio depois, não é? Eu tirei com o Sylvio, o pseudonimado Brancura, que era um boêmio, muito boêmio e muito amigo. Nós tiramos isso na esquina do Carmo Neto, depois de vários anos, quando a RCA Victor ainda era situada ali na Praça da República". Uma revelação de Bucy Moreira a Fernando Faro, para o *MPB Especial* da TV Cultura.

O *Admiro você*, tirado por Bucy e Brancura, tinha um refrão que começava assim: "Admiro você/ Chorar porque/Alguém lhe deixou...". Rebatizado como *Você chorou*, gravado por Francisco Alves e os Diabos do Céu, trazia o primeiro verso revisado: "Me admira é você/Chorar porque/ Alguém lhe deixou/ Quem é da orgia não sente/ Quando perde um falso amor/ E você chorou!".

Um samba que saía sem o nome de Bucy Moreira, tanto no disco quanto na partitura, embora o meio soubesse da parceria. O compositor Zé Pretinho, em depoimento ao autor deste livro, se referia assim ao *Admiro você*, de Brancura: "Aquele negócio que o Bucy fez com ele e que Francisco Alves gravou".

Francisco Alves não sabia de parceria nenhuma até o aparecimento, certa noite, no Café Nice, de um negro forte e aborrecido. Quem trazia o recado era Germano Augusto, chofer a seu serviço: "Ó Chico, tem um camarada aí te procurando. Ele está com cara de zangado".

Para verificar do que se tratava, Francisco Alves chegava à calçada: "Que é que é, meu compadre?". Dava a cusparada de costume e escutava: "Você gravou uma música minha aí; ficaram de me dar um dinheiro e não me deram". Era quando o tenor do samba se fazia de desentendido: "Olha, o negócio não é comigo, não sou o autor; o autor é o Brancura, você precisa falar com ele". Uma argumentação que não era bem recebida: "Não quero falar com Brancura nenhum; meu negócio é consigo, cantor".

Depois de largar um "Espera aí", o cantor entrava no café atrás do telefone. Onde encontrar Brancura àquela hora? Na pensão de Margarida Rocha, sem dúvida. Uma amizade que estava jornais em 10 de julho de 1933, quando ambos sofriam processo por indução à prostituição da menor Paulina de Souza, na Benedito Hipólito, 197. Um tiro certo: na pensão de Margarida, encontrava Sylvio Fernandes: "Vem aqui que tem um crioulo brabo querendo bater em mim por causa de você".

Ao chegar ao Nice, o malandro-sambista, em vez de enfrentar o acusador, chamava o cantor para um particular: "Chico, esse crioulo é brabo mesmo, vai matar nós dois aí". Nesse momento, Francisco Alves se desesperava: "Ó Brancura, você vai me deixar nessa enrascada? Dinheiro por causa de quê? Não dou dinheiro nenhum, não". Mas Sylvio Fernandes saberia achar o argumento definitivo: "É melhor tu dar, porque ele é meu compadre e, na hora, eu apelo para a camaradagem; ele é meu chapa, tu vai entrar, é melhor fazer o negócio".

Com cusparadas e xingamentos, Francisco Alves abria a carteira e encerrava a demanda. Sem deixar de punir o sambista trapaceiro: "Nunca mais faço negócio contigo". Nunca mais Brancura teria música gravada por Francisco Alves, nem por mais ninguém.

Roberto Martins, dublê de compositor e guarda civil, testemunha da história do "crioulo brabo", arrematava o depoimento, colhido pelo autor deste livro, em 22 de fevereiro de 1981, com a informação de que, como tantas vezes acontecia com sambas do Estácio, a segunda parte de *Você chorou* não seria de autoria de Sylvio Fernandes. Tinha uma certeza: "Noel Rosa fez a segunda toda". Pode ser que sim. Entretanto, Roberto estava na mesma situação de Francisco Alves: não sabia da parceria de Bucy Moreira, talento musical autêntico, doce figura humana, sem brabeza alguma na alma.

Segundo o *Diário da Noite*, de 12 de agosto de 1933, o domínio de Sylvio Fernandes sobre Margarida Rocha, dentro do clássico roteiro da moça que precisava de proteção, vinha desde 1929. Dois anos antes, Waldemar Cardoso de Vasconcellos, cabo da Polícia Militar, desprezado por aquela morena de traços bonitos, vingara-se com o roubo de suas economias, na pensão da Júlio do Carmo, 181. Ao protestar, Margarida fora agredida.

Tinha sido por Margarida Rocha que Sylvio Fernandes perdera sua "carta de valente". Quando Moacyr Baptista Pessoa, um mulato de 22 anos, "malandro laureado", candidatara-se a amante da pequena.

Um duelo na madrugada de 17 de agosto de 1934, na Benedito Hipólito, nas proximidades do 195 de Margarida. Uma derrota sofrida quando Moacyr, apesar de afeito à navalha, baleava a nádega direita de Sylvio. O que significava que ele tinha corrido.

Sem cartaz, o declínio de Sylvio Fernandes viria rápido. Companheiros de boemia, como Zé Pretinho e Alcebiades Barcellos, lembravam que teria morrido maluco. De acordo com o depoimento de Bide a Sérgio Cabral, Brancura seria visto por ele "apanhando rato morto", ainda com lucidez suficiente para reconhecer o amigo.

Roberto Martins e Zé Pretinho atribuíam a loucura aos sofrimentos por sucessivas internações na Casa de Detenção e na Colônia de Dois Rios. Segundo *A Noite*, Sylvio Fernandes se achava, em fevereiro de 1937, no presídio da Frei Caneca. Mas marcava presença, em 1º de setembro, no funeral do malandro Meia Noite.

Octavio José Pinto, o Meia Noite, filho do proprietário do Café Celeste, na Piedade, era um moço branco, bonito de rosto, magro de corpo, rigoroso com o penteado, elegante em seu terno. Dono de invejável currículo na malandragem, morria dois dias após ser baleado pelas costas, em conflito no Palace Dancing, salão do coreógrafo Bueno Machado, na rua da Lapa, 10. Zé Pretinho falava em chavecada.

De acordo com o *Diário da Noite*, o delegado Anésio da Frota Aguiar prestigiara as exéquias apenas para capturar alguns malandros emotivos com "contas a ajustar". Era quando engaiolava Boquinha, Cocaína e Juvenal da Ponte. Entre os que escapavam, Sylvio Fernandes, "processado por desacato e uso de armas". Brancura não estava ainda demente.

Em fevereiro de 1941, às vésperas do carnaval, a polícia prendia uma leva de malfeitores, soltos, dois meses antes, da Colônia Correcional de Dois Rios, por resolução do Conselho Penitenciário. Uma recaptura justificada pelo aumento da criminalidade.

Entre os mais de duzentos detidos, em primeiro lugar na lista, pela boa fama, não pelo número total de detenções, vinha "Sylvio Fernandes, vulgo Brancura, com 34 entradas, sendo 8 na Casa de Correção". Em 1941, ainda dava trabalho à polícia.

Visto de perto, Sylvio Fernandes seria diferente. Em depoimento a Francisco Duarte, Bucy Moreira contava que ele, em festa do bairro, se comportava bem. Os outros convidados não adivinhavam que aquele mestiço elegante, extrovertido e maneiroso, que "tinha um atrativo pra mulher danado", era o afamado Brancura.

Bem comportado em casa de família, irreverente na roda de samba. Certa madrugada, quando a "turma peso pesado do Estácio" chegava à casa de Benedita, na estação de Terra Nova, em Pilares, a cerimônia ainda estava na macumba. Cheio de pressa, Sylvio se punha a provocar o pai de santo: "Tancredo, tá me entendendo? Moleque, tá fazendo forra? Manda esse orixá embora, vamos pro samba". Era quando o babalaô Tancredo da Silva Pinto fulminava o malandro: "Tu não toma juízo, moleque descarado. Olha que eu te pego, moleque, te jogo no buraco". Porque Brancura, segundo Bucy, "gostava mesmo de farra".

Para Mario Martins, filho do dono da Farmácia Santa Olga, ele era uma espécie de suprema corte do bairro: "Chamavam-no para arbitrar divergências". Após ouvir os dois lados, "dava o seu veredito, geralmente acatado".

Uma das peripécias judiciais de Sylvio Fernandes tinha começado justo na esquina de Estácio com Pereira Franco, bem perto da Santa Olga. Onde, em 28 de fevereiro de 1933, o comissário de polícia Manoel Vidal Martins, ao passar o malandro em revista, descobria uma navalha, com lâmina de 69 milímetros, cabo de imitação de tartaruga.

Para o delegado do 9º Distrito, Anesio Frota Aguiar, Brancura declarava que a navalha não lhe pertencia, que tudo não passava de uma armação. Embora a defesa seguisse por esse caminho, o juiz da 5ª Pretoria Criminal, Eurico Rodolpho Paixão, incorporava ao currículo do malandro mais uma condenação a 60 dias.

Naquela esquina onde a navalha de Brancura era flagrada pelo comissário Vidal Martins, abriam portas o Bar Apollo e o Café do Compadre, pontos do time de malandros-sambistas.

Se era verdade que os primeiros a serem gravados tinham sido Heitor dos Prazeres, Alcebiades Barcellos e Ismael Silva, seria preciso reconhecer que o primeiro sucesso cabia a Sylvio Fernandes, com o seu *Samba de verdade*.

Era com *Samba de verdade*, êxito em palco e em disco, com pedidos de tris pela plateia, vendagem de quase 20 mil cópias, que Francisco Alves firmava uma certeza: os sambistas-malandros do Estácio eram, como as meninas do Mangue, uma mina.

11

A riqueza transitava desde sempre pela rua Estácio de Sá. Ainda no tempo em que era simples trilha na borda do arraial de Mataporcos. Quando pela vasta planície entre os morros de São Carlos e do Nheco se estendia o manguezal de São Diogo.

Por aquele chão escoava a produção do engenho dos jesuítas, por beiras de lagoas, por sopés de morros, por cima de areais, antes de alcançar o "porto da cidade", nas imediações da atual igreja de São José, como ensinaria, em *Terras e fatos*, Aureliano Restier Gonçalves.

O progresso, no entanto, chegava antes, ainda no século XVII, ao arraial vizinho, às margens do rio Catumbi, um vale de "terras ubérrimas", sede de "trabalho agrícola", assim como de "engenhos e olarias". Com o desmembramento das quintas, no XVIII, vinham as chácaras nobres. E era pelo "número considerável de escravos dessas famílias" que a "concentração negra" se acentuava no Catumbi Grande.

Um bairro que aparecia, no *Diário do Rio de Janeiro*, de 7 de fevereiro de 1831, em nota de *Achado*: "A quem lhe faltar um moleque, procure na chácara da Capella, em Catumbi Grande". Um grande que supunha um pequeno, cuja existência era confirmada, em 20 de fevereiro de 1838, pelo *Jornal do Commercio*: "Perdeu-se uma boceta de prata, no dia 18 do corrente, no Catumbi Pequeno". Tratava-se, aproximadamente, segundo Restier Gonçalves, dos atuais Estácio de Sá e Rio Comprido.

Na segunda metade do XIX, após a fuga das famílias abastadas, com a transformação dos casarões em moradias populares, o Catumbi Grande, endereço de chácaras de elite, se fazia popular, área de mestres da capoeiragem, "zona do bamba carioca".

Por aquela época, o agrião, de plantação pródiga e afamada no bairro, deixava de ser uma bênção para se fazer um problema. Quando a Ilustríssima Câmara Municipal, na sessão de 10 de novembro de 1877, em busca das causas do "terrível flagelo da febre amarela", achava por bem proibir as "valas de agrião", cujas águas paradas seriam fontes do mal. E um duro debate tomava conta do Rio de Janeiro, com trocas de acusações entre chacareiros e defensores da proibição, as valas sendo perseguidas e denunciadas por suas "emanações miasmáticas", amaldiçoadas como "focos pestilentos".

Um litígio que, se não trazia uma vida mais saudável para os habitantes, legava ao português mais uma expressão saborosa. Como provava *O Rio Nu*, jornal libertino e humorístico, de 16 de março de 1907, ao citar, entre as mulheres de má fazenda, uma certa Lulu, "tão popular na zona do agrião".

Na zona do agrião era título de artigo do *Correio da Noite*, de 30 de julho de 1913, no qual o repórter, antes de contar a surra de Moleque Laurindo no guarda-civil da ronda, traçava um severo retrato do Catumbi: "O bairro do agrião, outrora célebre por abrigar em seu seio uma legião de valentes, desordeiros e assassinos, ainda hoje, infelizmente, não desmente a sua tristíssima tradição".

O Catumbi seria, então, um bairro de casas em ruínas, ruas sem calçamento, policiamento raro. Tão raro que, quando aparecia um soldado da Brigada Policial, montado em "fogoso ginete", a população imaginava tratar-se de um "revoltoso", segundo a reportagem bem humorada de *A Noite*, de 16 de setembro de 1915. Da maior seriedade, no entanto, era o corretivo aplicado por "desordeiros" no militar, que terminava a aventura no Hospital de Assistência.

Geográfica e existencialmente, o Pequeno sempre esteve a poucos passos do Grande: do largo do Catumbi ao do Estácio, 20 minutos a pé. Até a praça Reverendo Álvaro Reis, defronte do morro da Caixa D'Água, onde os malandros-sambistas aplicavam rasteiras em ásperas rodas de batucada, menos ainda.

Ao sopé daquele morro, no 16 e no 14 da Estácio de Sá, bem na esquina de Pereira Franco, localizavam-se o Bar Apollo e o Café do Compadre, os pontos daqueles sambistas-malandros.

No 16 do Apollo, operava, em 1905, o armazém de secos e molhados de José Coelho Ventura. Transformado, em 1914, no Café do Coelho, passava ao comércio de charutos, bebidas, doces e caldo de cana. Vendido, em 1923, a Guilherme Ferreira Bastos e Eloy Borges, seria rebatizado em homenagem ao filho predileto de Zeus.

Enquanto o vizinho carregava um nome oficial, Compadre era apenas um apelido, uma celebração à camaradagem do dono.

Chamava-se, na verdade, Café São Sebastião. Assim em 1922, quando pertencia a João da Luz. Assim de 1923 a 1927, já de propriedade de Figueiredo & Irmão. Adquirido por Alfredo Augusto de Souza, este passaria o ponto para Manoel Joaquim Corrêa, em 27 de julho de 1931.

O 14 abrigava ainda a Loja Americana, misto de armazém e perfumaria, assim como a alfaiataria de Francisco Chaves. O 12, a Quitanda Estácio de Sá; o 10, o botequim de Rocha & Lemos; o 8, a Casa Duarte, de ferragens, tintas e louças. O 4, depois da Revolução de 30, a oficina de automóveis do Ministério da Educação e Saúde. Era essa a geografia econômica daquele trecho da rua, onde os malandros reescreviam a história do samba.

A Estácio de Sá, principal via do bairro, era endereço de trabalho. No 18, na outra esquina de Pereira Franco, ficava o açougue de Francisco Carvalho. No 22, a Casa Cassiano, de calçados. No 24, a Tinturaria Tinoco e a loja de sapatos de Gustavo de Araujo, no futuro, a Casa Central de ferragens. No 26, a Padaria Diana e a Farmácia Santa Olga, do português Rozendo de Souza Martins.

Uma farmácia estratégica para malandros e malandrinhas, em busca de cuidados para os "ferimentos de briga e do amor", sempre atendidos com desvelo por Roberto, estudante de medicina, filho do farmacêutico. Uma figura de prestígio no bairro, como explicaria, em autobiografia, seu irmão, o senador Mario Martins: "Os malandros não só nos respeitavam como não deixavam ninguém se meter conosco".

A Flor do Estácio, venda de aves e ovos, carvão e lenha, ocupava o número 30. A Casa Guiomar, um armarinho, o 32; a Colchoaria Avenida, o 34; a Casa Estrela, outro armarinho, o 42; a Nova Laticínios, mais tarde Leiteria Nova, o 44. A barbearia de Barbosa Idalino e a Casa São Benedicto, a ervanaria de Joana Guedes, o 46.

No 48 e no 50, duas lojas dedicadas aos calçados: a Duarte & Pereira e a Grande Fábrica Sumaré. No 52, o armarinho A Formosa; no 54, a Casa Sidon de móveis; no 56, Ao Bordador de Ouro, a Grande Tinturaria Estácio e, no 1º andar, o dentista Waldomiro Silveira Noronha. No 58, o armazém Aos Dois Mundos; no 60, a Casa Clark, loja de calçados; no 62, o Café Majestoso; e, no 66, a filial da Alfaiataria Victoria.

Negra semente, fina flor da malandragem

O Rápido Sulamericano e a casa de móveis de Antonio Mendes D'Almeida ficavam no 70. O açougue de Franco & Toledo, no 72; a Padaria Francesa, no 74; a confeitaria de Arlindo Teixeira & Araujo e a engraxataria de Geraldo Pinaldi, no 78. O restaurante de R. da Silva & Cia, no 80; a barbearia de João Bezerra, a sapataria de Antonio Ribeiro, a quitanda de José de Castro, como também o Café Pavão, ponto de boa fama boêmia, no 82. Depois, abria-se o largo do Estácio.

No primeiro dos quatro vértices do largo, desembocava a rua do Estácio. No segundo, a Machado Coelho saía em direção ao Mangue. No terceiro, a São Cristóvão, mais tarde Joaquim Palhares, conduzia àquele bairro. No último, nascia a Haddock Lobo, o primitivo caminho para o engenho dos jesuítas.

Na esquina de São Cristóvão e Machado Coelho, situava-se a Escola Normal. Bem no final da rua do Estácio, já na boca da Haddock Lobo, erguia-se, desde 1746, a igreja, de início "modesto santuário", do Divino Espírito Santo, o mais antigo marco civilizatório do bairro. Defronte da qual se realizava, em tempos de Dom Pedro II, a festa do imperador do Divino, segundo Nelson Costa, em *O Rio de Janeiro de ontem e de hoje*.

Em busca da Beneficência da Paróquia, o fiel passava, ao deixar o templo, pelo armarinho de Jorge Miguel & Irmão, no 79, e por dois botequins: o de Monteiro & Silva, futuro Café Excelso, no 77; o de Joaquim Silva Sarmento, no 75. Em seguida, encontrava duas sapatarias: a Alzira, no 73; a Atlas, no 69. No 67, topava com a fábrica de colchões de Salvador Garcia Barciela, que dividia o endereço com o ferro velho de Paulino. Quando chegava, afinal, à Caixa de Beneficência da Paróquia do Espírito Santo, no 65.

O 63 abrigava o restaurante de Chering & Fareg; o 61, a Casa Filardi, uma loja de calçados. No sobrado do 59, dava consultas o dentista João da Cunha, enquanto a Quitanda e Carvoaria do Povo, de Francisco Cardoso Martins, pai de Russo do Pandeiro, atendia, no térreo, a freguesia.

No 55, o Armazém União comercializava de um tudo. Já no 53, Antonio da Silva de Oliveira vendia somente frutas e legumes, com mais um dentista, Abilio Mello Fontes, no 1º andar. No 51, era a loja de móveis e colchões de José de Souza Pinto; no 49, a Casa

Nazareth, especializada em tecidos e material de costura, além da sapataria de José Cury.

Os bombeiros Francisco Corrêa & Alves prestavam serviços no 47. O mesmo número em que, na década de 1910, davam o que falar os "majestáticos bailes" da Quem Fala de Nós Tem Paixão.

A Sereia comercializava seus pães, biscoitos e bolos no 45. O armarinho de Debroliner & Alturan, a oficina de conserto de calçados de José Paracampo e a Fotografia Conti, de Concetta Garritano, dividiam o 41. Enquanto Mme Graziella Caporazio e A Muralha vendiam chapéus e sapatos no 37 e no 35.

Os números 31, 29 e 27, no canto de Maia Lacerda, pertenciam a três casas de cômodos, com dois pisos acima da rua. Um endereço fundamental para a história da música, por abrigar o compositor Ismael Silva e o flautista Benedicto Lacerda, por emprestar o porão para a fundação do bloco Deixa Falar, a primeira escola de samba.

Na outra esquina, o posto de gasolina. No 23, a oficina de costuras de Adelia Massad. No 17, a residência de Augusto Francisco do Nascimento e Iracema Lopes, os pais de Diva, onde nasceria Marlene, a filha de Ismael Silva. No 13, o relojoeiro Edson Martins e o engraxate Agostinho Caruso. No 9, a Farmácia Paulista, aquela que repartia, com a Santa Olga, a preferência popular. No 5, a Leiteria Estácio e o armarinho de Oscar Jusim. No 3, por fim, o ponto de jornais e revistas de Agostinho Carmo.

A localização do Café do Compadre seria um desafio para os historiadores. Muito por conta da notícia, publicada por *A Noite*, *Diário da Noite* e *O Globo*, em 13 de abril de 1934, sobre um assalto ao Café do Compadre, na Rodrigues dos Santos, 26, quarta paralela à Estácio de Sá, na fronteira do Mangue. Uma notícia abonada, no dia seguinte, pela reportagem policial de toda a imprensa.

Alcebiades Barcellos, o Bide, no entanto, em depoimento ao Museu da Imagem e do Som, em 21 de março de 1968, seria claro sobre a localização: "Café do Compadre, esquina de Pereira Franco com Estácio. Hoje aquilo é da Casa da Banha". O historiador José Ramos Tinhorão, um dos entrevistadores, solicitaria a confirmação: "Onde é a Casa da Banha, atualmente?". O que Bide faria: "Atualmente é a Casa da Banha".

Tratava-se da primeira loja das Casas da Banha, inaugurada em junho de 1955, no 70, antigo 14, da rua do Estácio. Uma informação complementada por Venancio Pereira Velloso Filho, herdeiro do fundador: "O salão era de 50 a 60 metros quadrados. Daí você vê o quanto era pequeno". "Na realidade, aquilo ali era um botequim".

A solução para o problema dos Cafés do Compadre, afinal, era simples. Havia dois: um na Rodrigues dos Santos, 26; outro na Estácio de Sá, 14. Ambos do mesmo dono, Manoel Joaquim Corrêa. O primeiro, fundado por ele e por Manoel Carreira Rodrigues em janeiro de 1927; o segundo, adquirido em julho de 1931.

O português Manoel Joaquim Corrêa, o Careca, elo entre os dois cafés, era um ativo empresário do ramo de botequins do Mangue. Não apenas empresário, personagem. Por amar aquele pedaço da cidade, mudava-se da travessa Moreira, 12, na Gamboa, para a Visconde de Itaúna, 283, na porta do bairro do prazer. Onde merecia o afeto de duas mulatas malandrinhas: Rita dos Santos, de 20 anos, da Pinto de Azevedo, 35; e Lygia Guimarães, de 22, da Júlio do Carmo, 360.

Levava aquela vida de semideus grego até as duas se encontrarem, por acaso, dentro do Café do Compadre, o da Rodrigues dos Santos, e, cheias de fúria olímpica, o esbofetearem. Cansadas de agredir o *amant de coeur*, que apanhava, aliás, sem se defender, terminavam, segundo a *Gazeta de Notícias*, de 5 de março de 1927, por se engalfinhar.

Proprietário do Café Nova Estrella, na Júlio do Carmo, onde Brancura dizia que trabalhava, assim como do Café do Compadre, o da Rodrigues dos Santos, na fronteira da zona, e do Café Canadense, na Visconde de Itaúna, ponto dos malandros-cáftens, os domínios de Manoel Joaquim Corrêa se estendiam, após a aquisição do segundo Café do Compadre, à rua do Estácio.

De acordo com Mario Martins, a Estácio de Sá era a "divisa entre os dois mundos: o das prostitutas e cáftens, cheio de movimento, arruaças e brigas, de um lado, e o das famílias, com crianças brincando nas ruas e senhoras conversando nas janelas, do outro". Sem quase contato entre os mundos, quando muito "alguma francesa de maior poder aquisitivo cruzava a fronteira, para comprar perfumes ou roupas no comércio".

Em relação à Dona Minervina, Pessoa de Barros, Souza Neves e Rodrigues dos Santos, paralelas à Estácio, como também sobre a

Pereira Franco, Nery Pinheiro, Corrêa Vasques e Laura de Araújo, essas transversais, inclusive à Salvador de Sá, a regra era uma só: quanto mais perto do Mangue, mais Mangue.

O Café Ponto Chic, na esquina de Laura de Araújo e Salvador de Sá, atendia clientela alegre na noite de 13 de janeiro de 1927. Ainda mais festiva após soar no salão, sustentada por dois violões, a "garganta de ouro" de Sebastião Fernandes da Silva, um mulato de 30 anos, operário em momento de folga.

Segundo *A Manhã*, "Sebastião enchia o espaço de estrofes harmoniosas, palavras de um amoroso irresistível", quando um gozador, José Rimo, por alcunha Perriba, branco, funcionário da Light, punha-se a imitar seu modo de entoar.

Tipo violento, após ouvir um xingamento, desafiava o desafeto para um confronto físico: "Vamos lá pra fora". Uma serenata que chegava ao fim com o seresteiro morto, esfaqueado no peito, justo de onde brotava, instantes antes, aquela voz feiticeira.

Seria naquele bairro, onde ecoavam vozes e violões em serenatas, onde pianos batucavam e pés se arrastavam em sociedades dançantes, onde blocos evoluíam por entre fraseados rítmicos de orquestras de percussão, onde a violência fazia parte do jogo, inclusive nas rodas de pernada ao som de refrões de batucada, que o samba baiano se transformaria, em meio a dores e prazeres, no samba batucado.

O bairro do Estácio de Sá, entre o morro de São Carlos e a zona do Mangue, nas vizinhanças do Catumbi, a zona do agrião. O antigo arraial de Mataporcos, caminho desde sempre das riquezas da cidade. O berço do samba batucado e das escolas de samba, patrimônios da nação brasileira.

12

Ao conceber e ordenar as *Constituições Primeiras do Arcebispado da Bahia*, apresentadas e aceitas no Sínodo Diocesano, em 12 de junho de 1707, Dom Sebastião Monteiro da Vide tinha em mente, por certo, a pacificação social.

Ainda ardia a memória do Quilombo de Palmares, como permanecia o medo de que brasileiros negros insistissem na criação de um estado independente dentro do território nacional.

No entanto, ao incentivar que, em nome da fé, os senhores de engenhos e de fazendas permitissem que seus escravos guardassem domingos e dias santos para a celebração cristã, o arcebispo não podia imaginar quão profundas seriam as consequências.

Dom Sebastião da Vide julgava justos "alguns dias todos dedicados ao Divino culto, em que nos ocupemos em render a Deus graças pelos inumeráveis benefícios que dele temos recebido". Ocasiões em que se fazia necessária a "quietação de todas as obras servis, e perturbações profanas". Por fim, para que "todo o fiel Cristão saiba os dias", "e se não tenha deles ignorância", Dom Sebastião elencava, um a um, os 39 consagrados à cristandade. Dias que, somados aos domingos, poderiam chegar a 91. Quase 25% do ano.

A igreja criava, por meio das *Constituições Primeiras*, as bases de um pacto social que permitia aos sem prestígio um regalo do topo: o ócio. Na prática, significava que os escravos, que alimentavam com seus ossos o perverso sistema produtivo, teriam direito a cantar e dançar nas datas cristãs. Em especial, ao acompanhar as procissões.

Segundo Dom Sebastião, as procissões eram "atos de verdadeira Religião", uma "oração pública" pela qual os fiéis reconheciam Deus como "piíssimo distribuidor de todos os bens". Assim, como fosse aquela prece ambulante "um eficaz meio para alcançarmos de Deus o que lhe pedimos", não admitia discordâncias: "Ordenamos, e mandamos, que tão santo e louvável costume, e o uso das Procissões, se guarde em nosso Arcebispado".

Samba batucado do Estácio de Sá, de Carlos Didier

O Rei do Congo, dança dramática em forma de cortejo, "ao som de cantos", "originada nos costumes africanos de entronizar-se o novo rei", como definiria Mario de Andrade, era costume brasileiro antigo.

Em *Reminiscências histórico-pernambucanas*, o folclorista Pereira da Costa comprovava, no *Jornal do Brasil*, de 25 de agosto de 1901, através de "um velho compromisso da Irmandade de Nossa Senhora do Rosário", a existência do Rei do Congo na Vila de Igarassu, atual região metropolitana de Recife, em 24 de junho de 1706. Uma citação do antropólogo Arthur Ramos, em *O folclore negro do Brasil*. Um testemunho de que Dom Sebastião da Vide plantava em terra fértil.

Um século depois, Carl Friedrich Philipp von Martius e Johann Baptist von Spix, líderes da Missão Austríaca, descreviam uma "procissão religiosa", testemunhada entre 1817 e 1820, nas ruas da Bahia. Um flagrante daquela civilização à brasileira.

Em alas passavam "numerosas irmandades de todas as cores", "beneditinos, franciscanos, agostinhos, carmelitas calçados e descalços, mendicantes de Jerusalém, capuchinhos, freiras e penitentes", a exibir a "preciosidade das suas capas, bandeiras e insígnias", com a "gravidade e altivez dos padres europeus e todo o esplendor da antiga igreja romana", "em meio do barulho selvagem de negros exóticos", "cercados do bulício dos mulatos irrequietos".

Para os europeus, um "espetáculo mágico". Para os brasileiros, a porta de entrada dos afrodescendentes na arte nacional. Quando, em "quietação de todas as obras servis", cantavam perto, tocavam junto, bailavam vizinhos, agiam misturados.

Como em meio àquelas procissões, ordenadas e mandadas por Dom Sebastião Monteiro da Vide, se fundiriam santos europeus e orixás africanos, ganhariam raízes a música e a dança afro-brasileiras, benditas sejam, por isso, as *Constituições Primeiras do Arcebispado da Bahia*.

Ainda na primeira metade do século XIX, desembarcava no Rio de Janeiro a cultura afro-baiana. À medida que mais e mais afrodescendentes, em busca de oportunidades de trabalho, em fuga das duras reações às revoltas negras na Bahia, mudavam para a capital do país. Em suas bagagens, a bem reputada, e nunca desmentida, vocação para os folguedos. Em meio aos folguedos afro-baianos, o samba.

Havia muito existia, no entanto, uma música afro-carioca. Como testemunhava Jean-Baptiste Debret, desenhista e pintor da Missão Francesa, na cidade entre 1816 e 1831, com atelier no Catumbi.

Na crônica *O negro cantor*, registrava a "multidão de escravos espalhados pelas ruas do Rio de Janeiro", o "caráter peculiar do dançar e cantar" das "várias nações negras", misturadas em praças e ao "redor das fontes públicas". Ocasião em que bastava um deles entoar um refrão "bizarro", articulado em duas ou três notas, para se formar, em torno do músico, uma roda em cujo centro os escravos se revezavam em "pantomima improvisada".

Batucavam no que carregavam à mão: "Dois pedaços de louça", "dois pequenos pedaços de ferro", "uma concha e uma pedra", "lata ou caixa de madeira". Juntos formavam uma "bateria", "sempre executada em conjunto perfeito", "mais surda do que barulhenta", com maior intensidade somente nos refrões. Isso enquanto os menos entusiasmados contentavam-se em participar apenas com um "bater de mãos composto de dois tempos apressados e de um lento". Uma descrição que faria lembrar o toque de um berimbau.

Segundo Debret, havia sessões de música instrumental, exclusivamente de percussão, por "grupo de mais de quarenta negros", em "um só bater geral de mãos", mais uma vez em perfeito conjunto.

Tratava-se do batuque africano, origem de todas as manifestações de música e dança afro-brasileiras, antes do desembarque dos baianos afrodescendentes. Um batuque que se dissolvia assim que cessava o encantamento dos músicos. Quando cada escravo retomava, sem alegria, seu caminho e incumbências.

Para Jean Baptiste, seriam os angolanos, mais especificamente os benguelas, os negros mais musicais. Notáveis inclusive pela fabricação de seus próprios instrumentos: a "viola de Angola", "espécie de lira de quatro cordas"; um violino de coco, de uma corda só; o urucungo, o célebre berimbau; o quiçanje, chamado de marimba, na África conhecido como *mbira*.

O quiçanje era uma espécie de piano de polegar, de pequenas lâminas de metal, onde dedos africanos batucavam notas. Como fariam os pianeiros nas sociedades dançantes. Como tocariam os violeiros seus lundus, os violonistas seus sambas: na mão direita, a

África; na esquerda, a Europa. Pois o quiçanje era a cultura afro-brasileira em formação.

Não à toa, era uma viola o instrumento que aquele mulato magro abraçava, à beira da lagoa do Boqueirão, com o Aqueduto da Carioca ao fundo, em pintura do século XVIII, atribuída ao também mulato Leandro Joaquim, pertencente ao acervo do Museu Histórico Nacional.

Um jovem de fisionomia delicada, mão direita nas cordas, dedo mindinho espigado, os demais prontos para o toque. Trajava camisa branca de gola, colete de botões, calça até os joelhos, capa marrom e chapéu preto. A seu lado, uma moça mulata, muito jeitosa, de chapéu semelhante, lenço por baixo, vestido de flores, pano branco nos ombros, olhos grandes e enamorados. Ambos descalços, sinal de escravidão.

Os primeiros gêneros musicais do povo brasileiro seriam contemporâneos do mulato de Leandro Joaquim: o lundu, arteiro e malicioso; a modinha, puro coração. Toda a alma nacional cabia, então, naqueles dois tipos de canção. Por isso, quando Dom João VI concedia ao Brasil o direito de uma imprensa própria, não demoravam a virar notícia violeiros como o menestrel da lagoa do Boqueirão.

Caso do mulato Dionizio, "oficial de carpinteiro", "muito pachola", de 18 a 20 anos, "alto, bem feito, bonito de cara, corpo espigado". Um tocador de viola que tinha sumido no mundo, com sinais de maus tratos no pé e nas nádegas, em 18 de junho de 1819.

Assim como escapava Antonio, mesmo gago e de pernas tortas, de chácara do Engenho Novo, em 20 de fevereiro de 1827. Como desaparecia, em 27 de março, o alfaiate Benedito, da travessa do Infante, no Catete, quando vestia "libré azul, com vivos amarelos e verdes". Como fugia Isidoro, sem dentes e pisando pra dentro, da Praia Formosa, segundo anúncio de 31 de agosto de 1830, do *Diário do Rio de Janeiro*, fonte de todas essas fugas. Todos escravos, todos sofridos, todos tocadores de viola.

As primeiras notícias sobre a música de afro-baianos em terras cariocas vinham justo de fugas de escravo. Caso de João, marceneiro, violeiro, "filho da Bahia", "muito capadócio", que buscava seu destino em 15 de agosto de 1827. Caso do sapateiro Querino que, "cheio de corpo", de "jaqueta de brim escuro" e "orelha esquerda furada", ganhava a estrada em 15 de fevereiro de 1836, com fama de tocador de viola "à moda da Bahia".

Em 25 de agosto de 1838, um anúncio do *Diário do Rio de Janeiro*, sobre uma "casa de pasto", na rua da Ajuda, 48, trazia o seguinte cardápio dominical: "Caruru, vatapá e moqueca de peixe com leite de coco". Não havia dúvida: dois anos após a partida de Jean Baptiste Debret, os baianos afrodescendentes espalhavam sua cultura na cidade.

Em 22 e 23 de setembro, uma barraca prometia, no campo de São Cristóvão, ao lado de sarrabulho e "frigideiras à moda de Pernambuco", um "vatapá à moda da Bahia". Em 5 de janeiro de 1841, outra barraca, dessa vez no Campo de Sant'Anna, oferecia "vatapá à baiana, o mais bem preparado". Enquanto uma casa da rua da Alfândega, 244, garantia, no mesmo dia, "o mais bem preparado vatapá".

Tão presente se fazia a Bahia no Rio de Janeiro, que o simples anúncio da peça *O bahiano na corte*, no *Jornal do Commercio*, de 5 de outubro de 1851, despertava a suspeita, no leitor J. Francisco, de que fosse crítica zombeteira aos seus conterrâneos.

Tratava-se de comédia de João Caetano, com música de Francisco de Sá Noronha, no Theatro de São Januário, sobre o passeio de uma família a uma das "pitorescas ilhotas que aformoseiam e enobrecem a imensa baía do Rio de Janeiro". Onde a filha devia se casar com o capitão, um rapaz libertino por quem sua velha tia se tinha enamorado, enquanto ela, a sobrinha, desejava ser de Henrique, "administrador da fazenda, jovem modesto, prendado e amabilíssimo". Uma trama em que, após danças e contradanças, o cupido acertava o alvo: a moça se casava com o eleito, o baiano em questão.

Para tranquilizar o espírito desconfiado de J. Francisco, o *Correio da Tarde*, de 8 de outubro, se dirigia direto a ele: "Já vedes que a comédia, quanto à Bahia, não é senão obsequiosa". Um episódio que comprovava a presença da autoestima baiana na cidade. Uma cultura que, a cada ano, mais se alastrava.

Em 17 de maio de 1855, o *Jornal do Commercio* noticiava um "vatapá de leite à moda da Bahia", na Larga de São Joaquim, futura Marechal Floriano. Na do Hospício, mais tarde Buenos Aires, um "caruru de folha" aguardava a clientela, em 10 de outubro de 1862.

Até que o hotel Senhor do Bonfim divulgava, em 5 de julho de 1867, o "bom vatapá à baiana com o amigo acaçá", na Conde D'Eu, atual Frei Caneca, na entrada da Cidade Nova.

Através do acaçá, angu, bobó, caruru de folha, cuscuz, feijão de coco, mocotó, moqueca de peixe, sarapatel e zorô, além do onipresente vatapá, o Rio de Janeiro tinha sua geografia associada à cozinha baiana. Preciosidades culinárias criadas com frequência por mãos escravas.

"Vende-se uma preta Mina, boa cozinheira de forno e fogão, sabendo igualmente fazer angu, vatapá, amêndoas, refinar açúcar, e alguns doces", na praça da Constituição, dizia o *Diário do Rio de Janeiro*, de 8 de março de 1839. "Vende-se uma lindíssima e elegante crioula de 18 anos", "perita cozinheira", "desossa, faz massas, doces, vatapá e mais quitutes à moda da Bahia", na Alfândega, segundo o *Jornal do Commercio*, de 27 de julho de 1869. E "aluga-se preta de meia idade", mestra em "todos os quitutes da Bahia", anunciava o mesmo jornal, em 6 de abril do mesmo ano, na Formosa, a General Caldwell.

Na terça-feira gorda de 1868, os folguedos afro-baianos subiam ao palco do Theatro São Pedro de Alcântara, em meio ao *Último Baile de Carnaval*. Um espetáculo onde davam piruetas os trapezistas lusitanos Penna & Bastos. Onde uma orquestra de quarenta instrumentistas executava polcas, schottischs e galopes. Onde se apresentava a "nova sociedade" Quecumby, na qual "El rei Congo e sua corte" acompanhavam os "embaixadores do grão Thouarig", de acordo com o *Jornal do Commercio*.

Era o cucumbi no Rio de Janeiro, ainda com grafia próxima do quimbundo "kikumbi", o provável étimo da palavra, de acordo com Nei Lopes, em *A presença africana na música popular brasileira*.

Em 6 de fevereiro de 1869, a origem baiana, omitida na divulgação do baile no São Pedro, aparecia na propaganda do cabeleireiro Ramos, com promessa de "cabeleiras brancas, ditas pretas, louras, grisalhas", de "barbas e bigodes", de "máscaras, narizes à *chicards*", dirigida às sociedades Ás de Copas, Club Chinês, Heidelberg, Inimitáveis, Zuavos e Cucumbi Bahiano.

No dia seguinte, o *Jornal do Commercio* noticiava o primeiro cortejo do "Quecumby Bahiano": Sua Alteza, o Rei do Congo, com "palácio de Verão" à rua Senhor dos Passos, 77, sairia para um "passeio carnavalesco", "acompanhado de toda a sua brilhante corte", ao lado de "príncipes de outros países da África", por conta do "feliz consórcio" de seu "herdeiro presuntivo".

Segundo o costume, os africanos elegiam o Rei do Congo, cuja autoridade era acatada, cuja corte se valia das palavras "majestade, excelência, senhoria", segundo Renato Almeida, em *História da música brasileira*. Uma forma original de governança: o imperador aceitava que os brasileiros negros tivessem um rei; os negros brasileiros concordavam que existia, acima do rei, um imperador.

Em 7 de fevereiro de 1869, o Quecumby Bahiano, com a devida autorização imperial, assim desfilava: na 1ª fila, os "clarins" do "palácio de Sua Majestade"; na 2ª, "um oficial europeu com o estandarte real"; na 3ª, o "médico"; na 4ª, o "camarista"; na 5ª, o "duque de Oain, reposteiro-mor"; na 6ª, a "embaixada do Grão Tonnareg; na 7ª, a "embaixada do Taicon"; na 8ª, a "embaixada do rei de Delai"; na 9ª, a "embaixada do Celeste Império"; na 10ª, o "grão-mestre do palácio, duque de Javali"; na 11ª, a "duquesa de Zaire, favorita do rei"; na 12ª, o "príncipe de Sova"; na 13ª, o "príncipe e a princesa do Congo"; na 14ª, o "príncipe e a princesa de Benguela"; na 15ª, o "príncipe e a princesa de Ambriz"; na 16ª, o "príncipe e a princesa de Luanda"; na 17ª, o "príncipe e a princesa de Cassanje"; na 18a, "S. M. a Rainha do Congo"; na 19ª e última, o "mais alto e muito poderoso e três vezes magnânimo príncipe Kão-Lin-Bongo", "rei do Congo e suserano de Cassanje", "em grande uniforme", "condecorado com a grã-cruz do Sol da Pérsia".

Dezenove anos depois, em 13 de fevereiro de 1888, Mello Moraes Filho revelava quatro cucumbis integrados às folias de Momo: Cucumbis Carnavalescos, Iniciadores dos Cucumbis, Lanceiros Carnavalescos e Triunfo dos Cucumbis.

Um cortejo cuja origem africana podia ser observada nas orquestras: "Os ganzás, os chequerês, os chocalhos, os tamborins, os adufos, o vu, os agogôs, as marimbas, e os pianos de cuia". Uma formação em que vu era a cuíca. Uma crônica que trazia a toada de despedida dos cucumbis: "Na Bahia tem,/ Tem, tem, tem,/ Na Bahia tem,/ Ó baiana!/ Água de vintém".

O samba *Na Bahia tem* morava no Rio de Janeiro havia muito. O suficiente para sofrer uma transformação em sua letra original: no lugar do baiano "coco de vintém", entrava aquela carioca "água de vintém".

Samba batucado do Estácio de Sá, de Carlos Didier

Era assim chamada a água comercializada pela Chácara do Vintém, erguida sobre terras sequestradas aos padres jesuítas, no Engenho Velho. Uma propriedade arrematada, em 10 de fevereiro de 1762, por Antonio Gomes Ferreira, pela irrisória quantia de 30 mil réis. Quando, sem lance superior, o porteiro Luiz de Carvalho Viegas, em presença do governador Gomes Freire, o Conde de Bobadella, assim declarava: "Afronta faço, porque mais não acho, e se mais achara mais tomara, dou-lhe uma, dou-lhe duas, e outra mais pequenina em cima". Em seguida, virava-se para o arrematante, a fim de depositar um ramo verde em sua mão: "Bom proveito lhe faça". Uma passagem contada por Mello Moraes, o pai.

Cem anos após o leilão, a Chácara do Vintém fazia boa renda através da venda da água, cujas "virtudes terapêuticas granjearam nas cortes de D. João VI e D. Pedro I legendária fama", dizia o anúncio do *Jornal do Commercio*, de 31 de janeiro de 1877.

A palavra samba ecoava em terras cariocas em 1831, como característica do escravo José, da nação Caçanje, um carpinteiro que escapulira da rua das Marrecas, segundo o *Diário de Notícias*, de 5 de agosto: alto, magro, cor fula, com uma navalhada no joelho e a "perna meio samba".

Surgia na origem africana de Gregorio, "moleque livre", de 14 anos, sumido da rua da Quitanda, de acordo com o *Diário do Rio de Janeiro*, de 4 de julho de 1839: "Muito retinto", da "nação Samba".

Como ainda na nota *Curiosidade*, em *O Brasil*, de 27 de julho de 1844: "Em uma folha da Bahia, vimos um soneto contra o sr. Vasconcellos, em que esse sr. é convidado para ir à Bahia ser rei dos Sambas". "O que será samba, que baianice é essa, meus senhores?".

Samba era mesmo uma *baianice*. Como provava a encenação de *O naufrágio da Medusa*, de William Thomas Moncrieff, devidamente aclimatada aos "costumes da Bahia", onde "crioulas, com saias de renda e pencas na cintura" dançavam o "samba". Assunto de carta baiana, de 13 de maio de 1857, no *Diário do Rio de Janeiro*, de 21.

Na capital do país, a dança podia ser admirada, no Skating Rink, na rua do Costa, em 20 e 24 de novembro de 1878, quando acontecia, pela primeira vez, segundo a *Gazeta de Notícias*, um "bem ensaiado e sapateado samba", por "quatro engraçadas baianas". E o *Jornal do Povo* confirmava: o "samba baiano", que punha a "arder o juízo dos velhos", dava no chão com a "seriedade dos moços".

Vinte anos antes, porém, o samba já frequentava as procissões religiosas da capital. Do que se tinha certeza pela mensagem aos "augustos e digníssimos senhores representantes da nação brasileira", de Antonio Ildefonso Gomes, especialista em hidrossudoterapia, n'*O Correio da Tarde*, de 27 de abril de 1858. Onde aquele médico denunciava que, quando o Santíssimo Sacramento saía às ruas, ouviam-se de longe "atordoantes repiques", "escandaloso batuque, furrundu, samba, bate moleque, luxurioso lundu chorado", a serviço de "banais, infames danças africanas".

Se o samba era enaltecido, a princípio, por sua dança, na qual "crioulas cantavam, requebrando o corpo, enlanguescendo os olhos", em passos que exigiam "esforço máximo das pernas, e em especial dos pés", como o *apanha o bago*, o *corta-jaca*, o *miudinho* e o *separa o visgo*, como a descreveria, em *Negros bantos*, o etnólogo Edison Carneiro, a música não demoraria a ganhar cartaz.

Como acontecia, em 12 de agosto de 1888, com a *Indenização ou República*, de Coelho Netto e Emilio Rouède, no Theatro Variedades Dramáticas. Um espetáculo que prometia, como apoteose, "samba baiano cantado e dançado".

Um gênero musical de ritmo encantador, embora de melodias de voos breves. Como eram, em geral, as "linhas melódicas negras", segundo o musicólogo Luciano Gallet, em *Estudos de folclore*: de curtos saltos entre as notas, sendo os de terça, ascendentes ou descendentes, os mais comuns.

Um encantamento que vinha da síncopa, frequente em cantigas folclóricas ao longo do vale do São Francisco, e mais além, ao Norte e ao Sul do país. Uma síncopa presente, como observaria Mario de Andrade, na *Nau Catarineta*, a ancestral canção luso-brasileira: "Faz vinte anos e um dia...".

Nau Catarineta, tema, em *A música no Brasil*, 1908

Samba batucado do Estácio de Sá, de Carlos Didier

Quem quisesse provar do encanto, bastava cantarolar o *Na Bahia tem*, batucar na mesa a divisão da melodia de "Balaio, meu bem/ Balaio, sinhá". Em compasso binário: "semicolcheia, colcheia, semicolcheia; colcheia, colcheia".

Pulsação rítmica do samba baiano

A sedução feiticeira do samba vinha dos fraseados da percussão, criados em torno daquela pulsação característica. Uma batida que, marcada na mão, no tamborim ou no violão, envolvia toda a composição, enquanto a melodia, também com contribuições rítmicas, atuava. E todos os ritmos juntos tiravam o ouvinte do prumo.

13

Enquanto o mulato Domingos Caldas Barbosa tinha sido, com seus lundus e modinhas, o principal criador da música popular carioca da segunda metade do século XVIII, o negro Henrique Alves de Mesquita se fazia, com suas polcas e quadrilhas, os primeiros tanguinhos, um pioneiro maxixe, o mais importante compositor de todo o XIX. O mais influente, na verdade, de toda a história.

Por ter intuído o tesouro, aberto a picada, descoberto uma música popular de fôlego. Por ser aquele que primeiro tirava partido das pulsações rítmicas do lundu e do samba.

Porque a história da música carioca seria a história daquelas duas pulsações: a do lundu, de origem africana; e a do samba, recém-chegada nas vozes e nas mãos de baianos afrodescendentes. Da mistura de ambas, ora na linha melódica, ora na linha harmônica, ora na linha rítmica, surgiria a mais alta música popular do Rio de Janeiro.

Uma música que subia de tom em 1856, com *Os beijos de frade*, parceria de H. A. de Mesquita e E. D. Villas Boas, como constava em partitura de época, pertencente ao acervo da Biblioteca Nacional.

Eduardo Daniel Villas Boas, o autor dos versos, era um homem de fino trato. Um cavalheiro que, após se desligar do cargo de "conferente das capatazias da alfândega da Corte", agradecia, através do *Jornal do Commercio*, de 8 de fevereiro de 1852, o "bom acolhimento" dos colegas. Um poeta que lançava, em outubro de 1853, o livro *Os segredos do coração*, à venda na tipografia da rua da Vala, 141, "acompanhado de uma valsa". Mas, se era antiga sua afeição pela arte dos sons, aqueles delicados versos para *Os beijos de frade*, onde brincava com a planta e com o monge, estavam destinados ao esquecimento. Pois aquela flor da canção seria cultivada apenas no jardim da música instrumental.

Henrique Alves de Mesquita, o autor da música, filho natural de José Alves de Mesquita Basto e Anna Roza de São Francisco, tinha nascido em 15 de março de 1830, de acordo com o registro de batismo, feito na igreja de São José, divulgado pelo maestro João Baptista Siqueira, em *Três vultos históricos da música brasileira*.

José, o pai de Henrique, era dono de armazém de café, no beco do Guindaste, 8, no bairro da Misericórdia, de início em sociedade com Manoel José Pereira da Silva Maia, padrinho de seu filho, sozinho a partir de 8 de fevereiro de 1835. Um empresário de quem seriam conhecidas duas doações: a primeira, de 4 mil réis, em janeiro de 1832, referente à aquisição de pedras e de lampião para a calçada do beco do seu armazém; a segunda, de mesmo valor, em novembro de 1835, para obras da Casa de Correção.

Henrique teria vivido a infância no beco do Cotovelo, nas vizinhanças do armazém de seu pai, "em fraldas de camisa, jogando o seu pião, soltando papagaios, brincando o tempo-será", segundo José Vieira Fazenda, morador do bairro, na crônica *A rua do Cotovelo*, em *A Notícia*, de 11 de novembro de 1896.

Aos 17 anos, aluno de Desiderio Dorisson, interpretava ao trompete variações de autoria de seu mestre, no Theatro de São Francisco, em concerto em benefício do professor Luiz José da Cunha. Era, então, um talento que germinava no fértil terreno da música erudita.

Quando Dionisio Vega e Gioacchino Giannini, integrantes da companhia lírica do Theatro São Pedro de Alcântara, criavam o Liceu Musical, em 1º de fevereiro de 1848, na rua do Conde, 13, com o objetivo de ministrar "princípios elementares de música", "canto italiano e piano", "harmonia e contraponto", a 5 mil, 8 mil e 12 mil réis por mês, com a ressalva de que os que não pudessem "satisfazer a esta mensalidade" seriam aceitos gratuitamente, recebiam Henrique como aluno. Mais precisamente, aluno de Giannini, um italiano da Toscana.

Seis meses após o liceu abrir as portas, se fazia realidade um antigo sonho da cidade: o Conservatório de Música. Uma instituição que oferecia, a partir de agosto de 1848, sob a direção do maestro Francisco Manuel da Silva, aulas gratuitas de canto e solfejo, de instrumentos de corda e de sopro, de harmonia, contraponto e composição. Com primeira sede no andar térreo do Museu Nacional, no Campo de Sant'Anna, teria Henrique entre seus estudantes, Gioacchino entre seus mestres.

Seriam aqueles cursos, primeiro no liceu, depois no conservatório, que formariam o compositor Henrique Alves de

Mesquita. Uma formação responsável pela simetria dos desenhos melódicos de *Os beijos de frade*. Pois seu criador, embora tivesse ouvidos atentos para lundus e sambas, estava longe de ser um compositor popular espontâneo.

Ele parecia seguir à risca o *Traité de la melodie*, do tcheco Anton Joseph Reicha, publicado em 1814, em Paris. Onde aquele mestre ensinava como tirar partido de uma ideia, um motivo ou uma frase, através da decomposição em pequenos desenhos rítmicos, recriados, acima ou abaixo, com mudança ou não da tonalidade. O que resultava em simetria e coesão. O que dava fôlego à obra. Um raciocínio que Reicha fechava com uma revelação: "Eis aí, portanto, o segredo do grande Haydn. E, para a arte, o segredo de um recurso inesgotável".

O tema da introdução de *Os beijos de frade* ocupava dois compassos, cada um com um desenho rítmico. Duas figuras que, recriadas por ligeiras variações na altura das notas, produziam uma melodia de clara inspiração europeia, embora as síncopas por antecipação, ao início de cada desenvolvimento, carregassem um autêntico toque de africanidade. Do ponto de vista dos acordes, a rítmica era de profunda brasilidade: de ponta a ponta, a mão esquerda do piano pulsava como os sensuais lundus. E essa mistura de África, Brasil e Europa fazia a delícia da introdução.

Era na primeira parte da canção que entrava o samba, justo no tema, misturado com o lundu: o mesmo compasso abrigava características rítmicas dos dois gêneros. Desse modo, o desenvolvimento não poderia deixar de soar à brasileira, enquanto o piano batucava os acordes no mais legítimo samba baiano. Na melodia e na harmonia: samba direto na veia.

Na passagem da primeira para a segunda parte, uma modulação: a música abandonava a tonalidade de dó maior para abraçar a de mi, com uma categoria que confirmava refinada educação. Como a primeira acabava com um si, a atenção do ouvinte permanecia em suspenso: à espera do dó, a nota principal da escala, que aquele si pedia. O compositor, no entanto, modulava para mi maior, tonalidade em que aquele si era a segunda nota mais importante. O efeito para o ouvinte era como a abertura de uma nova dimensão, de um novo espaço para o voo da música.

Samba batucado do Estácio de Sá, de Carlos Didier

Classificada por Henrique Alves de Mesquita como lundu, talvez porque começasse e terminasse com os acordes pulsando ao ritmo contagiante dos lundus, a música de *Os beijos de frade*, recheada de negritude brasileira, não se enquadrava em nenhum gênero. Era antes uma sementeira de gêneros. Os principais ramos da árvore da música carioca pareciam brotar dali.

Sem vestígio das polcas, gênero em moda na corte desde 1844. Sem semelhança com as canções líricas de salão, colhidas, entre 1817 e 1820, por Spix & Martius. Fruto sobretudo das pulsações do samba e do lundu, lapidadas pela técnica de concerto, *Os beijos de frade* eram, simplesmente, a primeira obra-prima da música popular brasileira.

Como a criação, o criador tinha um pé na música popular, outro na erudita: seu trompete soava tanto em bailes mascarados, no Hotel Itália e na sociedade Paraíso, quanto em óperas faustosas, no Theatro Lyrico Fluminense.

O palco onde, em fevereiro de 1855, durante a encenação de *O trovador*, de Verdi, em meio à disputa entre as torcidas das prima-donas Casaloni e Charton, com perfumados aplausos para a preferida, espinhentas pateadas para a rival, entraria em cena sua personalidade desassombrada.

No princípio, tudo eram flores. No caso, as dos músicos para a mezzosoprano Anne Charton-Demeur. Segundo Henrique Alves de Mesquita, em carta aberta, publicada pelo *Correio Mercantil*, de 11 de fevereiro, aquela simples homenagem havia despertado a aversão de "admiradores exaltados" da contralto Anna Casaloni Barboglio.

Um rancor que se transformava em grito de "canalha!", vindo do "lado das cadeiras". Um desrespeito que inspirava "algumas palavras insultuosas" de "um músico da orquestra". Uma manifestação que levava o espectador Antonio Vicente da Costa a apresentar queixa na delegacia contra aquele "procedimento tão ultrajante" de Henrique Alves de Mesquita.

O compositor, além de não negar os insultos, ameaçava o autor do grito, cuja "macilenta cara" tinha marcado: "Tempo virá em que algum atrevido, após uma boa lição, arrepie a carreira de andar caluniando a orquestra, e trate de procurar um meio honesto d'onde possa tirar a sua subsistência". Porque Mesquita era mesmo de briga.

Musicalidade e bravura seriam, aliás, traços de família. Em 11 de junho de 1848, Antonio Alves de Mesquita, seu irmão, integrante da banda do 2o Batalhão da Guarda Nacional, tinha sido preso sob a acusação de ser "capoeira". Sendo os dois irmãos muito chegados, como de fato eram, a hipótese de que Henrique fosse próximo da roda de capoeiragem ajudaria a explicar aquela familiaridade com a rítmica afro-brasileira dos lundus e dos sambas. Capoeiragem, berço da malandragem.

No entanto, o que motivava a carta apaixonada de A. S. C., no *Correio Mercantil*, de 27 de novembro de 1856, não era o popular *Os beijos de frade*, mas a erudita *Missa da festa de Santa Cecília*, entoada durante as festividades da padroeira dos músicos. Um protesto contra o "profundo silêncio" que sofria a "magnífica produção do artista brasileiro". Uma ardente encomenda de uma "ação paternal do ilustrado governo de S. M. Imperial".

Os ouvidos de Sua Majestade estavam atentos. Meses antes, em 27 de fevereiro, Pedro II prestigiava a ópera cômica *Dominó noir*, no Lyrico Fluminense, quando ecoava, em um dos intervalos, *Saudades de mme. Charton*. Uma valsa de Mesquita para a prima-dona que, após longa temporada, se despedia. Uma atenção imperial que não demoraria em se fazer ação.

Aos 26 anos, Henrique personificava a esperança de uma genuína arte operística brasileira. Como provava a resenha do *Diário do Rio de Janeiro*, de 15 de dezembro de 1856, que atribuía a ele a missão de "fazer nascer a nossa ópera", de engendrar a "nacionalização da arte lírica". "Excetuando-se os lundus", argumentava o autor, ainda não havia surgido uma "escola brasileira" de composição.

Em nome daquela esperança, o Conservatório de Música acionava, pela primeira vez, por meio de seus "professores reunidos em junta", o artigo 11 do Decreto 1.542, com o qual o governo reorganizara, em 1855, a instituição. Um artigo que permitia indicar um "talento transcendente" para curso de aperfeiçoamento na Europa.

Em 2 de julho de 1857, segundo o Diário do Rio de Janeiro, Henrique Alves de Mesquita, o músico de transcendente talento, tomava o vapor hamburguês Petrópolis rumo a Southampton, na Inglaterra, embora tivesse como destino final a França. Mais especificamente, o Conservatoire National Supérieur de Musique, em Paris. Onde se fazia aluno de François Emmanuel Joseph Bazin, mestre de harmonia, afamado compositor de óperas.

Dois anos depois, no Brasil, a *Revista Popular*, de 1859, plena de entusiasmo com a execução de seu *Te Deum* na Capela Imperial, antevia em Henrique "um digno sucessor a José Maurício e Francisco Manoel". Enquanto o compositor levava, na França, em cristalino contraste com aquela peça sacra, segundo o musicólogo Luiz Heitor Corrêa de Azevedo, "uma vida de perfeito boêmio".

Paris era, realmente, uma tentação. Montmartre, antes mesmo dos cabarés Chat Noir e Moulin Rouge, trazia no cardápio um petisco irresistível para um músico brasileiro beneficiário da bênção de Pedro II: a convivência com artistas franceses que, em tempo de Napoleão III, conquistavam uma vida mais livre.

Um tempo em que "perfeitos boêmios" discordavam que comprar e vender fosse o supremo destino da espécie humana. O tempo cigano do poeta Charles Baudelaire: "Tudo isso me lembra o odioso provérbio paterno: *faça dinheiro, meu filho, honestamente se você puder, mas faça dinheiro*. Que cheiro de armazém!".

Era quando artistas investiam seus tempos em experimentações estéticas, em expressões do eu profundo, em paraísos artificiais, em amores naturais. E seria justo uma aventura amorosa que pingaria um ponto final na boa vontade imperial com o criador de *O vagabundo*.

A ópera *O vagabundo*, música de Henrique Alves de Mesquita, libreto de Francesco Gumirato, devia ser a entrega da encomenda, a materialização do sonho de uma "ópera nacional". Sua estreia, no entanto, no Theatro Lyrico Fluminense, em 24 de outubro de 1863, apesar de prestigiada pela família imperial, merecia público "pouco numeroso". Os admiradores do maestro dariam preferência à segunda récita, aquela em benefício do autor. Quando Antonio Alves de Mesquita subiria ao palco para os agradecimentos em nome do irmão ausente.

O vagabundo receberia fundos elogios de Joaquim José da França Junior, na seção *Theatrologia*, do *Bazar Volante*, de 8 de novembro. Onde aquele cronista, como Sesostris, pseudônimo descoberto por Raquel Barroso Silva, em *Ecos Fluminenses, França Junior e sua produção letrada no Rio de Janeiro*, fazia uma revelação: "Que as palmas e bravos dessa noite, que vai marcar uma época em tua vida, possam chegar até o fundo do cárcere, onde a fatalidade te arrojou".

Uma prisão cuja causa viria a público, em *O Paiz*, de 13 de julho de 1906, um dia após sua morte: "Uma aventura galante, em Paris, fê-lo perder as boas graças do soberano".

Uma travessura mal-andante, talvez com *Laura* ou *Virginie*, polcas de Henry de Mesquita, editadas por Eugène Mathieu, em 1859. Um sofrimento que estaria na própria gênese de *O vagabundo*, "gemido de dor e de saudade que o artista nos enviou do velho mundo, como um beijo de eterno reconhecimento". Mais um afago de França Junior, através do *Correio Mercantil*, de 12 de maio de 1867, escondido pela alcunha Osíris. Porque aquele cronista, seu parceiro na opereta *Trunfo às avessas*, era mesmo um raro amigo: o único a dar notícia sobre o cárcere.

Um problema com a justiça em que não seria surpresa se o desassombro de Henrique Alves de Mesquita desempenhasse papel relevante. Uma irônica perda da proteção de Pedro II, filho do libertino Pedro I, por conta de uma condenação por amor. Uma honra ferida que tinha em batuta de ébano, com ornamentos de ouro, oferta de admiradores, exposta ao público na rua do Ouvidor, um desagravo: "Testemunho da alta consideração" pelo "sublime cantor", "um gênio brasileiro". Isso em dezembro de 1868, após seu retorno.

Apesar da genuína beleza de suas peças de concerto, Henrique Alves de Mesquita não teria correspondido, segundo o severo juízo de Luiz Heitor Corrêa de Azevedo, à "confiança que os círculos musicais do Império haviam depositado no jovem pensionista".

Se havia decepcionado os círculos imperiais, mereceria, para todo o sempre, a gratidão de todas as rodas de choro republicanas.

Por ter aberto, com *Os beijos de frade*, a música dos chorões. Por ter criado, com *Olhos matadores*, *Remissão dos pecados* e *Ali Babá*, o tango brasileiro. Um gênero em que se mesclavam as rítmicas da habanera e do samba.

Habanera, irmã gêmea do lundu: ela, cubana; ele, brasileiro. Filhos de pais de comprovada genética africana.

14

Com o afastamento dos índios para o país central, de duas raízes estrangeiras germinava a música carioca: a africana e a europeia. Enquanto da Europa desembarcava uma arte complexa em melodia e harmonia, embora simples em ritmo, da África chegava uma de alta complexidade rítmica, embora melódica e harmonicamente sóbria. Duas raízes que, após longa convivência, arvoreciam.

De acordo com Pedro Calmon, em nota ao *Compêndio narrativo do peregrino da América*, de Nuno Marques Pereira, nesse período de formação nacional prevalecia, a fim de designar as festas negras, o termo genérico *batuque*. Uma mistura de cerimônia religiosa e profana, onde os afrodescendentes celebravam os deuses e a vida, entre preces, danças e músicas. Uma música que soava estranha a ouvidos estranhos, como o de Nuno, o peregrino.

No início dos 1700, em fazenda da Bahia, ao amanhecer de um domingo, após noite insone, ele trocava o quarto pela varanda. Indagado pelo dono da casa se havia dormido bem, respondia de forma espirituosa: "Bem de agasalho, porém desvelado". Uma vigília cuja causa seria a música dos escravos: "Estrondo dos tabaques, pandeiros, canzás, botijas e castanhetas", "horrendos alaridos", "confusão do Inferno".

Caso aqueles afrodescendentes cultivassem a polirritmia, ela poderia provocar em ouvido desabituado a sensação de uma "confusão": uma mistura de sons sem ordem e sentido. Uma hipótese factível, visto que, segundo o musicólogo Arthur Morris Jones, até as crianças praticavam, no continente negro, em seus jogos infantis, diferentes métricas rítmicas simultâneas.

Não de menor interesse, todavia, era a resposta de um morador da fazenda baiana. Para este não havia "cousa mais sonora, para dormir com sossego". Embora Marques Pereira argumentasse que, no Egito, aqueles que viviam "junto do rio Nilo" estavam acostumados ao "estrondoso sussurro de suas correntes", o mais provável era que a música feita pelos africanos soasse atraente para ouvidos locais.

Por aquela época, por aquelas bandas, brotava o lundu, o primeiro fruto musical afro-brasileiro. Um século depois, no Rio de Janeiro, dos lundus de Domingos Caldas Barbosa restariam apenas os versos.

Poemas curtos, carregados de um Brasil afetivo e moreno, preservados na *Viola de Lereno*, sendo o próprio autor, por pseudônimo literário, o Lereno da viola: "Eu tenho uma Nhanhazinha/ A quem tiro o meu chapéu;/ É tão bela, tão galante/ Parece cousa do céu.// Ai, céu!/ Ela é minha iaiá,/ O seu moleque sou eu".

Se aqueles versos sestrosos, insinuantes e sensuais, diziam muito sobre o lundu, não diziam tudo: faltavam-lhes as asas das notas musicais. Pois a mais antiga partitura de lundu popular seria uma conquista da Missão Austríaca, liderada pelo botânico von Martius e pelo zoólogo von Spix, desembarcada com a princesa Leopoldina.

Após sacrificada viagem de pesquisa, entre 1817 e 1820, por cerca de dez mil quilômetros, em luta contra a natureza dos trópicos, por sertão, matas e rios, do Rio de Janeiro ao Amazonas, com o objetivo de conhecer, de perto e em profundo, o novo país de sua princesa, Spix e Martius, de regresso à pátria, com milhares de amostras de plantas e sementes, de insetos, mamíferos, pássaros, peixes e répteis, inclusive duas crianças indígenas, fixariam seus conhecimentos em grandes volumes.

Uma publicação de cunho científico, na qual a música vinha como bônus. Um pequeno e precioso "suplemento musical": *Canções folclóricas brasileiras e melodias indígenas (Brasilianische Volkslieder und Indianische Melodien)*. Uma coleção de quatorze músicas nativas, oito árias de salão e um lundu popular.

Segundo o testemunho de Martius & Spix, o lundu, "mais prevalente na Bahia e nas demais províncias do Norte", era canção e dança. Uma dança "voluptuosa", com "silvos suaves e crescentes", "estalidos de língua", "sons de gemidos" e "palavras entrecortadas". Uma canção de estrofes "chistosas" ou "lascivas", com versos como estes: "Entendo que Vossa Mercê m'entende,/ Entendo que Vossa Mercê m'engana,/ Entendo que Vossa Mercê já tem/ Outro amor a quem mais ama".

Sobre a música, além da notícia de "menestréis" que se valiam de "acordes frequentemente muito pouco musicais", de jovens que, a fim de tanger suas violas, deixavam crescer a "unha do dedo" a um "comprimento monstruoso", Spix & Martius nos legavam um solo instrumental, sem vínculo rítmico algum com o samba, através da partitura IX: *Landum, dança folclórica brasileira* (*Landum, Brasilian Volkstanz*).

Uma melodia cujos primeiros tempos de doze compassos atendiam a uma divisão rítmica africana: "colcheia pontuada, semicolcheia". O mesmo ritmo flagrado por Arthur Morris Jones em canção do culto jeje, em Gana, publicada em *Studies in african music*.

Uma célula que, ao unir as Américas à África, se fazia a mãe dos lundus, das habaneras, dos tangos brasileiro e argentino. Uma espécie de impressão digital musical africana.

A mesma célula que dava início ao folclórico *Cai, cai, balão*. Quem marcava na mão a divisão rítmica daquela melodia, carregava na palma o coração do lundu: "colcheia pontuada, semicolcheia; colcheia, colcheia".

Pulsação rítmica do lundu

Justo a divisão que Henrique Alves de Mesquita usava, em 1856, na introdução de *Os beijos de frade*, com um requinte que revelava conhecimento profundo do ritmo afro-brasileiro: uma ligadura da semicolcheia para a colcheia seguinte. Uma união que adicionava à cadência uma gota extra de sensualidade.

Quando Arthur Azevedo e Moreira Sampaio levavam ao palco do Lucinda, em 1888, a revista *O homem*, assim batizada por se apoiar no romance homônimo de Aluizio Azevedo, se valiam de um lundu para escapar à censura do chefe de polícia do imperador, cidadão assaz zeloso da boa fama dos políticos.

Anunciado como *Coplas do pescador* (*lundu popular*), o número de Xisto Bahia carregava versos, contudo, de espírito distinto daquele da musa folclórica. Com base no adágio "Todos somos, mais ou menos, *pecadores*", o cantor trocadilhava: "Não há homem que não seja/Mais ou menos *pescador*". E seguia adiante: "Pescadores de águas turvas na política se vê./ Há nas classes elevadas, pescadores como quê".

Sucesso imediato de público e de crítica, o *Lundu do pescador* aparecia na imprensa como *Cantiga (Música popular do Norte)*. Enquanto na partitura, guardada pela Biblioteca Nacional, vinha: "Por Xisto Bahia". Intérprete, não autor.

Perfeitamente definido, musical e literariamente, o lundu, de pulsação rítmica característica, versos ardilosos e lascivos, se encaixava à perfeição na estética das revistas, por estimular desejos, divertir espíritos e admoestar poderosos.

Xisto de Paula Bahia, baiano até no nome, barítono e violonista, "ator nacional por excelência", "muito boêmio", segundo seu chegado amigo Arthur Azevedo, dividia-se entre empresas líricas e companhias de revista, entre coros de óperas e solos de serenatas, entre árias e lundus.

Seria uma criação sua o lundu mais famoso, modelo do gênero, imortalizado no 10.001 do selo Zon-O-Phone, pelo cantor Bahiano, em 1902: *Isto é bom*. O disco número um brasileiro.

Um lundu que ganharia gravação definitiva, ainda naquela primeira década, pela voz e o violão de Eduardo das Neves, no 108.076 da Odeon: "O inverno é rigoroso/ Bem dizia minha avó/ Quem dorme junto tem frio/ Quanto mais quem dorme só.// Isto é bom, isto é bom,/Isto é bom que dói". Quando o lunduzeiro carioca, não sem emoção, declarava: "Ai! Me lembra do Xisto Bahia quando eu canto isso..."

Na gravação de *Isto é bom*, a exata pulsação rítmica do lundu, como grafada em *Os beijos de frade*, por Henrique Alves de Mesquita, cinquenta anos antes. Porque os afrocariocas Henrique e Eduardo sabiam das coisas da música.

Pulsação rítmica do lundu, segundo H. A. Mesquita & E. das Neves

A diferença entre a pulsação da habanera e a do lundu estava numa sutileza: uma pausa, apenas uma pausa. Como se, no ritmo da melodia de *Cai, cai, balão*, o segundo "cai" não se alongasse, fosse seco, atendesse a um comando de silêncio. Era assim, bem assim, a pulsação da habanera cubana. E aquela minúscula característica produzia uma reação diferente no ouvinte. Pois aquele nada que distanciava o lundu da habanera era um daqueles nadas que faziam a diferença na arte musical das Américas.

No lundu, o prolongamento da primeira nota do compasso, aquele ponto adicionado à colcheia, produzia uma sensação de afrouxamento, de aproximação e de sedução. Já na habanera, a pausa após a primeira colcheia provocava uma sensação de contenção, de força e de altivez. Muito valiam um ponto e uma pausa na arte latino-americana dos sons.

Ao inventar o tango brasileiro, Henrique Alves de Mesquita traria para dentro da música nacional aquele brio da habanera: "colcheia, pausa, semicolcheia; colcheia, colcheia".

Pulsação rítmica da habanera

Em 1º de junho de 1863, o *Jornal do Commercio* anunciava *Tango*, "chanson havanaise", de Louis Bousquet, à venda na dos Ourives, 60. Um tango que pulsava, do princípio ao fim, como os lundus brasileiros, de acordo com a partitura original francesa, de 1858, do acervo da Gallica: "colcheia pontuada, semicolcheia; colcheia, colcheia". Quando já se misturavam tangos, habaneras e lundus.

Até 1869, a palavra habanera aparecia apenas em anúncios de charutarias: La Rosa Habanera, na dos Ourives; Estrella Habanera, na do Ouvidor; e Casa Habanera, na do Sabão. No ano seguinte, começavam as referências ao gênero de música cubana.

Em 5 de maio, o *Jornal do Commercio* anunciava *Saudades de Luque*. Uma habanera que, tocada por "todas as bandas do exército", seria a "favorita de Sua Alteza, o sr. Conde D'Eu, no Paraguai". Luque tinha sido, até dois meses antes, palco dos combates. E a habanera chegava à capital do império como saudades da guerra.

Ainda em maio, no 28, em concerto na sociedade Philarmonica Fluminense, a flauta de Mathieu-André Reichert arrancava, segundo o *Diário do Rio de Janeiro*, "constantes e unânimes aplausos" pela execução de *Habanera*. Como também "espontâneos e calorosos sinais de entusiasmo e admiração" por *Lundum*, "música característica". Natural de Maastricht, nos Países Baixos, dono de espírito boêmio, Reichert era estreito amigo do flautista carioca

Joaquim Antonio da Silva Callado Junior, o autor de *Lundu característico*.

Em 21 de novembro de 1871, o *Jornal do Commercio* anunciava a primeira habanera de Henrique Alves de Mesquita: *Remissão dos pecados*. Uma edição da casa de Canongia, liderada pelo maestro Thiago Henrique daquele sobrenome. Uma década depois, contudo, republicada por Narciso & Arthur Napoleão, dentro da *Coleção de tangos e havaneras*, aparecia reclassificada como tango.

Remissão dos pecados era uma música de apenas vinte compassos, sendo quatro para a introdução. Como em nove dos compassos melódicos morava a rítmica do samba, se o intérprete executasse somente a mão direita do piano, aquela que abrigava a melodia, ouviria um samba. Se tocasse a mão esquerda, onde residia o acompanhamento, escutaria uma habanera, pois a rítmica das habaneras se instalava em quinze compassos. Juntas, as mãos esquerda e direita faziam nascer um gênero. Em resumo, para produzir o tango brasileiro, Henrique Alves de Mesquita inoculara a brasilidade do samba na veia da habanera cubana.

Seguindo à risca a técnica para a criação de uma sólida melodia, o maestro partia de um tema de dois compassos: o primeiro com o ritmo do samba, o segundo sem vinculações nacionais. Por meio de ligeiras alterações do tema, sempre na regra da arte, o desenvolvimento trazia, no quarto compasso, uma sedutora e fugaz modulação, de dó maior para mi menor. Uma música de apenas uma parte. Uma peça com a graça das coisas miúdas. Um ensaio para um voo mais amplo.

Se em *Os beijos de frade* o compositor alternava as pulsações rítmicas do lundu e do samba, em *Remissão dos pecados* a pulsação era apenas uma, a da habanera. Como talvez fosse a de *Olhos matadores*, tango de 1871, cuja partitura para sempre se esconderia em alguma caverna de tesouros inacessíveis. Como seria, com certeza, *Ali Babá*, de 1872, seu tango seguinte.

Um ano antes de *Ali Babá* vir a público, a imprensa carioca noticiava um "certo entusiasmo" lisboeta por peça teatral homônima, criação do português Eduardo Garrido. Uma revista que, em sua encenação brasileira, receberia música, da abertura ao pano final, do maestro Henrique Alves de Mesquita.

Ali Babá, chamada ora de "mágica", ora de "drama fantástico", ora de "opereta-feérie", prometia "noites de assombro!". O que cumpria logo no primeiro quadro, *A floresta encantada*, onde, em "sítio selvagem em uma floresta da Ásia", acontecia a "passagem de uma rica e grande caravana", precedida por um "enorme elefante". O quadro chegava ao fim com o ataque por "quarenta ladrões". E a Empresa do Artista Heller punha fé na alegoria do enorme mamífero. Era essa a imagem escolhida para a propaganda.

Em termos musicais, o interesse maior estava no sexto dos doze quadros. Quando soava, depois da representação de *O festim de Ali Babá*, no interior de um "rico palácio turco", com o ator Francisco Corrêa Vasques no papel principal, o *Tango excêntrico*, "cantado e dançado por escravos negros".

A palavra tango, em seu sentido primitivo, segundo o *Diccionario crítico etimológico*, de Joan Corominas, dizia de "reunión de negros para bailar al son de un tambor". Uma definição que parecia inspirar, embora sem tambor, o desenho de Gustave Fraipont para a capa da partitura francesa de *Ali Babá*, editada por Léon Langlois, em 1878, com a dança de três negros, no meio da mata, de cocar de penas, brinco, pulseira, bracelete e tornozeleira, ao som de flauta e cocos.

Como arte cênica, *Ali Babá* era um "espetáculo de maravilhas", típico do século XIX, com um tanto de opereta e outro tanto de mágica, recheado de bailados e apoteoses. Uma peça de teatro ligeiro, cuja única finalidade era divertir. O que inspiraria a Machado de Assis, na *Semana Illustrada*, de 20 de outubro de 1872, uma *boutade*.

Ao meditar sobre um deputado que teria se envenenado ao saber do mau resultado nas urnas, o escritor contava que o esperto "moleque" daquele político, um "interessante companheiro de doze anos", ficara intrigado: "Ninguém se mata porque não tirou a sorte, ou porque perdeu o primeiro ato do *Ali Babá*". Onde a sorte era a da loteria; o primeiro ato, o quadro do elefante.

A melodia de *Ali Babá* começava na região grave, com a divisão rítmica da habanera. No terceiro compasso, migrava para a região aguda, agora com a rítmica do lundu. Uma sutil diferença. Do oitavo ao décimo compasso, o desenvolvimento melódico acontecia com a rítmica do samba, o que mudava o caráter da composição. Daí em diante, entre o samba e a habanera se dividia a estrutura melódica da primeira parte. Porque Henrique Alves de Mesquita era um compositor atento à riqueza dos ritmos.

A segunda parte abria com uma modulação, de dó maior para lá, através da nota mi, importante para as duas tonalidades. Com a insistência naquela nota, em duas oitavas, a melodia escorregava macia para o novo tom, dentro de uma nova divisão rítmica: a da polca.

Um gênero estrangeiro que fazia saltitar, havia tempos, os cariocas. A mesma divisão da segunda parte da polca *A surpresa*, de 1861, do próprio Mesquita: "colcheia, semicolcheia, semicolcheia; colcheia, colcheia". A pulsação da polca da véspera do maxixe.

Pulsação da polca da véspera do maxixe

Enquanto a melodia de *Ali Babá*, na mão direita do piano, utilizava a rítmica de mais de um gênero, pulsava soberana, ao fundo, na mão esquerda, a habanera. E este seria um dos méritos de Henrique Alves de Mesquita: abrir o piano para a arte popular brasileira dos sons.

Desse modo, enquanto misturava ritmos da África, das Américas e da Europa, à medida que seguia as regras eruditas de composição, em busca de temas, desenvolvimentos e modulações, atrás de contrapontos e caminhos harmônicos, sempre apoiado em analogia, simetria e unidade, o criador de *Ali Babá* se fazia o "Abre-te sésamo" da música popular carioca.

Uma música de origem nas rítmicas do lundu e do samba, ouvidas no Recôncavo da Bahia, ao longo do Vale do São Francisco e além, acima e abaixo, por onde houvesse a gente humilde do país.

Uma música que tinha deixado a casca com o "meigo lundum gostoso", de Domingos Caldas Barbosa, filhote a encantar o coração de moças fidalgas lisboetas, assim como a mexer com a vaidade do poeta Bocage.

Uma música que, pelo talento de Henrique de Mesquita, ganhava asas de pássaro pleno, dava os primeiros voos de nova dona dos céus dos sons.

Samba batucado do Estácio de Sá, de Carlos Didier

A Henrique Alves de Mesquita, pai musical de Joaquim Antônio Callado Junior, de Chiquinha Gonzaga e de Ernesto Nazareth, compositor-tronco da árvore do tanguinho, da polquinha e do maxixe, de toda a música de choro, de cujos galhos germinariam, através das serenatas e das marchas-rancho, as melodias amplas e sentidas do samba batucado do Estácio de Sá, bem como seus contracantos e harmonias, a reverência carioca emocionada.

15

A polca teria sido inventada pela doméstica Anna Slezak, durante momento de folga, na cidade de Elbeteinitz, República Tcheca, em 1830. Após surpreender a arte original da empregada, sua patroa solicitava, segundo o *The Morning Call*, de 29 de julho de 1891, que "cantasse e dançasse na presença do compositor Joseph Neruda".

Se era estranha a presença do organista da catedral de Brünn naquela história da criação da polca, a conquista de Viena e, mais adiante, de Paris, Londres e Nova York, por um gênero de música e dança concebido por uma camponesa, beirava mesmo o milagre.

Quatorze anos depois, a polca desembarcava no Rio de Janeiro, de início no andar de cima da sociedade, como mais uma moda francesa. Porque, se a origem era tcheca, o que a tornava imperativa era a palavra de ordem parisiense.

Henri Cellarius ensinava, em *La danse des salons*, que o passo da polca era dividido em três tempos. No primeiro, o calcanhar esquerdo devia ser levantado ao lado da perna direita, sem passar para trás, de modo a tocar a panturrilha. Naquela posição, o dançarino pulava com o direito, a fim de dar impulso para que o esquerdo deslizasse à frente. O segundo e o terceiro tempos consistiam em dois pequenos saltos de cada pé, com leveza e cuidado, pois ambos deviam ficar próximos da mesma linha. Uma dança deveras complicada.

Com receio de sofrer imperdoável desatualização, um aflito senhor Piroeta rogava à gentil madame Léon Giavelly, dançarina da Compagnie Ravel, ligada ao Théâtre Français, em atuação na Salle S. Januario: "Queira um dia destes dançar-nos a Polka, essa dança que desentronizou em Paris todas as outras danças, e ameaça desentronizá-las em todo o mundo civilizado". Uma nota do *Jornal do Commercio*, de 27 de junho de 1844.

Em 7 de dezembro, "en honneur de l'anniversaire de la naissance" de Sua Majestade Imperial, o mesmo Théâtre Français, agora na Salle S. Francisco, trazia à cena a "première représentation" de *La Polka*. Tratava-se de um vaudeville, em um ato, no qual a dança da moda era executada por monsieur Guénée e mademoiselle Nongaret.

A partir de então, as aulas de polca, em guias, palcos e salões, até mesmo em domicílios, se espalhavam pela cidade. *Le guide do danseur*, com o *do* em português, impresso na Typographia de Bintot, oferecia uma "coleção de contradanças francesas", "as mais modernas", "compostas pelos melhores autores", seguidas de *la Polka*. O espanhol Phillipe Caton e sua esposa Carolina, no largo do Rocio, 16, não apenas ministravam, reivindicavam o pioneirismo. Enquanto Madame Adelaide Labottière, na rua do Sabão, 226, lecionava para "meninos e meninas", em "colégios" e "casas particulares".

Em 1845, a polcamania tinha tomado conta da capital: chapéus, luvas e marrafas à polca, cadeiras com pés torneados à polca, charutos, sabão e peso de papel à polca, pão quente e sarrabulho à polca. Enquanto um anúncio, encimado pela expressão *O Charivari*, trazia uma proposta extremada: "Tudo à polca".

Mais cinco anos, no passo e no compasso da polca, como também da quadrilha, do schottisch e da valsa, o diagnóstico era severo: a sociedade fluminense estava, na palavra do *Correio Mercantil*, de 6 de dezembro de 1850, "dominada pela paixão dos bailes". "Estamos em uma época dançante, queridas leitoras", confirmava O *Álbum Semanal*, de 22 de fevereiro de 1852: "Não se fala senão em bailes, não se pensa senão em bailes, não se cuida senão em bailes".

Em 1877, a febre bailadeira já incendiava as camadas populares. Existiam, então, segundo França Junior, em crônica para a *Gazeta de Notícias*, de 29 de agosto, bailes de primeira, segunda e terceira classes.

Os de primeira constituíam o "império da elegância sob as formas as mais sedutoras". Onde desfilava o "sexo adorado, com a respiração ofegante, espáduas de neve, e arrastando sedas, filós e veludos de todos os matizes pela macia alfombra dos salões". Onde o "sexo feio" assumia as "proporções do belo sob o uniforme da casaca preta, calça idem, gravata branca, luva *gris perle* e... botina de polimento".

Como a "nata da sociedade" não dava "um passo sem consultar o código da etiqueta e o último decreto do bom gosto", as moças andavam "inclinadas para diante, compelidas a tomar tão incômoda posição pelos saltos do sapatinho à Luiz XV", enquanto os homens vergavam-se para trás, a fim de que o "*plastron* da alva camisa" se ostentasse "em toda a plenitude, à semelhança do papo de um peru recheado, antes de ir ao fogo".

A diferença entre um baile de primeira e um de segunda começava no convite. Um era impresso em papel *doré sur tranche*, enviado com "oito dias de antecedência". O outro acontecia em encontro casual, no meio da rua, com uma batida amigável no ombro, um "riso de satisfação nos lábios": "Espero-te hoje, à noite, lá em casa, para tomar uma xícara de chá. Nada de cerimônias. Vai assim mesmo como estás, e leva contigo os teus amigos".

Outra diferença estava no local: em vez do salão elegante, a casa de família: "Um sobrado com janelas de peitoril, na Prainha, Valongo, rua do Livramento, ou em qualquer ponto da Cidade Nova".

No corredor, na entrada da sala, "meia dúzia de crioulas, com vestidos brancos e fitas à cintura", comentavam: "Vocês estão vendo como seu Chico está tão prosa, hoje? Gentes! Olhem só como ele se requebra na polca! Deixa estar que amanhã eu vou arranjar a cama com Iaiá Catita".

Dentro, os homens, com ligeiras variações, trajavam "sobrecasaca abotoada, calça branca e luvas pretas", enquanto o "belo sexo" exibia as "mais variegadas cores": aqui, um "vestido verde com enfeites cor de rosa"; acolá, um "escarlate em luta com o roxo"; mais adiante, um amarelo com um "mundo de babados e fofos", semelhantes aos "cartuchos de amêndoas que distribuíam outrora aos anjinhos de procissão". "Uma combinação de cores, enfim, como não seria capaz de imaginar o pintor mais extravagante". Nas cabeças, um palmo acima do cocuruto, os penteados vinham "perder-se nas costas em dois negros cachos grossos e duros".

Dançava-se também de maneira diversa: nas quadrilhas, as damas inclinavam-se para a frente e bailavam "aos saltinhos com a cabeça pendida para o lado"; os cavalheiros não saíam "sem descrever uma espécie de *s* com o pé direito", sempre com o "maior cuidado em acompanhar o compasso da música, voltando o corpo ora para a direita, ora para a esquerda, com os braços em forma de arco e punhos cerrados".

A polca consistia em "arrastar os pés e dar às cadeiras um certo movimento de fado", o que não deixava de ter a sua "originalidade". Onde fado era a voluptuosa dança brasileira, descrita em *Memórias de um sargento de milícias*, por Manuel Antonio de Almeida.

Na orquestra, quatro instrumentos: uma rabeca, um "clarinete manhoso", um trompete e um oficleide. Quatro instrumentos melódicos, cujas sonoridades iam do agudo da rabeca ao grave do oficleide, do penetrante do trompete ao macio do clarinete. Uma formação em que se podia adivinhar, inclusive nas manhas do clarinetista, a música de choro. Porque França Junior era dono de ouvido musical: "Exímio no assobio", saía das operetas e óperas, segundo Arthur Azevedo, com as árias nos lábios.

No repertório, as polcas *Zizinha*, de João Elias da Cunha, sargento do corpo policial, *Que é da chave?*, de José Soares Barboza, dedicada a Viriato Figueira da Silva, autor de *Só para moer*, também na lista, além das intrigantes *Capenga não forma*, *Sai cinza* e *Quebra tudo*.

Já os bailes de terceira reuniam, em vez da "flor da sociedade", a "flor da gente". O exército de capoeiras que, a serviço da cúpula do império, constrangia eleitores, surrupiava ou abastecia urnas, conforme a necessidade. O que levava França Junior a arrematar, com precisão: flor da gente, "a flor da política".

A capoeira ganhara prestígio entre os brancos ao fazer a Guerra do Paraguai, nos pés, nas mãos e nas cabeças de negros escravos, cedidos por seus senhores para a formação do exército nacional. Sete anos após o conflito, sabia-se, através da coluna *Ocorrências da rua*, da *Gazeta de Notícias*, que a capoeiragem se espalhava pelo Rio de Janeiro.

No largo da Prainha, em 28 de abril de 1877, os capoeiras Antonio José da Silva e Antonio José de Mello feriam na cabeça o escravo Caetano. Por promover desordens, em 11 de maio, "armado com uma navalha", na rua da Candelária, mais um Antônio capoeira era "retirado da circulação". No dia seguinte, Alexandre Ferreira Bastos se via preso, na dos Andradas, "por estar se exercitando na arte da capoeiragem". Já no 17, no largo de Santa Rita, José Ministro perdia, após fazer artes, a liberdade. Enquanto no 28, no do Moura, o esperto Manoel Maria da Motta provocava tumultos, de navalha na mão, antes de pular no mar.

Em 20 de junho, dois praças do 7º Batalhão de Infantaria desciam pela São José, em "exercício de capoeiragem", antes de aplicarem, ao desviar pela do Cotovelo, quatro navalhadas no pacato cidadão José de Souza Lima Corrêa. Embora rondantes tentassem prender os "turbulentos", isso já no beco do Guindaste, soldados do 7º garantiam a fuga segura dos colegas de arma. Era a capoeiragem disseminada entre os militares.

Dezessete dias antes, um capoeira distribuía cabeçadas no largo de Sant'Anna, com a "sem cerimônia de um touro". Conduzido à estação da rua de Santa Rosa, futura Marquês de Pombal, aplicava uma cocada no subdelegado. Como o "capoeira era de lei", ironizava o repórter da *Gazeta de Notícias*, "tudo estava esquecido" no dia seguinte. Quando o bamba voltava a "exercer a sua honrosa profissão ao ar livre, depois de haver experimentado a elasticidade do abdômen" da autoridade. Tratava-se de um capoeira da flor da gente.

O baile de terceira, aquele da "flor da política", tinha por teatro uma "casa térrea, de rótula e janela", com sala que recendia a "água florida", a "canela e alfazema", repleta de damas de vestidos de "cores tão fortes como os perfumes", cavalheiros de "paletó alvadio" e calça cor de "flor de alecrim", os mais elegantes com um "lencinho branco em forma de beiju" no pescoço.

Um baile animado por "flauta, violão e rabeca", a cargo de músicos "amadores", dirigido pelo mestre-sala em misterioso estilo flor da gente: "*Traversé* de maçada!"; "*En avant* de cabeceira!"; "Passe as bossas no par da direita".

O serviço, "o mais suculento possível", incluía "peças de carne, linguiças, peixe frito em abundância, conservas de pimentões, café e cerveja marca barbante". Esclarecia o cronista: "Não se fala; grita-se". "Não se ceia; come-se". "Não se bebe; rega-se".

Do lado de fora, espectadores comentavam, através do peitoril, todos os lances do festejo. Até que, de certa hora em diante, pulavam para dentro e tomavam parte na função. Bailes que seriam, na expressão de França Junior, "o ideal da igualdade sonhado por Platão".

Em 1877, ano da crônica, já pululavam pela cidade as sociedades dançantes familiares, conhecidas pela sigla SDF. Uma versão popular das sociedades recreativas da elite, dedicadas, desde a década de 1830, ao entretenimento dos fluminenses abastados, através de jogos e passatempos, teatro, música e dança.

A expressão apareceria, em 11 de fevereiro de 1884, na *Gazeta da Tarde*, em nota sobre a fundação da Estrella do Brazil, no bairro da Saúde. Uma associação que, em 26 de julho de 1890, através de *Democracia*, reivindicaria seu pioneirismo: "Com um baile em seu salão, festeja hoje a Primeira Sociedade dançante familiar Estrella do Brazil a posse de sua nova diretoria".

Sem pôr em dúvida o brilho da Estrella, em 1870 a imprensa dava notícia da SDF Príncipe D. Affonso, na Nova do Príncipe, 35, nos Cajueiros. Assim como, em 1871, da SDF Club P. D. Carlos, na da Gamboa, 59. Entretanto, pelas nobres homenagens a Dom Affonso e Dom Carlos, talvez não fossem, de fato, as populares sociedades dançantes familiares.

Em 1885, um ano após a fundação da Estrella do Brazil, era possível degustar uma autêntica sociedade em ação. Através de nota do *Diário de Notícias*, de 13 de julho, sobre um clube que, identificado pela sigla S.D.F.J.I., só admitia "cozinheiros e cozinheiras".

Uma casa amarela, de janelas cor de barro, "escudo vermelho, branco e preto", na travessa de Santa Rita, bem na esquina da rua Municipal. Onde, no sábado, 11, acontecera um baile "animadíssimo", embalado por flautim, trombone e oficleide. Música, provavelmente, de choro.

Um baile que contemplava, dentro da melhor praxe, um corretivo. Um chamamento às conveniências sociais, aplicado por um sargento em um "sujeito que nem sequer era lavador de pratos", mas tentava usufruir da companhia de "uma das graciosas damas".

Primeiro, o militar indagava a ela: "Ó moça! Aqui este homem é quem paga a sua casa, ou lhe dá de vestir ou...". E a resposta vinha na gíria local: "Ué! Chuva grossa não me *móia, quanti* mais *bérrufo!*". Esclarecida a independência, o sargento orientava o cavalheiro: "O *schór* vá s'embora e não se meta a fazer barulho, senão ainda hoje vai dormir na estação".

Uma festa que chegava ao fim somente às 4 da manhã, com uma suculenta "canja domingueira", algumas reclamações sobre o excesso de sal, além das infalíveis queixas de insensíveis vizinhos, "refratários aos encantos combinados do flautim e do baixo mais alto dos instrumentos de latão".

A polca *Querida por todos*, de Joaquim Antonio da Silva Callado Junior, parecia ter sido escrita para a flauta do autor e um daqueles "instrumentos de latão": o oficleide. Como observaria o maestro Baptista Siqueira, ela possuía introdução "semelhante a um estribilho onde o canto vem no baixo".

Na partitura, o tema era apresentado pela mão esquerda, na região grave do piano, enquanto cabiam à direita apenas os apartes. Era como se um oficleide solasse e uma flauta comentasse. Mais adiante, estariam reservados ao agudo outros solos, mas o retorno constante à introdução, "semelhante a um estribilho", trazia de volta o grave característico do oficleide.

Uma obra datada pelo *Jornal do Commercio*, de 12 de janeiro de 1869: "Saiu à luz", *Querida por todos*, "Polka do Callado", à venda no "grande depósito de pianos e músicas de Narciso", rua dos Ourives, 62. As mesmas referências da partitura, sem data, do acervo da Biblioteca Nacional. O que significava que Callado Junior já compunha, então, polcas com o ouvido na orquestra de choro. Um amor por orquestras que era herança paterna.

Joaquim Antonio da Silva Callado, pai, seria, segundo a *Enciclopédia de música brasileira*, trompetista. Após requisitar ao Ministério da Guerra, em 5 de agosto de 1852, nomeação como mestre de música do "batalhão do depósito", se fazia líder da orquestra da União dos Artistas.

Uma sociedade cuja missão era a disseminação da música, sempre de forma gratuita, pela cidade do Rio de Janeiro. Em procissões como aquela, certa feita, ao lado da Cromática Carnavalesca, entre a rua da Assembleia e o Campo de Sant'Anna. Em cerimônias da elite, como o aniversário de Sua Majestade Fidelíssima, Dom Pedro V, durante a inauguração do Hospital da Beneficência Portuguesa, na Santo Amaro, na Glória. Em celebrações religiosas, como as das irmandades de Nosso Senhor do Bonfim e do Senhor Bom Jesus dos Perdões.

Joaquim Antonio da Silva Callado Junior, aluno de Henrique Alves de Mesquita, estreava como flautista, aos 12 anos, em 27 de dezembro de 1860, no Theatro de São Januário, com a execução de fantasia sobre motivo da ópera *La traviata*, de Verdi. Quando também interpretava, ao clarinete, variações sobre tema da *Linda di Chamounix*, de Donizetti, segundo o *Correio Mercantil*.

Samba batucado do Estácio de Sá, de Carlos Didier

Em 1863, ano que sua família residia da rua da Lapa, 64, Callado Junior, aluno do Conservatório de Música, recebia, em 9 de junho, na Academia das Bellas Artes, com presença do "Sr. ministro do Império", menção honrosa em "aula de rabeca".

Após a morte do pai, por endocardite, em junho de 1867, aos 52 anos, a Feliz União Lusitana Brasileira confiava a batuta da banda ao filho do antigo mestre. Era quando, com apenas 19 anos, se fazia regente.

No campo da música erudita, dividia, em agosto de 1868, com S. Luiz Castro, a fantasia para flauta e piano sobre motivos da ópera *Um baile de máscaras*, de Verdi, no Lyrico Fluminense, com o imperador na plateia. No campo da música popular, abrilhantava, em setembro de 1869, a inauguração da Gruta, a nova sede da sociedade carnavalesca Infante dos Diabos. Uma carreira de solista cujo ponto culminante aconteceria, no Theatro Pedro II, na rua da Guarda Velha, na noite de 26 de setembro de 1873.

Um "espetáculo-concerto", misto de música e teatro, estrelado por Joaquim Antonio da Silva Callado, "professor de flauta do Imperial Conservatório", com participação da companhia do Theatro São Luiz, como constava no anúncio do *Jornal do Commercio*. No alto, logo acima do nome do concertista: "Honrado com as augustas presenças de SS. MM. II". Uma noite de nobre plateia e sofisticado programa.

Na primeira parte, após o 1º ato do drama *Romance de uma mulher honrada*, vinha a polca *Imã*, de Callado Junior, com interpretação de orquestra. Em seguida, a *Grande fantasia expressiva e de bravura*, outra criação do flautista, em solo do autor. Na segunda parte, o 2º ato do drama, a polca *Linguagem do coração* e a *Grande tarantela de concerto*, duas composições suas, uma por orquestra, outra por ele mesmo. Na terceira, o 3º e último ato do drama, sua polca *Tagarela*, executada por orquestra, e o *Grande dueto* sobre motivos da ópera *Simão Bocanegra*, de Verdi, a cargo da flauta de Callado Junior e da clarineta de Domingos Miguel. A parte musical se encerrava com o *Concerto característico*, de Callado, por Callado.

Era essa a programação, segundo o *Jornal do Commercio*, de 22. Na véspera, contudo, acontecia uma mudança no repertório, outra no elenco: a primeira peça seria a *Ouverture*, da ópera *O vagabundo*; a regência da orquestra caberia ao "distinto maestro" Henrique Alves de Mesquita.

Um concerto-espetáculo com hora precisa para começar: "À chegada de Suas Majestades". Uma semana antes, não por acaso, Callado Junior comparecia ao beija-mão no palácio, a tradicional cerimônia de demonstração de reverência. Vivia-se um tempo de elegância e cortesia.

Callado fazia vibrar, por toda a cidade, sua flauta, seja no Theatro São Pedro de Alcântara, na ópera *Salvator Rosa*, de Carlos Gomes, seja na Festa do Divino Espírito Santo, no largo de Sant'Anna. Embora viesse a se imortalizar em palcos populares e festejos profanos.

Entraria para a história como líder de uma orquestra de sopros e cordas dedilhadas que acompanhava serenatas pelas ruas, movimentava arrasta-pés em sociedades dançantes e em casas de família. Uma orquestra de raízes antigas na cidade.

Em 25 de dezembro de 1816, Pedro Sartoris anunciava, pela *Gazeta do Rio de Janeiro*, a venda, na rua Mãe dos Homens, 29, a futura da Alfândega, de uma "viola espanhola de seis cordas", "muito boa". Era o violão na cidade, ainda sem o nome em português, alguns meses antes do desembarque de Jean Baptiste Debret.

Entre 1816 e 1821, período carioca do compositor austríaco Sigismund von Neukomm, o espírito do choro fascinava seu exigente ouvido, assim como o do lusitano Marcos Portugal. Quando, a pedido daqueles dois mestres da música de concerto, "nosso patrício Joaquim Manoel" levava "dias e dias" e "noites inteiras" a "tocar no seu célebre cavaquinho ou bandurra os nossos mais chorados lundus e fadinhos", acompanhado pela "melodiosa, doce e mágica viola do saudoso chorão da Bahia, o bom do padre Telles", que não perdia nunca o tino no "apropriado e no harmonioso do seu incomparável acompanhamento de suspiros, soluços e gemidos". Era a alvorada da música instrumental de choro, na segunda década do século XIX, segundo o *Correio Mercantil*, de 2 de fevereiro de 1852.

Joaquim Manoel da Câmara deixaria coleção de duas dezenas de modinhas, recolhidas justo por Sigismund von Neukomm. Enquanto o padre Telles, o "chorão da Bahia", teria canção publicada, por Mario de Andrade, nas *Modinhas imperiais*: "Eu tenho no peito um lindo semblante/ Que me tem cativo, de quem sou amante".

Quem quisesse ter uma perfeita noção daquela arte que encantava Neukomm e Portugal, bastava entregar a um cavaquinho a melodia do *Landum*, registrado na mesma época por Spix & Martius, e desafiar um violão para o acompanhamento de improviso. Logo no quinto compasso, tinham início as sequências melódicas descendentes, através de notas próximas, que produziam o "chorado" característico: "lá, sol, fá, mi, ré#".

A orquestra de choro emitia sonoros sinais em 2 de janeiro de 1851, quando um mestre oferecia, pelo *Diário do Rio de Janeiro*, "Lições de flauta, violão e cavaquinho", na rua da Prainha, de início no 8, depois no 35. Passados cinco anos, em 28 de junho de 1856, pelo mesmo diário, outro professor anunciava aulas de "flauta, violão e cavaquinho", na Santa Rosa, 11, a futura Marquês de Pombal, na lateral do Rocio Pequeno, a Praça Onze, ao lado de outro serviço musical: "*Soirées* para a véspera e noite de São Pedro, dos mesmos instrumentos já acima mencionados".

Por onde se sabia que o choro já agia em serenatas, as tais *soirées*, no início da década de 1850, no coração da Cidade Nova, em louvor de São Pedro, como bem ordenara Dom Sebastião Monteiro da Vide, em 1707, nas *Constituições Primeiras do Arcebispado da Bahia*.

Entre setembro e dezembro de 1866, França Junior contava, na série *Um passeio a Paquetá*, através do *Bazar Volante*, mais uma vez escondido pelo pseudônimo Sesostris, as aventuras de um certo Flausino, em casa de família, onde a quadrilha era animada por "flauta, violão e cavaquinho", *secundum artem*, ou seja, na regra da arte.

Naquela "serenatópolis", galhofava o *Jornal da Tarde*, de 16 de janeiro de 1871, não havia violão que não tivesse "violado o silêncio da noite", cavaquinho que não fizesse "encavacar" os que tentavam "conciliar o sono", flauta que não tivesse "*flûtée* a vizinhança". Onde o verbo *flûter* carregava dois sentidos: "tocar flauta" (*jouer de la flûte*) e "beber muito" (*boire beaucoup*).

Segundo o testemunho de um autêntico chorão, o violonista e cavaquinhista Alexandre Gonçalves Pinto, entre as flautas que embriagavam a vizinhança, naquela cidade de pertinazes serenatas, se achava a de Joaquim Antonio da Silva Callado Junior.

Alexandre Gonçalves Pinto, nascido, segundo o registro de batismo, em 12 de março de 1868, era contemporâneo de Callado Junior. Ainda em tempos do imperador, como soldado do Corpo Militar de Polícia, número 260, da 6ª Companhia de Infantaria, recebia, em 16 de novembro de 1888, uma "bofetada" do capoeira Luiz Pinto Pereira, na rua do Espírito Santo, no Rocio. Com a baixa, em fevereiro seguinte, por "incapacidade física", se fazia "carteiro adido", isto é, não oficial, efetivado em dezembro de 1890, como de "2ª classe".

Um homem de boas luzes, animado espírito republicano. Um cidadão capaz de gestos abnegados: o auxílio à polícia contra dois assassinos, em junho de 1896, na Conde de Bonfim, na Tijuca; a parceria com bombeiros, em combate a incêndio, em agosto de 1899, na General Silva Telles, no Andaraí; e o socorro a Amélia Cardoso que, após discutir com o amante, Manoel Pereira, punha fogo às vestes, em março de 1912, na Babilônia, no mesmo bairro.

Um violão que alegrava, em maio de 1901, a festa de Djanira, filha de Sotero Gonçalves do Valle, auxiliar da oficina do *Jornal do Brasil*, após "lauto jantar", regado a taças de champagne, ao lado dos chorões Quintiliano Gonçalves Pinto, seu irmão, Benedicto Dantas e Francisco Rodrigues. Um folião que combatia, em 1911, por duas sociedades carnavalescas, a Ameno Resedá e a Pragas do Egito. Um brincante que, por interpretar de forma convincente o "personagem principal" do bumba meu boi de Mello Moraes Filho, recebia o apelido de "Animal".

Um carioca que desfrutava, em maio de 1902, de banhos matinais no rio defronte à caixa d'água da Tijuca, em companhia de seu irmão, Alfredo, quando era repreendido pelo engenheiro-chefe do 3º Distrito de Obras Públicas, Francisco José de Freitas. Um boêmio que fazia "discurso vibrante", em novembro de 1915, após generosas garrafas de cerveja Hanseática, na barraca do Pai Tomás, de propriedade do senhor Pacífico Cesario da Gama, durante a festa dos barraqueiros, no arraial da Penha. Um amigo que prestigiava a missa de 7º dia do violonista e compositor Satyro Lopes de Alcantara Bilhar, "o mais popular e estimado dos boêmios cariocas", na igreja de São Francisco de Paula, em 30 de outubro de 1926.

Samba batucado do Estácio de Sá, de Carlos Didier

Um carteiro que seria promovido, em novembro de 1908, à 1ª classe, para se aposentar, em julho de 1932, após 42 anos de serviços. Um historiador único da música brasileira, por ter tido, em 1936, a venturosa ideia de publicar suas *Reminiscências dos chorões antigos*.

Era por *O choro*, de Alexandre Gonçalves Pinto, que se sabia da flauta de Joaquim Antonio da Silva Callado Junior em "bailes, serenatas", acompanhada por "violão, cavaquinho, oficleide, bombardão", instrumentos que "faziam pulsar os corações dos chorões, quando eram manejados pelos batutas da velha guarda". Quando Alexandre retirava da sombra os nomes de Baziza Cavaquinho, Juca Valle e Julio Bemol, que choravam, junto com Callado, no cavaco, no violão e no oficleide.

Se a *Gazeta de Notícias* louvava a "doçura do sopro do sr. Callado", no salão da Philarmonica Nictheroyense, pela interpretação do *Concerto original*, de Adolf Terschak, em 25 de junho de 1879, o crítico Scudo, de *O Cruzeiro*, de 9 de julho de 1878, depreciava a flauta do professor do Conservatório de Música: "Não estuda, fia-se demais nos aplausos da galeria, por isso não toca nem conhece nada de mérito".

Ao criticar o intérprete erudito, Scudo atingia o compositor popular: "*Mestre* Callado não deixa de ter alguma inteligência natural, descobriu o meio de *savoir vivre* e tem comerciado uns lundus, fados e outros aleijões musicais, que andam sempre na berra". Onde "andar na berra" significava, além de "estar no cio", "ser afamado".

Embora a sensualidade das polquinhas e a fama do criador mexessem com aquele crítico, seria preciso reconhecer a acuidade de sua percepção: havia, de fato, lundu nas criações de Callado Junior.

Se Scudo estava na plateia do espetáculo-concerto de 1873, tinha ouvido *Imã*, cuja segunda parte trazia, seja na melodia, seja no acompanhamento, a magnética rítmica daquele gênero.

Linguagem do coração, a segunda polquinha da noite, não carregava a mesma influência. Valia-se de uma pulsação tradicional das polcas, utilizada por Johann Strauss II, em *S gibt nur a Kaiserstadt*, de 1864, e em *Shawl-polka*, de 1871.

Uma rítmica que soava cristalina no piano de Ernesto Nazareth, acompanhando o flautim de Pedro de Alcantara, em gravação da década de 1910: "colcheia, semicolcheia, semicolcheia; colcheia, colcheia". A pulsação da polca da véspera do maxixe.

Pulsação rítmica da polca da véspera do maxixe

O maxixe teria nascido daquela rítmica da polca, embora Joaquim Antonio da Silva Callado Junior não tivesse o maxixe entre suas criações. Talvez por ser surpreendido, em 20 de março de 1880, por uma "meningoencefalite perniciosa", antes de completar 32 anos. Talvez por não ter vivido plenamente o bairro do maxixe, pois chegava à Cidade Nova apenas ao apagar de suas próprias luzes.

Enquanto os professores do Imperial Conservatório de Música guardavam luto de oito dias, os alunos, em "manifestação fúnebre em memória", coletavam 126 mil réis, entregues à família por Horacio Fluminense, tesoureiro da instituição.

Em 24 de julho, no Theatro D. Pedro II, a ópera *Dinorah*, de Meyerbeer, ia à cena, junto com trechos de *O Guarani*, de Carlos Gomes, por iniciativa de estudantes da faculdade de Medicina, das escolas Politécnica e Militar, das academias de São Paulo, de Bellas Artes e de Marinha. Um concerto que apurava 6 contos e 71 mil réis, aplicados em "apólices inalienáveis", em nome da viúva Callado. Uma quantia à qual se somariam 100 mil réis de Dom Pedro II, intermediados pelo barão de Nogueira da Gama.

Além daqueles recursos financeiros, conseguia-se um emprego para dona Feliciana Adelaide, a viúva, como inspetora de ensino, no Liceu de Artes e Ofícios. Era como o Rio de Janeiro cuidava da família Callado, quando ainda se vivia o elegante tempo do imperador.

Em março de 1880, chegava às lojas a polca *A flor amorosa*, a "última composição deste estimado artista", pela editora de Narciso, Arthur Napoleão & Miguez. Se aquele último gorjeio do sabiá do choro responderia por sua melhor fama como compositor, a eternidade do instrumentista já estava assegurada.

Se a música afro-carioca surgira das cordas vocais e violeiras de trovadores como o mulato Domingos Caldas Barbosa, se coubera

Samba batucado do Estácio de Sá, de Carlos Didier

ao negro Henrique Alves de Mesquita conduzi-la ao piano e torná-la ampla e alta, tinha sido com o afrodescendente Joaquim Antonio da Silva Callado Junior que ela conquistara sua orquestra.

Uma orquestra que, formada por flauta, clarinete, trompete, trombone e oficleide, cavaquinho e violão, movida por pungentes melodias e contracantos improvisados, embalava vozes seresteiras embaixo de sacadas, sacudia pés dançantes em casas e sociedades.

Uma orquestra que abriria os ouvidos dos compositores para as melodias em paralelo: as músicas de "canto e contracanto", de "ponto e contraponto".

Seria ao som daquela orquestra que nasceria o samba carioca, entre polquinhas, tanguinhos e maxixes, canções seresteiras e marchas-rancho, nas vizinhanças do Campo de Sant'Anna, nos Cajueiros e na Praça Onze, no Catumbi e no Estácio de Sá, entre os morros de Santa Teresa e da Providência, de São Carlos e do Nheco, na vasta região conhecida como Cidade Nova.

16

A urbanização da Cidade Nova tinha início com o caminho do Aterrado, uma longa e reta via, entre o Campo de Sant'Anna e a Bica dos Marinheiros, por sobre o manguezal de São Diogo. Um chão seco para os trajetos do príncipe regente, Dom João, entre os reais despachos no largo do Paço e os augustos descansos na Quinta da Boa Vista.

Uma propriedade oferecida, de mão beijada, por Elias Antonio Lopes, bem-sucedido comerciante de tabacos da Bahia, de fazendas, vinhos e azeites do Porto e de Lisboa, assim como de escravos de Cabinda, em Angola. Um traficante de alto bordo, afeito a cortesias e brasões, comendador da Ordem de Cristo, deputado da Junta do Comércio, Agricultura, Fábricas e Navegação. Um súdito gratificado, em 29 de agosto de 1810, por aquelas "generosas demonstrações de afeto" à Sua Real Pessoa, com a alcaidaria-mor e o senhorio da Vila de São José de El Rei, na Comarca do Rio de Janeiro, com "as mesmas honras que são devidas na forma da lei às pessoas que têm mercê de se chamarem senhores de algumas terras".

Era o tempo do príncipe regente, em torno de cujo caminho cresceria a Cidade Nova. Um bairro de primeiras ruas ao sopé do morro do Nheco, como à beira do Campo de Sant'Anna: a do Sabão, paralela ao Aterrado, a Formosa e a das Flores, perpendiculares, além da enviesada do Areal. Assim em mapa de 1820, publicado em *Voyage autour du monde*, de Louis de Freycinet.

Seria justo naquela rua do Areal que, em casa da viúva Camargo, "boa e patusca viúva", tinha lugar, no ano de 1875, o "sarau íntimo" da abertura do conto *Um homem célebre*, de Machado de Assis. A história do compositor Pestana, criativo em polquinhas buliçosas, desafortunado em peças de concerto: umas sempre exitosas, outras um "eco apenas de alguma obra alheia que a memória repetia e que ele supunha inventar". Entretanto, quando o próprio desatava ao piano os primeiros compassos da sua *Não bula comigo, Nhonhô*, derramava-se pela sala "uma alegria nova", os cavalheiros correriam às damas, os pares entravam a "saracotear a polca da moda".

Brasileiríssimo em seu dilema, Pestana morria, no último parágrafo, "bem com os homens e mal consigo mesmo", naquela mesma via por onde passava, rumo à Real Quinta, o avô de Pedro II, imperador ao tempo do conto.

França Junior descrevia, oculto sob a alcunha Comt'Oscar, em *O Mequetrefe*, de 6 de março de 1880, um "baile perfeitamente brasileiro", no hospitaleiro lar do senhor Belmiro, "naquelas regiões felizes" da Cidade Nova. Onde as moças tinham "olhos pretos e langues, carnes florescentes, tirando a cor de canela", "cabelos que lembravam a pimenta do Reino". Onde o "cavalheiro, abraçando a dama pela cinta, colava-se bem a ela e lá iam os dois arrebatados no mesmo turbilhão, e quando paravam estavam a deitar a alma pela boca, e pelos olhos faiscantes de um fogo abrasador".

Elvira, par de França Junior, era de um "moreno carregado", de "corpo rechonchudo, dentes de jaspe, carnes palpitantes e olhos nadando em ondas de lascívia". Felicidade, par de Tiburcio, amigo do cronista, era "esbelta", de "lábios grossos e úmidos", "voz melodiosa e sibilante nos *ss*, olhos castanhos, rasgados e doidamente voluptuosos". E aquela dança de França e Elvira, de Tiburcio e Felicidade, ao som de polcas, valsas e quadrilhas, executadas por um trio de clarinete, trompa e cavaquinho, recendia a maxixe.

No momento em que a polca desembarcava no Rio de Janeiro, maxixe era somente o alimento. Um fruto indicado, de acordo com *O Nacional*, de 5 de junho de 1833, para "algum velho achacado de hemorroidas". Mais adiante, a palavra entrava a inspirar apelidos: Rosa Maxixe, colunista de *A Marmota na Corte*, em 1850; Lulu Maxixe, autor de versos no *Correio Mercantil*, em 1857; Dr. Maxixe, responsável pela nota *Tipos diabólicos*, na *Gazeta de Notícias*, em 1878; e Maxixe, cronista de *O Mequetrefe*, jornal com contribuições assíduas de Arthur Azevedo, em 1879.

Em 26 de outubro daquele ano, a *Gazeta de Notícias* trazia a queixa de um leitor sobre um "maxixe" na rua da Fresca, no bairro da Misericórdia. Um arrasta-pé que seria "foco de imoralidade e desordens". Uma "corrupção da mocidade", já pelas damas que o frequentavam. O que significava que, em 1879, maxixe já ganhara o sentido de baile de baixa extração.

Dois anos depois, em 15 de agosto de 1881, *O Facho da Civilização*, "jornal humorístico, estrambótico e estomacal", a "charanga do Club dos Fenianos", trazia a crônica *O maxixe*. Onde Chechéo traçava uma caricatura daquele tipo de baile: "Síntese do namoro pandilha a toques de requinta, flautim e oficleide", onde a "cadência das polcas" se via substituída, vez por outra, pelo "revolutear do sarilho em ebulição". Ao final da crônica, um conselho: "Gozai-lhe o passatempo que ele proporciona", mas "fugi das perigosas maxixeiras como do contágio das pestes e dos variolosos".

Não à toa, *O Carbonário*, de 11 de dezembro de 1882, dava nota sobre uma certa Lídia Maxixe que, após comprar "todos os títulos de dívida do bilhar", estava decidida a "explorar os tacos e as bolas da rua Sete". Uma pequena que possuía, segundo a edição de 28 de setembro de 1883, "grande sortimento de camisas de vênus para servir à freguesia". Um jornalismo em estilo "carne viva", típico daquele "órgão do povo", cujo cabeçalho carregava o ditado "Quem não quiser ser lobo...".

Corsário, "órgão de moralização social", descrevia, em 3 de julho de 1883, um novo gênero de dança, nascido daqueles bailes populares: o maxixe. Uma crônica em que panela carregava o sentido de nádega: "O maxixe nasceu para a panela, vive da panela e pela panela". "Em um sorongo qualquer, quando toca-se uma polca requebrada, a rapaziada grita logo: olha o maxixe!! Olha-se para o cavalheiro, o que é que bole? A panela. Olha-se para a dama, e o que é que bole? Sempre a panela!! Oh panela!! Oh maxixe!!".

Uma descrição jocosa, mas precisa. Pois maxixe era mesmo dança de par, em abraço estreito, pernas entre pernas, com o cavalheiro e a dama a remexerem as cadeiras. Uma coreografia que carregava a voluptuosidade dos lundus.

Segundo depoimento de Mariza Lira a Mario de Andrade, transcrito no *Dicionário musical brasileiro*, o maxixe teria sido dançado durante a encenação de *A filha de Maria Angu*, de Arthur Azevedo, na Phenix Dramática, no "quadro intitulado *Legume*, de que falava Chiquinha Gonzaga", protagonizado pela atriz e cantora Rose Villiot.

Tratava-se de paródia de *La fille de Mme. Angot*, texto de Cairville, Siraudin e Koning, música de Charles Lecocq, anunciada em 1º de fevereiro de 1876, pelo *Jornal do Commercio*, "ensaiada a capricho" pelo maestro Henrique Alves de Mesquita, mas estreada apenas em 21 de março, segundo a *Gazeta de Notícias*.

Uma peça em que as cantoras Delmary e Villiot se encarregavam das melodias de Lecocq, parodiadas por Azevedo, enquanto o ator Francisco Corrêa Vasques encarnava, entre operários e jogadores, guardas e cocotes, o carteador "Sota-e-az". Um tipo gaiato cujo português arrepiava os *rs*, *ss* e *ls*, ao passo que o francês, aprendido no Alcazar Lyrique, soava impecável. Um personagem que dançava com Delmary uma valsa. Uma paródia que chegava ao fim com uma "valsa geral", onde aquele ator, após perder seu belo par, bailava com um agente da lei.

No libreto de *A filha de Maria Angu*, editado pela Livraria de Serafim José Alves, disponibilizado pela Biblioteca Nacional Digital, muitas coplas, duetos, romances, rondós e valsas. Nenhuma referência à dança do maxixe, nenhum quadro intitulado *Legume*. Nada também na resenha crítica da *Gazeta de Notícias*. Um acréscimo, talvez, durante a temporada.

A dança subiria ao palco, com certeza, pelo próprio ator Vasques, em 10 de abril de 1883, no Theatro Sant'Anna, no largo do Rocio, no quarto "capítulo" da cena cômica *Aí, cara dura!*. Do que se sabia porque, dois dias depois, *A Folha Nova* comentava: "Pelo gosto de boa parte do público, ainda agora ele lá estava a dançar o maxixe".

Se o maxixe-dança ganhava o palco, segundo Chiquinha Gonzaga, em 1876, o maxixe-música já havia conquistado forma em 1871. Quando, em 5 de agosto, *Trunfo às avessas*, "polka-fadinho", na verdade um maxixe, de Henrique Alves de Mesquita, número da opereta homônima, ecoava na Phenix Dramática. Mais uma façanha do maestro Mesquita.

O maxixe-música, gênero instrumental, composição de compasso binário, possuía pulsação rítmica característica. Uma divisão que, para ser executada, necessitava, à exceção do piano, de mais de um instrumento.

No piano, enquanto a mão esquerda marcava uma habanera ou um lundu, a mão direita fazia o amaxixado. Uma rítmica sincopada, fruto do acasalamento do samba com a polca: "pausa, semicolcheia, semicolcheia, semicolcheia".

Negra semente, fina flor da malandragem

Divisão rítmica do amaxixado

Uma rítmica presente, não por acaso, na melodia da primeira parte de *Pelo telefone*, samba de Donga e de Mauro de Almeida: "O chefe da polícia/ Pelo telefone/ Manda me avisar...". Quem cantasse "O chefe...", reproduziria, com precisão, o amaxixado, produto da fusão das rítmicas da polca e do samba.

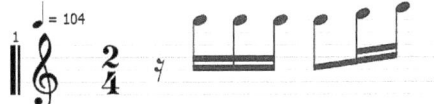
Pelo telefone, tema, partitura original, 1916

A pulsação do maxixe teria nascido, provavelmente, de certa pulsação da polca, presente em *A surpresa*, de Henrique Alves de Mesquita, assim como em *Linguagem do coração*, de Joaquim Antonio da Silva Callado: "colcheia, semicolcheia, semicolcheia; colcheia, colcheia". Seria essa a polca da véspera do maxixe.

Pulsação rítmica da polca da véspera do maxixe

Ao ser capturada pelo magnetismo do samba, a rítmica da polca teria produzido, na região aguda, o amaxixado. Uma mutação demonstrada por Ernesto Nazareth, em *Os teus olhos cativam*, de 1883. Uma aula sobre a formação do gênero.

Ernesto Julio de Nazareth, nascido em 20 de março de 1863, no morro do Nheco, na Cidade Nova, contava, em *Os teus olhos cativam*, uma história musical dividida em três partes: o surgimento, a fixação e a recriação do maxixe. Um enredo musical registrado em partitura de época, recolhida e disponibilizada por seu biógrafo, Luiz Antonio de Almeida.

Na primeira parte, a mão esquerda batucava, no grave, a polca da véspera do maxixe: "colcheia, semicolcheia, semicolcheia; colcheia, colcheia". Enquanto a direita marcava, no agudo, o ritmo do samba, com pausa no primeiro tempo, como a chamar o maxixe: "pausa de semicolcheia, colcheia, semicolcheia; colcheia, colcheia".

Pulsação rítmica do samba com pausa no 1º tempo

Assim a rítmica da polca havia se intrometido na do samba. Um acoplamento que produzia, na região aguda, o amaxixado. Um processo cujo resultado estava na segunda parte de *Os teus olhos cativam*, sem vestígios da polca e do samba, suas matrizes. Na mão esquerda, o lundu. Na mão direita, o amaxixado: "pausa, semicolcheia, semicolcheia, semicolcheia".

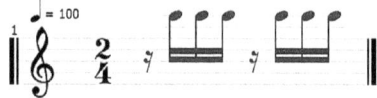

Pulsação rítmica do maxixe: mãos direita e esquerda do piano

Se o maxixe era aquilo, e aquilo era o maxixe, Ernesto Nazareth oferecia, na última parte, uma recriação do gênero, com desenvolvimentos melódicos e harmônicos, além de uma surpreendente descida do baixo, sempre dentro da rítmica amaxixada. Uma aula de maxixe, ministrada por um mestre.

Ernesto Nazareth voltaria ao maxixe em 1894, com *Marietta*, oferecido à filha Maria. No ano seguinte, a maestrina Chiquinha Gonzaga estreava com *Gaúcho*, clássico do gênero, mais conhecido como *Corta-jaca*, com dedicatória para a irmã Rosinha. O que fazia do maxixe, para Chiquinha e Ernesto, um assunto de família.

Trunfo às avessas, de Mesquita, trazia sutis diferenças em relação ao maxixe de Nazareth e Chiquinha: a mão esquerda seguia a rítmica da habanera em vez da do lundu; a mão direita não silenciava a primeira das quatro semicolcheias. O efeito musical, no entanto, era idêntico. Maxixe, no duro.

Toda a ação de *Trunfo às avessas*, opereta de França Junior e Henrique Alves de Mesquita, transcorria em fazenda do Rio de Janeiro. Onde um rapaz cortejava a filha do dono, com a bênção da mãe da moça, contra os planos do pai que a queria de um colega de andanças travessas na corte. Só que este, implacável sedutor, conquistava, não a filha, a esposa do anfitrião. Era o trunfo que saía às avessas.

No papel do fazendeiro, Francisco Corrêa Vasques, o futuro maxixeiro de *Aí, cara dura!*. No da esposa, Eugenia Camara, talvez ainda triste pela perda, um mês antes, do poeta Castro Alves: "Ainda uma vez tu brilhas sobre o palco/ Ainda uma vez eu venho te saudar...".

A estrela da noite, porém, era a música de Henrique Alves de Mesquita. Como testemunhava, em 15 de agosto de 1871, para *A República*, o crítico Joaquim Heleodoro: "Soa a *ouvertura*; a instrumentação bem combinada, ora serena, ora forte, ora embalando-nos a alma, ora suspirando em idílios de amor, ora gargalhando alegre e irônica, surpreende-nos". "Não é bonita, é linda". "Quer nos recitativos, quer nos duetos, quer no bailado e no fado, a música arrebata e entusiasma".

Na estreia, mereciam bis a *ouverture* e o fado, ou polca-fadinho, como a imprensa e o editor Thiago Henrique Canongia passavam a denominar, ainda de forma imprecisa, o maxixe *Trunfo às avessas*. Chamados os autores ao palco, Henrique Alves de Mesquita ganhava um ramo de flores e uma coroa de louros, presos por fita com as cores do Brasil. Em seguida, o povo acompanhava o maestro entre a Phenix Dramática, na rua da Ajuda, 57, e sua casa, na do Senado, 81, na Cidade Nova.

No aniversário de Pedro II, em 2 de dezembro, a opereta *Trunfo às avessas* era prestigiada, no Lyrico Fluminense, pelas "augustas presenças" da princesa Isabel e do conde D'Eu. Era o primeiro aplauso da nobreza ao maxixe.

Em 1883, o Club dos Democráticos cedia ao feitiço do gênero: "Cesse tudo quanto a antiga musa canta/ Que do Castelo este brado se levanta:/ Caia tudo no maxixe, na folgança".

Dois anos depois, os Tenentes do Diabo anunciavam a abertura da Caverna para a "Quinta noite de Veneza", ao "som mavioso e atraente da música do futuro: a Polca Maxixe".

Samba batucado do Estácio de Sá, de Carlos Didier

Se Tenentes, Democráticos e Fenianos tinham avançado com gosto no maxixe, vinha do Castelo a mais antiga orquestração do gênero por banda militar: *Fandanguaçu à Democrata*. Uma palavra inventada para designar as festas daquela sociedade: fandango, baile; mais açu, muito grande. E o clube tinha festeiras razões para aquela contribuição ao idioma.

Nos fandanguaçus dos Democráticos, os homens eram *chics*, "espirituosos", "famosos galanteadores", "incansáveis foliões nas pugnas do prazer"; as moças, *demi-mondaines*, alegres "vivandeiras" dos "soldados do deus Momo". Quem frequentava o Castelo sabia da "animação que transparecia em todas as fisionomias", declarava, não sem espanto, o *Diário do Commercio*, de 18 de dezembro de 1888.

Se as *demi-mondaines* eram as belas moças, sustentadas por ricos, nem sempre belos, homens; se a dança era o maxixe, que bulia com as "panelas", naquela urgência de pernas entre pernas; o resultado, de fato, só podia ser "um fandanguaçu inenarrável".

Em 13 de dezembro de 1890, *Fandanguaçu à Democrata*, ou apenas *Fandanguaçu*, de autoria do maestro Leopoldo Tavares da Silva, soava no Castelo dos Democráticos, pela banda do 10º Batalhão de Infantaria, pela primeira vez. Era quando as bandas militares incorporavam o maxixe ao seu repertório de marchas e dobrados.

No Rio de Janeiro, elas eram onipresentes. Naquele 1890 do *Fandanguaçu*, a do 5º Batalhão da Guarda Nacional se exibia em espetáculos, em préstitos e em bailes. A do 7º Batalhão do Exército, na Festa das Neves e na abertura de fábrica de chocolate da rua dos Ourives. A do 4º Batalhão da Guarda Nacional, em festividade do Senhor dos Passos, em coreto junto à igreja. As do Regimento Policial e do Batalhão Naval, na rua do Lavradio, em homenagem ao poeta e senador Luiz Delfino dos Santos. A do 23º Batalhão, na inauguração da cunhagem da Casa da Moeda. E a do 24º, no Centro Tipográfico Treze de Maio, em tributo a Johannes Gutenberg, no 422º aniversário de sua morte. Onde houvesse festa, havia banda.

A do 10º Batalhão de Infantaria, aquela do *Fandanguaçu*, podia ser ouvida, em 1881, na matinê musical do Theatro São Pedro de Alcântara. Em 1882, no Campo de Sant'Anna. Em 1883, no Theatro Recreio, durante festival abolicionista, com o cantor, ator e compositor Xisto Bahia. Em 1887, em forrobodó no Clube dos Fenianos. Em 1888, na festa do Divino Espírito Santo e nas comemorações pela Abolição. Até que, em 1890, debaixo da batuta do maestro Leopoldo Tavares da Silva, animava o baile dos Democráticos.

Fandanguaçu, sucesso no carnaval, com partitura publicada, em abril de 1891, pela editora Buschmann & Guimarães, podia ser ouvido, pela Banda da Casa Edison, em interpretação na regra da arte, no Zon-O-Phone, X-597, do acervo de Humberto Franceschi.

Se o maxixe parecia ter nascido para as bandas militares, seriam justo aquelas bandas, que pareciam ter nascido para o maxixe, as principais responsáveis pelo primeiro êxito do samba carioca, "pescado" na casa da baiana Ciata, na Praça Onze: *Pelo telefone*.

Porque o samba da Bahia desembarcara no Rio de Janeiro, junto com o caruru de folha, a moqueca de peixe e o vatapá, em meio a cortejos de cucumbis e ranchos, entre rezas de babalaôs e feitiços de alufás, quando, em busca de melhores dias, em fuga das violentas reações aos levantes negros, mais e mais baianos migravam para a capital do país.

De início, para o bairro portuário da Saúde, de hospitaleiras semelhanças com Salvador. Depois, aos poucos, através das ruas do Príncipe e da Princesa, para o Campo dos Cajueiros, na vizinhança do Campo de Sant'Anna, atrás e ao lado do quartel militar.

Campo dos Cajueiros, a sementeira do samba da Cidade Nova.

17

Antes do quartel, tudo era o Campo de Sant'Anna. Uma extensa área, entre os morros do Senado e da Providência, assim batizada pela primitiva igreja consagrada à mãe de Nossa Senhora, onde mais tarde se ergueria a estação de trem. Instalada a fortaleza, o espaço para trás e para o lado seria conhecido, na geografia carioca, como o Campo dos Cajueiros.

Em 1816, a 1ª edição do *Almanach do Rio de Janeiro* apontava como residência do capitão de mar e guerra José Lopes dos Santos Valadim: Cajueiros. Ao longo da década de 1820, havia notícias de uma rua, uma pedreira e um largo dos Cajueiros. Sem esquecer da chácara, origem do bairro, propriedade do brigadeiro Domingos José Ferreira. Aquele que, em 1810, abrira em suas terras a São Lourenço, futura Visconde da Gávea, na lateral do quartel, segundo a *Crônica geral e minuciosa do Império do Brasil*, de Mello Moraes.

Em outubro de 1821, quem tivesse pista de Joaquina, menina negra da nação Benguela, de 8 a 10 anos, "rosto redondo", com "bexigas", "testa grande", com cicatriz, "cabelo alguma coisa ruivo", "pescoço baixo" e "grossinha", devia se dirigir, caso andasse atrás de "boas alvíssaras", segundo o *Diário do Rio de Janeiro*, "aos Cajueiros, detrás dos Quartéis, nas casas em que morou a viúva do defunto Camizão".

José Joaquim de Araujo Camizão, o defunto, tinha sido mestre do navio Amália, sempre em viagens para Angola, em comércios de aguardente e vinho, cera e marfim, fazendas e escravos. Muito a serviço de João Gomes Valle, comerciante que doava, em 1811, 128$000 réis para o resgate de 615 portugueses cativos em Argel. Como traficava, em 1812, 419 escravos de Cabinda, com 10 mortos durante a viagem.

Valle residia na rua dos Pescadores, atual Visconde de Inhaúma, na parte antiga da cidade. Enquanto Camizão morava na de São Lourenço, nos Cajueiros. Onde, em 1822, dona Maria Leonor, sua viúva, aguardava a restituição de uma "nota do Banco de 90$000 réis", desaparecida no caminho para Matacavalos.

Agia naquele mesmo bairro, Apolinário da Costa Gonçalves. Um capitão do mato que anunciava, em 1821 e 1822, pelo *Diário do*

Rio de Janeiro, dois escravos capturados: Maria, de nação Moçambique, "já ladina", "dando os sinais"; e "um moleque pequeno", "de 16 a 17 anos", "pouco mais ou menos". Ambos deviam ser procurados na "rua da Princesa nos Cajueiros".

Por levarem do Valongo aos Cajueiros, as ruas do Príncipe e da Princesa, abertas em 1809, eram chamadas, numa ponta, Príncipe e Princesa no Valongo, e na outra, Princesa e Príncipe nos Cajueiros. Mais adiante, com a substituição do *em*, indicativo de lugar, pelo *de*, alusivo a origem, seriam criados dois títulos nobiliárquicos, genuínas invenções poéticas do povo: o Príncipe e a Princesa dos Cajueiros.

Era uma fuga da rua do Príncipe que dava notícia da chegada dos baianos ao campo. O sumiço de Marcelino, "natural da Bahia", de 24 a 26 anos, "cabra escuro", "alto", "reforçado, de "bonita figura", que escapulira, segundo o *Diário Mercantil*, de 1º de outubro de 1827, dentro de "calças de casimira azul clara de mescla", "camisa de riscado", "chapéu de palha" e "ferro ao pescoço". Tinha o costume de dormir na pedreira dos Cajueiros.

Quatorze anos depois, o *Diário do Rio*, de 5 de janeiro de 1841, anunciava um "vatapá à baiana", das "6 horas da manhã em diante", no Campo de Sant'Anna, "junto ao pau da bandeira". E, em 17 de maio de 1855, o *Jornal do Commercio* prometia mais um vatapá, na Larga de São Joaquim, 114, perto da esquina da rua do Costa.

Após os baianos namorarem os limites do campo, uma propaganda de "vatapá, caruru e todos os quitutes da Bahia", criações de cozinheira negra de "meia idade", na Formosa, 126, acima da General Pedra, no *Jornal do Commercio*, de 6 de abril de 1869, garantia que eles haviam se instalado, de vez, nos Cajueiros.

Justo no ponto extremo do campo, atrás da estrada de ferro, junto do morro da Providência, onde a rua da Princesa ganhava uma paralela: a dos Cajueiros. Nada distante da do Príncipe, 286, onde João Machado Guedes, o João da Bahiana, nascido em 17 de maio de 1887, morava em companhia dos pais. Nas vizinhanças do Cabeça de Porco, o maior cortiço da cidade.

Uma colossal estalagem, no 154 da Princesa, na altura da Dr. João Ricardo, com "cerca de cem casas" de "construção antiga", "janelas estreitas, quartos sem ar e sem luz", além de "muitas cocheiras", segundo a *Gazeta de Notícias*, de 27 de janeiro de 1893.

Samba batucado do Estácio de Sá, de Carlos Didier

Dois dias depois, a pena de Caliban registrava, em *O Paiz*, os tipos que, desde 1858, se abrigavam no Cabeça: "O moço, comigo é nove!", o bamba; o "cantor dulçoroso dos *Óculos do Padre Santo*", o cantador de víspora; o "habilíssimo prestímano arrecadador das joias da família humana", o larápio; o "chuva trôpego, com um resto da muafa da véspera, bradando a cambalear que este mundo é uma bola!", o beberrão; e o "cai n'água, pato", que o próprio cronista decifrava como o "artista incomparável do conto do vigário".

Segundo Caliban, o cortiço acolhia "todo o rancho das badernas, toda a cáfila do banho de fumaça, das diferenças, que não é mole nem nada, que sabe tão bem escolher uma lona para aliviar o bucho do incauto, esfriando-o para que não se constipe nas mesas do necrotério".

No Cabeça, morava a música: "Dali, diziam, saíam, à hora calada da noite, com o violão gemebundo, o cafajeste, chapéu a três pancadas, cantando sentidamente o *Donzela, p'ru piadade não pritubes...*, e a mulatinha do caroço, arrastando as chinelinhas e soltando muxoxos dengosos".

Embora Caliban não registrasse, havia samba no Cabeça. Do que se sabia pela queixa de um vizinho, na *Gazeta de Notícias*, de 27 de junho de 1886, sobre "batuques de samba" no grande cortiço.

Mesmo sem samba, aquela crônica era de dar inveja ao próprio João do Rio. Sobre a identidade do cronista, *O Paiz*, de 25 de outubro de 1891, revelava: Caliban, "pseudônimo usado pelo sr. Coelho Netto". Uma informação que a *Gazeta de Notícias*, de 23 de abril de 1895, confirmava: "Coelho Netto, esse inquieto Caliban, perigoso anarquista".

O que provava que aqueles tempos boêmios, ao lado de Guimarães Passos, Luiz Murat, Olavo Bilac e Pardal Mallet, faziam ao estilo de Henrique Maximiano Coelho Netto um bem sem conta.

O samba nos Cajueiros seria assunto de João da Bahiana, em depoimento a José Ramos Tinhorão, na *Veja*, de 28 de julho de 1971: "As salas da frente das casas dava pruma rua, os fundos dava pra outra". "Então os africanos alugava aquelas casas com três, quatro ou cinco quartos, duas e três salas. Aí, durante as festa, os velho ficavam reunidos na sala da frente, cantando partido alto, e as mulhé dançava o miudinho, que era só tremendo as cadera. Os novos ficavam nos quartos cantando samba corrido. E no quintal ajuntava o pessoal que gostava de batucada".

João da Bahiana tinha quase 18 anos quando Paulo Barreto, o João do Rio, visitava o Rosa Branca, na rua dos Cajueiros, 66, em companhia do babalaô Benzinho, sacerdote de Xangô, a fim de testemunhar um ensaio de rancho e uma roda de batucada.

Benzinho pertencia a uma poderosa dinastia: era neto do babalaô Bamboxê Obitikô, o fundador do primeiro candomblé de Salvador. Ainda assim, solicitava a ajuda do jornalista para conseguir a licença da saída do afoxé, o "carnaval africano", a "crítica de todos os santos e de todos os pais de santo". Como também a cessão de dois "praças de cavalaria", uma vez que os cordões eram "ferozes".

O babalaô explicava ao cronista que o afoxé era o "dia em que se debocha a religião": na frente do préstito, saía o "rei da terra de Oió", seguido por babalaôs e alufás, com suas vestes cerimoniais, "uns trazendo peles de carneiro e lagartos secos, outros com o opelê na mão". Assim em Lagos, na Nigéria, assim em Salvador, na Bahia. "Quando sai um afoxé, rufando os tambores sagrados, a gente pode nas cantigas debochar a outros feiticeiros, o feitiço e os santos. Não acontece nada. V. S. pode ter a certeza".

No Prazer da Rosa Branca, João do Rio testemunhava o ensaio daquele rancho, licenciado desde 1899, com "as mulheres de um lado, os homens de outro", na execução de "uns passos caídos, sacolejados", embalados por atabaques e pandeiros: "Todo mundo me dizia/ Rosa Branca não saía/ Rosa Branca está na rua/ Com prazer e alegria".

Ao mesmo tempo em que anotava os "avisos moralizadores": "Proibido beber", "proibido fumar" e "proibido conversar com as damas". Por onde se sabia que o bate-papo com os homens era livre.

Depois do ensaio, enquanto alguns ainda mexiam o corpo na sala da frente ao som de flautim e cavaquinho, nos fundos acontecia o samba, "antes uma aula de capoeiragem que um divertimento", pela "fúria das caneladas, das bandas, das rasteiras, dos aús", pelas "tíbias escorrendo sangue". Uma autêntica batucada, revelada na crônica *Afoxé*, para a *Gazeta de Notícias*, de 5 de março de 1905. Uma descoberta de João Carlos Rodrigues, em *João do Rio, catálogo bibliográfico*.

O Rosa Branca seria o segundo rancho organizado por Hilario Jovino Ferreira, em seguida ao Rei de Ouro, este no beco João Ignacio, na Saúde, de acordo com entrevista do mestre a Francisco Guimarães. Pois Hilario era mesmo, garantia Donga, "um verdadeiro professor na formação dos ranchos". Uma arte que ele, pernambucano de nascimento, aprendera em terras baianas.

Em sua primeira saída, o Rosa Branca chamara a atenção pelos "cantos esquisitos e danças originais", segundo o *Jornal do Brasil*, de 13 de fevereiro de 1899. Três anos depois, tinha como vice-presidente Leopoldino da Costa Jumbeba, operário das oficinas da Central do Brasil, casado com Izabel, filha de Norberto da Costa Guimarães e Hilaria Pereira Ernesto, a Tia Ciata.

Tia Ciata se chamava Hilaria Pereira Ernesto. Assim nas mortes de seus recém-nascidos, Damião e Damiana, em 20 e 26 de outubro de 1882, em notas da *Gazeta de Notícias* e de *O Globo*. Assim como zeladora da Devoção do Senhor do Bonfim, na igreja de São Joaquim, segundo o *Diário de Notícias*, de 18 de janeiro de 1893. Assim na morte de seu compadre, Ernesto Pereira Pinto, instituidor da Devoção, na *Gazeta*, de 16 de julho de 1897. Assim no suicídio de seu irmão, Eliziario da Silva Neves, pelo *Jornal do Brasil*, de 13 de abril de 1901. E assim nas missas de 7º e de 30º dias do baiano João Baptista da Silva, impressor gráfico, seu marido, mais uma vez no *JB*, de 19 de julho e de 13 de agosto de 1907.

Ciata era de 13 de janeiro, não por acaso o dia de Santo Hilário. No nascimento de João Paulo, seu caçula, em 26 de junho de 1898, teria 40 anos. Seria, portanto, de 13 de janeiro de 1858. Um registro que trazia ainda os nomes de seus pais: Tobias de Almeida e Josepha Pereira Ernesto.

Até a morte de Miguel Emygdio Pestana, Tia Ciata se chamava Hilaria Pereira Ernesto. Em 29 de outubro de 1908, no convite para a missa de 7º dia, publicado pelo *Correio da Manhã*, passava a ser Hilaria Pereira de Almeida. O nome pelo qual seria conhecida na posteridade. De acordo com o historiador Henrique Foréis Domingues, o Almirante, ela e Henrique de Almeida, colaborador do *Jornal do Commercio*, dividiam, então, devoções conjugais e carnavalescas.

Miguel Emygdio Pestana, tipógrafo de *A Notícia* e do *Correio da Manhã*, era autor de três modinhas seresteiras: *O bem-te-vi*, em parceria com Mello Moraes Filho; *Na casa branca da serra*, ao lado de Guimarães Passos; e a *A brisa dizia à rosa*, sobre versos de Casimiro de Abreu. Em 24 de outubro de 1908, tinha sido encontrado morto, aos 42 anos, vítima de ruptura de aneurisma, na Senador Euzébio, 362, na Cidade Nova. Morria sozinho, embora tivesse esposa, filho e mãe. Nomes que encabeçavam o convite para a missa, ao lado de outras oito assinaturas, seis das quais de Tia Ciata e seus parentes: Hilaria Pereira de Almeida, suas filhas solteiras, Maria Virginia e Noemia Gloria, Glyceria, casada com Guilherme Eduardo Moreira, e Leopoldino da Costa Jumbeba, genro, marido de Izabel, a mais velha.

"Natural desta capital", como declarara ao registrar o filho Miguelzinho, Pestana era irmão e primeiro secretário da Devoção do Senhor do Bonfim, instituição religiosa que tinha em Tia Ciata uma zeladora. Tratava-se de um carioca de cultura baiana.

A baiana do tabuleiro, personagem central daquela cultura, aparecia no poema *Lundu*, na *Gazeta de Notícias*, de 24 de fevereiro de 1877: "Crioula, qu'estás vendendo?/ Eu vende fruta, yoyô/ És tu liberta ou cativa?/ É forra, sim, sinhô./ Você de que nação é?/ É mina ou é nagô?/ Ué... Tá caçoando?.../ Eu é de São Salvadô./ Ah! Sim, sim, és da Bahia,/ Da terra do vatapá,/ Da moqueca e... dos ministros./ Yoyô não vai comprá?/ O quê? Eu comprar ministros!/ Não gosto d'essa fazenda./ Olha... sabes tu que mais?/ Toma lá... p'ra beber na venda./ À saúde da Bahia,/ E também da do governo/ Que, embora mui carola,/ Morrendo... vai p'ra o inferno./Bligada... Deus o ajude/ E sua mãe, Nossa Senhora/ Ah! Yoyô cumo chama?/ Como me chamo? Essa agora!...".

Segundo João Machado Guedes, as baianas dos Cajueiros eram todas doceiras. Algumas a mercadejar seus próprios produtos, outras por meio de empregados, muitas com mais de um tabuleiro, todos carregados de delícias: beiju, bolo de carimã, cocada branca e preta, cuscuz de tapioca, pé de moleque e quindim. Petiscos que, de origem africana, indígena ou lusa, tinham sido aprimorados por mãos afro-baianas.

Chegada ao Rio de Janeiro em 1876, ano estimado por Ary Vasconcellos, em *Panorama da música popular brasileira*, com tabuleiro na Sete de Setembro, esquina de Uruguaiana, Tia Ciata era uma daquelas doceiras baianas.

Em 1901, quando da tragédia do irmão, morava na Alfândega, 304, a dois quarteirões do Campo de Sant'Anna. O endereço da entrevista para o *Jornal do Brasil*, de 13 de abril, sobre o *Amor desesperado* de Eliziario por Clementina.

Eliziario da Silva Neves unira-se a Clementina Pinheiro Neves, ambos baianos, ambos afrodescendentes: ela, costureira, "gorda e simpática"; ele, marceneiro e lustrador, "rapaz sério", de oficina na Barão de São Félix, a antiga rua da Princesa. Um casal com diferença de 17 anos. No entanto, somente quando Eliziario deixava de lado a seriedade para se fazer "amigo do descanso, das pândegas e das orgias", Clementina se mudava para a casa da mãe, Maria Lucinda de Oliveira, outra baiana do tabuleiro.

Sem dinheiro para o aluguel, Eliziario passava a morar com Ciata, irmã por parte de mãe. Ela, porém, impunha uma condição: o meio-irmão devia trabalhar para pagar suas dívidas. Porque, mesmo sem abandonar o ofício, o marceneiro "distraía no jogo o dinheiro que ganhava".

O assassinato de Clementina, à sabre, acontecia justo na casa de sua mãe, na General Câmara, 347, nas imediações do Campo de Sant'Anna. O suicídio de Eliziario, à navalha, com um corte no pescoço, se dava na rua, em frente.

Afeito às delegacias, o repórter anotava as frases de Tia Ciata como o depoimento de uma testemunha perante a lei: "Que seu irmão Eliziario era baiano"; "que veio para o Rio com a idade de 20 e poucos anos, dedicando-se sempre ao ofício de marceneiro e lustrador"; "que, após seu casamento, reinou nos primeiros anos completa paz no lar, tendo o casal vida feliz".

Mesmo sem as palavras exatas, uma oportunidade rara, talvez única, de ouvir Tia Ciata. Quando era a voz da experiência para o irmão que confessava que, sem "Sinhá", não podia viver.

Ela o aconselhava a ser "calmo e amoroso quando tratasse com Clementina". Explicava que era impossível para a esposa viver em sua companhia, "provocando ciúmes e sofrendo necessidades". Para "amenizar aquela difícil situação", conseguia, por duas vezes, que "Luzia lhe fosse confiada para ver seu pai". Quando Eliziario, "pai extremoso que era", dera conselhos à filha.

Ciata negava que a infidelidade pudesse ser a causa da tragédia. Assegurava que o "procedimento de sua cunhada Clementina", enquanto vivia com Eliziario, e mesmo depois, tinha sido sempre "digno de louvores", "nunca manchando o nome dos seus nem de seu marido".

Amiga da verdade e da justiça, Tia Ciata se mudaria da Alfândega, 304, para a General Pedra, 223. Dali para a rua dos Cajueiros, 66. Em 15 de dezembro de 1908, no entanto, já morava na Visconde de Itaúna, 117. Como provava o anúncio no *Jornal do Brasil*: "Precisa-se de um menino, de 16 a 17 anos, para vendedor de doces".

Uma casa de porta e duas janelas, térrea e comprida, com sala de visita, sala de jantar e seis quartos, segundo a memória do neto Bucy Moreira. A quinta antes da esquina de Sant'Anna.

Seria a chegada de Ciata que colocaria a Praça Onze na geografia do samba. Antes disso, a grande praça não figurava entre os pontos prediletos dos sambistas, de acordo com Getulio Marinho da Silva, o Amor, militante desde 1895.

Nascido em Salvador, em 15 de novembro de 1889, "republicano cem por cento", Getulio Marinho, em entrevista para o *Correio da Manhã*, de 13 de fevereiro de 1958, recordava os seguintes pontos: o Café Paraíso, na Marechal Floriano, 157; o Cabeça de Porco, na Barão de São Félix, 154; e a esquina de Senador Pompeu, antiga rua do Príncipe, com Dr. João Ricardo. Citava ainda as casas das tias Bebiana e Gracinda, ambas na General Câmara, a da própria Ciata, na Alfândega, e, sem revelar o endereço, mencionava a mãe de santo Calu Boneca.

João da Bahiana, filho de Perciliana, lembraria para o Museu da Imagem e do Som outras duas tias festeiras: Rosa Olé e Sadata, da Saúde, o primeiro bairro dos afro-baianos.

Era essa a geografia original do samba, gênero que chegava à Praça Onze pela voz, mãos e pés de Tia Ciata. Uma senhora de benéfica personalidade, na qual se misturavam argúcia e equilíbrio, inclusive o financeiro, por conta de dois ou três tabuleiros, confiados a rapazes "sérios" e de "boa conduta", como constava em seus anúncios, por vezes ao lado de um "paga-se bem".

Sem esquecer do espírito agregador, aquela vocação para a convivência, aquele característico "chegue mais" dos afrodescendentes. Como dizia Bucy Moreira, ao relembrar a avó, em depoimento a Francisco Duarte: "Baiano é muito inteligente e muito socialista".

Tudo junto se traduzia em respeito e liderança. Era essa a base do matriarcado de Tia Ciata. Como, aliás, o de todas as benfazejas tias baianas.

Com todo esse visgo, as festas de Hilaria "duravam dois, três dias, com a turma toda firme", assegurava Licinia da Costa Jumbeba, a Lili, sua neta, em depoimento a João Ferreira Gomes, o Jota Efegê. De acordo com Bucy, a anfitriã do samba, vaidosa e caprichosa, mantinha sempre alinhado aquele "casarão", com "telefone", "cortinas das melhores" e "piano de cauda", de um jeito que "entusiasmava a turma que convivia por lá".

Antonio Nássara visitava o 117, antes de completar 15 anos, perto do carnaval, em companhia de Lauro Boa Morte, vizinho de Vila Isabel. Em depoimento ao autor deste livro, recordaria, em 2 de novembro de 1995, a própria anfitriã: "Ela era simples até. Oferecia lá umas coisas. A gente pagava". Lembraria da sala da frente: "Uma mesa grande, cheia de cocadas: cocada vermelha, cocada rosa, cocada branca, e aqueles pés de moleque com amendoim, e cachaça". Nássara, que gostava um bocado de doce de coco, mas não desprezava uma aguardente, guardava as coisas que mais capturavam seus olhos.

Bucy Moreira definia a residência da avó como "uma espécie de restaurante": "Tinha um vatapá o dia inteiro". Uma casa de pasto que virava notícia por conta de um cano. Quando Antonio de Campos e Benedicto Dias, com "fome muita", entravam, comiam e bebiam à larga, depois se confessavam, tranquilamente, sem vintém. Um caso para o 14º Distrito, no 83 da mesma rua. Uma nota em *A Noite*, de 25 de março de 1915: *Presos, mas de barriga cheia*.

Entre os músicos que gozavam da hospitalidade, Lili e Bucy relacionavam os "efetivos": Donga, João da Bahiana e Pixinguinha. Em seguida, vinham Alfredinho do Recreio das Flores, Alfredo Albuquerque, Benigno, Catullo da Paixão Cearense, Elpídio, Getulio Marinho, Heitor Catumby, Heitor dos Prazeres, João Catumby, João da Mata, José Barbosa da Silva, o Sinhô, e Noite Escura. No time feminino formavam Cevi, Corumbanda, Tia Gracinda e Xaxau. E Bucy carregava uma preciosa memória familiar: as presenças dos compositores Anacleto de Medeiros e

Miguel Emygdio Pestana, o Tafi, figuras que conhecia apenas de nome e de fama.

Segundo ele, canções de serenata também embalavam os corações nas festas de Ciata. Havia as "modinhas pesadas" de Heitor e João Catumby: "Se tu me consentires relatar baixinho todos os meus segredos/ Com minha voz trêmula de jura, ingrata,/Mas eu tenho medo/ Deste sentimento que me invade a alma já entristecida./ Mesmo se tu me ouvires louca e apaixonada,/ Cairás vencida".

Entre os sambas, Bucy cantava, em entrevista a Perfilino Neto, o *Miudinho*: "Devagar, miudinho, devagarinho...". Um samba cuja dança era especialidade da dona da casa: "Vem, Ciata, faz o miudinho aí".

Ialorixá do candomblé de João Alabá, ela era filha de Iansã, orixá que controlava, com seu "gênio irrequieto, altivo e empreendedor", de espada na mão, de acordo com Edison Carneiro, as tempestades. Em casa, segundo o neto, mandava até no corte de cabelo dos homens: "Preto tinha de usar o cabelo rasinho e raspadinho na cabeça", a fim de evitar "piolho".

Ary Vasconcellos teria em mãos a fotografia de Ciata, às vésperas de sua utilização, segundo uma filha, em cerimônia do candomblé. A sós por alguns momentos, o historiador pensaria em fugir pela porta, às pressas, com o precioso documento. A veneração aos orixás, contudo, seria maior que a veneração à música. E o único retrato da famosa tia desapareceria entre bênçãos e reverências. Um depoimento ao autor deste livro.

Em 1914, o 117 tinha como vizinhos: no 115, a Rosa do Japão, loja de "chá, cera e sementes"; no 119, a "fábrica de chinelos" de J. David Santos. No 129, já no canto com Sant'Anna, ficava o botequim de Sotero Ribeiro Fernandes, multado, com frequência, por uma especialidade: leite batizado com água.

No 133, bem defronte à praça, atendia o médico Fonseca Junior. No 135, Gustavo Coutinho dava trabalho à tesoura e à navalha. No 137, era o botequim de Albino Gomes Rocha, em cujo sobrado batia chapas a Photographia Internacional. E, no 139, morava Alfredo Raymundo Richard, professor de música da Escola Normal.

João Pereira Felippe tinha sacaria no 143. No 145, Eugenio Guimarães Rebello, mestre de francês, descansava das aulas. Ao passo que a fábrica de Cerveja Oriental, de M. Bastos & Irmão, cumpria sua missão civilizatória no 147. A segunda indústria desse ramo, uma vez que no 29 operava a Cerveja Princeza, de Zeferino & Costa.

Do outro lado da praça, na Senador Euzébio, bem na esquina de Sant'Anna, erguia-se, no 126, o edifício de A Fortuna, loja dedicada ao comércio de "fazendas, armarinho e modas". No 134, a Cerveja Victoria confirmava, no térreo, a vocação do bairro, enquanto o Cinema Onze de Junho, no sobrado, exibia fitas mudas. No 140, atendia o Bazar de São Diogo. No 144, deixavam o forno, diariamente, os pães de Luiz Blaso, assim como, apenas uma vez por mês, o jornal da União Social. Endereço ainda da Caixa Auxiliar dos Bagageiros da Central do Brasil.

No 146, ficava a confeitaria de Corrêa & Sampaio; no 148, À Jardineira, loja de "chá, cera, rapé, sementes etc."; no 150, a Chapelaria Camões; e, no 154, a Casa Silva, de camisas, lençóis e toalhas.

Era pujante a atividade econômica na Senador Euzébio e na Visconde de Itaúna, as principais vias da Cidade Nova. Quem passeava por suas calçadas, encontrava de um tudo: barbearia, clínica de dentista, consultório médico, ourivesaria, relojoaria, alfaiataria, tinturaria, bicicletaria, sapataria, papelaria, armarinho, farmácia, carvoaria, casa de câmbio, estábulo, hotel, botequim, com e sem bilhares, charutaria, restaurante, casa de gêneros italianos, quitanda, açougue, comércio de aves e ovos, armazém de secos e molhados, casa de louças e cristais, loja de móveis, carpintaria, marcenaria, madeireira, marmoraria, serraria, serralheria, ferraria, funilaria, tipografia, indústria de vinagre, licores e xaropes, e fábrica de velas.

Havia de tudo. Tudo mais de um. Sem esquecer das sociedades dançantes familiares.

Entre 1906 e 1925, havia notícia de várias SDFs nas imediações da Praça Onze. Os Paladinos da Cidade Nova, na Visconde, 126, defronte ao 117 de Tia Ciata. O Bloco Ideal, no 191, o mesmo endereço do alufá Henrique Assumano Mina do Brasil. A Papoula do Japão, na da América, 130. O Faísca de Ouro, na São Leopoldo, 12. Os Paladinos Japoneses, na Bom Jardim, 130. Os Guerreiros de

São Diogo, na General Pedra, 349. Os Fidalgos da Cidade Nova, na Sant'Anna, 55, esquina de Visconde. A Toma a Bença a Vovô, na Senador Euzébio, 146. E, no 44 dessa mesma rua, a Kananga do Japão, a mais famosa sociedade do bairro.

Fundada em 1910, na Barão de São Félix, 189, nos Cajueiros, a Kananga do Japão migrava, em 24 de outubro de 1914, para sua sede definitiva. Onde anunciava, em 28 de novembro, "grande baile extraordinário", com "grandes choros pelos pianistas Manuel da Harmonia, Menezes e Masson". Onde se mostrava severa, em 16 de janeiro de 1915, sobre o "forrobodó à fantasia": "Só terão ingressos aqueles que levarem o firme propósito de se divertir a valer, do contrário...". Anúncios sempre pelo *Jornal do Brasil*, periódico atento a todas as familiares e dançantes sociedades.

Em 10 de junho de 1915, era divulgado um piquenique dos foliões da Kananga, movimentado por "terno de corda sob a batuta de Bexiguinha". Em 16 de outubro, estreava na sociedade outro freguês assíduo do 117 da Visconde de Itaúna: José Barbosa da Silva, o Sinhô.

Na mais antiga nota sobre aquele pianeiro, localizada por seu biógrafo, Edigar de Alencar, no *Jornal do Brasil*, de 30 de julho de 1910, ele aparecia como "conhecidíssimo chorão das metecas chorosas". Onde as metecas, as estrangeiras, eram as polcas, não as polacas. Quando, aos 21 anos, já gozava de prestígio como músico de choro.

Em 3 de junho de 1911, Sinhô tinha o piano adjetivado como "saltitante", em festa no Club dos Cafajestes, organizada pelo grêmio Flor do Abricó. Seis meses depois, em 13 de janeiro de 1912, agitava o célebre salão do Flor do Abacate, na rua do Catete.

Em 20 de dezembro de 1913, segundo o *Jornal do Brasil*, o "prezado e exímio pianista" José Barbosa da Silva seria homenageado pela nata do choro, em baile em seu benefício, no Congresso dos Bohemios, na Uruguaiana, 107.

Nas flautas, Pixinguinha e seu pai, ao lado de Bismarque. Na clarineta, Couto Xavier e Irineu de Almeida. No trompete, Bonfiglio de Oliveira. No trombone, Candinho Pereira da Silva. No violino, Freitas. Nos cavaquinhos, Chico e Dodô. Na bandurra, Betinho. Nos violões, Henrique Vianna, João Pernambuco, Jordão,

Léo Vianna e Tute. No contrabaixo, Conceição. No piano, Candinho e, claro, Sinhô.

Na programação, uma canção de Catullo da Paixão Cearense, pelo barítono Octavio Vianna, o China, além de uma "bela modinha" de Satyro Bilhar, pelo próprio autor ao violão: *Quero-te bem porque quero*. Uma senha para Sinhô, em seguida, executar ao piano um tango de sua criação, "oferecido pelo autor ao sr. S. Bilhar": *Está errado*.

Em 1914, ele surgia, como regente de "choro de cordas", em *soirée* do Toma a Bença, na Senador Euzébio. Em 1915, se apresentava nos Netinhos de Vovô, no Campo de Sant'Anna, enquanto o quinteto do clarinetista Lourival de Carvalho "sapecava uns tangos capazes de endoidecer um santo".

Ainda nos Netinhos, um sarau dançante, em benefício do "nosso querido e estimado pianista Sinhô", trazia o Choro Carioca, regido pelo "mestre flautista A. R. Vianna (Pixigui)", o Terno Abacatense, liderado pelo trombonista Alvaro Sandim, além de Donga e João Pernambuco em "solos de violão". Em 1915, permanecia alto o cartaz de José Barbosa da Silva no meio chorão.

Em 22 de maio, ele assumia o piano dos Fidalgos da Cidade Nova, na esquina de Sant'Anna com Visconde. Uma sociedade da "gente malandra", dos "tipos suspeitos", da "fina flor da zona estragada". Onde a polícia do 14º Distrito era recebida à bala, onde os bailes acabavam em "chinfrim, pauladas e tiroteio", segundo a *Gazeta de Notícias*, de 2 de agosto. Era quando José Barbosa da Silva cruzava a fronteira, adentrava o reino da malandragem.

Na Kananga do Japão, os bailes eram solidários. Como aquele, de 21 de outubro de 1915, embalado pelo Choro Carioca, com renda para o presidente do Flor do Abacate, André Xavier, preso em flagrante por revidar com um tiro à bofetada do jogador e cáften Mario Fioravanti. Na Kananga, aconteciam arrasta-pés familiares, como aquele outro, de 10 de fevereiro de 1916, em benefício de Dona Perciliana Maria Joanna, mãe da pastora Maria Rita, animado pelo "choro de Sinhô".

Em 1917, o termo "gafieira" tinha entrado para o vocabulário carioca. Como provava o Bloco dos Pesados, que trazia entre seus foliões um certo Lord Gafieira. Em 1918, surgia um Club Gafieira, na praça Saenz Peña, na bem-comportada Tijuca. Até que, em 3 de março de 1919, a crítica da *Gazeta de Notícias* ao Club dos Carnavalescos do Andaraí ganhava o título de *A gafieira*.

Uma crônica em versos, lapidada em legítimo português estropiado: "Cinco tostão vale a varsa!/ Grita o fiscal do salão:/ Tirem as dama depressa,/ Não perquem a casião!/ Sapeca o pistom com força,/ Requebra mais, já se vê!/ Que depois da contradança/A dama vai pro bufê".

Era o momento romântico da noite, quando os "cavalheiros" bancavam os "mastigos" femininos: "Paga a entrada e não estrila!/ Que isto aqui é uma deliça!/ Se porte bem, seu varsista!/ Cuidadinho co'a poliça!"

José Barbosa da Silva, rei das sociedades dançantes e familiares, rebatizadas como gafieiras, comparecia, todo 13 de maio, com religiosidade, à festa de aniversário de Glyceria, esposa de Guilherme Eduardo Moreira. Por conta disso, Bucy, filho do casal, o relembraria, em depoimento a Fernando Faro: "O Sinhô era um mulatinho, assim, de boa aparência. Assim, de corpo... Dândi, não é? Se vestia muito bem, muito versátil e muito prosa, sobretudo".

Era quando descrevia o piano de José Barbosa da Silva: "Ele tocava de ouvido, mas era um pianista de uma bossa tremenda. Tinha uma mecânica tremenda, uma mão esquerda...".

Sinhô era um pianista chorão, um maestro de orelha, um líder de grupos de choro, estimado por seus pares. Dono de mão esquerda poderosa, sabia como sacudir, com maxixes, polcas e tangos, inclusive um de sua autoria, *Está errado*, sociedades dançantes e familiares do Campo de Sant'Anna, Catete, Catumbi e Cidade Nova. Especialmente as da Praça Onze, sobremodo a Kananga do Japão.

Mesmo adjetivado como "célebre" pianista, José Barbosa da Silva teria o prestígio de instrumentista ofuscado pela fama de compositor. Isso após *Pelo telefone* conquistar um lugar para o samba entre os sucessos de 1917. Porque seria o êxito de *Pelo telefone* que criaria o compositor de sambas chamado Sinhô.

18

Após criar, em íntima parceria com o lundu, *Os beijos de frade*, misturar-se com a polca para inventar o maxixe, juntar-se à habanera para fazer nascer o tango brasileiro, o samba estava pronto para amadurecer como gênero.

Havia muito a maestrina Francisca Gonzaga namorava o samba. Em 1877, seu tango *Sedutor* trazia, na mão direita, traços da rítmica do gênero. Uma aproximação que ficava séria com *São Paulo*, de 1885, carregado daquela divisão característica. Na verdade, São Paulo não era mais tango, era um choro. Fosse tango, a mão esquerda devia pulsar como o lundu ou a habanera. E a pulsação predominante era mesmo a do samba.

Naquele período de amadurecimento, os sambas se escondiam atrás de outros nomes, tanto nos discos quanto nas partituras. Caso do *Tango da quitandeira*, de Chiquinha Gonzaga, que, lançado em 26 de novembro de 1903, no Theatro Apollo, por Esther Bergerat, na revista *O esfolado*, gravado por Nina Teixeira, no Odeon 10.091, devia se chamar *Samba da quitandeira*.

A síncopa típica do gênero se achava logo no primeiro verso: "Meu defunto marido, o Garcia". Daí em diante, surgia insistente, nas mãos direita e esquerda do piano, ao longo de toda aquela curiosa composição, onde uma bela viúva relembrava o falecido, "cabra de truz na eleição". Um tipo que transformava, "de cacete ou navalha na mão", "num frege a seção".

Café Ideal, da maestrina Cinira Polonio, com letra de B. Gouvêa e Tito Martins, era um samba. Tinha, porém, o título de *Habanera do café de São Paulo*, em 15 de março de 1904, no Theatro Recreio, na revista *Cá e lá*.... No disco, aparecia como maxixe. Nem habanera nem maxixe. Como provava a interpretação de Pepa Delgado, no Odeon 10.074, onde a síncopa vinha no primeiro verso: "Café puro e saboroso". Isso enquanto o piano marcava, do princípio ao fim, a pulsação característica do gênero. Era samba, na batata. Uma propaganda do Café Ideal, com torrefação na rua da Saúde, 80-84: "Café Ideal, puro, nacional/ Ele é sem rival".

Caninha do Ó, uma gravação do cantor Barros, acompanhado por piano, exaltava, no Odeon 10.078, a cachaça produzida na

Freguesia do Ó, de São Paulo. Classificado no selo como cançoneta, era um legítimo samba à moda da Bahia. Uma origem percebida até pela letra: "Sou a caninha do Ó/ A caninha brasileira/ Prove uma gota, Ioiô/ Sou a caninha do Ó// Eu valho mais por mim só/ Do que quanta droga estrangeira/ Sou a caninha do Ó/ A caninha brasileira". Ainda na primeira década do século XX, a força do gênero era percebida por profissionais da publicidade.

Embora as maestrinas Chiquinha Gonzaga e Cinira Polonio tivessem cedo caído no samba, o primeiro êxito acontecia, embora de forma disfarçada, no carnaval de 1906, debaixo da batuta do maestro Archimedes de Oliveira, contramestre da banda do 1º Batalhão de Infantaria da Brigada Policial: *Vem cá, mulata*. Um canto de guerra dos Democráticos.

Na abertura do dueto, a mulher garantia: "Os Democráticos, gente jovial/ Somos fanáticos do carnaval/ Do povo vivas nós recolhemos/ De nós cativas, almas fazemos". Em seguida, o homem confirmava: "Ao povo damos sempre alegria/ E batalhamos pela folia". Partes que a mulher e o homem repetiam, repetiam, repetiam. Até que a música explodia no refrão.

Ele chamava: "Vem cá, mulata". Ela negaceava: "Não vou lá, não". Ele insistia, ela não cedia. E, muito cheia de si, arrematava: "Sou democrata/ Sou democrata/ Sou democrata de coração".

Vem cá, mulata era duro como um colarinho antigo, mas era sensual. Não era melodioso, mas era gostoso. Diziam que era lundu, maxixe e tango, mas era samba. Um samba de transição, entre o baiano e o carioca, com um refrão encantador.

Se o pianista, na gravação original de Mario Pinheiro e Pepa Delgado, no 40.407 da Odeon, oscilava entre o samba e a polca, na partitura de época, da coleção Almirante, pertencente ao acervo do MIS, disponibilizada pela Casa do Choro, o gênero se mostrava cristalino: na mão esquerda do piano, samba do princípio ao fim.

Com o êxito de *Vem cá, mulata*, a pulsação sedutora do samba conquistava, nos salões e nos coretos, as batutas dos mestres das bandas. Como enfeitiçaria, em breve, nas gravações, os dedos de violonistas e cavaquinhistas dos grupos de choro.

O que acontecia em *Samba em casa de baiana*, tirado por clarinete, cavaquinho, violão e prato-e-faca, pelo Conjunto da Casa

Faulhaber. Classificado como partido-alto, no Favorite 1-452.216, era um samba instrumental.

Já *Descascando o pessoal* e *Urubu malandro*, dois arranjos sobre "motivos populares", nos Odeons 137.088 e 137.089, tocados por clarinete, cavaquinho e violão, apareciam, corretamente, como sambas. Gravações onde o nome do solista vinha à tona pela boca de um locutor tagarela: "Oi, Malaquias! Como sabe tocar bem o disco! Aí, mulato, remexe mesmo!". Provavelmente, Malaquias Clarinete, citado em *O choro*, de Alexandre Gonçalves Pinto.

Descascando o pessoal, Samba em casa de baiana e *Urubu malandro*, três sambas instrumentais, carregavam algo da sonoridade das festas de Tia Ciata, onde teria "crescido", segundo Francisco Guimarães, o *Pelo telefone*: "A letra é um arranjo de Mauro de Almeida (o Peru dos Pés Frios) e a música também um arranjo do Donga de acordo com a letra e o resto, foi pescado na casa da tia Asseata, na rua Visconde de Itaúna n° 117". Assim, com essa pontuação, na 1ª edição de *Na roda do samba*, de 1933.

Francisco Guimarães, o Vagalume, tinha razão: *Pelo telefone* era mesmo um "arranjo": um mosaico de canções de origens distintas. Uma colagem que soava bem.

Na primeira parte, o "chefe da folia" garantia a "alegria". Na segunda, a mesma filosofia: "É deixar mágoas para trás/ Ó rapaz...". Até esse ponto, a letra fazia sentido.

Na terceira, entrava em cena um conquistador que, após roubar um coração, encomendara ao feiticeiro um "trabalho". Sem relação alguma com a "alegria" da primeira parte, distante do "deixar mágoas para trás" da segunda.

A última parte, pescada no folclore pernambucano, temperada em casa de baiana, refogada por mãos cariocas, era a melhor: "Ai, se a rolinha/ Sinhô, sinhô/ Se embaraçou/ Sinhô, sinhô/ É que a avezinha/ Sinhô, sinhô/ Nunca sambou...". O êxito de *Pelo telefone* nascia da gostosura desse refrão.

Logo na "quinta-feira de cinzas", a *Gazeta de Notícias* publicava o "estribilho mais cantado do carnaval": "O chefe da polícia/ pelo telefone/ manda me avisar/ que na Carioca/ há uma roleta/ Para se jogar". Um refrão que mexia com a tolerância do chefe, dr. Aurelino Leal, em relação à tavolagem.

Uma cena que tinha acontecido, de fato, três anos e meio antes. Quando a reportagem de *A Noite*, numa afronta gozativa ao dr.

Belisario Tavora, o chefe na época, montava uma roleta, em 2 de maio de 1913, em pleno largo da Carioca, com o letreiro: "Jogo franco!".

Cinquenta anos mais tarde, Ernesto dos Santos, o Donga, admitiria, em entrevista ao sociólogo Muniz Sodré, para a *Manchete*, de 1º de outubro de 1966, que tinha sido essa gozação a origem do *Pelo telefone*: "O episódio foi muito comentado. Isto dá samba, pensei eu. Escolhido um motivo melódico folclórico dos muitos existentes, dei-lhe um desenvolvimento adequado e pedi ao repórter Mauro de Almeida que fizesse a letra".

Aqueles três anos e meio, entre maio de 1913, data da roleta na Carioca, e novembro de 1916, mês do registro na Biblioteca Nacional, forneciam o exato tempo em que o "pescado" marinara em casa de Tia Ciata.

Segundo a partitura original, do acervo da BN, a melodia de *Pelo telefone* apresentava, na primeira parte, tanto a rítmica do maxixe quanto uma das divisões da polca: "colcheia, semicolcheia, semicolcheia". Nas outras três partes, a divisão do samba imperava. Isso enquanto, no acompanhamento, ao longo de toda a composição, o piano batucava exclusivamente o samba: "semicolcheia, colcheia, semicolcheia; colcheia, colcheia".

Gravado pelo cantor Bahiano, como também pelas bandas da Odeon e do 1º Batalhão da Brigada Policial da Bahia, nos Odeons 121.322, 121.313 e 121.413, divulgado por formações militares em coretos, executado repetidamente em bailes dos Democráticos, cantado espontaneamente nas ruas por foliões, o êxito de *Pelo telefone* selava o bom destino do mais importante gênero da música brasileira. Quando, mesmo sem ser modelo para mais nenhum, conseguia atrair o talento de outros compositores. Entre eles, José Barbosa da Silva, o Sinhô.

José Barbosa da Silva tinha nascido em 8 de setembro de 1888, na rua do Riachuelo, 90, de acordo com seu biógrafo, Edigar de Alencar. Segundo Almirante, ele morava, aos 12 anos, na Senador Pompeu, 114, quase na esquina da São Lourenço, na lateral do quartel. Onde ouvia os primeiros sambas e se fazia amigo de João Machado Guedes, o João da Bahiana, e de José Luiz de Moraes, o Caninha, também adolescentes do bairro. Porque Sinhô era uma cria dos Cajueiros.

Samba batucado do Estácio de Sá, de Carlos Didier

Filho de Ernesto Barbosa da Silva e de Graciliana Silva, gente simples e chegada à música, tinha soprado a flauta antes de dedilhar o violão e de teclar o piano. Era um mulato claro, magro e espigado, sem beleza nos traços, embora "vaidoso como uma mulher bonita". Gostava, de fato, de andar nos trinques, de terno e gravata, lenço no bolso do paletó. Em fotografia de 1929, aparecia dentro de um capote de gola alta, de chapéu gelot.

De personalidade afeita à margem, animava bailes dos Fidalgos da Cidade Nova, a sociedade em que se divertia a "gente malandra", a "fina flor da zona estragada". Gostava de exibir sua arte, segundo seu amigo Francisco Guimarães, em "pensões alegres", onde tinha como companheira, durante certa fase, Carmen, uma "mercadora de amor", de acordo com seu biógrafo. Uma atração pela cidade de malandros e malandrinhas que seria decisiva para sua aproximação do Estácio de Sá.

Naquele carnaval de 1917, José Barbosa da Silva lançava sua primeira composição cantada: *Resposta à inveja*. Uma marcha para as Sabinas da Kananga do Japão, bloco do qual era o diretor. Na abertura, o coro entoava: "São as baianas/ Que oferecem esta canção/ De coração". Em seguida, o próprio Sinhô solava: "Aos maus olhados/ Isto não ligamos/ Pois com arruda/ Facilmente lhes tiramos". E cabia às damas o arremate: "E para a inveja/ Temos uma figa/ Feita na África/ Com o bom guiné de riga".

Tratava-se, ao pé da letra, de uma resposta à *Inveja*, marcha da Quem Fala de Nós Tem Paixão, famosa sociedade dançante do Estácio de Sá.

Seu primeiro samba, *Quem são eles?*, criado para o carnaval de 1918, na esteira do sucesso de *Pelo telefone*, carregava claros sinais de um espírito aguerrido: "A Bahia é boa terra/ Ela lá e eu aqui, Iaiá". Uma estranha estocada, desferida por um freguês assíduo da hospitalidade de Tia Ciata.

Do ponto de vista musical, *Quem são eles?* possuía um tema sem graça e um desenvolvimento chocho, correspondentes àqueles dois primeiros versos. Na sequência, o coro respondia, com base em novo tema: "Ai, ai, ai/ Não era assim que o meu bem chorava". Se o tema era novo, a trivialidade era a mesma. No acompanhamento, a pulsação do samba baiano.

Na introdução, no entanto, percebia-se a força do instrumentista José Barbosa da Silva. Cativantes às primeiras notas, chamativas à dança, muitas vezes amaxixadas, as introduções seriam um traço estilístico seu. Sempre entremeadas de baixarias: sequências ascendentes ou descendentes, com base na síncopa característica do samba.

A análise de setenta sambas de Sinhô, fundamental para a compreensão da evolução do gênero, seria possível graças às gravações originais das coleções de Humberto Franceschi, José Ramos Tinhorão e Leon Barg, assim como às cento e sete partituras do compositor, reproduzidas em arquivos de áudio, fruto de pesquisa do pianista Alexandre Dias, disponibilizadas no *site* do Instituto Piano Brasileiro.

Só por amizade, lançado em 1919 por Eduardo das Neves, com contracantos de flauta à maneira de Pixinguinha, era outro samba de pouca ambição artística. Já *Tirando o retrato*, datado de 29 de janeiro daquele ano, na partitura de Odette Fiuza, pertencente ao acervo da Casa do Choro, trazia uma introdução de tema idêntico ao da primeira parte do maxixe *Marietta*, de Ernesto Nazareth, de 1894. Um tema que José Barbosa da Silva repetia sem desenvolver, enquanto Nazareth, sem preguiça, produzia deliciosa música.

Em 11 de março, o *Jornal do Brasil* publicava um bate-papo de Francisco Guimarães, o Vagalume, com José Barbosa da Silva, o Sinhô. Quando o compositor, responsável por alguns poucos sambas, todos menores, já se julgava com necessidade de "afrontar meia dúzia de despeitados e invejosos". Com esse objetivo, e por conhecer bem o "feitio" de seus "detratores", defendia Ernesto dos Santos, o Donga, que tivera contra si, apenas por conta do sucesso de *Pelo telefone*, "a grita dos inertes, que diziam que sabem muito, que sabem de tudo e, em verdade, não produzem nada...".

Naquele momento, era autor de *Cada um por sua vez*, *Confessa, meu bem*, *Deixe desse costume* e *Não tem futuro*. Do último só ficaria a letra, registrada pelo *Correio da Manhã*, em 8 de fevereiro. Os outros três eram de imaginação curta, descansados em seus desenvolvimentos musicais.

Oito meses depois, o *Jornal do Brasil*, de 10 de novembro, na cobertura do Domingo dos Barraqueiros da Penha, dava notícia de José Barbosa da Silva na barraca de Emiliana, onde um "cordão" executava o seu *Cada um por sua vez*: "Casinha de sapê/ Forrada de bambuá/ Cercadinha de capim cheiroso/ Para mim e meu bem morá".

Era quando Vagalume, sem que Sinhô tivesse um único samba de mérito, o proclamava "Rei dos Sambas". Um batismo inadequado, por conta do qual o compositor, "vaidoso como uma mulher bonita", dormiria, por longo tempo, com o cetro na mão. Entre 1918 e 1926, não criaria nada que merecesse entrar para a história.

José Barbosa da Silva atribuía seus êxitos, não à toa, ao sobrenatural. Segundo Francisco Guimarães, na reportagem *Mistérios da mandinga*, em *Crítica*, de 18 de janeiro de 1928, ele não lançava samba sem pedir a bênção, na Visconde de Itaúna, 191, a Henrique Assumano Mina do Brasil, o Príncipe dos Alufás.

Antes de chegarem ao disco e à partitura, suas criações feriam o ouvido daquele "homem alto, muito gordo, de 40 anos presumíveis, modesto quanto se pode ser, em extremo: boné de pano preto, camisa de malha, calça de riscado, tamancos ou chinelos sem meia". E Vagalume garantia que Sinhô tinha "razões de sobra para não abandonar a casa do alufá Assumano", a quem devia o "sucesso das suas músicas".

Bucy Moreira, outro frequentador do congá, contaria, em depoimento a Francisco Duarte, que Pai Assumano via tudo na areia, em cima da qual atirava, como quem joga dados, após uma reza, "obi, orobô, ervas de todo tipo". Onde teria desembaraçado a vida de muita gente. Inclusive a do escritor Zeca Patrocínio, apresentado ao alufá, de acordo com Vagalume, justo por Sinhô.

Músico de boa cepa, chorão respeitado, intérprete de maxixes, polcas e tangos, com os quais animava sociedades dançantes familiares, José Barbosa da Silva partia de um tema simples, de sua autoria ou não, elaborava um breve desenvolvimento, por vezes com alguma competência. No entanto, até 1926, como que prisioneiro de uma armadilha, compunha sambas sem ambição, resultado de uma alcunha desmedida, posta em homem de vaidade idem. São desse período: *Amor sem dinheiro*, *Dor de cabeça*, *Fala, meu louro* e *Macumba*. Esses os melhores. Todos de beleza preguiçosa.

Criação coletiva do povo brasileiro, o samba era coisa antiga. Em 3 de fevereiro de 1838, *O Carapuceiro*, "periódico sempre moral, e só *per accidens* político", redigido por Miguel Sacramento Lopes Gama, em Pernambuco, trazia a seguinte comparação: "Tão agradável é um samba d'almocreves como a Semiramis, a Gazza Ladra, o Tancredi etc., de Rossini".

Ao comparar o samba dos condutores de mula com as árias de Gioachino Rossini, Lopes Gama desejava confrontar, apesar de tão distintos, dois gêneros de canção. O que deixava claro, mais adiante, ao fazer o mesmo em relação a duas artes culinárias: "Que é indiferente comer bobó, vatapá, abrazô, aberém, acarajé, acaçá e caruru, acepipes africanos, que gozar das delícias de uma mesa italiana". Uma argumentação em que colocava, não por acaso, dentro da mesma cultura, o samba, o acarajé, o caruru, o vatapá e outras gostosuras afro-brasileiras.

Em 26 de dezembro, *O Carapuceiro* voltaria ao tema. Ao contar de um caipira que se valia da arte dos sons para espantar as amarguras. Uma cena completa: "O laborioso matuto, a quem furtaram os cavalinhos (que é a menina dos seus olhos), depois de afligir-se, e praguejar embalde, arranca do quijêje (bolso da ceroula) o ensebado cornimboque, saca-lhe com estalo a tapadoura, e, chafurdando as ventas em duas ou três pitadas mestras da sua torradinha, esquece-se do cavalo, resigna-se com a sua sorte, e com uma viola nas unhas zangarreia o samba por uma noite inteira".

Cornimboque era o depósito; torradinha, o rapé. Se o matuto tocava mal, não vinha ao caso. *O Carapuceiro* confirmava que, em 1838, em Pernambuco, samba já era música.

Em 25 de agosto daquele mesmo ano, o *Diário do Rio de Janeiro* anunciava uma "casa de pasto", na rua da Ajuda, 38, com "caruru, vatapá e moqueca de peixe com leite de coco feita à moda da Bahia". O que datava a presença da cultura afro-baiana na capital.

Em 1856, Henrique Alves de Mesquita se valia da síncopa característica do samba para criar *Os beijos de frade*. Em 1886, o gênero já reinava nos Cajueiros, do que se tinha certeza pela nota da *Gazeta de Notícias*, de 27 de setembro, contra "batuques de samba" no Cabeça de Porco.

Em 15 de outubro de 1916, na Festa da Penha, defronte à barraca *Macaco é outro*, o samba era tirado, segundo o *Jornal do Brasil*, ao som de pandeiros e reco-recos, ao redor de um "suculento angu à baiana", com "todos os requisitos da terra do vatapá", sob o comando de Ciata e Pequenina: "O Doutor Chefe da Polícia/ Mandou me chamar/ Só pra me dizer/ Que já se pode sambar".

Samba batucado do Estácio de Sá, de Carlos Didier

Mesmo sem um ajuste perfeito com a melodia de *Pelo telefone*, mas com várias estrofes dedicadas ao chefe de polícia, era a prova da origem no 117 da Visconde de Itaúna. E tornava justas as reclamações de Tia Ciata pelo registro, 43 dias depois, em 27 de novembro, na Biblioteca Nacional, em nome apenas de Ernesto dos Santos, o Donga.

Em 1886, 30 anos antes de *Pelo telefone* ser registrado, já havia indícios de samba nos Cajueiros. Em 1903, na Penha. Em 1907, no Encantado. Em 1908, em Santo Antônio. Em 1909, na Providência. Em 1916, na Mangueira. Em 1917, na Matriz e em São Carlos. Em 1918, no Catumbi. Em 1919, no Estácio de Sá. Em 1920, no Salgueiro e em Madureira. Em 1922, no Araújo. E, em 1923, no Pinto e em Vila Isabel.

Para o professor Carlos Alberto Nobrega da Cunha, morador da Araújo Leitão, 39, no Engenho Novo, bastava atravessar a Barão do Bom Retiro e enfrentar a subida. No comando do samba, no alto do Araújo, ele encontrava Tia Eliziaria. Uma senhora "gorda e risonha", de "saia e camisola de chitão vermelho, com ramagens de formas variadas", trunfa na cabeça, chale nos ombros, brincos nas orelhas, colares, "pulseiras de contas", "figas e outros amuletos". Em suma, uma autêntica baiana da Cidade Alta, em Salvador, segundo a *Gazeta de Notícias*, de 3 de fevereiro de 1923.

Um samba levado por cavaquinho e violão, pandeiro, reco-reco e chocalho: "Aí me pegaram,/ Me jogaram na poeira./ Não vou mais a samba/ Na estação de Madureira". Nesse ponto, um "cabra espigado", um que "ciscava" as cordas do cavaco, respondia: "Se vocês querem brincar,/ Brinquem aqui, rapaziada,/ Pois o samba em Madureira/ Não é samba é batucada". Era o samba baiano no morro. Era o samba de morro.

Nobrega da Cunha, preso, em 5 de julho de 1922, por suspeita de participação na trama revolucionária contra o presidente Epitacio Pessoa, julgava ter descoberto, nos passos dos sambistas, motivos para revolucionar a arte coreográfica brasileira. Assim, para arrancar o samba da "obscuridade dos morros", organizava, em parceria com Arthur Coelho da Silva e Paulo Lima, presidentes do Grupo dos Africanos e do Grêmio Salada Familiar, um de Vila Isabel, outro do morro do Pinto, *O batuque e o samba*, um espetáculo de cortejo, música e dança.

Estrelado pelo Bloco do Bam-bam-bam, *O batuque e o samba* ganhava a cena, após marchas e contramarchas, em 4 de fevereiro de 1923, no espaço da Exposição Internacional do Centenário da Independência.

Na primeira parte, o desfile do bloco, entre a porta principal da Exposição e o Pavilhão da Música, ao som de "sambas das rodas".

Na segunda, a conferência de Nobrega da Cunha sobre o movimento para criação de uma "arte brasileira pelo aproveitamento e estilização dos motivos nacionais". Onde o professor, após apresentar as conquistas na música, nas artes plásticas e na arquitetura, discorria sobre o samba como "elemento para a arte coreográfica", defendia o jogo de pernada como "simples exercício de agilidade e de firmeza", esclarecia como brigavam "dois malandros cariocas", exaltava a capoeira como "arte ofensiva e defensiva superior ao box, à navalha espanhola, à luta do pau portuguesa e ao jiu-jitsu japonês".

Na terceira parte, uma demonstração de "batuque liso": a roda em que um passista se exibia, ao som de um refrão, antes de eleger, com uma umbigada, alguém para dançar junto. Chamava-se liso em contraposição ao samba duro, o áspero jogo de pernadas das batucadas.

Para encerrar, o professor, após dissertar sobre o "jongo dos escravos africanos", mostrava os três tipos de samba: o baiano, o carioca e o alagoano, este mais conhecido como coco. Um espetáculo que chegava ao fim com "dez sambas cantados e executados por todo o bloco".

Na formação instrumental da "orquestra típica": "Violões, cavaquinhos, guayás, canzás, pandeiros, reco-recos, pratos, angoma-puíta e tamborins".

No time de trinta músicos: "João Gandola, Dyonisio, Pedro Canivete, Tico-Tico, Gastão, Mané Carambola, Antonio Queiroz, João Maria, Euclydes Nascimento, Antenor do Pendura Saia, Arthur Coelho da Silva, Laláo, Dodô, Neném Macaco, Zé Espinguela, João Cartolinha, Sebastião Rocha, José Nascimento, Vasconcellos, Honorato Silva, Nestor, Canário, Jorge Vianna, Zeca Leite, Turbinha do Araujo, Mundico, Moleque França, Pedro França, Leonidio e Antonio Conceição".

Samba batucado do Estácio de Sá, de Carlos Didier

Um grupo em que mereciam destaque "as três maiores sumidades do pandeiro: Neném Macaco, de Vila Isabel, Zé Espinguela, do Méier, e Honorato Silva, do Araújo".

No elenco de dezoito baianas, quase todas doceiras: "Iracema Vianna, Mafalda, Tia Romana, Zizinha Vasconcellos, Arethusa, Aramita Conceição, Tia Eliziaria, Aída e Atalá Vasconcellos, Jovita e Elza Rocha, Durvalina Silva, Nympha, Dalila Costa, Iraceminha, Doralice, Maria Felismina e Dora de Oliveira Alves".

Embora Nobrega da Cunha se esforçasse para provar que o bloco seria composto somente por "marítimos, operários ou empregados do governo", *A Noite*, atenta às entranhas da cidade, apontava "figuras tiradas da zona arrelienta da cidade", "a fina flor da malandragem carioca".

Do ponto de vista musical, *O batuque e o samba* revelava que o gênero já possuía uma "orquestra típica", onde vibravam um naipe de cordas dedilhadas e outro de percussão.

Do ponto de vista do cortejo, aquele passeio, entre a Rio Branco e o Palácio da Música, com baianas em trajes típicos, ao som de "sambas das rodas", entoados em coro, acompanhados por bateria, traçava um esboço da Deixa Falar, a primeira escola.

Sem esquecer de José Gomes da Costa, o Zé Espinguela, pai de santo, intérprete de pontos, integrante do Bloco dos Arengueiros, organizador do primeiro concurso de sambas, fundador da Estação Primeira de Mangueira.

Dois anos depois, em 27 de janeiro de 1925, Alfredo da Rocha Vianna Filho, sublime compositor de choros, trazia a público, através de *O Jornal*, sua dura opinião: "O samba é música primitiva, não corresponde à amplitude do pensamento musical. A arte quer amplitude e largueza de expressão. O samba tem apenas quatro compassos para solo e quatro para o coro. É um verdadeiro anagrama de quatro compassos: limitadíssimo para a arte. É uma demonstração de fraqueza da imaginação musical".

Pixinguinha desejava valorizar o choro, gênero instrumental de "três partes, cada uma tendo, no mínimo, oito compassos ou dezesseis, à vontade do compositor". Sua crítica ao samba, no entanto,, apoiava-se em sólidas razões artísticas.

Os quatro compassos pertenciam ao folclore. Era a dimensão de *Batuque na cozinha*, gravado por Zeca, na década de 1910, regravado por João da Bahiana, mais adiante, com ligeiras mudanças na letra: "Batuque na cozinha/ Sinhá não quer/ Por causa da crioula de Pai Zuzé".

Em *Quem são eles?*, primeiro samba de Sinhô, os dois versos iniciais tinham quatro compassos: "A Bahia é boa terra/ Ela lá e eu aqui, Iaiá". O estribilho de *Macumba* tinha oito, com o tema melódico nos primeiros quatro: "Estás falando de mim/ Eu não ligo não". Nos seguintes, um desenvolvimento ligeiro, quase uma simples repetição: "É mágoa que tens/ No teu coração". Embora José Barbosa da Silva costumasse usar mais do que quatro, seus sambas eram, de fato, até então, sem "largueza de expressão".

Para Alfredo da Rocha Vianna Filho, herdeiro da requintada arte musical de Henrique Alves de Mesquita, a origem do samba estaria nos cultos afro-brasileiros dos "candomblés" e "macumbas".

Nos candomblés, entretanto, de pontos em louvor aos orixás, acompanhados por três atabaques, o rum, o rumpi e o le, de toques impregnados pela rítmica africana, o samba não costumava marcar presença.

Ponto de Inhassan e *Ponto de Ogum*, entoados por Eloy Anthero Dias e Getulio Marinho, genuínos representantes do povo do santo, no Odeon 10.679, de 1930, não carregavam a pulsação característica do samba. O mesmo em *Macumba de Oxóssi*, *Macumba de Iansã* e *Cantiga de festa*, por Zé Espinguela, de 1940. Em todos os cinco, batia-se o lundu na palma das mãos.

O ouvido de Pixinguinha, porém, não dormia. O florescimento do samba batucado acontecia pela fusão do samba baiano com aqueles pontos sagrados, acompanhados por instrumentos de percussão, em cujos fraseados rítmicos vibrava o lundu.

Enquanto a pulsação do samba da Bahia cabia em apenas um compasso, a do samba do Estácio precisava de dois: no primeiro, a do samba baiano; no segundo, a do lundu invertida: "colcheia, colcheia; colcheia pontuada, semicolcheia". Sendo que o samba batucado carregava ainda a síncopa por antecipação: a primeira batida acontecia antes do primeiro tempo forte e por ele se estendia.

Assim pulsava o samba dos malandros: "semicolcheia; pausa de semicolcheia, colcheia, semicolcheia; colcheia, colcheia; colcheia, colcheia; colcheia pontuada, semicolcheia".

Pulsação rítmica do samba batucado

A mais afro-brasileira das lógicas sonoras, a do diálogo entre as rítmicas do samba e do lundu, voltava a fazer história. Quando, assíduo em toques de pontos afro-brasileiros, seja em cerimônias de candomblé e de umbanda, seja em cortejos de afoxé, o lundu agia para a construção da pulsação característica do samba batucado do Estácio de Sá.

Um samba de melodia ampla, alta, de notas agudas, prolongadas, sentidas. Um lamento que, nascido da dor, era equilibrado pelo vigor do ritmo. Porque o encanto do samba batucado vinha da mistura de dor melódica e virilidade rítmica.

Um samba que, pela ação do lundu, se fazia mais africano que o baiano. Em termos rítmicos, uma virtude, uma superioridade.

O Estácio de Sá andava no radar de José Barbosa da Silva pelo menos desde o carnaval de 1917, quando sua *Resposta à inveja* era uma resposta à *Inveja* do Quem Fala de Nós Tem Paixão.

Em 22 de janeiro de 1922, o *Jornal do Brasil* anunciava a passeata das Sabinas dos Fenianos, em "bondes especiais", da sede do clube até o largo do Estácio, a fim de participar de "batalha de confete e lança-perfume". Junto das Sabinas, a Embaixada do Fala Baixo, de Sinhô.

Um ano depois, o Mamãe Não Liga a Ele, bloco do Estácio, cantava o samba *Macumba*, com Sinhô à frente da agremiação: "Estás falando de mim/ Eu não ligo, não/ É mágoa que tens/ No teu coração.// Ê Gegê, meu encanto/ Eu tinha medo se não tivesse bom santo".

Frequentador do Estácio de Sá, inclusive de folguedos carnavalescos, o ouvido malandro de José Barbosa da Silva terminava por captar a sonora novidade: havia um samba diferente na cidade. Era quando esticava a orelha, a fim de capturar dois sambas batucados para chamar de seus.

O primeiro dizia: "Ora vejam só a mulher que eu arranjei/ Ela me faz carinho até demais/ Chorando, ela me pede:/Meu benzinho, deixe a malandragem se és capaz". O segundo cantava: "Não se deve amar sem ser amado/ É melhor morrer crucificado/

Deus nos livre das mulheres de hoje em dia/ Desprezam o homem só por causa da orgia". Dois sambas de Heitor dos Prazeres, o Lino do Estácio.

Heitor, filho de Eduardo Alexandre dos Prazeres, marceneiro, anspeçada da Brigada Policial, e de Celestina Gonçalves Martins, costureira, ambos solteiros e companheiros, tinha nascido, em 2 de julho de 1902, na rua do Rezende, 109, na aba do morro do Senado, segundo o registro feito, dois dias depois, por seu pai. O próprio compositor, porém, afiançava outra data e outro local: 23 de setembro de 1898, na Praça Onze.

Em depoimento ao cronista Rubem Braga, para a *Manchete*, de 31 de janeiro de 1953, ele revelaria que Eduardo Alexandre era integrante da banda da corporação, músico dos naipes de sopro e de percussão, responsável pelo clarinete e pela caixa. Se tinha herdado a musicalidade do pai, devia à mãe a aproximação do samba, como contaria ao sociólogo Muniz Sodré, para a mesma revista, de 8 de outubro de 1966: "Minha mãe, Celestina, era costureira muito ligada à casa de tia Ciata, organizadora de rancho".

Aos sete ou oito anos, estreava na música com um cavaquinho, conquistado por Hilario Jovino Ferreira em rifa. Um instrumento que morava no alto, atrás do piano, mas que Heitor pescava, sem cerimônia, com um cabo de vassoura. Pois, de acordo com a memória familiar, preservada por Heitorzinho, herdeiro do nome e dos talentos do pai, ele teria sido criado, após a morte de Eduardo Alexandre, por Hilario, amigo da gente dos Prazeres, tio por afinidade.

Filho de pai músico e de mãe da roda de Tia Ciata, sobrinho afim do mestre dos mestres dos ranchos, Heitor dos Prazeres frequentava, desde jovem, abraçado ao cavaquinho, a Festa da Penha. Onde se exibiam choros, onde se lançavam sambas, onde se aproximava de João Machado Guedes, o João da Bahiana, e de José Luiz de Moraes, o Caninha.

O malandro Heitor dava sinais ainda durante os "estudos primários", nos bancos de "dezenas de escolas" das quais era "expulso quase toda semana". O motivo: "Rebeldia". Aos 13, já sabia apreciar as "más companhias". A idade com que ganhava, por vadiagem, dois meses na Colônia Correcional. Duas facetas fundamentais: a do aluno rebelde e a do menino vadio, reveladas em depoimentos a Muniz Sodré e Rubem Braga.

A Rubem, Heitor diria que crescera entre a Praça Onze e o Mangue, ao ritmo dos "sambas da Tia Ciata", entre os "primeiros choros dos carnavais", quando o bairro do prazer ainda era "simplezinho". Uma proximidade do samba baiano, do choro carioca e da zona de prostituição que dizia muito sobre Lino do Estácio.

De início, compunha "sambas-motivos", "gênero que dava oportunidade ao acréscimo de novos versos e, às vezes, complementos melódicos", como explicaria a Muniz Sodré. Eram assim, de fato, os sambas originais dos malandros. Assim tinham nascido aqueles dois capturados por José Barbosa da Silva.

Sinhô sabia colocar a máquina em movimento: fazia as segundas, elaborava introduções sedutoras, editava pela Carlos Wehrs, chamava Francisco Alves para gravar. Em 29 de novembro de 1926, *O Paiz* dava notícia do disco da Odeon: de um lado, *Ora vejam só*; do outro, *Cassino maxixe*.

Cassino maxixe trazia novos versos, criados por Bastos Tigre, para a melodia de Heitor dos Prazeres. Pois a gravação definitiva de *Gosto que me enrosco* chegaria à cera, com a letra original, pela voz de Mario Reis, somente em novembro de 1928.

Ora vejam só, além da letra sobre a malandragem, carregava a síncopa antecipada, característica rítmica do Estácio: o "só", do verso "Ora vejam só", caía na nota anterior ao primeiro tempo forte e por ele se alongava. Tinha melodia de notas prolongadas e tristes, com saltos para o agudo, à moda dos malandros-sambistas. Estácio puro, na melodia, no ritmo e nos versos.

Ora, vejam só, 1a frase

Parceria de Heitor dos Prazeres e José Barbosa da Silva, autor da segunda parte, *Ora vejam só* se fazia o mais antigo samba batucado gravado. Com ele, o Estácio de Sá chegava, em 1926, ao disco, como assegurava *O Paiz*, de 29 de novembro: "*Ora vejam só*, cujo sucesso já está tão em evidência que, tendo sido gravado em discos de gramofone, anda agora a esgotar edições da casa Carlos Wehrs".

Se o Estácio de Sá devia seu descobrimento a José Barbosa da Silva, Sinhô devia ao Estácio, além dos créditos a Heitor dos Prazeres, o estímulo decisivo para seu salto de qualidade. Até aquele momento, ele não havia composto nenhum samba de fôlego artístico.

A favela vai abaixo, posterior a *Ora vejam só*, possuía, em termos musicais, "largueza de expressão": seja pela beleza do tema melódico, com extensão de uma oitava e uma breve modulação no segundo compasso; seja pelas notas agudas, cheias de pungência; seja ainda pela introdução irresistível, em cima do tema. Porque aquela costura entre introdução, primeira e segunda dava ao samba uma inteireza até então desconhecida, com possibilidades harmônicas que fariam a delícia de músicos afeitos à arquitetura de acordes. Na pulsação rítmica, como em todos os sambas de Sinhô, o samba baiano.

A favela vai abaixo, lançado, em 4 de agosto de 1927, no Recreio, na revista *O Bagé*, carregava uma letra saborosa. Uma crônica sobre o desmonte, jamais efetivado, do bairro popular da Providência, batizado como Favela: "Minha cabocla, a Favela vai abaixo!/ Quanta saudade tu terás deste torrão/ Da casinha pequenina de madeira,/ Que nos enche de carinho o coração!".

Um samba com uma estrofe confessional: "Que saudades ao nos lembrarmos das promessas/ Que fizemos constantemente na capela/ Pra que Deus nunca deixe de olhar/ Por nós da malandragem/ Pelo morro da Favela!".

Depois de descobrir o samba batucado, Sinhô passava a se considerar, ele próprio, um malandro. O que soava, após o duplo golpe em cima de Heitor dos Prazeres, como uma verdade.

Em 4 de dezembro de 1928, poucos dias depois do lançamento de *Gosto que me enrosco*, o repórter Carlos Pimentel, o Paraiso, responsável pela coluna *Clubs & Dancings*, de *A Manhã*, perguntava ao compositor Euripedes Ferreira Capellani, o Bahiano, nascido no bairro, enturmado com os malandros-sambistas: "Então, *hay algo nuevo* lá no Estácio, que, segundo Chico Viola, é o reinado do samba?".

Samba batucado do Estácio de Sá, de Carlos Didier

A novidade seria um de Orlando Vieira, passado por Brancura para Francisco Alves, além de outro, de autoria do próprio Capellani, em homenagem a João da Bahiana.

Era quando Pimentel, cheio de veneno, inquiria se aquele seria mais um para dar "título de rei do samba a conhecido descuidista dos sambas?".

Uma deixa para Capellani dar o nome ao boi: "Estamos formando lá no Estácio uma linha de frente para mostrar a este Sinhô que agora a coisa é outra. E contamos com você, Paraíso, para isso".

Em dezembro de 1928, o Estácio de Sá, terra de gente bamba, afeita à filosofia da rasteira, abria o bico.

Se o furto de José Barbosa da Silva, o "descuidista dos sambas", tinha demorado dois anos para virar notícia, a qualidade dos sambas do Estácio era percebida de imediato.

Ainda em 2 de dezembro de 1926, ao comentar *Ora vejam só*, o responsável pela seção *Música*, de *O Paiz*, descrevia, com surpreendente precisão, uma característica fundamental do samba batucado: "Uma música que se ouve preparando, logo aos primeiros compassos, as pernas para sambar". E complementava: "Tem também versos que estão no inteiro acordo com o repenicado".

Os malandros-sambistas tinham dado asas ao samba. O samba batucado tinha abandonado seu ninho. O samba do Estácio de Sá dominaria, em breve, todos os céus sonoros do Rio de Janeiro.

19

O bairro do Estácio de Sá ainda era o arraial de Mataporcos quando Manoel Caetano Pinto, comerciante de feijão e arroz, fazenda e tabaco, vinho e azeite, madeira e cal, proprietário de chácara da região, mandava erguer, no caminho que saía do largo em direção a São Cristóvão, três pontes de pedra.

A primeira se chamava *Aperta a goela*, pela técnica de estrangulamento utilizada pelos assaltantes. A segunda, a *Cala a boca*, era a ordem de silêncio dos estranguladores às vítimas. A terceira, a *Não te importes*, uma firme orientação às testemunhas. E essa última seria a regra de ouro da malandragem.

A existência das três pontes, citadas por Mello Moraes Filho, na *Revista de Documentos do Arquivo do Distrito Federal*, de janeiro de 1894, podia ser confirmada, pela *Gazeta do Rio de Janeiro*, de 27 de março de 1813, em anúncio de arrendamento de chácara, nas vizinhanças das terras do "coronel Manoel Caetano Pinto", no "caminho que vai de Mataporcos para São Cristóvão", onde se erguiam as "três pontes de pedra".

A malandragem seria testemunhada, ainda em processo de formação, pelo historiador Ernest Louis Marie Daudet, irmão do escritor Alphonse, em dezembro de 1888. Quando, a convite de D. Pedro II, atravessava o Atlântico para se aprofundar nos "costumes brasileiros".

Conhecimentos que aumentavam ainda a bordo do paquete, em cujo convés saltava, após uma hora e meia de espera, "um homem de cor, sujo, com a farda rota nos cotovelos, com um boné muito safado, e com os sapatos dando passagem aos dedos dos pés".

Um funcionário da alfândega que logo se dirigia, sem cerimônia, com "ar humilde", ao comissário: "Seu mossiu, me dê alguma cousa para comer que ainda não almocei, e venho fazer serviço que não me compete". Segundo o costume, o guarda-mor e seus mais qualificados colaboradores, após apenas três horas de serviço, empurravam o desembaraço dos navios para subalternos. Como aquele modesto guarda que solicitava, respeitosamente, antes de mais nada, "alguma cousa para matar o bicho".

Após a refeição de "cerveja e presunto", os charutos cedidos pelos passageiros, o homem de farda rota assinava, sem ler, a autorização do desembarque. Somente então, Ernest Daudet tomava o bote rumo ao largo do Paço, em companhia de seu cicerone, o editor Baptiste Louis Garnier, a quem fora recomendado, por telegrama, pelo irmão.

Ainda no bote, Daudet indagava a Garnier sobre aquela "série de escaleres" que, pertencentes ao Estado, se achavam em serviços privados. E a explicação de Baptiste Louis carregava algo do humor irônico de Machado de Assis, escritor de sua casa editorial: o Brasil era o "país da camaradagem por excelência".

Em caso de embarque ou desembarque do "primo do cunhado do irmão do empregado de algum dos arsenais", colocava-se imediatamente "uma lancha a vapor ao serviço dessa pessoa". Diziam haver uma que, propriedade de certa repartição pública, visitava todos os paquetes com uma pergunta: "Venho saber se há a bordo algum parente ou amigo, mesmo simples conhecido, de algum empregado do ministério de...". Uma anedota sobre o patrimonialismo, persistente doença social brasileira.

Perto do cais, os olhos do historiador francês descobriam, em ambos os lados da escadaria, "pretos possantes", "trajando unicamente calça e camisa", além de uma "multidão de ociosos de fisionomia provocadora, chapéu desabado e calças excessivamente largas". Os negros fortes eram os carregadores. O bando de desocupados, as raízes da malandragem.

"Essa gente que o Sr. vê é ainda mais feroz do que indica a sua fisionomia, são os afamados capoeiras, perversos, que por amor à arte varam o coração de um homem, chegando muitas vezes a lutar com a polícia", assegurava o cicerone.

Conhecedor dos escritores do país e do país dos escritores, Garnier traçava, em poucas linhas, um retrato da capoeiragem política no império de Pedro I. Onde a "vitória das urnas pertencia a quem tinha por si a força para vencer os adversários, espancando-os, matando-os, afugentando-os da urna, ou violando essas". Onde agiam capoeiras "governistas e oposicionistas", organizados em duas grandes maltas, a dos nagoas e a dos guaiamus, enquanto o povo, "por indolência, ou covardia", aceitava aquele domínio.

No largo do Paço, em cujo piso "só se viam cascas de banana, de melancia, de laranja, espinhas de peixe, alguns montículos de matérias fecais e grandes poças de urina", de onde brotava um "odor insuportável", Ernest Daudet aceitava o convite para visitar o mercado da cidade, a poucos passos do chafariz de Mestre Valentim.

Um comércio "mal abastecido de tudo", com "legumes completamente podres", "pouca fruta, essa mesma ou verde ou demasiado madura", "aves visivelmente afetadas de algum mal", peixe "quase todo conservado em gelo", carnes com "indícios visíveis de deterioramento", tudo em meio a "casas de negócios", como "paneleiro, açougue, botequins".

Ali mesmo, Daudet conhecia mais uma instituição nacional: o achacador. Na pessoa de um guarda fiscal, "um sujeito de jaqueta azul e botões de metal amarelo, de boné com a coroa imperial", que percorria todos os pontos, com o poder, concedido pelos vereadores, de "fintar" os "pequenos negociantes", contanto que dividisse a "presa com os protetores". Assim, cobrava "galinhas de um, peixe de outros", e dinheiro de quem não tinha peixe nem galinhas. Uma extorsão aceita "amigavelmente", a fim de evitar perseguições através de "repetidas multas e toda qualidade de vexações".

Ao indagar por que não recorriam a alguma autoridade superior, Daudet ouvia de Garnier que, justo para casos como aquele, os brasileiros tinham uma "frase engraçadíssima": "Vá queixar-se ao Bispo".

Na volta à França, o viajante carregaria na bagagem uma dura, mas não inverídica, apreciação sobre o Brasil: "País em que as embarcações do Estado vivem a serviço de particulares; em que a capital só tem um cais tão imundo; em que o Mercado vende gêneros deteriorados; em que as autoridades subalternas são corrompidas e vexatórias; e em que não há recurso contra as injustiças". Em resumo, não seria "um país para ser habitado por gente civilizada".

Um trecho das *Impressões de viagem ao Rio de Janeiro*, de Ernest Daudet, traduzido por Germano Hasslocher, publicado pela *Gazeta da Tarde*, de 28 de dezembro de 1888.

Um olhar estrangeiro que se faria, mais adiante, precioso. Porque daquele capoeira e daquele achacador surgiria o malandro. Porque seriam capoeiras os malandros ágeis na cabeça, na perna e na navalha. Porque seriam achacadores os malandros do jogo, da cafetinagem e da estia.

Se a extorsão teria vida longa no país do "Vá queixar-se ao Bispo", a capoeiragem, entretanto, como o próprio império, estava com os dias contados.

Logo em 16 de novembro de 1889, o *Diário de Notícias* trazia: "Nomeado chefe de polícia desta cidade o dr. Sampaio Ferraz".

O que significava que o marechal Deodoro da Fonseca, um "amigo das graças e da alegria", como o classificava Machado de Assis, estava decidido, desde o primeiro dia da república, a colocar um ponto final, não sem certo humor, nas maltas de capoeiragem. Pois havia ironia naquela escolha de um capoeira para exterminar os capoeiras.

João Baptista Sampaio Ferraz, promotor público e dono de *O Correio do Povo*, embora amador, era um capoeira "respeitado por sua agilidade", garantiria Carlos Eugênio Líbano Soares, em *A negregada instituição*. Uma agilidade comprovada pelos fatos.

Em 11 de dezembro, 26 dias depois daquela nomeação, a *Gazeta de Notícias* anunciava reunião de delegados de polícia e de comandantes de corpos militares para definir os "meios necessários a pôr em prática para completa extinção dos capoeiras nesta capital".

No 12, o chefe de polícia tinha "demorada conferência" com o ministro da Justiça, Campos Salles, sobre a "perigosa classe dos capoeiras". No 13, estavam à sua disposição, em diversas estações policiais, vinte e cinco chefes de malta, além de outros sete na Casa de Detenção. No 14, mais vinte e dois. No 15, outros vinte. A cada dia, aumentava a relação de valentes, alguns de afamadas alcunhas: Capenga, Ferro Velho, Piloto. Todos engaiolados nas fortalezas da Laje e de Santa Cruz.

Em 9 de janeiro de 1890, partia o vapor Madeira, com cinquenta e nove capoeiras a bordo. Destino: Fernando de Noronha. Era apenas a primeira remessa. Mesmo assim, no editorial *Dois Meses!*, o *Diário de Notícias*, num primeiro balanço do novo regime, argumentava: "Levamos a cabo a extinção dos capoeiras"; "só por isso valia a pena ter se feito a República".

Por receio de que uma força em terra se opusesse aos altos planos da nobreza, Pedro II postergara o fortalecimento do exército. Valia-se da guarda nacional, enquanto prestigiava os imperiais marinheiros. Uma estratégia que durara até a invasão de Mato Grosso pelos paraguaios.

Com o fim da guerra, em 1º de março de 1870, uma série de conflitos entre o governo e o exército resultaram na deposição do primeiro ministro, o visconde de Ouro Preto, pelo marechal Deodoro. Um ato da competência exclusiva do imperador.

A república tinha nascido assim, no fio da espada, muito antes que a cidadania se fizesse uma aspiração nacional. Na mesma linha filosófica, sem respeito às exigências cidadãs, sem defesas dos acusados, sem nem mesmo acusações, o extermínio das maltas de capoeiras se tornava o primeiro feito da república.

Morria o capoeira das maltas, nascia o malandro solitário: a Sua Alteza do beija-mão das calçadas, o sócio oculto das princesas de bordéis, o leão de cabarés e tavolagens, o senhor dos domínios da patranha, da artimanha e da arapuca. O descobridor de talentos da ingenuidade, de cuja dramaturgia só havia um jeito seguro de escapar: seguir em frente. Pois os malandros eram mesmo uns artistas.

Ainda como simples vadio, o malandro dava as caras, em 9 de junho de 1846, pelo *Jornal do Commercio*, em nota sobre o desaparecimento da escrava Maria, "grossa do corpo e pernas, andar apressado, relaxada, retórica e alegre". Após dormir na Cova da Onça com um "escravo carroceiro da chácara do Dr. Valadão", aquela baiana de 34 anos tinha sido vista, de "vestido de riscado azul e xale escuro", ao atravessar do "campo do Machado" para Botafogo, em companhia de um "malandro".

Em sua plenitude, surgia quando o capoeira, não mais em malta, não mais em atendimento aos nobres ideais da política, colocava sua destreza a serviço do achacamento individual. Como contava Orestes Barbosa, em *A Folha*, de 26 de fevereiro de 1921.

O malandro entrava no botequim e, antes de mais nada, fincava uma lâmina no balcão de madeira: "Comprei esta faca por 20$, mas estou sem dinheiro; o sr. podia me arranjar essa quantia?". Se o botequineiro escorregava a grana, ele passava a "garantir" a casa. O que significava que, em breve, voltaria a visitá-la em busca de mais. Era o malandro da estia em ação.

Outra forma de conquistar a clientela era promover um conflito em hora de movimento. Quando o negociante, a fim de evitar prejuízos, passava o "dinheiro exigido sem nenhuma relutância". Nessa segunda modalidade, especializara-se Alfredo Francisco Soares, o Camisa Preta, com serviços prestados à cidade até 1912. O ano em que, vítima de chavecagem, deixava o palco para outros atores da mesma escola de dramaturgia.

De acordo com o compositor e guarda civil Roberto Martins, Alcebiades Rosa Nogueira era da estia e do Estácio. Mulato, gago, atendia a clientela, sempre de terno branco, no Café Nova Estrella, na Júlio do Carmo, esquina de Comandante Maurity. Onde "tudo que era valente levava estia para ele", "porque ele era brabo", era o "dono do negócio naquela época". Um depoimento colhido pelo autor deste livro, em 22 de fevereiro de 1981.

Antes de se fazer merecedor de estia, Alcebiades Rosa Nogueira era o Moleque Alcebiades. Sua fama tinha nascido ao derrotar outro valente, Domingos Monteiro Guimarães, branco, de 29 anos, quando este, com "mais de dez entradas na Detenção", aplicava pontapés num bêbado, na calçada da Marquês de Sapucaí, no canto da Senador Euzébio, em 31 de maio de 1919.

Ao testemunhar a covardia, Alcebiades esquecia o *Não te importes* da terceira ponte de pedra, Domingos respondia com uma bofetada, ele contra-argumentava com a ponta da faca no "antebraço esquerdo, no abdômen e na região deltoideana esquerda", segundo *A Razão*.

Dois anos depois, mostrava "instintos sanguinários", "talvez por ser açougueiro", dizia a *Gazeta de Notícias*, de 2 de fevereiro de 1921. Ao navalhar Manoel Domingos, ajudante de mecânico, de 15 anos, na "face anterior do antebraço direito e nas regiões carotidiana esquerda, interessando a jugular externa, peitoral e trocanteriana". Um crime que Alcebiades não negava, mas sobre o qual se recusava a "declarar os motivos".

Em 2 de julho de 1923, já era grande seu prestígio. Após quitar com pancadas uma dívida de jogo, contraída em tavolagem do largo do Machado, seria alvo de três tiros, nenhum certeiro, desferidos por Guilherme Mendes, o espancado, dentro de um bonde na Lapa.

No Tribunal do Júri, no entanto, o próprio promotor pedia, e obtinha, a atenuação do crime: em vez de "tentativa de homicídio", "uso de armas ofensivas". Uma condenação a "2 meses de prisão" que carregava um singular significado: o réu agira mal ao atirar, mas o currículo do alvo atuava em seu favor.

Negra semente, fina flor da malandragem

Em 15 de novembro de 1928, na sociedade dançante Estrela D'Alva, no largo do Rio Comprido, 57, Alcebíades Rosa Nogueira recebia um tiro no ventre, desferido por "Raymundo de tal", um malandro sem nome na praça. Uma lesão sem gravidade, de acordo com o *Correio da Manhã*. Um crime punido, de imediato, pela suprema corte da boemia, com "formidável surra".

Sete meses depois, chegava ao fim a carreira do malandro da estia Alcebíades. Quando, em 20 de junho de 1929, após uma discussão, o larápio Agnaldo Tinguá disparava, à queima-roupa, três balas certeiras em sua barriga, dentro do Nova Estrella. Morreria em 2 de julho, no Hospital de Pronto Socorro.

Sendo a Estrela D'Alva um dos pontos do time de malandros-sambistas, de acordo com depoimento de Heitor dos Prazeres a Paulo Medeiros, na *Manchete*, de 17 de abril de 1954, não seria de estranhar se formassem, entre os executantes daquela coça em "Raymundo de tal", Alcebíades Barcellos, o Bide, Julio dos Santos, o Julinho, e Oswaldo Vasques, o Baiaco, três frequentadores seguros do Firmamento.

Outro ponto dos sambistas-malandros, segundo a mesma fonte, era a Prazer do Estácio, na Aristides Lobo, 64, perto da esquina de Haddock. Uma sociedade dançante que, desde 1922, servia "respeitosíssima rabanada", promovia "invejático e cambaleante festim", frequentado por damas de "vestido rosa, sapatos e meias brancas", "cavalheiros a rigor", animado pelo piano de Alvaro José Fernandes, o Bilu, pela "afinadíssima orquestra" do flautista Meira Lima, o Bico de Ouro, pelas jazz-bands dos maestros Benedicto e Cantalice.

No intervalo das danças, ecoavam no salão, na voz do poeta e declamador Bulhões, os versos de *A mulher que não queria só beijos*. Assim como vibrava, na do tribuno Liberato José Rodrigues, em um 13 de maio, um "brilhantíssimo improviso" sobre as "figuras abolicionistas" de Gonçalves Ledo, Joaquim Nabuco e José do Patrocínio.

A Prazer do Estácio do baile em benefício de Getulio Marinho da Silva, o Amor, mestre sala das Mimosas Cravinas, em 18 de outubro de 1923, com a orquestra de Arthur Trombone. Do chá dançante, em 15 de novembro de 1925, para o bloco Malandro Não

Estrila. Da apresentação de João da Bahiana, em 5 de junho de 1926, com o "Samba oferecido pelo pessoal do Estácio".

A Reinado de Siva, a terceira sociedade dançante dos malandros-sambistas, tinha sede na Senador Pompeu, 246, nos Cajueiros. Carregava o nome de um deus da trindade hindu, onde Brahma era o criador, Vishnu, o preservador, Siva, o destruidor. Trazia como símbolo um palhaço com um aro, através do qual saltava um cachorro. Uma sociedade com apenas um mandamento: "Divertir, divertindo-se".

Mais antiga que a Estrela D'Alva e a Prazer do Estácio, a Reinado de Siva tinha sido criada, em 19 de julho de 1919, por foliões estivadores. Entre os fundadores, Adelino Antonio da Silva, o Lorde Fica Firme, Arthur Maia de Araujo, o Lorde Reinado Thebas, e João Paulo Rodrigues, o Lorde Quebra Coco. Todos fidalgos da carga e da descarga de navios. Uma aristocracia de peso.

Barbadinho descrevia o Reinado de Siva, em *A Noite*, de 21 de dezembro de 1920: "O Castelo de Senador Pompeu estava linda e caprichosamente ornamentado, apresentando deslumbrante aspecto, ainda mais acentuado pela profusão de suas luzes, pela policromia de muitas flores e, principalmente, pela grácil e amável presença de gentilíssimas senhoritas".

Uma crônica que registrava, com precisão, a música: "O maestro Manoel da Harmonia, na execução, sem par, de lindos e chorosos tangos e polcas, a cujo ritmo todos se entregavam em pronunciada satisfação". As polquinhas e os tanguinhos da tradição nascida do talento de Henrique Alves de Mesquita.

Nas noites do Reinado soavam ainda "maviosas marchas" dos "foliões de Siva". Como *O sol*, letra do tenorino Pedro Paulo Rodrigues, música do chorão Alfredo da Rocha Vianna, o Pixinguinha: "Tu que transluzes/ Raios de cores/ Clareia o hastil/ Onde reluz/ Em multicores/ Letras de glórias/ E venturas mil!// Sol vencedor/ Nossa falange/ É excelsa e altiva/ És do Senhor!/ A lira que tange/ Reinado de Siva/ É o ideal vencedor". Vivia-se o tempo das marchas-rancho de melodias pungentes e iluminadas, de versos rebuscados e obscuros.

Querida dos jornalistas, a sociedade se fazia famosa por sua "autópsia de um bacuri enfarofado", "grandiosa peixada", "caruru à baiana" e "suculenta feijoada", assim como por seu baile "libertativo", "aleluiático", "ultrapiramidal", "estupefaciente e eletrizante".

Se era verdade o que disseminavam os cronistas amigos, a *Voz do Chauffeur*, órgão da imprensa operária, mostrava, em 15 de novembro de 1926, outro lado daquela mesma verdade. Quando do assassinato de Antonio Sorrentino, motorista de 23 anos, após um bate-boca entre o guarda civil 1.046 e o investigador Cavalcanti, em disputa das atenções de uma das "senhoritas" do salão.

Tratava-se de uma das sociedades "de pior nome da capital", frequentada por "poucos homens de bem", "atraídos pela irresistível sedução do belo sexo, composto na sua quase totalidade do meretrício barato". Uma casa prestigiada pela "fina flor da malandragem, de mistura com funcionários inferiores da polícia, guardas civis, investigadores e praças".

A corte do Reinado não estaria completa, entretanto, sem alguns nomes de boa fama: Pixinguinha, diretor de harmonia; Candido das Neves, diretor de canto; Maria José Baptista, porta-estandarte; Getulio Marinho e Maria Adamastor, mestres-salas. Sem esquecer dos Oito Batutas na noite em benefício do maestro Manoel da Harmonia, nem de Eloy Anthero Dias, o mano Eloy, estivador, sambista e jongueiro, na fundação do Centro Político Independente dos Operários do Distrito Federal.

A presença dos malandros-sambistas no Reinado de Siva, enquadrados naquela "fina flor da malandragem", seria mais uma revelação de Heitor dos Prazeres: "Eram clubes onde se reuniam os melhores sambistas para uma troca de ideias, para mostrar as músicas uns aos outros. Os principais eram Estrela D'Alva, no Rio Comprido, Prazer do Estácio, na Ponte dos Marinheiros, e Reinado de Siva, na rua Senador Pompeu".

Um depoimento preciso, pois a Prazer do Estácio, de início na Aristides Lobo, se mudava, em fins de 1929, para a Praça da Bandeira.

O Bar Apollo e o Café do Compadre, os mais afamados pontos dos sambistas-malandros, o primeiro no 16 da Estácio de Sá, o segundo no 14, na aba do morro da Caixa d'Água, seriam lembrados por Heitor dos Prazeres em depoimento a Muniz Sodré, para a *Manchete*, de 8 de outubro de 1966: "Passamos a nos organizar no Estácio, esquina da rua Pereira Franco, ponto de reunião de Ismael Silva, Rubens Barcellos e outros sambistas, onde Francisco Alves nos procurava para comprar sambas".

Se o Bar Apollo, antigo Café do Coelho, com portas para a Pereira Franco e a Estácio de Sá, era um nome oficial, o Café do Compadre, nascido São Sebastião, seria apenas um apelido. Um batismo popular, cuja origem seria revelada por Ismael Silva ao Museu da Imagem e do Som: "Café do Compadre. É como era tratado o dono da casa, sabe? Compadre. Era um português muito amigo e tal. Amigo pessoal. Boêmio. Quando fechava a casa, ele saía com o pessoal assim... Ele pagava. Pra pagar... Saíamos pra tomar um chope, cervejas assim, e ele pagava a despesa e tal. Era um português muito agradável, o Compadre. Café do Compadre".

Segundo Sérgio Cabral, em *Escolas de samba do Rio de Janeiro*, o primeiro nome do compadre seria Alexandrino. No entanto, o dono dos dois Cafés do Compadre, o da Rodrigues dos Santos, 26, e o da Estácio de Sá, 14, era Manoel Joaquim Corrêa. Um português boêmio e femeeiro, capaz de compadrios que beiravam a cumplicidade. Se havia outro, de nome Alexandrino, Manoel Joaquim era, sem dúvida, o mais compadre dos compadres dos malandros.

Até 1935, o Café do Compadre permaneceria de propriedade de Manoel Joaquim Corrêa, vez por outra com um anúncio: "Precisa-se de uma moça para colocar discos em victrola". Sinal de que aquele compadre continuava a prezar a música e as moças. No ano seguinte, com a nova numeração, o 14 virava 70.

Em 1948, o rebatismo: o Compadre passava a ser Lord: Café e Bar Lord. Um botequim em cuja calçada, em 4 de agosto de 1952, Ana Rosa da Conceição, de 28 anos, da Pereira Franco, 15, tentava matar com um tiro o "amante" que a "desprezara sem motivo". No mais autêntico estilo dos amores do Mangue.

Em 1955, o Lord pertencia a dois irmãos sírios, Sleiman e Mahmed Alim Abbdo Omran, cujos nomes saíam na imprensa, sempre com grafias diferentes, quando do misterioso desaparecimento do primeiro após um quebra-quebra de caloteiros.

Passados três dias, Salomão reaparecia em xadrez de delegacia de Caxias, com medo, fome e sinais de espancamento. Ao ser indagado pela *Tribuna da Imprensa* sobre quem o teria machucado, se policiais ou malandros, desconversava: "Não tinha amigos, não era brasileiro", "não convinha aumentar o risco".

Negra semente, fina flor da malandragem

Era assim que, com aquele acatamento ao *Cala a boca* da segunda ponte de pedra, o antigo Café do Compadre vivia a última façanha. Em 16 de julho, naquele endereço, seria instalada a primeira loja das Casas da Banha, dos irmãos Venancio e Climerio Pereira Velloso.

Venancio Velloso, genro de José da Silva Magacho, entrara para o ramo ao herdar do sogro o empório da São Frederico, 37, a terceira transversal da rua de São Carlos. Um estabelecimento comprado por este, em 28 de agosto de 1945, de João Hermogenes Britto, de acordo com o *Jornal do Commercio*. E Venancio, ainda empregado da Confeitaria Cruz, teria conhecido o pai de sua futura esposa ao subir a encosta a fim de abastecer, segundo a memória familiar, a birosca de "seu Magacho".

Prata da casa do bairro, as Casas da Banha entrariam para a história do samba ao fornecer, em 21 de março de 1968, a localização precisa do Café do Compadre, durante o depoimento de Alcebiades Barcellos ao Museu da Imagem e do Som.

Uma revelação já feita, dois anos antes, pelo próprio Bide, ao escritor Juarez Barroso, mas publicada no *Jornal do Brasil* somente em 25 de março de 1975: "A gente se reunia no Botequim do Compadre, na esquina de Estácio com Pereira Franco, onde hoje é a Casas da Banha. A gente comprava galinha, mandava o dono fazer. Silvio Caldas ia muito lá, levava o violão".

20

Na linhagem dos malandros, havia ainda o malandro-seresteiro. Aquele que sabia aplicar uma rasteira com o "mesmo desembaraço" com que tangia o cavaquinho ou o violão. Um tipo incapaz de "delinquir de outra maneira" que não fosse "com a sua arte". E quem definia assim, com tanta propriedade, o seresteiro-malandro, conhecia de muito perto a malandragem.

Paulo de Vasconcellos Varzea chegava ao Catumbi por volta de 1911, quando seu pai, Virgilio Varzea, escritor e professor, trocava a Conselheiro Andrade Pertence, 25, no Catete, pela dos Coqueiros, 20.

Uma casa a poucos passos do largo, cujo botequim, na esquina de Padre Miguelinho, era "reduto de malandros", palco de "lutas memoráveis". Como a de Camisa do Paraiso e João da Bola, que, na saída para a rua, arrastavam "de roldão uma multidão", com o "comissário Couto e a polícia pela frente".

Um templo para a vadiagem herege de Aristeu, Capão, Cara Cortada, Criatura, Galo, Jacaré, Melado, Mello, Paulino Jumento, Pavão e Zuzu. Onde, numa manhã de domingo, o jovem Paulo Varzea avistava Camisa Preta, vigiado de longe por sacerdotes do mesmo credo.

Nascido em 31 de março de 1899, ele chegava com muito tempo para viver as festas de Santo Antônio, São João e São Pedro, assim como as "matulas dos tascadores" daquele "bairro dos ciganos", das "pastorinhas" e das "brigas de galo".

O Catumbi das "serenatas que varavam a madrugada, em desafios de trovadores românticos e de violões chorosos". O bairro da malandragem, recordado por ele, sem assinatura, em "Crônica de um vagabundo", pela *Gazeta de Notícias*, de 22 e 23 de janeiro de 1927.

Por aquela época, o vagabundo da crônica, tradutor de José Más e Vicente Blasco Ibañez, já morava em São Paulo. Onde, sempre à sombra, se faria o redator de *Grandezas e misérias do nosso futebol*, do craque Floriano Peixoto Corrêa, assim como da autobiografia de Arthur Friedenreich, que o tinha na conta de "companheirão".

Naquele ano em que Paulo Varzea definia a malandragem do Catumbi, certos malandros do Estácio de Sá vestiam, no feitio e no tamanho, aquele modelo de malandro-seresteiro: o trovador que aplicava uma rasteira, com o mesmo desembaraço com que tangia o cavaquinho ou o violão.

Rubens Maia Barcellos era um seresteiro-malandro, um boêmio incapaz de delinquir de outra maneira que não fosse com a sua arte. Sem carregar no currículo, no entanto, a capoeiragem. Vadio, definitivamente, não era: defendia-se como operário em fábrica de sapatos. No que seguia a atenta orientação paterna.

Francisco Maia Barcellos, natural de Campos, e Henriqueta de Souza, de Niterói, casaram-se, em 1896, na cidade da noiva. Onde ainda moravam em 1911, quando Alcebiades, Edith e Rubens, três de seus meninos, saíam como pastores no Bando das Estrelas do Oriente, rancho da Visconde de Itaboraí. Seria por aquela época que a família se mudaria para a rua de São Cristóvão, futura Joaquim Palhares, no Estácio de Sá.

No Rio, Francisco tirava Alcebiades da escola, após o 4º primário, para o encaminhar na Bordallo & Cia, na rua do Núncio, 55. Onde, enquanto o pai mourejava na "fábrica de forma", o filho, aos 9 anos, aprendia o ofício. Para dominar, aos 15, o sapato: "Fazia a forma, botava a sola, fazia um sapato todinho", declararia, com justo orgulho, ao Museu da Imagem e do Som.

Depois da Joaquim Palhares, os Barcellos se transferiam para a travessa do Guedes e, mais adiante, para a Machado Coelho. Quando da morte da pequena Flausina, em 1922, no entanto, já residiam na rua do Morro, 37.

Uma ladeira do morro de Santos Rodrigues, com início na Aristides Lobo, no Rio Comprido. Um ano em que a vocação de Alcebiades e Rubens para as serenatas madrugueiras e a estreita convivência com as malandrinhas já preocupava seu Francisco.

Bucy Moreira lembraria, em depoimento a Francisco Duarte, a rigorosa ação do mestre sapateiro, de "chicote na mão, torcido": "Embora pra casa, seu moleque". Assim como a tímida resposta dos filhos: "Papai, que é isso?". Em seguida, obedeciam, sem dizer nada, porque, naquela época, "o filho não podia com o pai".

Quem dava as maiores dores de cabeça, no entanto, era Rubens. Em 8 de novembro de 1925, com Alcebiades já casado, quem comparecesse ao posto policial da festa dos barraqueiros da Penha encontraria Rubens Barcellos e Heitor dos Prazeres, ambos detidos, segundo o *Jornal do Brasil*, por "pequenas desordens motivadas pelas libações alcoólicas e outros fatos de pouca importância". Com eles, entre outros, três malandrinhas: Ottilia Nascimento Pereira, da Carmo Neto, Aída Souto e Emilia Baptista, da Júlio do Carmo. A rua onde Rubens era um cotado malandro-seresteiro.

As serenatas tiveram origem na velha Europa, como elucidava Theophilo Braga, em *História da literatura portuguesa*: "As vacações nocturnas, provocadas pelo clima agradável da zona galo-romana, motivavam as formas provençalescas da *aubade* e *serenade*, as alvoradas e serenadas das usanças populares".

Enquanto os franceses faziam a *serenade* e a *aubade*, à beira das portas ou embaixo das janelas, uma ao cair da noite (*soir*), outra ao clarear do dia (*à l'aube du jour*), inspiradoras das serenadas e das alvoradas lusitanas, as serenatas cariocas aconteciam nas esquinas, defronte de casas simples, ao pé de sobrados, invariavelmente à noite, banhadas pela lua, abençoadas pelas estrelas. Sempre para uma bela, ainda que apenas em pensamento.

"Ele chegava, dedilhando o violão sonoro; encostava-se ao poste, pigarreava, e abria a voz", recordava o cronista de *O Paiz*, em 19 de dezembro de 1924. "A lua, que, naqueles tempos, por falta de boa iluminação urbana, parecia mais clara, ascendia nos céus, serenamente, a escorrer aquele *alvo leite dos sonhos, que desce ao coração e sobe à cabeça*, como disse o poeta". "Os vigilantes não perturbavam o arroubado enlevo do seresteiro, extasiados também com a harmonia dulçorosa dos cantares. E, na rua erma, em frente à janela da diva, o chapéu para a nuca e o mágico instrumento ao peito, ele cantava: *Abre a janela, ó flor!/ Deixa ver o teu rosto/ Consola o meu desgosto/ Com um olhar de amor!*". E concluía o cronista: "As serenatas eram bonitas. E faziam bem à alma".

Para que os versos chegassem bem dentro dos corações de suas deusas, os poetas-seresteiros buscavam as mais encantadoras melodias. Como fazia Catullo da Paixão Cearense, ao colher nos choros aquelas mais sedutoras, tecidas num amplo intervalo da escala, com saltos repentinos, ora do grave para o agudo, ora do agudo para o grave, sequências ascendentes e descendentes, apoios em notas longas e pungentes.

Quem duvidasse da semelhança entre o canto dos pássaros e a arte sonora dos homens, afirmada pelo grego Demócrito, que escutasse a gravação de *Choro e poesia*, polca de Pedro de Alcântara, com o autor na flauta e Ernesto Nazareth ao piano. Uma melodia que, em andamento mais lento, se havia transformado na canção *Ontem ao luar*, gravada por Vicente Celestino, acompanhado por flauta, cavaquinho e violão: "Ontem ao luar/ Nós dois em plena solidão/ Tu me perguntaste/ O que era dor de uma paixão...".

Pelo mesmo caminho, mais uma vez com versos de Catullo, *Nair*, schottisch de Edmundo Octavio Ferreira, gravado pelo Grupo de Luiz de Souza, se tinha feito *Talento e formosura*, com interpretação de Mario Pinheiro: "Tu podes bem guardar os dons da formosura/ Que a terra um dia há de implacável trucidar/ Tu podes bem viver ufana da ventura/ Que cegamente a natureza quis te dar...".

Assim como *Yara*, outro schottisch, agora de Anacleto de Medeiros, virava *Rasga o coração*, novamente pela voz de Mario: "Se tu queres ver a imensidão do céu e mar/ Refletindo a prismatização da luz solar/ Rasga o coração, vem te debruçar/ Sobre a vastidão do meu penar...". Sempre dores do coração, sempre melodias cativantes.

"Por volta das dez horas, os seresteiros pegavam o pinho e saíam para a peregrinação amorosa. E os cantos se perdiam pela noite salpicada de estrelas, perfumando o sono das donzelas", contava Orestes Barbosa, em *A Manhã*, de 3 de abril de 1928.

De violão colado ao peito, ele entoava forte, com fé, a fim de ser ouvido pela dona do coração: "As estrelas, pelo azul, brilham sorrindo,/ Estás dormindo./ Eu venho, meu amor, te despertar...". Era *Stella*, de Abdon Lyra e Adelmar Tavares. Uma canção que terminava com um pedido: "Acorda, abre a janela, Stella". Se a moça tivesse outro nome, ela não se importava: valia a intenção.

"Aí, os tocadores se afastavam e o cantor ficava só, por baixo da sacada, à espera da deusa que, na pior das hipóteses, aparecia representada pelo bengalão do pai. Antigamente, a cidade era assim". "Em alguns casos, o trovador abarracava. E, quando a modinha era mesmo de fato, lá se ia a pequena, sem saber como e porquê. Mas ia", arrematava o cronista carioca.

"Havia muito seresteiro" no Mangue, "numa roda calma ligada à música", garantia Moreira da Silva, ao *Diário de Notícias*, de 20 de janeiro de 1974. Não sem razão, Marques Rebelo abria, em 1935, o romance *Marafa* com uma serenata malandra na zona.

Quase manhã, "a rua das mulheres dormia finalmente". "Cai, não cai, o homem bêbedo vinha cantando". "Apoiava-se ao esguio companheiro, que gemia no violão, e de cabeça tombada para o lado cantava sempre": *Com o vestido de baile das estrelas,/ Vem a noite dançar no teu jardim./ Abre a tua janela para vê-las,/ Que as estrelas do céu falam de mim...*". Era *Romance*, valsa de Orestes Barbosa e Francisco Alves.

Enquanto o "companheiro dedilhava", "encostado ao poste", "chapéu cobrindo os olhos", "cigarro escorrendo no canto da boca amarga", a moça abria a "rótula" e, "fascinada", se chegava ao dono da voz, com as "coxas de fora", a "gaforinha eriçada", a "combinação vermelha" como a "única peça sobre o corpo". Isso no momento em que o malandro-seresteiro arrematava a valsa: *Diz que eu sou infeliz nos meus amores/ E que infeliz como eu, assim, não há...*".

"Como se o cantar fosse o seu equilíbrio, caiu. Ela amparou-o: - *Vem comigo*. O trovador dormia derramado nos ombros nus, babando. Foi levado. Caiu de borco na cama de travesseiros altos. Ela voltou. Disse um adeus ao companheiro: - *Ele fica aqui*".

Rubens Maia Barcellos era um seresteiro-malandro do Estácio de Sá. Não era do álcool, não era vagabundo, fazia questão de frisar Alcebiades, cheio de cuidados com a memória do irmão. No mais, era.

Gastão de Oliveira, compositor e percussionista, revelava, em depoimento a Carlos Cavalcanti, o "ponto predileto" de Rubens Barcellos para seus "descantes": a Júlio do Carmo.

Serenatas em que eram entoados, antes de Rubens entrar em cena, "sambas do falecido Edgard, Geraldo e outros *coroados*". Onde Geraldo era Geraldo Vagabundo, um batuqueiro de boa perna, que, segundo Tancredo Silva, a fim de evitar flagrante de vadiagem, "andava com um chapéu quebrado, todo sujo, prisma e uma colher de pedreiro dentro de uma bolsa". Onde Edgard era Edgard Marcellino dos Passos, pioneiro dos sambas do bairro, hábil no manuseio do baralho, jeitoso no trato com as moças do prazer.

Mano Gastão, o dono daquelas preciosas memórias, era um malandro especializado no artigo 303: "Ofender fisicamente alguém, produzindo-lhe dor ou alguma lesão no corpo, embora sem derramamento de sangue". Mas com serviços também no 368: "Receber bilhetes de loteria estrangeira, para vender por conta própria ou alheia". Além de importantes feitos no 399: "Deixar de exercitar profissão, ofício, ou qualquer mister em que ganhe a vida".

Segundo ele, tinha sido na Júlio do Carmo, nas serenatas onde era "ver, gostar, sambar, numa coisa só", onde as "mulatas tinham *frisson* e traíam os lusitanos dos seus cuidados", que surgia, "uma bela noite", "quando a roda estava formada", "aquele que deveria ser o Bilac dali doravante": Rubens Barcellos. Onde os olhos de Rubens descobriam os de "propriedade de Dolores". Onde os de Dolores, a irmã de Risoleta, capturavam os de Rubens.

Tancredo Silva assegurava que, antes de Rubens Barcellos "dar aquela ajeitada no samba", só havia "sambas de pé quebrado, versos de improviso". Teria sido ele o "primeiro a fazer letras direitinho, em língua direitinha, contando uma história e coisa e tal". Assim como recordava, não sem saudades, que "a Dolores, a Carole e outras" eram mulheres bastante "disputadas nessas rodas de sambas".

Em 14 de abril de 1926, quando o Bilac do Mangue via estrelas seresteiras nos céus da zona, Maria Dolores Meira, com ciúmes dos olhares insistentes de Philomena Maria de Jesus para seu "rapagão", aplicava-lhe uma bofetada certeira, na pensão do 267, da Júlio do Carmo. Uma cena que chegava ao fim no Pronto Socorro, com a cabeça da ciumenta contemplada com uma cadeirada.

Se a Dolores de Rubens não era aquela, era daquele tipo. Se Rubens não era o rapagão daquela Dolores, era da mesma categoria. Era o amigo que velava pelo sono da guerreira, era o braço noturno, a mão prazerosa, o ouvido confidente, o olhar afetuoso. Pois não eram sem razão aqueles ciúmes dos olhos.

"Rubens sempre se notabilizou nas rodas da malandragem", revelaria Alcebíades Barcellos a Carlos Cavalcanti. "Não rejeitava, embora mais moço do que eu, convites para as noitadas de orgia"; "chegava à tarde em casa, tendo sempre um beijo para a nossa velhinha"; "jantava sossegadamente em nossa companhia e, depois, caía na rua, onde ficava cantando e tirando sambas pela madrugada afora".

Samba batucado do Estácio de Sá, de Carlos Didier

Segundo Manuel do Espírito Santo, o Zé Pretinho, os malandros-cáftens aguardavam o fim do expediente no Café Canadense, na Comandante Maurity, 90, esquina de Visconde de Itaúna: "A gente sentava ali", "como quem já vai sair fora do Mangue"; "eu, Saturnino, Brancura e outros malandros", "esperando dar uma hora e tal, pra cada um apanhar sua nega e sair fora, pra passear, essa coisa toda". Onde Saturnino era o Jovino Ferreira, filho de mestre Hilario.

Naquela ocasião, o dinheiro deixava as mãos das minas: "Uma hora, estavam liberadas", "já não tinha mais ninguém"; "se preparavam, saíam pra pegar seus pessoal naquele lugarzinho certo"; "saía, cotava, ceava", "dava uma voltinha de carro, depois ia pra casa dormir". Onde "cotar" era entregar ao malandro seu quinhão na féria do dia. Um depoimento ao autor deste livro, de 3 de fevereiro de 1981.

Se o malandro era amigo, não havia trato em dinheiro. Havia pacto de cuidados: passeio, confidências, ceia em algum botequim madrugueiro. E, o mais importante, companhia para o sono.

Rubens Barcellos não era um cáften, era um amigo. Após um giro, um papo, um gole e um mastigo, punha sua moça para dormir. Isso para pegar no batente, poucas horas mais tarde, na Fábrica de Calçado Petrônio, na rua do Lavradio, 182.

"De compleição franzina, ele não tinha, pois, físico bastante para suportar noites em claro, e oito, dez horas de trabalho, todos os dias. Foi enfraquecendo", argumentava Bide. "Excesso de farra", complementava Benedicto Lacerda.

Se a aventura da Dolores do Rubens e do Rubens da Dolores teria o destino de todas as aventuras, a originalidade estava no samba da separação, onde o Bilac do Mangue digeria sua decepção amorosa: "Vai, meu bem/ Vai, meu benzinho/ Arranja outro amor/ Que te faça carinho.// Tu bem sabes que, em ti, não posso crer./ Ora, vai mulher, por favor, me deixa viver". Uma revelação de Gastão de Oliveira, em depoimento a Carlos Cavalcanti, para *O Radical*, de 25 de dezembro de 1932. Um samba que, mesmo de despedida doída, carregava ternura.

Em 23 de janeiro de 1927, o *Correio da Manhã* trazia notícia sobre *Me deixa viver*, de Rubens Barcellos, adaptado pelo pianista Alberico de Souza, o Bequinho. Um estribilho utilizado, parcialmente, em samba homônimo, de Bide e Marçal, gravado pelos Anjos do Inferno.

O refrão de *Me deixa viver* possuía um tema em zigue-zague, com um dedo de choro naquela costura: "dó-ré, si-dó, lá-si, sol-lá-mi". Onde o "sol-lá-mi" se apoiava na síncopa característica do samba: "semicolcheia, colcheia, semicolcheia".

Uma melodia cujo desenvolvimento, em cima do tema, cheio de boa energia, funcionava como uma resposta à musa: "Ora, vai mulher, por favor, me deixa viver". Um valioso fragmento da criatividade de Rubens Barcellos.

Me deixa viver, de Rubens Barcellos, 1ª frase

Gastão de Oliveira mencionava mais um samba, de quando outro amor ocupava o coração e a cama de Dolores: "Ai! Eu não vou lá/ Querem me matar./ Espingarda, tá, tá, tá./ Faca de ponta, tá, tá, tá./ O lugar!". Por onde se sabia que o malandro da vez era de alta periculosidade.

Um samba que teria sido furtado por "um conhecido compositor", segundo mano Gastão. Uma letra que se assemelhava, no entanto, à da embolada *A espingarda*, de José Luiz Rodrigues Calazans, o Jararaca, gravada por Bahiano no início da década de 1920.

Outra criação de Rubens Barcellos, mais uma inspirada em musa do Mangue, vinha à tona em depoimento de seu irmão, Alcebiades, ao escritor Juarez Barroso, para o *Jornal do Brasil*, de 25 de março de 1975: "Vai, mulher fingida/ Me deixa sossegar/ Dá um jeito em sua vida/ Meu bem/ Já é demais o meu penar".

Enquanto pedia que ela se afastasse, ainda a chamava, dentro do figurino do malandro amigo, de "meu bem". Mais um samba sem um pingo de arrependimento dos desregramentos boêmios. Pois aquele conselho para que desse "um jeito em sua vida", nem de longe significava largar o serviço nas pensões. Outro, talvez, para Dolores.

Gastão de Oliveira registrava, com suas próprias palavras, o momento em que a saúde abandonava o Bilac do Mangue: "Meses depois foi Rubens vítima da tal doença tuberculose, grande tristeza para o Estácio e todos que conheciam Rubens, já não se levantava mais. Rubens estava morando na rua do Morro n. 37, com seus pais, aí Rubens era muito visitado por seus amiguinhos e todos quantos o conheciam".

Um texto de Gastão, transcrito entre aspas, respeitosamente, por Cavalcanti. Uma perda de saúde que o caso Mario de Souza Martins ajudaria a compreender.

Filho do português Rozendo de Souza Martins, o responsável pela Farmácia Santa Olga, irmão de Roberto, estudante de medicina com prestígio na roda de malandros e malandrinhas, Mario conquistava, aos 17 ou 18 anos, o coração de Louise. Uma filha da França, "loura e bonita", que gostava de iludi-lo, entre erres carregados, com a promessa de levá-lo para a Europa.

"Eu não iria desperdiçar uma oportunidade como essa, dádiva dos céus ou do diabo", revelaria em *Valeu a pena*, autobiografia organizada por Franklin Martins, seu filho. Porque o jovem Mario "não saía da cama da francesa, com quem passava as tardes, aprendendo e repassando todas as lições do amor". Até que Roberto, alertado pela malandragem amiga, quando as mãos do irmão já se achavam trêmulas pelos estudos daquela exaustiva ciência, o retirava dos braços de Louise.

Dolores tinha sido a Louise de Rubens. Um jovem que, segundo Alcebiades, insistia em não escutar os avisos: "Em vão, eu, mamãe e os seus amigos e camaradas de samba, seus discípulos, tentamos demovê-lo do vício das pândegas". Um compositor cujas últimas criações traziam a marca do arrependimento tardio.

Fui culpado, gravado por Benicio Barbosa e a Simão Nacional Orquestra, no Parlophon 13.088, lançado em janeiro de 1930, pertencia a essa leva. Embora o selo trouxesse o nome de Alcebiades Barcellos, seu autor era Rubens. Um samba cuja culpa pelos prazeres boêmios estava no título. Sem disco e sem partitura, ainda não conquistados por colecionadores, restaria o verso inicial, publicado por Carlos Cavalcanti, em *Crítica*, de 23 de fevereiro de 1930: "Eu não quero mais saber de mulher". Mais um em que mulher era a mulher do Mangue.

Estou cansado de sofrer tinha os versos recordados por Alcebiades Barcellos e Gastão de Oliveira, em depoimentos a Carlos Cavalcanti: "Estou cansado de sofrer/ Estou padecendo noite e dia.../ Ah! Se escutasse os bons conselhos.../ Isto é o exemplo da orgia...".

Um samba da fase final. De quando a doença já cansava o doente, a morte era quase desejada. De quando Rubens, ao perder a fé no prazer, tentava influenciar amigos boêmios.

Um samba que parecia ser a matriz da segunda parte de *Ai de mim*, interpretado por Almirante, Castro Barbosa e o Grupo do Canhoto, assinado por Alcebiades Barcellos e Leofontino de Souza Lins. Porque a letra de Rubens, além de começar com o mesmo verso, se ajustava com perfeição à melodia de *Ai de mim*.

O samba mais bem preservado de Rubens Barcellos, no entanto, seria mesmo *Ando sofrendo*, registrado por Bide, com a letra original, em depoimento ao Museu da Imagem e do Som: "Eu ando sofrendo/ Sem saber qual a razão/ Vou implorar a Deus/ Para conseguir a minha salvação".

Onde a consciência do castigo sem crime aumentava o sofrimento. Onde o sambista, atrás de justa piedade, implorava, num último apelo às forças superiores, por um milagre.

Um samba em que a própria melodia mandava aos céus a dor de Rubens. Na tonalidade de dó maior: na subida do dó para o mi, em "Eu ando"; no salto do lá para o ré, em "sofrendo", com apoio em nota longa. Uma melodia que doía nos ouvidos e na carne.

Na abertura, uma confirmação: a primeira nota era entoada antes do primeiro tempo forte e por ele se estendia. A síncopa por antecipação, característica rítmica do Estácio de Sá. Quem acompanhasse, precisava executar a mesma síncopa. Um samba batucado, à maneira dos que seriam cultivados em Mangueira e Oswaldo Cruz.

Bucy Moreira, neto da baiana Hilaria, afirmava: "Rubens Barcellos foi quem transformou o samba da Tia Ciata nesse padrão que está até hoje, compreende?"; "mudou a expressão melódica e o ritmo": "*Eu ando sofrendo/ Sem saber qual a razão/ Vou implorar a Deus/ Para conseguir a minha salvação.* Esse é o samba". Um depoimento colhido por Francisco Duarte.

Ismael Silva atribuía a si mesmo a criação da pulsação rítmica característica do Estácio. Uma batida que fazia, de fato, à perfeição, ao violão. "Eu arranjei esse ritmo porque grupo que sai na rua precisava andar, então precisava de uma música que facilitasse isso", afiançaria ao Museu da Imagem e do Som. "Então, eu introduzi esse ritmo assim, como o do *Se você jurar*. Aí já facilita. Pegou...".

Sem contradizer Ismael Silva, seria preciso afirmar que a pulsação característica do Estácio de Sá aparecia nítida no *Ora vejam só*, de Heitor dos Prazeres, gravado em 1926. E que, embora a maior parte dos sambas de Rubens Barcellos, tirados em serenatas, tivesse se dissipado nos céus da zona, estava presente no *Ando sofrendo*, de 1927.

No momento em que Carlos Cavalcanti tinha à sua frente, na redação de *A Notícia*, em agosto de 1930, Alcebiades Barcellos, Benedicto Lacerda e Ismael Silva, este, naquele seu jeito de saborear o correto português, sugeria: "A propósito, seria bom que o Bide contasse a verdadeira história da vida de Rubens Barcellos". Uma sugestão aceita sem resistências, não sem emoção.

"O Estácio sempre escondeu com ciúmes os seus canoros sabiás. E daí a razão de ser da ignorância que o povo tem da existência efêmera de meu irmão. Rubens foi um boêmio original e um príncipe da malandragem. De uma sensibilidade patética, de inspiração fácil como um veio de água pura e cristalina, e uma viva intuição musical, Rubens foi o criador do samba-canção".

Palavras de Alcebiades, em presença de Ismael, sem registro de contestação: "O criador do samba-canção".

Para os malandros-sambistas, samba-canção era o samba-serenata, aquele que cantava a sua dor de amor. Serenatas como as da Júlio do Carmo, amor como o de Rubens por Dolores. E justo quando o samba se fazia seresteiro, sua melodia conquistava corpo, mostrava desenvoltura, alçava voo.

Gastão de Oliveira dava a mais detalhada notícia sobre a morte de Rubens Barcellos, em 15 de junho de 1927, por "fimatose pulmonar", de acordo com o atestado de óbito: "O Estácio abalou, quando soube da morte do nosso prezado diretor; grande perda para o Estácio de Sá, todos choravam; se lastimavam; o enterro de Rubens foi custeado por seus pais; diversas coroas oferecidas pelo Estácio de Sá, outras mais ofertadas por senhoritas, que conheciam Rubens; o caixão que conduzia o corpo do inesquecível mestre foi coberto de flores e muitas flores; um grande acompanhamento de automóveis levava ao cemitério de S. Francisco Xavier o grande diretor de samba".

"Ruben" na certidão de batismo, de 29 de janeiro de 1911, na Catedral de São João Baptista, em Niterói. "Rubem" na declaração de óbito, feita por seu pai, em 16 de junho de 1927, no cartório da Freguesia do Espírito Santo. "Rubens" nas notas fúnebres da família Maia Barcellos: no agradecimento pelo comparecimento ao enterro, no convite para a missa de 7º dia, na igreja de São Crispim e São Crispiniano, em *A Noite*, de 18 e 22 de junho de 1927.

Se tinha nascido em 13 de maio de 1905, como constava no registro de batismo, Rubens Maia Barcellos abandonava aos 22 anos o samba, as serenatas e as malandrinhas. Segundo o registro de morte, feito por seu pai, aos 23. Pela memória de Bide, em depoimento a Carlos Cavalcanti, aos 24.

Pela fotografia em *A Notícia*, de 15 de agosto de 1930, Rubens era um mulato de lábios finos, boca horizontal e olhar firme como o do irmão Alcebiades. Um jovem magro, de cabelo bem baixo, terno branco e gravata listrada na diagonal.

"Meu irmão era um exímio pandeirista", garantia Bide. No mesmo depoimento em que revelava que ambos formavam, com Benedicto Lacerda, o "primeiro terceto do Estácio": Benedicto na flauta, ele no tamborim, Rubens no pandeiro. Música de melodia e percussão. Entretanto, como os dois Barcellos agiam também no cavaquinho, o instrumento encontrava lugar no terceto.

No primeiro terceto do Estácio, a pulsação rítmica característica do samba batucado migrava, pelos dedos batuqueiros de Alcebiades Barcellos, do tamborim para o cavaquinho. Cavaquinho e tamborim que inspiravam as divisões rítmicas dos fraseados da flauta de Benedicto.

O que levaria Alcebiades Barcellos a afirmar, com justo orgulho, em depoimento ao MIS: "Benedicto morou ali, foi criado ali, morou no 29". "Foi onde ele aprendeu a tocar flauta. Ele aprendendo a tocar flauta, e eu fazendo meu dó maior pra ele". "É mesmo. Eu ensinava a ele". "Benedicto aprendeu a tocar flauta no Estácio". "Eu orientando ele, porque eu tocava cavaquinho".

Havia uma verdade musical profunda naquela afirmação. Ao flautear ao som do tamborim e do pandeiro, assim como do cavaco, dos irmãos Barcellos, o samba batucado tinha entrado no sangue de Benedicto Lacerda. Era essa a origem daqueles contracantos ritmados, daquela irresistível flauta batucada.

Samba batucado do Estácio de Sá, de Carlos Didier

"No samba, as introduções dele eram magníficas, todas sincopadas. Ele usava muito as síncopas, assim, como efeito especial. E a música ficava leve, as introduções ficavam muito leves", decifraria, com autoridade, Altamiro Carrilho, em 4 de abril de 1993, em depoimento ao autor deste livro.

"E era preciso que a flauta se antecipasse um pouquinho ao acompanhamento para que ela aparecesse de uma forma mais brilhante". "Sem chocar com o ritmo e com o desenho melódico do conjunto, a flauta tinha um destaque especial. Isso foi uma coisa criada por ele. Foi um estilo dele, muito dele".

Benedicto Lacerda atacava a introdução antes do primeiro tempo forte. Um recurso cuja gênese estava na síncopa por antecipação, característica fundamental do samba dos malandros do Estácio de Sá.

"Ele criou um estilo novo de tocar flauta. Até então os flautistas tocavam de uma maneira muito correta, mas sem aquele jogo de cintura, aquele balanço". "Então, faltava um pouco assim, vamos dizer, de malandragem na execução do chorinho. E ele veio trazer essa malandragem, não é?", complementava Altamiro, outro virtuose do instrumento.

O primeiro terceto do Estácio era a semente do Gente do Morro, o grupo musical com o qual os malandros-sambistas ensinariam, em breve, o Rio de Janeiro inteiro a tocar samba batucado na regra da arte. Um samba que muito devia ao seresteiro-malandro Rubens Maia Barcellos, aquele que viera antes.

O perfil do criador do samba-canção do Estácio não estaria completo, entretanto, sem a última revelação musical de Alcebiades, em *A Notícia*, de 14 de agosto de 1930: "O seu adeus, quase na agonia". O samba extremo, o samba da aceitação, o samba da submissão às forças superiores.

Quando Rubens, com o coração apaziguado, transmitia seu último desejo, inspirado no próprio velório: "Quando eu morrer/ Não quero choro nem nada/ Quero ouvir um samba/ Ao romper da madrugada".

Somente naquele momento, convencido de que havia cumprido seu destino, o arrependimento o abandonava. Se "filosofar é aprender a morrer", como ensinava Platão, *Quando eu morrer* era a filosofia que se tinha feito samba.

Um samba que fechava, com alta sabedoria, a trajetória do malandro-seresteiro Rubens Maia Barcellos.

21

Benedicto Lacerda, nascido em 14 de março de 1903, em Macaé, filho de Manoel Lacerda, professor de música, e de Maria Louzada, já morava, em 1922, no Rio de Janeiro. Quando se identificava, no processo de alistamento militar, como branco, solteiro, trabalhador do comércio, morador da rua Estácio de Sá, 29. A casa de cômodos na esquina de Maia Lacerda.

Seu caminho na flauta começara ainda na cidade natal, onde dava, aos 8 anos, os primeiros sopros, onde pertencia à Sociedade Musical Nova Aurora, de acordo com resumos biográficos do *Correio da Manhã*, *Diário da Noite* e *O Jornal*, de 19 e 20 de fevereiro de 1958.

Em 1911, quando Benedicto soprava uma flauta e oito velinhas, a Nova Aurora, fundada em 8 de junho de 1873, executava, em homenagem à Santa Cecília, as peças sacras *Missa e credo*, de Luigi Bordèse, *Tantum ergo*, de Francisco Manuel da Silva, e *Oh! Salutaris hostia*, de Henrique Alves de Mesquita. Embora se dedicasse à música de concerto, sua banda podia ser admirada em retreta no Lyceo dos Operários de Imbetiba, em baile no Democráticos Carnavalesco Club, no casamento do telegrafista Felinery Heredia de Sá e da senhorita Aristotelina Corrêa Maciel, assim como no enterro do coronel José Teixeira de Gouvea. Sem esquecer das execuções de melodiosos tangos e valsas, no coreto do Parque 15 de Novembro, enquanto risonhos rapazes parolavam ao redor, segundo nota de *O Regenerador*, de 13 de setembro de 1914. De quando a música de choro entrava nos ouvidos e nos corações da juventude macaense.

Em 1923, no Rio de Janeiro, após aperfeiçoar sua técnica com o flautista Bellarmino Moura de Souza, Benedicto Lacerda já tinha largado o comércio de viração dos primeiros dias cariocas para se fazer músico do Quarto Batalhão da Polícia Militar.

Era com o objetivo de ensaiar com o clarinetista Jonathas Paulo de Lima, parceiro de farda e de banda, que entrava, em 3 de abril, no Café Fafense, na Visconde de Itaúna, 347, nas imediações da Carmo Netto, em cujos fundos o colega morava. Enquanto aguardava sua chegada, Benedicto pedia um refresco e oferecia um café a Antonio Rodrigues Vianna, outro músico amigo.

Tudo corria sem dissonâncias até pagar a despesa com uma nota de 5 mil réis, receber o troco em "cédulas completamente rasgadas", sem ser atendido na troca por outras em melhores condições. Uma negativa acompanhada por "vários impropérios".

Como estava fardado, o soldado-flautista prevenia Abel Novaes Fernandes, o dono, que palavras ofensivas podiam dar motivo a uma condução à delegacia. Após o adequado silêncio do botequineiro, seguia com Jonathas e Antonio para o cômodo do primeiro.

Cinco minutos depois, Abel surgia à porta: "Estava pronto" para a condução. Mordido pela insolência, Benedicto punha o boné e deixava o aposento. Antes de chegar ao botequim, no entanto, era surpreendido por uma cadeirada de Miguel da Fonseca Pinto. Da cadeira, ele se livrava; dos socos e das mordidas, não.

Ao ouvir "grande vozerio", o estivador Augusto Gomes dos Santos, até então no salão, dava com o músico no chão, nos fundos do estabelecimento, "todo sujo de sangue", com o "fardamento muito rasgado", o adversário em cima. Era quando, com a ajuda de outras testemunhas, interrompia a briga.

O exame de corpo de delito em Benedicto, ainda residente à rua Estácio de Sá, 29, constatava escoriações na face esquerda e no joelho direito, além de equimoses no braço e na coxa. O exame em Miguel, português, pintor, morador do 347, apontava apenas machucados no lábio, cotovelo e dorso das mãos.

Um inquérito que o delegado Attila Neves resumia, no 14º Distrito, como agressão mútua de leves ferimentos. Mas encaminhava à 3ª Pretoria Criminal, em 28 de maio, para que o juízo verificasse a incursão no artigo 303 do *Código penal*. Com a resposta positiva, seriam ambos, em 20 de junho, denunciados.

Em 1926, três anos depois daquela briga, Benedicto Lacerda integrava a banda da Escola Militar de Realengo, formada por um mestre, um contramestre, quarenta músicos de 1ª classe, quarenta de 2ª e mais quarenta de 3ª, conforme o Decreto 16.799, do presidente Arthur Bernardes.

Em 9 de fevereiro, casado havia um mês com Ondina Gonçalves Vieira, esticava o sopro da flauta até o baile da Prazer das Morenas, na Coronel Tamarindo, 640, em Bangu, a apenas três quilômetros da escola. Uma sociedade em que Antenor Ferreira, o Garganta de Ouro, e Nicolau Granado, violão chorão, abafavam nas modinhas.

Em 13 de maio, a reportagem policial descobria o flautista no morro de São Carlos, onde cinco moradores haviam prendido dois ladrões: Demosthenes de Almeida, o Moleque Quatro, e Theodorico Sampaio, seu parceiro. No 9º Distrito, "interrogado com cautela pelo comissário", Quatro devolvia 20 contos de réis e mais uma capa de gabardine, surrupiados, momentos antes, de um motorista de táxi na rua do Bispo. O *pince-nez*, infelizmente, tinha desaparecido de vez. Um feito que se fazia notícia em vários jornais, inclusive a *Voz do Chauffeur*, sempre com louvores para a "cautela" do comissário e a bravura dos "policiais amadores". Um deles, Benedicto Lacerda, "músico da Escola Militar", de residência na rua São Roberto, 4, casa IV.

Por não ter se apresentado à tropa até 10 de dezembro de 1926, embora convocado pela Junta de Alistamento, seu nome saía, no *Diário Oficial*, de 25 de março de 1927, dentro da longa lista de insubmissos.

Por aquela época, o primeiro terceto do Estácio, formado pela flauta de Benedicto, o tamborim de Alcebiades e o pandeiro de Rubens, assim como pelo cavaquinho de ambos os irmãos Barcellos, plantava no bairro dos malandros-sambistas a semente do Gente do Morro.

Alcebiades afirmava ter entrado na roda antes de Rubens: "Era bem menino, com 9 anos de idade já fazia ritmo na mesa", revelaria a Sérgio Cabral. Ao Museu da Imagem e do Som, Bide informaria 25 de junho de 1902 como sua data de nascimento, embora Ary Vasconcellos apontasse 25 de julho, em *O Jornal*, de 22 de junho de 1958. Pelos registros de seus dois casamentos, um com Alice Rosa da Silva, em 23 de julho de 1925, outro com Emilia de Almeida, em 26 de junho de 1943, teria nascido em 25 de junho de 1903. No entanto, segundo *O Fluminense*, de 14 de agosto de 1917, com base em levantamento do Registro Civil da 2ª Circunscrição, Alcebiades, filho de Francisco Maia Barcellos, teria vindo ao mundo em 27 de julho daquele ano, na rua Quinze de Novembro, 76, em Niterói.

Nascido em 1902 ou 1903, os 9 anos tinham marcado Alcebiades Maia Barcellos. A idade com que se mudava para o

Estácio de Sá, se fazia menino-operário em fábrica de calçados, batucava no tampo da mesa os primeiros ritmos.

Bide, assim como Rubens, não era vadio. Era trabalhador, era de luta. Operário da Vieira Freitas & Cia, da travessa São Diogo, 13, estava, em 5 de janeiro de 1923, entre os seis líderes de um movimento grevista. Motivo: a ausência de "festas" pelo Ano Novo. Festas no sentido de gratificações.

Uma greve que virava notícia quando os manifestantes, em busca de mais adesões, agrediam dois discordantes. Ao menos era essa a queixa do dono da fábrica no 14º Distrito, cujo delegado, sem demora, enviava quatro soldados com o republicano objetivo de "garantir aos trabalhadores não em greve a liberdade do trabalho", como informavam *O Imparcial, O Paiz* e o *Jornal do Commercio*.

Alcebiades Maia Barcellos era da batucada. Uma roda que se formava quando alguém entoava um refrão de chamamento. Como aquele *Iaiá, não me bole no coqueiro, não*, relembrado por ele ao MIS.

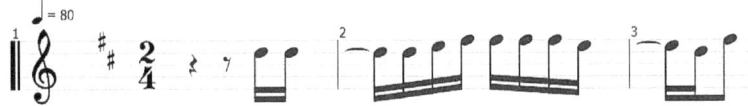

Iaiá, não me bole no coqueiro, não, refrão de batucada, 1ª frase

Um batuqueiro pulava para o centro, dizia no pé, ia lá e vinha cá, até escolher alguém da roda para "plantar" para ele: "Vamos nós, sinhô?". Quem plantava não podia se mexer, quem derrubava aplicava uma única banda. Havia bandas de frente, em cruz, aramada, dourada e jogada, todas do repertório da capoeiragem. No passo seguinte do jogo, quem tinha plantado ganhava a vez de derrubar. Era a regra. "Tinha o que sabia dar e o que sabia levar sem cair", explicaria, com conhecimento de causa, o percussionista Nilton Marçal, em depoimento ao autor deste livro.

O ponto de batucada dos malandros-sambistas ficava na praça Reverendo Álvaro Reis, na lateral do morro da Caixa D'Água, defronte à Primeira Igreja Batista. Onde, certa feita, um que "sabia levar", um batuqueiro de pele cor da noite, sem nome na praça, mas hábil no jogo, deixava sem ação os bambas. Já tinham falhado Alcebiades Rosa Nogueira e Sylvio Fernandes, pernas de boa fama, quando Alcebiades Barcellos chegava e manjava o truque: "Eu vi logo o modo dele fechar: não deixava o pé junto"; "quando eu olhei a posição dele, que eu baixei, que eu fui lá que fiz isso, ele tava, eu *vum*, ele *pá*"; "por essa luz que tá me alumiando". Era mais um que beijava o chão.

Alcebiades Barcellos era de briga: "Armado, eu só andava às vezes, quando a gente ia pro morro, Mangueira, ou mesmo lá pra cima pro São Carlos. Porque a gente subia pra brincar lá em cima".

As armas eram "navalha e estoque", mas Bide dava preferência à navalha, que escondia no pulso: "Quando a polícia vinha e revistava, você fazia isso". Onde "isso" significava levar os pulsos para as costas, como quem se oferece para a revista. A polícia verificava o tronco, a cintura e as pernas, sem localizar a arma. "Àquela época, eu era o Bide; agora eu tô velho, não posso dar o pulo".

Alcebiades Barcellos deixaria registrado mais um refrão de batucada. Aquele que enaltecia, não sem ironia, a mais alta patente da rasteira: "Chegou o general da banda, ê, ê/ Chegou o general da banda, ê, á".

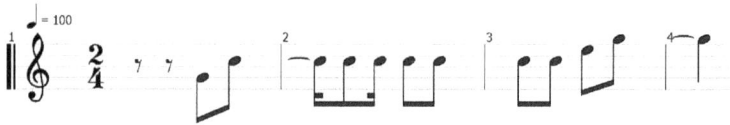

Chegou o general da banda, refrão de batucada, 1ª frase

Assim como o *Iaiá não me bole no coqueiro, não*, o *Chegou o general da banda* trazia a síncopa por antecipação, característica rítmica do samba batucado: o "gou" de "Chegou" soava antes do primeiro tempo forte e por ele se alongava. Um refrão que, pescado pelo babalaô Tancredo da Silva Pinto, daria origem, duas décadas depois, a um êxito do cantor Blecaute.

Alcebiades Barcellos contaria a Francisco Duarte sobre um "bloco de sujo sem nome", organizado por ele e o irmão, a fim de fazer frente ao Lyra do Estácio, liderado por uns "velhinhos que se reuniam no Café do Pavão". Ao som do cavaquinho de Bide, do pandeiro de Rubens e dos chocalhos de outros, o bloco começava com cinquenta e, rumo à Praça Onze, sempre "na base do vai engrossando", arrebanhava quatrocentos foliões. Isso em 1925 ou 1926.

Era daquela época, era de bloco, o mais antigo samba de Bide, preservado em gravação para o MIS: "Nunca perdemos/ Sempre vencemos/ O nosso time é do Estácio/ Vamos pra balança...".

Um samba sobre a mais famosa roda de batucada, em cima da balança de veículos de carga, nos fundos da escola Benjamim Constant, na Praça Onze. Onde se pesavam as pernas.

Segundo Bucy Moreira, em depoimento a Francisco Duarte, a balança era um estrado de formato quadrado, do tamanho de uma sala, livre em dois lados. Uma estrutura de madeira onde os bambas tamborilavam, enquanto as pernas agiam e os corpos subiam. No exato lugar onde seria erguido, com muita propriedade, o monumento a Zumbi dos Palmares. "Ali era o peso pesado", esclarecia Bide ao MIS.

Nunca perdemos tinha uma melodia nítida e contagiante, que nascia de um tema de apenas quatro notas. Na tonalidade de dó maior: "dó, si, lá, dó". Um tema cujo primeiro desenvolvimento se dava meio tom abaixo: "si, lá, sol, si". Uma sequência de oito notas para os versos "Nunca perdemos/ Sempre vencemos".

O segundo desenvolvimento seguia o mesmo caminho, com uma descida de mais um tom: "lá, sol, fá, lá". Um paralelismo que Bide interrompia com uma subida pungente: "lá, si, dó, ré". Onde o lancinante do verso "O nosso time é do Estácio" estava naquele ré longo.

Nunca perdemos, de Bide, trecho

Depois, vinha o chamamento, com uma sentida síncopa antecipada: "Vamos pra balança/ Não damos confiança". Um refrão que Bide arrematava, dentro da mesma lógica melódica, com um adágio malandro: "Peso é peso, braço é braço". Um samba onde batia o coração do Estácio. Um samba másculo. Um samba maiúsculo.

A malandragem, de Alcebiades Barcellos, inspirado no mau destino do irmão Rubens, era uma promessa de abandono da boemia: "A malandragem/ Eu vou deixar...". Mais um samba de bloco.

Samba batucado do Estácio de Sá, de Carlos Didier

Lançados por blocos na Festa da Penha, os sambas passavam por um processo popular de seleção. Os que caíam no gosto eram adotados, ganhavam a cidade. Nasciam desse modo os sucessos espontâneos.

Assim José Barbosa da Silva capturara o *Ora vejam só*, de Heitor dos Prazeres. Assim Francisco Alves, o melhor súdito do Rei do Samba, conhecera *A malandragem*, de Alcebiades Barcellos. Porque Sinhô abrira para Chico o mapa da mina do Estácio.

A prova definitiva do bom destino de *A malandragem*, Alcebiades Barcellos recebia, num sábado à noite, em fins de 1927, na sociedade dançante Estrela D'Alva, onde escutava a própria criação: "A orquestra tava tocando esse samba"; "cantando o samba com versos de improviso. E eu tava lá".

Pouco depois, o porteiro soprava em seu ouvido: "Bide, tem um rapaz aí que está te chamando lá embaixo". Uma convocação que soava como uma arapuca: "A mim, é?"; "tavam me chamando pra fazer alguma falseta comigo", "eu fiquei admirado". "Era uma hora da manhã".

Os malandros-sambistas nunca ocupavam a mesma mesa, a fim dar cobertura em caso de lambança: "Que é, Bide? O que é que há com você aí?". Era quando Alcebiades, embora desconfiado, procurava tranquilizar os companheiros: "Não é nada, não". Em seguida, descia. "Aí desceu aquele time todo pela escada".

A intuição do malandro não falhava: era mesmo uma armação. Embaixo, na calçada, o tal rapaz era cunhado de Francisco Alves: "O senhor é que é o Bide?". "Sou, por quê?". "Porque o Chico Viola tá te chamando".

Só então o cantor descia do automóvel: "Você que é o dono desse samba que tá tocando aí em cima?". Com a resposta positiva, pedia uma confirmação sobre o interlocutor: "Você que é o Bide, aí do Estácio?".

Seguro de que falava com a pessoa certa, soltava a proposta: "Você quer que eu grave esse samba?". "Depende...", reagia o autor. Mas Francisco Alves estava decidido: "Eu vou gravar esse samba". Cada vez mais cabreiro, Alcebiades Barcellos queria os detalhes: "Como que você vai gravar?".

O cantor sabia como despertar o interesse da indústria fonográfica. Dono de um ouvido que jamais falhava, descobria o samba, editava na Casa Vieira Machado, gravava na Odeon, depois divulgava, com sua bela e potente voz, em batalhas de confete, em palcos de teatro e de circo, em estações de rádio.

Se o samba era a matéria-prima, a editora e a gravadora eram os meios de produção. Com as partituras e os discos nas lojas, as vendagens vinham seguras. Chico sabia como fazer a máquina funcionar, sabia como transformar samba em dinheiro.

O roteiro para Alcebiades Barcellos estava pronto: "Eu vou marcar com você"; "você vai na minha casa, encontrar comigo lá, pra me dar a música". Onde aquele "me dar" dizia de suas mais profundas intenções.

"Você pode ir amanhã lá em casa?". Bide não podia. "Pode ir lá em casa na segunda-feira?". Como operário, na segunda também não dava. "Então você vai na quarta. Vê se você vai". Na quarta dava, mas com uma condição: "Eu só posso ir depois que eu sair do trabalho". E assim acontecia: "Saí às 4 horas do Bordallo e fui lá".

Na casa de Francisco Alves, o violonista Rogerio Guimarães aguardava para pôr *A malandragem* na pauta. Para facilitar, Alcebiades Barcellos levava duas cópias da letra, batidas à máquina no escritório da fábrica, com o estribilho, que soara na Estrela D'Alva, e duas segundas partes, feitas para a gravação.

Duas novas estrofes, onde Bide fechava o luto, vestia o terno de malandro, recuperava o amor pela boemia.

A primeira dizia: "Arranjei uma mulher que me dá toda a vantagem...". Uma vantagem que era dinheiro. Uma mulher que era do Mangue.

A segunda era uma crônica sobre a cafetinagem: "Você diz que é malandro/ Malandro você não é/ Malandro é seu Abóbora que manobra com as *mulhê*". Mais de uma, como convinha a um respeitável profissional do ramo.

Do ponto de vista musical, um estribilho de bem arquitetada melodia, cujo tema estava inteiro no primeiro verso ("A malandragem"). Uma "malandragem" com a síncopa do samba: "semicolcheia, colcheia, semicolcheia". Na tonalidade de dó maior: "sol, dó, si, sol, mi". Um segundo verso que carregava o mesmo desenho: "mi, si, lá, mi" ("Eu vou deixar").

Samba batucado do Estácio de Sá, de Carlos Didier

A malandragem, de Bide, 1ª frase

A pungência, traço característico do Estácio, aparecia no trecho melódico seguinte: "Eu não quero saber da orgia". Um desejo que soava como um lamento.

Um samba com várias síncopas por antecipação. O que significava que, para acompanhar *A malandragem*, o violão precisava fazer a batida característica do samba batucado do Estácio. Uma levada desconhecida, mesmo para um craque como Rogerio Guimarães.

Porque Francisco Alves queria repassar, dessa vez acompanhado pelo violão: "Vamos cantar ele todo pra ver se eu já aprendi". Em seguida, dava as últimas instruções: "Olha, eu vou gravar esse samba amanhã"; "você não pode ir na gravação, mas eu mando te avisar"; "amanhã, você, quando for cinco e meia da tarde, você vai no Vieira Machado".

Era naquele momento que acontecia a falseta pressentida na Estrela D'Alva. Sem a assinatura do compositor, a gravadora jamais daria início ao registro na cera. Não havia dúvida: Francisco Alves planejava figurar no disco como único autor de *A malandragem*.

No dia seguinte, Alcebiades Barcellos comparecia à Casa Vieira Machado, na rua do Ouvidor, quase na esquina do largo de São Francisco. Na partitura: "letra e música" de "Bide e Francisco Alves"; dedicatória aos Fenianos, o clube carnavalesco da preferência do pai do cantor; retrato de Celia Zenatti, sua companheira. Informações de Abel Cardoso Júnior, em *As mil canções do Rei da Voz*.

Em 15 de janeiro de 1928, o Odeon 10.113 chegava à imprensa: *A malandragem*, samba, de Francisco Alves, "Cantado pelo Autor". Assim no disco original, do acervo do colecionador Paulo Mathias.

Entre surpreso e zangado, José Luiz de Moraes procurava Alcebiades Barcellos na fábrica. Queria que o amigo exigisse de volta o que lhe pertencia. Mesmo quando Bide tentava protelar com um "Ó Caninha, eu tô na hora do almoço", ele, mais experiente, insistia: "Mas você vai comigo". Coisa de amigo genuíno.

Um furto que teria espantado o próprio José Barbosa da Silva, um ás da categoria. Solidário, Sinhô formava ao lado de Bide e Caninha na caminhada até a sede da Casa Edison, na Sete de Setembro. Onde Frederico Figner, o proprietário, ainda ser pôr fé na queixa, pedia a um empregado, com aquele sotaque carregado de tcheco: "Quer me apanhar esse contrato d'*A malandragem*, do Francisco Alves".

O confronto entre o contrato da gravação, apenas em nome de Francisco Alves, e o da partitura da Casa Vieira Machado, com "letra e música de Bide e Francisco Alves", colocava em pé os últimos cabelos de Fred Figner: "Non, non...". Uma revelação de Alcebiades Barcellos para o Museu da Imagem e do Som.

O segundo e definitivo *round* acontecia nos bastidores do Teatro Carlos Gomes, numa noite em que Alcebiades Barcellos "tava invocado", disposto a decidir o caso na marra: "Eu vou lá dentro"; "ele vai me dar o dinheiro agora". "Naquele dia, ali dentro, eu ia preso...".

Antes de beijar o chão por obra da perna batuqueira do malandro, a boca do cantor tentava argumentar: "Péra aí, Bide, não faça isso, vamos conversar". Mas a perna estava decidida: "Não tem mais conversa contigo"; "isso é papel que você faz comigo?". Uma raiva apaziguada pelas palavras que soavam como música para o sambista: "Eu vou arrumar um dinheiro, espera aí que eu vou arrumar". Onde conseguir, porém, àquela hora, a grana?

A primeira ideia vinha do compositor Francisco José Freire Junior, diretor da Casa Edison, apavorado com o rumo da conversa: "Ô Chico, agora apanha lá a caixa. Sei que vai haver uma desgraça", "apanha lá a caixa". A caixa, no caso, era a bilheteria, a única fonte de dinheiro vivo disponível.

A solução definitiva vinha do próprio Freire Junior: "O senhor se conforma de ir na minha casa?". Após a concordância de Bide, acontecia a ligação salvadora: "Olha, eu vou mandar um portador"; "você pode entregar a ele essa quantia, que é a mando do Francisco Alves".

Quem atendia à porta era a filha: "O senhor que veio buscar o dinheiro?". Dona Olga, a esposa, surgia em seguida: "Tá aqui. Quer me dar o bilhete?" Após a entrega do bilhete de Freire Junior, o dinheiro mudava de mãos. "Não me lembro se foi 100 ou 200 mil réis", diria Bide. "Uma mixaria, parece que foi 200 mil réis".

Um episódio encerrado, dias depois, no Vieirão, como Alcebiades Barcellos alcunhava a editora. Quando Francisco Alves, ao escutar a ameaça de uma ação na justiça para "embargar o disco", usava toda a maciez de sua voz para conversar o sambista: "Você não faça isso"; "não vou ficar só nessa com você"; "você é um grande autor". Mais tarde, Bide comentaria: "Isso é ele me enfeitando".

Antes mesmo do ajuste de contas no Carlos Gomes, Francisco Alves havia encomendado a Alcebiades Barcellos uma ponte para Ismael Silva. O cantor tinha interesse no *Me faz carinhos*, mas não sabia como chegar ao autor, internado, na época, em casa de saúde: "Você podia fazer essa camaradagem? Você podia falar com ele?". Bide concordava, com uma condição: um bilhete que oficializasse a proposta.

Ismael Silva detalharia, no primeiro depoimento ao MIS, seus problemas de saúde: "Eu andava muito doente, saíam-me feridas por toda a parte do corpo, a camisa ficava toda encharcada. Quando sentava num bar, todo mundo reparava. Tive, então, de procurar um médico, e fui para o hospital, pois já estava ficando preocupado". "Era sífilis, e fiquei lá apenas um mês".

Uma internação no Hospital da Gamboa, segundo a *Breve história de um grande compositor chamado Ismael Silva*, ensaio do historiador José Ramos Tinhorão. Um estabelecimento da Santa Casa de Misericórdia, onde Alcebiades Barcellos visitava o amigo.

No bolso do paletó do malandro, duas propostas: uma de gravação, outra de venda. Na primeira, os direitos permaneceriam do compositor; na segunda, passariam ao cantor. A resposta de Ismael Silva: "Eu tô fodido... O negócio aí é vender". Assim na memória de Bide.

Na de Ismael Silva, assim: "Se eu queria vender por 100 mil réis? Eu fiquei muito satisfeito, não é? Fiquei muito feliz com isso. Todo entusiasmado. Pelo fato de saber que aquilo que fiz interessou tanto a alguém, a ponto de querer pagar". "Fiquei sonhando. Fiquei, assim, pensando uma porção de coisa". "E a minha alegria foi tal que peguei o recibo, assinei imediatamente, com receio de que ele se arrependesse. Pronto. Vendi o samba. Esse ele gravou sem me conhecer".

Era quando se formava a ponte entre o grande sambista e o grande cantor. Era a primeira de uma monumental série de mais de três dezenas de gravações, com Francisco Alves como intérprete, Ismael Silva como autor.

Era o primeiro ato de um contrato malandro, disfarçado de parceria, onde o cantor centralizava os recebimentos, concedia vales, acertava o saldo, com os devidos descontos, uma vez por mês, em mesas de botequim.

Mas, afinal de contas, quem era esse Ismael Silva?

22

Era uma voz de menino aquela que ecoava na escola: "Quero estudar!". Um desejo incomum em criança de 7 ou 8 anos. Uma vontade persistente naquele garoto "magrinho", de "perninhas finas" e "calças curtas", com "aspecto assim de necessitado", como o próprio Ismael Silva se descreveria para o Museu da Imagem e do Som.

Um pedido que dona Emília, sua mãe, ouvia com o habitual carinho das mães: "Quando é que a senhora me leva pro colégio?". Como também com a tradicional desculpa: "Amanhã, eu levo...".

Isso até o menino adentrar os portões da escola primária, na rua do Bispo, 176, no Rio Comprido, a fim de proclamar, logo na primeira sala, alto e claro, aquele desejo: "Quero estudar, quero aprender a ler!".

Ismael da Silva tinha nascido em 14 de setembro de 1905, no bairro de Jurujuba, vizinho ao morro do Pico, na enseada de São Francisco, em Niterói.

Era irmão de Orestina e Palmyra, filhas de Benjamin Baptista Cruz, e de Manoel, filho, como ele, de Benjamin da Silva. Havia ainda João, o mais velho, desaparecido cedo. Seriam assim, com base em registros de batismo e de morte, dois Benjamins, um Cruz, outro Silva, uma única mãe Emília, a Corrêa Chaves.

Uma família simples, de humilde renda, mas apurada educação. De pais que ensinavam aos pequenos aquela maneira respeitosa de se dirigir aos mais velhos. Um nascimento no bairro do Hospital Paula Candido, onde Benjamin, o Silva, ganhava a vida como cozinheiro.

Tratava-se do antigo Hospital Marítimo de Santa Isabel, erguido sobre sólida rocha, ao sopé do morro do Preventório, defronte de densa mata, com acesso direto às águas da baía. Um estabelecimento rebatizado, em 22 de dezembro de 1898, em homenagem ao médico Francisco de Paula Candido, pioneiro da saúde pública.

Em 2 de janeiro de 1900, um ano depois do rebatismo, *O Fluminense* enviava o repórter J. A. Silva a Jurujuba, com o "intuito de bem orientar nossos leitores sobre o Hospital Paula Candido".

Uma visita que trazia notícias sobre o local de trabalho do pai de Ismael Silva.

Um hospital com pavilhão central, abraçado por três outros em "u". No principal, de dois andares, as salas do escrivão, do intérprete e do porteiro, o almoxarifado, o depósito de alimentos, os dormitórios e a farmácia. Nos demais, as enfermarias feminina e masculina, o laboratório bacteriológico, os lavatórios, a sala de operações e o setor de isolamento.

Embora visitasse a cozinha e o refeitório, onde lhe era servido um "lauto almoço", o repórter, ao discriminar os funcionários do Paula Candido, esquecia de mencionar o autor daquela refeição. Após os nomes do diretor, do vice-diretor, do farmacêutico, do almoxarife, do escrivão, do agente de compras e do porteiro, vinham apenas as quantidades: "1 enfermeiro, 9 serventes e 1 cozinheiro".

Quando o filho caçula daquele cozinheiro se preparava para completar 3 anos, a idade com que perdia o pai, a cidade do Rio de Janeiro vivia, no outro lado da baía, um recrudescimento da epidemia de varíola. Muito pela resistência dos cariocas à vacinação, como explicava o diretor da Higiene Pública, Oswaldo Cruz, à *Gazeta de Notícias*, de 23 de maio de 1908: "As classes incultas acreditam que a moléstia quem dá é Deus, e que, por consequência, só Deus a pode tirar. Eu tenho médicos que são de uma dedicação, de um desvelo extraordinário, que percorrem as estalagens, os cortiços, as fábricas, fazendo o possível por convencer. A mulher tem sempre uma dor de dentes, o marido não está, os filhos estão doentinhos, e afinal ninguém se vacina".

A morte de Benjamin da Silva acontecia por aquela época, sem as notas de costume, sem aviso de enterro, sem convite para a missa de 7º dia. Semelhante à de Benjamin da Silva, de 34 anos, em hospital de isolamento, vítima de tuberculose, sepultado como "indigente", em 11 de novembro de 1910, como constaria no obituário de *O Fluminense*, dois dias depois.

Se aquele era seu pai, Ismael já teria, então, completado 5. Se não era, tinha o mesmo nome e a mesma faixa de idade, além de um perfil social semelhante. Porque seria o desamparo que levaria Emilia, a viúva, em data próxima àquela, a espalhar os filhos por casas de parentes, manter perto de si apenas o caçula, mudar para o Rio de Janeiro.

Emília e Ismael moravam, de início, na São Diniz, primeira transversal da rua de São Carlos, o principal acesso ao morro. Não muito depois, se transferiam, primeiro para o Catumbi, depois para o Rio Comprido. Onde, ao caminhar pela do Bispo, com Ismael sempre perto de seus cuidados, rumo ao trabalho em casas cujos patrões nem sempre faziam gosto pela presença do menino, Emilia ouvia aquela pergunta insistente: "Quando é que a senhora me leva pro colégio?".

Uma fome de letras que impressionava a professora, cujo sobrenome seria recordado pelo aluno em seu primeiro depoimento ao Museu da Imagem e do Som: "Dona Cahet". Uma mestra cujo prenome seria revelado pelo historiador José Ramos Tinhorão, em *Breve história de um grande compositor chamado Ismael Silva*: Celuta.

Celuta Figueira Pegado, Cahet após o casamento, filha do professor Julio Cesar Pegado e de Honoria Figueira, tinha vindo ao mundo em Mendes, Estado do Rio, por volta de 1880. Por certo depois de 6 de abril de 1878, quando os irmãos Paul e Prosper Henry batizavam um asteroide em homenagem à personagem do romance *Atala*, de François-René de Chateaubriand: Celuta.

Um nome que Castro Alves cantava, em 1865, no poema *Caprichos*: "Cantos/E prantos/ Que suspira/ A lira,/ A alfombra,/ À sombra/ Encontrarei pra ti.// Celuta,/ Escuta/ De meu seio/ O enleio.../ Vem, linda,/ Ainda/ Há solidões aqui".

Xará de asteroide e de musa de poeta, Celuta aparecia, em *O Vassourense*, de 28 de junho, e no Diário do Brasil, de 1º de julho de 1885, como uma "inteligente menininha" que recitava Gonçalves Dias em festa para o major João Corrêa Britto.

Onze anos depois, em 14 de maio de 1896, seu pai entrava com o pedido para que a filha fosse aceita na Escola Normal de Barra Mansa. Em 23 daquele mesmo mês, data do exame de admissão, tinha início a carreira da professora de Ismael Silva.

Em 1912, Celuta Figueira Pegado dava aulas, ainda solteira, na 5ª escola masculina do 12º distrito, na rua Vital, 68, perto da estação de Dr. Frontin, no Rio de Janeiro. Uma estação e um bairro rebatizados em homenagem a Quintino Bocaiúva, líder republicano.

Em 1913, casada desde 8 de fevereiro com Raul de Moraes Cahet, era transferida para a 4ª escola masculina do 5º distrito, na rua do Bispo, 176. Um estabelecimento de ensino criado naquele ano.

Uma escola que, no ano seguinte, deixava o 5º e passava ao 6º distrito, agora como 3ª masculina, ainda sob a batuta de Celuta Pegado Cahet. Uma simples mudança administrativa, visto que a rua pertencia a ambos os distritos escolares.

Como dona Celuta se aposentaria cinco anos depois de começar a lecionar no Rio Comprido, teria sido professora de Ismael Silva entre 1913 e 1918.

Instituída pelo Decreto 838, de 20 de outubro de 1911, a reforma do ensino separava a instrução pública municipal em ensino primário de letras e ensino primário técnico-profissional. Dividido em escolas primárias, modelos e noturnas, em masculinas, femininas e mistas, o ensino de letras ministrava sólidos conhecimentos: leitura, escrita, caligrafia e gramática, aritmética, sistemas de pesos e medidas, noções de geometria e de cosmografia, elementos de geografia e história, principalmente a do Brasil, noções de ciências físicas e de história natural, cantos patrióticos e sociais, direitos do homem e da mulher, desenho à mão, ginástica, noções de higiene individual e trabalhos manuais.

Um programa pormenorizado, em 31 de março de 1912, em *O Paiz*, pelos inspetores escolares Virgilio Varzea e Esther Pedreira de Mello, com a colaboração da professora catedrática Maria José Xaltron.

Eram verdadeiras portas da civilização aquelas que dona Celuta abria para Ismael. Conhecimentos que ele saberia aproveitar, em especial os relativos ao português. Um idioma que cultivaria com um jeito de falar castiço, único entre os malandros-sambistas.

Um estudo que acontecia ao longo de três classes: a elementar, a média e a complementar. Onde a abertura da classe elementar em duas subclasses fazia o curso se estender por quatro anos, embora Ismael Silva se recordasse de um primário de cinco.

Celuta Pegado Cahet era, ao assumir a 4ª escola masculina do 5º distrito, na rua do Bispo, uma professora sensibilizada por duas perdas recentes: a de Adhemar, seu irmão, em julho de 1910, e a de Honoria, sua mãe, em janeiro de 1912.

Internado, desde 1905, no Hospital Nacional de Alienados, Adhemar tinha suas saídas autorizadas por Celuta, a quem se queixava, cheio de espanto, do tratamento à base de choques elétricos. Em sua última licença, seria encontrado morto, decapitado, ao pé de uma mangueira, no fundo de uma chácara da Conde de Bonfim. E a morte de dona Honoria, um ano e meio depois, vinha na esteira da morte do filho.

O destino entregava, desse modo, aos cuidados de uma professora especial aquele aluno "magrinho", de "perninhas finas" e "calças curtas", igualmente especial.

Todo dia, de volta da escola, ele dispensava as brincadeiras, "abria os livros pra estudar a lição, a matéria do dia seguinte". Concentrado apenas nos estudos, permaneceria para sempre inábil na bola de gude, no papagaio e no pião. Era o preço do conhecimento.

"Minha fome era tanta, assim de saber e aprender alguma coisa, que a cartilha que eu recebi, a cartilha (A, B, C, D...), as primeiras letras, devorei-a antes do tempo". Uma memória que, confiada ao MIS, carregava um exemplo do português correto de Ismael Silva: "Devorei-a antes do tempo".

Quando dona Emilia se mudava para a rua do Oriente, na encosta de Santa Teresa, nas vizinhanças do Catumbi, o filho seguia na mesma escola: "Eu saía de Santa Teresa para o Rio Comprido, todos os dias, a pé"; "chovesse ou não chovesse, eu não perdia um dia de colégio". Se descia pela Padre Miguelinho, depois tomava a Itapiru, seriam cerca de três quilômetros de caminhada.

Na instituição, ganharia um status diferenciado: "Porque eu era caprichoso mesmo"; "as maiores notas", "os melhores prêmios eram meus". "Passei a ter uma classezinha, um grupozinho que eu ensinava, chamava ao quadro negro do colégio pra ensinar tabuada". "Qualquer autoridade que visitava o colégio, o aluno que era apresentado era eu". "Um aluno exemplo do colégio, ouviu?".

De tão querido, a professora passaria a dividir com ele o almoço: "Todos os dias ia a empregada lá, levava; porque ela morava perto, no mesmo bairro". Em 1913, dona Celuta, mãe, desde 27 de outubro, da menina Maria José, residia, de fato, na Barão do Sertório, 18, uma paralela à do Bispo. "Gentileza dela, não é?".

As primeiras ruas cariocas de Ismael Silva seriam reveladas pela seção Música Popular, de Ary Vasconcellos, em *O Jornal*, de 15 de janeiro e 18 de março de 1959: São Diniz, em São Carlos; do Bispo, no Rio Comprido; do Oriente, em Santa Teresa; Padre Miguelinho, Coqueiros e Itapiru, no Catumbi. E seria no largo do Catumbi, onde aquelas três ruas desembocavam, que a vida de Ismael ganharia outro rumo.

De acordo com a *Breve história...*, de José Ramos Tinhorão, dona Emilia, de novo com os meninos em casa, entregava a Ismael a missão de acompanhar as irmãs aos "bailes da vizinhança". Um amor de mãe que colocava o caçula ao alcance das melhores tentações da cidade. Em especial, aquelas da sociedade dançante Quem Fala de Nós Tem Paixão

Fundada em fevereiro de 1916, na Aristides Lobo, 256, no Rio Comprido, a sociedade já se achava, em janeiro de 1917, em sua sede definitiva, na rua do Estácio, 47.

Uma sociedade de "rapaziada batuta que não morre de careta", segundo *O Imparcial*, de 6 de janeiro de 1918. Uma valentia que o currículo do presidente, Porphirio Lessa, praça e músico da Brigada Policial, não desmentia. Um rancho cuja música seria a primeira tentação do adolescente Ismael Silva.

O Quem Fala tinha no comando duas figuras que deixariam nome na história: Getulio Marinho da Silva, o Lord Sonolento, mestre-sala; e Cantildo Araujo Prazeres, o Lord Crista, diretor de canto. Assim como contava com Adherbal de Assis, o Lord Sabe Tudo, compositor de marchas que, elogiadas como primorosas, seriam esquecidas no futuro.

Em seu primeiro carnaval, o Quem Fala visitava, em 7 de março de 1916, a redação de *O Imparcial*, com todos caracterizados de "marinheiro", a porta-bandeira de "república". Um figurino afinado com o enredo: *Marinha e Terra*. O que levava o redator a zombar de Olavo Bilac, que teria conquistado, com seu "canto de sereia", até os "adeptos de Momo". Enquanto caçoava do patrono do serviço militar, celebrava a "linda marcha" do rancho.

Um rancho de quatro dezenas de foliões, em sua maioria afrodescendentes, com um coro de naipes feminino de pastoras e masculino de tenores, barítonos e baixos, com uma orquestra de flautas, clarinetes, cavaquinhos e violões que, integrada por "verdadeiros batutas", sabia como bolir com os "nervos do mais sisudo burguês", garantia a *Gazeta de Notícias*, de 2 de janeiro de 1917.

No dia seguinte, o jornal estampava a letra de *Saudade, marcha número 2*, de Adherbal de Assis: "Nas lágrimas de uma saudade/ Flutuando está a minha inspiração/ Nos suspiros de terna amizade/ Eu trago o escrínio tão cálido/ De uma ingratidão". Mais adiante: "A música/ Gosto dessa calma/ Que inspirando vem os trovadores/ A emoção está na alma/ Com vislumbre suave/ De eternos candores".

No 22, o *Jornal do Brasil* trazia os versos de *Rosa sentida*, outra marcha de Adherbal, cantada na avenida, defronte à sua sede, classificada como um "verdadeiro encanto": "Tristonhamente a lacrimar/ Serenamente a esperar/ Por um amor que sorrindo a sonhar/ Parece não mais voltar// Meditativa na solidão/ Entristecida numa dor/ Mas com a meiguice de meu coração/ Talvez volte este amor".

Gênero do folclore de Portugal, a marcha animava, no Brasil, jogos infantis, brincadeiras de roda e ranchos de reis. Passava ao repertório carnavalesco quando aqueles ranchos se deslocavam do ciclo natalino em direção às nada santas orgias de fevereiro.

Era assim que, em 1899, a maestrina Chiquinha Gonzaga, convidada a participar do brinquedo, compunha, para o rancho Rosa de Ouro, a famosa *Ó abre alas*. Uma marcha de pulsação rítmica próxima à militar, de acordo com a partitura, disponibilizada por Edinha Diniz, biógrafa da compositora: "colcheia, semicolcheia, semicolcheia; colcheia, colcheia; colcheia, colcheia; colcheia, colcheia". A mesma divisão de alguns compassos de *La Marseillaise*, segundo partitura da Gallica, a biblioteca digital francesa.

Pulsação rítmica da marcha *Ó abre alas*, de Chiquinha Gonzaga

A bicharada, gravada por Manuel Pedro dos Santos, o Bahiano, para a Odeon, na primeira década do século XX, trazia a autêntica pulsação das marchas populares brasileiras. Uma rítmica nascida justo pela interferência do lundu: "colcheia pontuada, semicolcheia; colcheia, colcheia; colcheia, colcheia; semínima".

Pulsação rítmica da marchinha *A bicharada*, cantada por Bahiano

A mesma pulsação usada pelo rancho Flor do Abacate em suas cinco gravações de marcha: *Amenidade*, *Ao cair da tarde*, *Gentil pastora*, *Saudade* e *Vitória*, todas de autoria de Otavio D. Moreno. A primeira para o selo Faulhaber, as demais para o Phoenix. Registros da década de 1910, preservados por Humberto Franceschi e José Ramos Tinhorão em suas coleções.

O rancho Ameno Resedá se valia de rítmica diferente daquela do Flor do Abacate, seu grande rival. Enquanto *Carnaval de 1906* trazia a mesma pulsação de *Ó abre alas*, *Odalisca* apresentava uma variante: "colcheia, semicolcheia, semicolcheia; colcheia, colcheia; semínima; semínima". Já *Saudação à águia* fazia uso da tercina: "semínima; tercina; semínima; semínima". As duas primeiras de caráter entre o militar e o popular, a terceira austera como uma ordem unida. Três gravações do início do século XX, uma para a Brazil, as outras para a Odeon. Três composições de Antenor de Oliveira. Mais uma vez, discos dos acervos de José Ramos Tinhorão e Humberto Franceschi.

Uma coisa unia todas as marchas-rancho: as fascinantes melodias de canto e contracanto, entoadas por coros de pastoras, tenores, barítonos e baixos, numa mistura de registros populares e líricos, acompanhados por orquestras de sopros, cordas dedilhadas e percussões leves, de formação entre a da banda e a do choro. Tanto os coros quanto as orquestras, plenos de afrodescendentes. Porque os ranchos tinham o rosto da cidade do Rio de Janeiro.

Entre 1917 e 1920, no 47 da rua do Estácio, a Quem Fala de Nós Tem Paixão, rancho carnavalesco e sociedade dançante, promovia arrasta-pés, fazia ensaios, dava mesmo muito o que falar. E justo aquilo que falavam, levava o coração de dona Emilia a escalar Ismael para acompanhar Orestina e Palmyra.

Uma companhia que soava providencial em baile "majestático", "epopético e altruístico", em *soirée* "soberba e invejável", com "sacudidática e repinicante evolução corpórea", em presença de "suculentíssima canjica com todos os requisitos da terra do Senhor do Bonfim". "No mais, vinde convivas/ E nossas damas do coração!/ Pois a alegria é sempre imperativa/ No Quem Fala de Nós Tem Paixão".

Era assim que, ao cuidar das irmãs, Ismael Silva se enfeitiçava pela música da sociedade. Durante as danças, a do piano de José Carvalho de Bulhões, o J. Bulhões, e a da orquestra do maestro Armando Ramos. Nos ensaios, a de marchas como a *Rosa sentida*, de Adherbal de Assis. Nos intervalos, a da mazurca *Dominante*, em solo de clarinete do autor, Ascendino Machado.

Na Quem Fala de Nós Tem Paixão, o adolescente Ismael se soltava. A direção teria pensado, segundo o *Breve ensaio...*, de Tinhorão, em entregar a ele o "posto de mestre-sala". O que não seria possível por uma "circunstância constrangedora": "Ismael vivia tendo que enfaixar as pernas por causa do aparecimento de umas feridinhas que não secavam". Ao fazer "curativos no laboratório da Federação Espírita Brasileira", descobria "ser portador de sífilis". Era o preço da iniciação ao prazer.

Em 1920, Ismael morava, com a mãe, dona Emilia, e os irmãos, Orestina, Palmyra e Manoel, na Itapiru. Uma das vias do largo do Catumbi, onde desembocavam as do Chichorro, dos Coqueiros, Padre Miguelinho e Eleone de Almeida, além daquela que levava o nome do bairro.

O Catumbi das "serenatas com violões chorosos e cavaquinhos metálicos, flautas sonoras e bandoneons roncadores", segundo o cronista Paulo Varzea. Serenatas que traziam às janelas, na "alta matina", "jovens de camisola", como recordaria o próprio Ismael Silva, no *Correio da Manhã*, de 13 de dezembro de 1967.

O Catumbi em cujo largo dava as cartas, na esquina de Padre Miguelinho, até 1912, o malandro Alfredo Francisco Soares, o Camisa Preta. No mesmo botequim onde agiam Aristeu, Capão, Cara Cortada, Criatura, Galo, Jacaré, Melado, Mello, Paulino Jumento, Pavão e Zuzu.

O Catumbi, liceu de malandragem, educandário de rasteiras ligeiras e de trapaças certeiras, onde tiraria diploma de malandro-sambista Ismael Silva. Porque seria a roda do largo, o centro nervoso da zona do agrião, que entortaria, em definitivo, o destino daquele aluno exemplar de dona Celuta Figueira Pegado Cahet.

23

Ao atravessar o largo do Catumbi, em missão caseira de pequena compra, Ismael Silva se deixava seduzir pela música: "Bastava encontrar alguém tocando violão, na porta de um armazém ou de um bar, para que eu esquecesse o resto do mundo", confidenciaria ao sociólogo Muniz Sodré. Seu primeiro instrumento, no entanto, não seria o violão: "Comecei a ficar necessário como tamborim"; "não havia roda de samba sem mim", revelaria ao escritor Pedro Bloch.

Em depoimentos a Ary Vasconcellos e ao Museu da Imagem e do Som, Ismael recordaria os sambistas da roda do largo: Armando, Avelino, Baiano, Nonô e Norberto. Apenas isso, três nomes próprios e dois apelidos.

Em setembro de 1918, a polícia do 9º Distrito, informada sobre "indivíduos desclassificados" que cultivavam o samba na Navarro, 43, invadia a cena para prender, entre outros, João Avelino da Silva. Um primeiro candidato a ser o Avelino da roda. O segundo era Avelino de Castro, secretário do bloco Baianinhas Invejadas, de sede na José de Alencar, 16. Dois Avelinos que preenchiam os requisitos: eram do samba e do Catumbi.

O Baiano da roda seria, de acordo com Ary Vasconcellos, Manoel da Silva, irmão de Ismael. O autor de *Tristezas não pagam dívidas*, gravado por Silvio Caldas e Francisco Alves. Uma autoria estabelecida pelo Odeon 10.922, pertencente à coleção de Gilberto Inácio Gonçalves, assim como pela editora Irmãos Vitale e pelo jornal *A Batalha*, de 31 de julho de 1932. Um samba atribuído, mais adiante, a Ismael Silva.

Tristezas não pagam dívidas, de Manoel da Silva, o Baiano, era um autêntico samba de malandro, tirado na regra da arte. Trazia um estribilho de melodia pungente, à altura das melhores de Ismael Silva, no qual soava o seguinte verso: "Deve-se dar o desprezo a toda mulher que não sabe amar". Uma tirada com pinta de cáften. Uma fama que pesava sobre Ismael, mas que podia pesar também sobre Manoel.

Samba batucado do Estácio de Sá, de Carlos Didier

Um samba de saborosa segunda, onde o coro comentava cada verso com uma das vogais, todas carregadas de ironia: "Um homem deve saber/ A.../ Conhecer o seu valor/ É.../ Não fazer como o Inácio/ I.../ Que andou muito tempo/ Ó.../ Bancando o Estácio/ U...". Onde a expressão "bancar o Estácio" significava "fazer papel de otário". Um humor estranho na boca de um sambista do bairro.

O Nonô da roda do largo talvez fosse Nonô Cabeça, "farrista" e "grande folião", citado por Bucy Moreira em depoimento a Francisco Duarte. Saía nos Caçadores de Veado, da Riachuelo, 383, quase esquina com a do Senado, nas imediações da zona do agrião. Um bloco formado por travestis. Apenas metade, assegurava Bucy.

Se sobre Avelino, Baiano e Nonô pairavam interrogações, sobre Armando e Norberto as dúvidas pareciam não existir. Eram, muito provavelmente, os irmãos Vieira Marçal. Dois sambistas cujos nomes próprios Ismael Silva pronunciava com respeito, vibrando o *r* na ponta da língua: Norberto, Armando. O que imprimia altivez à sua fala. O que era parte de seu requinte.

Norberto Vieira Marçal, o Manga, era um "moreno, valente e robusto", segundo a descrição de *A Noite*, de 19 de setembro de 1930. Pela fotografia, um tipo parrudo, de pescoço grosso, difícil de encarar na mão. Em termos profissionais, tinha um pé no trabalho e outro na malandragem.

Em 15 de maio de 1916, apesar de se defender como vendedor de jornais, recebia uma dura no 9º Distrito, o do Catumbi, Estácio e Mangue: revistado, era recolhido ao xadrez. Solto, procurava *A Noite*, a fim de reclamar do desaparecimento de parte dos "trinta e poucos mil réis" de sua féria. O jornal, solidário com o parceiro de vendas, dava a nota, sem esclarecer, contudo, a razão da detenção.

Em 30 de abril de 1918, era a polícia do 4º Distrito, segundo *O Imparcial*, que surpreendia Norberto Marçal, na José Maurício, futura República do Líbano, 65, quando ele bancava o monte. Um jogo de cartas da predileção da malandragem.

No monte, o banqueiro abria algumas cartas na mesa. Os fregueses apostavam nessa ou naquela. A banca reincorporava as cartas ao baralho, misturava e passava a abrir uma a uma. Vencia o jogo aquele que tivesse apostado na primeira a emergir. Um jogo de azar em que o azar do jogo nunca estava com o banqueiro. Um jogo de malandro que fazia parte do currículo de Norberto Vieira Marçal, o Manga.

Em 1919, Norberto deixava seu nome no 1º Distrito, quando os soldados Francisco Pinheiro de Medeiros e Lauro Pinto de Figueiredo, números 516 e 339 do Regimento de Cavalaria, enviados para restabelecer a ordem na rua do Carmo, eram recebidos com "ditos de troça" por uma "malta de vagabundos", segundo o *Jornal do Brasil*, de 1º de abril. Ao entrar nas oficinas de *A Noite*, onde se refugiavam os arruaceiros, o 339 era derrubado por uma cocada de Norberto. Um golpe de capoeiragem. Uma prova de que ele tinha mesmo a quem puxar.

Em 8 de junho de 1872, 47 anos antes de o soldado Figueiredo beijar o chão com a cabeçada de Manga, Vicente Pedro Marçal e Adolpho da Silva eram conduzidos à presença do major comandante da 1ª Estação por façanhas semelhantes. Segundo a nota *Ilustres capoeiras*, do *Diário do Rio de Janeiro*, aquelas duas "aves de asas negras" haviam esvoaçado, às 7 horas da noite, pela Gonçalves Dias. Ao dar cor às asas, o jornal confirmava a afrodescendência das pernas.

Em 9 de janeiro de 1877, a junta municipal de votantes da corte divulgava os dados de Vicente Pedro Marçal: 25 anos, solteiro, pedreiro, filho de Maria da Conceição, morador da Senhor dos Passos, 169. Possuía renda de um conto de réis, sabia ler, estava apto a ser votante.

O nome de seu pai apareceria, muitos anos depois, pelos lábios do próprio Vicente, quando do registro do filho Armando: Pedro de Oliveira Costa. Por onde se sabia que o nome Marçal entrara na família em homenagem a São Marçal, celebrado em 30 de junho, um dia depois de São Pedro: Vicente Pedro Marçal.

A família Vieira Marçal se constituía em 1884, pelo casamento de Vicente e Carolina Maria Vieira de Jesus, cujos proclamas corriam, segundo *O Apóstolo*, em 23 de julho. De acordo com o registro de nascimento de Armando, Carolina tinha como pais Jacob Luiz e Josephina Maria Vieira de Jesus.

Vicente era ainda filho de criação de Maria Oliveira Costa, uma generosa africana que, sem ter filhos biológicos, ao morrer, em 19 de abril de 1886, deixava os bens para o marido, Pedro de Oliveira Costa, com "restrição da terça de sua meação", destinada a Vicente Pedro Marçal e Pedro Marçal de Souza, "criados em sua companhia desde tenra idade".

Samba batucado do Estácio de Sá, de Carlos Didier

Maria deixava dois bens: "Um prédio térreo, com algumas casinhas construídas no interior, à rua do Visconde de Sapucaí n. 136", no Catumbi; "um terreno com pequena casa no interior, à rua de Santos Rodrigues n. 5", perto da esquina de Maia Lacerda, no Estácio de Sá. Dois bens em bairros do samba.

Quatro anos depois, em 22 de janeiro de 1890, o convite para a missa de 7º dia de Pedro de Oliveira Costa, na igreja de Sant'Anna, publicado pela *Gazeta de Notícias*, era assinado por Vicente Pedro Marçal e Pedro Marçal de Souza, como também por netos. Como Pedro Marçal morreria no mês seguinte, aos 32 anos, solteiro, aqueles netos deviam ser filhos de Vicente e Carolina.

Entre os filhos de Carolina e Vicente, havia uma Virgolina, de 1887 ou 1888. Um Avelino, de 8 de julho de 1890, desaparecido aos 12 anos, de forma dolorosa, em acidente de trabalho na Marcenaria Brasileira de São Cristóvão. Um primeiro Armando, de 22 de setembro de 1891, morto aos cinco meses, quando a família morava na Dona Bibiana, 50, na Fábrica das Chitas. Uma Laudelina, de 25 de março de 1893. Um Raul, de 9 de dezembro de 1895. Um Norberto, de 7 de junho de 1898. E um segundo Armando, de 23 de novembro de 1901. Os dois Vieira Marçal mais jovens seriam os da roda do largo do Catumbi.

Vicente Pedro morria em 6 de março de 1905, aos 55 anos, de "ectasia aórtica", na Visconde de Itamarati, 32, no Engenho Velho, dois anos depois da tragédia do filho Avelino, com provável conexão entre as duas mortes. O desaparecimento de Carolina aconteceria em 6 de agosto de 1916, já na Vista Alegre, 24, no Catumbi. O novo bairro dos Vieira Marçal.

No sábado, 8 de novembro de 1919, às vésperas dos 18 anos, Armando entrava no botequim da rua da Saúde, 109. Onde, segundo *A Rua*, após pedir "uma bebida qualquer", teria, "não satisfeito", passado a se comportar de "maneira inconveniente", insultando e agredindo o balconista Domingos Gonçalves Ribeiro. As navalhadas que recebia no rosto e no pescoço seriam fruto daqueles insultos e agressões. De acordo com o *Jornal do Commercio*, os ferimentos apresentavam gravidade. Enquanto a vítima era atendida na Assistência Municipal, depois na Santa Casa de Misericórdia, o navalhista era autuado no 2º Distrito.

Para *O Paiz*, Armando tinha 21 anos, para o *Jornal do Commercio* e a *Gazeta de Notícias*, 24. O perfil mais preciso seria, no entanto, o de *O Jornal*: 18, solteiro, brasileiro, operário, residente à rua do Chichorro, 21. Uma origem confirmada por seu filho, Nilton Marçal, em depoimento a Fernando Faro: "Meu pai veio do Catumbi. Meu pai nasceu na rua Chichorro".

Armando, pai de Nilton, tinha vindo ao mundo em casa de Vicente e Carolina, na Dona Bibiana, 50, na Fábrica das Chitas. Na do Chichorro, no Catumbi, nasceria, de fato, o malandro-sambista Armando Vieira Marçal, exímio percussionista, um dos mais inspirados melodistas do gênero.

Uma habilidade que podia ser admirada em samba de 1933, criado para a escola Recreio de Ramos: "Você partiu/ Saudades me deixou/ Eu chorei...". Um refrão que se transformaria, com segundas de Alcebiades Barcellos, num clássico: *Agora é cinza*. Todas as criações anteriores de Armando Marçal, contudo, desapareceriam.

Sobre a qualidade dos sambas do largo do Catumbi restaria a apreciação de Ismael Silva, em depoimento ao Museu da Imagem e do Som: "Era samba mesmo, muito bom. Agora, com mudança de estilo, não é? Pela época, por causa da época. Estilo muito diferente do de hoje". "Samba mesmo, muito bom, daquele tempo".

Naquele largo, naquele tempo, nascia a primeira contribuição de Ismael Silva ao gênero, cujos versos, revelados em depoimento ao MIS, seriam publicados no *Jornal do Brasil*, de 30 de setembro de 1966: "Já desisti do trabalho/ Já desisti da mulher/ Só não desisti do baralho". Um samba de malandro.

Do ponto de vista dos estudos, após completar o primário na escola da rua do Bispo, no Rio Comprido, Ismael cursava o ginásio, apenas até o terceiro ano, no Liceu de Artes e Ofícios, na Rio Branco. Quando passava a defender "uma mixaria qualquer", como *office boy*, no escritório dos advogados Carlos Baptista de Castro Junior e Octavio Souza Leão, na rua da Quitanda, 95.

Empregado da Central do Brasil, abandonava o batente por não aguentar o tranco: "Não fiquei muito tempo porque não pude com o serviço, era muito pesado"; "negócio de fazer faxina"; "eu era muito magrinho, muito fraquinho"; "não cheguei a ficar dois anos".

Sua viração seguinte era "vendendo remédios", mas já "fazendo samba à noite", como contaria para o Museu da Imagem e do Som.

Samba batucado do Estácio de Sá, de Carlos Didier

Porque a carreira de malandro, confessada no *Já desisti*, ganhava cada vez mais espaço em sua agenda.

Ismael Silva se identificava com o modelo fronteiriço de Norberto Vieira Marçal: um pé no trabalho, outro na malandragem. Ambos chegados às tarefas leves, ambos do samba, ambos do jogo. Se Norberto enganava os otários no monte, Ismael fazia o mesmo na chapinha: três tampinhas de cerveja, uma bolinha escondida em uma delas, essa ganha, essa perde, onde está a bolinha? Tanto no monte quanto na chapinha, a sorte corria nos dedos hábeis dos jogadores, debaixo dos olhos lerdos da clientela. Sem esquecer que havia uma diferença: Ismael era da conversa macia, não da capoeiragem. Não sem motivo, pronunciava com respeito, o *r* na ponta da língua, o nome daquele vagomestre: Norberto.

Entre 1923 e 1924, pronto para enfrentar a vida e levar vantagem, a meta suprema dos malandros, deixava para trás o Catumbi. Novo endereço: rua do Estácio de Sá, 29, a casa de cômodos na esquina de Maia Lacerda. Como confidenciaria ao historiador Sérgio Cabral: "Eu morava com Manezinho, que não era de projeção em matéria de samba". Onde Manezinho seria, provavelmente, o irmão Manoel, o Baiano.

No Estácio, Rubens Barcellos era, naquele momento, o nome mais forte. Uma condição que o próprio Ismael admitiria ao Museu da Imagem e do Som: "Era o principal. Então fiquei com ele. Ficamos os dois ali. Quando ele apresentava um samba, eu apresentava outro".

Alcebiades Barcellos, ao ser indagado pelo MIS sobre o sambista mais antigo do bairro, responderia sem pestanejar: "Tinha o Edgard". Sem pôr em dúvida a principalidade de Rubens, seria preciso considerar a antiguidade de Edgard Marcellino dos Passos.

Até 7 anos e 7 meses, Edgard permanecera sem registro. Somente em 18 de janeiro de 1907, o médico Henrique Luiz da Silva, da Coronel Figueira de Mello, 55, em São Cristóvão, entrava no cartório da 10ª Pretoria para declarar que, às 3 horas da manhã, de 5 de junho de 1899, sua criada, Delphina Maria da Conceição, mineira de 31 anos, tinha dado à luz um menino de cor parda, na Emerenciana, 14, nas proximidades da Quinta da Boa Vista. Em seguida, informava os nomes dos avós maternos: Felippe Santiago e Maria Luiza. Sobre o pai, nenhuma palavra. Ao final, doutor Henrique deixava claro que efetuava o registro apenas pela multa imposta pelo juiz daquela pretoria. Um flagrante da elite às voltas com as incômodas obrigações republicanas.

Em 19 de maio de 1925, Edgard, às vésperas dos 26, seria atropelado por ônibus, na Haddock Lobo, com ferimentos no pé esquerdo e na perna direita. Quando residia, segundo *O Brasil*, *O Imparcial* e *O Paiz*, na Esteves, 55. Existia uma Esteves em Vila Isabel, outra em Bangu. Fosse qual fosse, havia muito ele era conhecido como Edgard do Estácio.

Um malandro fronteiriço que ganhava a vida, de acordo com o *Jornal do Brasil*, de 25 de dezembro de 1931, como ajudante de caminhão da Companhia Souza Cruz. Enquanto se defendia, segundo Antonio Moreira da Silva, com o baralho no monte e as mulheres no Mangue. Como compositor de sambas, seria confirmado por Alcebiades Barcellos: "O Edgard fazia, sim".

O sambista Manuel Ferreira, testemunha da cena boêmia, descreveria o malandro do baralho em ação: "Era carteador, vivia de pegar do baralho. Profissional mesmo, com duas vezes que pegava, marcava o baralho todo. Tinha um lá que marcava com charuto, uma marca de charuto preto, *Palhaço*, aquela goma preta". Um depoimento ao autor deste livro. Uma categoria profissional à qual pertencia o malandro Edgard Marcellino dos Passos.

Sua fama de preguiçoso era revelada por Carlos Cavalcanti, no *Correio da Manhã*, de 4 de janeiro de 1931: "Incrível dorminhoco, tão lerdo e tão retardatário que a ilustre companhia lá de cima do morro satirizou-o numa cena doméstica": "Edgard, meu amor!/ Quié, Quié/ Vai trabalhar/ Eu vou/ Eu vou/ Ainda dormes/ São seis horas/ O bonde do horário já passou, Edgard". Um samba do morro de São Carlos.

As vantagens que conseguia com as malandrinhas eram assunto de seus próprios sambas. Um deles, *Yayá do Bomfim*, contava a história da sedução de um gigolô por uma baiana do ramo. Ele dizia: "Uma Yayá do Bonfim/ Quis me levar pra Bahia"/ "Pagava as minhas passagens/ Me dava almoço/ E dinheiro todo dia". E ela: "Meu bem, tu ficas aqui/ Dou-te almoço/ Dou-te janta/ Dou-te quarto pra dormir". Porque Edgard podia ser preguiçoso, mas era requisitado.

A melodia de *Yayá do Bomfim*, no entanto, não possuía a pungência característica do Estácio. De acordo com a partitura da

Casa Vieira Machado, da coleção de Almirante, cedida pelo pesquisador Fernando Paiva, trazia a pulsação da Bahia, além de uma sacudida introdução à moda de Sinhô.

Estou vingado revelava uma mal sucedida tentativa de sedução, no momento em que o malandro ia à forra, após descobrir a pequena em transe num terreiro: "Estou vingado,/ Ó mulher,/ És muito séria,/ Mas te vi no candomblé,/ Enganando a todo mundo,/ Afiada no falar./ Se não me meti no meio,/ Foi pra não te estragar". Se ela tivesse deixado de ser "séria", os passos seguintes seriam a perda da reputação, o ingresso na vida. Era o roteiro tradicional.

Do ponto de vista melódico, *Estou vingado* estava mais para canção seresteira do que para samba batucado. Um samba, talvez, para as serenatas da Júlio do Carmo, onde, segundo Gastão de Oliveira, "cantavam-se os sambas do falecido Edgard". Mais um com a pulsação rítmica da Bahia. Mais uma partitura da coleção Almirante, cedida por Fernando Paiva.

Uma musa malandrinha havia inspirado o mais famoso samba de Edgard Marcellino dos Passos: "Quem eu deixar não quero mais/ Não dou meu braço a torcer/ Guarda tua beleza, meu bem/ Pra quem não conhecer você". Um estribilho sem vestígio da perversidade do cáften. Na melhor sabedoria, o castigo era apenas este: a ausência do malandro.

Na segunda, porém, de versos fisgados na capoeira baiana, o perverso dava as caras: "Tens um dente de ouro,/ Fui eu que mandei botar./ Vou te rogar nela uma praga/ Pra esse dente se quebrar".

Enquanto *Estou vingado* e *Yayá do Bomfim* estavam entre o samba da Bahia e o samba do Estácio, *Quem eu deixar não quero mais*, de melodia pungente, com várias síncopas por antecipação, dentro da pulsação rítmica característica dos malandros, era um autêntico samba batucado.

Como era um samba batucado autêntico o *Me faz carinhos*, de Ismael Silva. Aquele para o qual Alcebiades Barcellos fizera a ponte para Francisco Alves. O primeiro do grande compositor interpretado pelo grande cantor.

Ismael Silva informaria a Ary Vasconcellos, em *O Jornal*, de 15 de janeiro de 1959, que *Me faz carinhos* teria sido "primitivamente gravado pelo pianista Orlando Cebolinha na Casa Edison". Uma informação confirmada, posteriormente, em depoimento a Muniz

Sodré. Um disco não localizado pela Discografia Brasileira de 78 rpm, de Alcino Santos, Grácio Barbalho, Jairo Severiano e Miguel Ângelo de Azevedo. Um pianista cujo nome completo Orestes Barbosa registrara em *Samba*: "Orlando Thomaz Coelho, o Cebola".

Em 7 de janeiro de 1927, um ano antes de Francisco Alves gravar *Me faz carinhos*, começavam as encrencas de Ismael Silva com a lei. Justo na zona do Mangue, na esquina de Pereira Franco e Visconde de Itaúna, onde o malandro-sambista sofria, pelo investigador Heitor Silva, o primeiro flagrante de "contravenção de vadiagem".

Conduzido ao Gabinete do Chefe de Polícia, era processado pelo delegado Carlos Romero, com base no artigo 399 do *Código penal*, associado aos 52 e 53 do Decreto 6.994, de 1908. Sua folha de antecedentes trazia, até então, apenas uma anotação: o comparecimento ao Gabinete de Identificação, para "fins civis", em 7 de junho de 1923, às vésperas de completar 18 anos.

Perante a justiça, Ismael Silva afirmava ter 21, ser pintor, saber ler e escrever, residir na Santos Rodrigues, 22, uma transversal da Maia Lacerda. Posto à disposição da 5ª Pretoria Criminal, entrava na Detenção em 10 de janeiro, saía oito dias depois. Como réu primário, o juiz decidia com sabedoria: "Absolvido".

Ismael Silva se tornaria um malandro especializado no 399. Entre janeiro de 1927 e junho de 1930, oito de suas nove detenções seriam por aquele artigo, uma por "antecedentes". Tudo porque o jogo da chapinha atendia à genérica classificação de vadiagem.

Em 19 de abril, retornava aos cuidados da Pensão Meira Lima. Um apelido zombeteiro da Detenção, dirigida pelo coronel Arthur daqueles dois sobrenomes. Isso quando uma canoa do 9º Distrito o pescava, junto com outros desocupados, todos atletas do jogo da chapinha, "ora estacionando às portas das tavernas e botequins", "ora promovendo conflitos no *bas-fond* do Mangue", como resumia *O Imparcial*. Entre os vadios, Peixeirinho, Chicão, Carioca e Avelino Rezende. Mais um Avelino do Catumbi e arredores, marginal de sólido currículo.

Ismael deixava a pensão em 24 de maio, para voltar em 21 de junho, menos de um mês depois. Sempre firme no 399, mandava fechar a conta em 25 de julho, mas tornava a fazer reserva em 10 de novembro. De novo nas calçadas em 15 de dezembro, era por essa época que Francisco Alves gravava, ao lado da Orquestra Pan American do Cassino Copacabana, o *Me faz carinhos*.

No selo do disco, na partitura e nos anúncios na imprensa: *Me faz carinhos*, de Francisco Alves. Uma tristeza que Ismael Silva, o verdadeiro autor, confiaria a Pedro Bloch: "A gente ouvir um samba sem poder provar que é da gente, nem sei explicar o que a gente sente...".

Um samba de melodia clara e solene como um toque de corneta militar: "Mulher, tu não me faz carinho...".

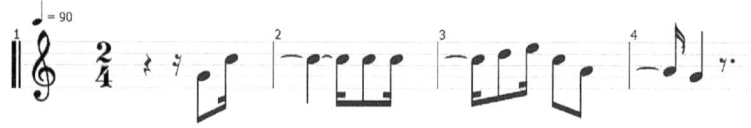

Me faz carinho, de Ismael Silva, 1ª frase

Um refrão cuja pungência, fruto de um salto de três tons para o agudo, acontecia nos seguintes versos: "Ora, vai, mulher/ Se estás contrariada...". Uma letra que seguia, sem métrica regular, os tamanhos e os acentos das frases melódicas. O que sugeria que a música tinha nascido antes ou que versos e melodia haviam brotado juntos.

Criado entre 1923, data mais antiga da migração do compositor para o Estácio, e 1925, ano provável da gravação do samba pelo pianista Orlando Cebolinha, duas estimativas do próprio Ismael Silva, *Me faz carinhos* começava com uma síncopa por antecipação. O que obrigava o violão à pulsação do Estácio, mais complexa que a da Bahia. O que significava que, entre 1923 e 1925, já teria germinado a semente do samba batucado.

Uma expressão que aparecia em 28 de janeiro de 1925, em entrevista do sambista carioca Francisco Antonio da Rocha, o Chico da Bahiana, nascido em 1882 ou 1883, filho natural da baiana Veridiana Maria de Sant'Anna, neto da africana Procopia Maria do Bomfim, a *O Jornal*: "A música tem de satisfazer as necessidades da dança. O que se vê, atualmente, é o *samba batucado*, sapateado como cateretê, o que é coisa muito diferente. O samba tem estilo e, bem dançado, é muito bonito".

Não é isso que eu procuro, samba seguinte de Ismael Silva, trazia uma melodia em tom menor, cristalina e triste, como eram as das marchas-rancho. Tratava-se, na verdade, de uma marcha-rancho, acompanhada pela pulsação rítmica do samba. De quando o compositor começava a transportar para o gênero as sublimes melodias de agremiações como a Quem Fala de Nós Tem Paixão, a sociedade de suas estripulias adolescentes.

Um samba que carregava a impressão digital do malandro-cáften: "Você não me dá futuro/ Me deixa em paz/ Tenho mais vantagem...". Onde "vantagem" significava dinheiro. O que fazia de Ismael Silva um réu confesso.

Lançado em palco, por Francisco Alves e Celia Zenatti, na revista *Eu quero é nota!*, em 6 de julho de 1928, *Não é isso que eu procuro* chegava às lojas em setembro, em solo do cantor, acompanhado pela Orquestra Rio-Artists. No selo, samba de "Ismael da Silva e F. Alves". Ganhava fama o malandro-sambista.

Em 11 de outubro, no entanto, era detido, no meio da tarde, na esquina de Benedito Hipólito e Carmo Neto, de novo na zona do Mangue. No 9º Distrito, a primeira testemunha se mostrava carregada de fé pública: José Orges Brandão, um comissário de polícia.

Ao delegado Francisco Christóvão Cardoso, ele declarava que, ao passar pelo local, sua atenção tinha sido atraída por "Ismael da Silva" no jogo da chapinha. Um indivíduo sem "profissão", "arte" ou "ocupação", "vivendo de expedientes", "reincidente nessa falta". Arte, ele tinha. Embora, de fato, vivesse daquelas espertezas. Era quando a lei apertava o malandro.

Condenado a um ano de prisão, livrava-se somente em 22 de janeiro de 1929, por suspensão da execução, ordenada pela 1ª Câmara da Corte de Apelação. Tinha amargado 103 dias fora de circulação. Sem que de nada adiantasse que o comissário José Orges Brandão, a severa e qualificada testemunha, fosse tio-avô de Josefina Félix, a Fina, namorada de Noel Rosa, futura musa de *Três apitos*. Os dois parceiros ainda não se conheciam.

Trinta e seis dias depois de Ismael Silva voltar a circular pelas calçadas, *Novo amor* chegava ao disco. Um salto de qualidade em sua obra. Dessa vez pela suave voz de Mario Reis, acompanhada pela Orquestra Pan American.

Um samba de delicada letra, onde o compositor sofria a dor do abandono: "Arranjaste um novo amor, meu bem/ Eu fui um infeliz, bem sei...". Sem vestígio das ameaças perversas dos cáftens, provava que o coração de Ismael Silva sabia bater de forma amorosa.

Mais um samba de melodia pungente, sobretudo naquele salto repentino para o agudo, de quatro tons e meio, quando a letra declarava: "Eu fui um infeliz". O que fazia doída, de fato, aquela infelicidade.

Mais um com a primeira nota entoada antes do primeiro tempo forte e por ele se alongando. O que exigia do instrumento acompanhante a síncopa característica do Estácio de Sá.

Novo amor, de Ismael Silva, 1ª frase

Em 17 de abril de 1929, no mês de lançamento de *Novo amor*, Domingos Nobre de Araujo, investigador de polícia, ao passar pela esquina de João Caetano e Carmo Neto, nas proximidades da estrada de ferro, às 8h:30 da manhã, via "perambular" o autor daquele belo samba. Por saber que o mesmo era "vadio", que tinha sofrido "processo de contravenção", lhe dava "voz de prisão em flagrante". Uma detenção pelo peso da fama.

Na Quarta Delegacia Auxiliar, defronte do delegado Alfredo Pinto Filho, Ismael Silva "contestava as declarações". Não era "vadio, mas trabalhador", servente do escritório de advocacia de Abelardo Alarico dos Reis, à rua do Carmo, 49. Assim como era "compositor musical".

Em 8 de maio, o advogado confirmava: o acusado fora seu funcionário, tivera "bom comportamento", deixara o emprego para "trabalhar numa fábrica". E mais: tinha chegado ao seu conhecimento que era "compositor de música".

Um dia depois, o juiz da 3ª Pretoria Criminal beneficiava o sambista, através de uma série de "considerandos". Considerando que o acusado refutava a imputação; considerando que declarava ser, além de compositor, empregado; considerando a veracidade das alegações do acusado que, desse modo, não representava o "verdadeiro tipo do vadio habitual"; considerando, ainda, que o laudo médico apontava "um indivíduo doente", com necessidade de tratamento: "Julgo improcedente o processo e absolvo Ismael da Silva".

O laudo médico trazia, de fato, sinais da acidentada carreira do malandro no Mangue: aos 23 anos, sofria de "uretrite aguda", "cancros venéreos" e "adenite inguinal bilateral". Assim, atrás de cuidados médicos, ele deixava, em 10 de maio, após a decisão judicial, a hospitalidade da Casa de Detenção.

Entretanto, caso o juiz ouvisse *Amor de malandro*, seu samba seguinte, enquadraria o autor, por certo, naquele "verdadeiro tipo do vadio habitual". Pois a segunda parte valeria, perante os autos, como uma confissão de cafetinagem: "Se ele te bate é porque gosta de ti/ Pois bater-se em quem não se gosta/ Eu nunca vi".

Um crime confessado, de forma sutil, também no estribilho. Sobretudo se cantado em dueto, como nos ranchos, por uma voz feminina e uma masculina. Ela: "Vem, vem/ Que eu dou tudo a você/ Menos vaidade...". E ele: "Tenho vontade/ Mas é que não pode ser". Ela chamava, ele negaceava.

Uma autêntica crônica da malandragem, escrita por um malandro autêntico. Uma divisão entre mulher e homem que soava natural, uma vez que *Amor de malandro* era, do ponto de vista melódico, uma legítima marcha-rancho.

Logo na abertura, um salto de oitava, entre a primeira e a segunda notas: um mi embaixo, o outro em cima. Ambos longos, de efeito lancinante: "Vem, vem...". Como nos ranchos, onde o primeiro seria entoado pelos tenores; o segundo, pelas pastoras.

Amor de malandro, de Ismael Silva, as duas primeiras notas

Uma influência que se fazia evidente ao cantarolar *Amor de malandro* com pulsação de marcha. Uma influência importante, mas apenas uma influência. Porque Ismael Silva, alquimista do samba, havia transposto para o gênero a melodia das marchas, sem que o samba deixasse de ser samba.

Um samba em tom menor, de primeira e segunda solidamente integradas, onde se combinavam tristeza melódica e vigor rítmico.

Amor de malandro e *Novo amor*, responsáveis pelo salto de qualidade de Ismael Silva, faziam subir o valor de mercado: de 100 para 500 mil réis. O primeiro vendido a Francisco Alves; o segundo, a Mario Reis. A diferença era que Mario adquiria os direitos patrimoniais, mas mantinha o nome do autor. Enquanto Chico se fazia dono também da autoria.

Pela partitura da Casa Vieira Machado: *Amor de malandro*, "letra e música de Francisco Alves". No Odeon 10.424, lançado em julho de 1929: *Amor de malandro*, de "Francisco Alves e Freire Jr". Era quando o compositor Francisco José Freire Junior decidia entrar no mercado.

Francisco Alves, inquirido por *O Malho*, de 31 de agosto de 1929, sobre "quais os seus melhores discos", respondia: "*Amor de malandro*, samba da minha autoria".

Amor de malandro era um samba de louvação ao malandro-cáften. Ismael Silva, malandro do jogo da chapinha, tinha prestígio como cáften-malandro. Não que Francisco Alves não tivesse sua própria reputação.

24

Em 1920, Francisco Alves ganhava a vida como chofer de praça, enquanto atuava, em variados palcos, como ator e cantor, sempre em papéis secundários. Dava início, naquele ano, pelo Disco Popular, à sua gloriosa carreira nos 78 rotações, com *Alivia estes olhos*, *Fala, meu louro* e *Pé de anjo*. Dois sambas e uma marcha que, gravados também por outros, se fariam sucessos do compositor Sinhô, não do cantor Francisco Alves.

Entre os palcos boêmios onde exibia sua bela e potente voz, por vezes ao som do próprio violão, estava o Bar Olympia, na Joaquim Silva, esquina de Moraes e Valle, na Lapa. Uma voz potente e bela o bastante para conquistar, na calçada defronte, uma admiradora: Perpetua Jacy Guerra, a Cecy.

Uma moça de rosto redondo, olhos grandes, nariz de bolinha, sorriso meigo e cabelo *à la homme*. Um prédio que abrigava um bordel, onde ela era uma daquelas pequenas que jamais deixavam de sonhar com um amor amigo.

Nascida em 25 de maio de 1898, filha de Carlos Cardoso Pinto e de Perpetua Clara Guerra Dutoya, corista dos teatros Recreio e do São Pedro, ela se apaixonava por um ator e seguia com ele para São Paulo. Um amor interrompido pela morte súbita do companheiro.

De volta ao Rio, trocava o nome profissional de Jacy para Cecy, passava a trabalhar na Joaquim Silva, 10, defronte ao Bar Olympia, de onde emergia a música de Francisco Alves.

Por iniciativa da dona do ouvido, o dono da voz se aproximava. Era, como sempre, a esperança de um amigo. Se assim desejava a moça, assim não agia o rapaz. Em vez de um coração afetuoso, batia no peito daquele cantor um coração profissional: "Exigindo-lhe dinheiro, dava-lhe o amante constantes surras", revelava *A Razão*, em 4 de julho de 1920, com base em depoimento da própria Cecy.

Como a moça gostava do moço, seria dela a sugestão de casamento. Uma proposta com a qual ele concordava, com duas condições: alguns contos de réis na mão e um automóvel na garagem. Até aquele momento, ela possuía poupança de 16 contos na Caixa Econômica, além das joias que ostentava em fotografias.

Em 24 de maio de 1920, dia do matrimônio, na 2ª Pretoria Cível, na freguesia do Sacramento, Perpetua entregava a Francisco, como parte do acordo, 4 contos de réis. No 29, acontecia a aquisição do automóvel de praça: "Como primeira prestação a importância de 700$ e, ainda mais, 600$ para a capota e 500$ para a compra do relógio". Segundo Cecy, o carro, de placa 195, estacionava na "garage Paulista, à rua do Rezende n. 147".

Era muito, mas ele queria mais. Exigia "féria diária que ia de 150 a 300$000". Detalhes publicados, em 9 de julho, por *A Razão*.

Um casamento que seguia um modelo clássico do rufianismo, muito ao gosto dos estrangeiros da Zwi Migdal, onde o próprio marido era o cáften da esposa, onde a família era simples fachada.

Uma união sem ilusões românticas, mas não sem decepções. Porque logo o esposo se fazia amante de uma certa Ruth, da Salvador de Sá, no Estácio. Questionado, teriam sido estas as suas palavras: "Não quero mais saber de ti!". "De que me serves agora, se nem joias possuis mais?".

Perdido o sonho de um amigo para as horas de repouso, sem ao menos um cáften para chamar de seu, ela, em 2 de julho, a caminho da pensão, parava num botequim para ingerir, junto com um gole de cerveja, "duas pastilhas de cianureto de mercúrio". Uma tentativa de suicídio que ganhava espaço na imprensa.

Era quando *O Paiz* traçava um perfil pouco conhecido de Francisco Alves: "Chico Viola, apontado na zona da Lapa como rufião audaz, a despeito da sua profissão de motorista". E a *Gazeta de Notícias* complementava: "Chico Viola que, além de tudo, espancava-a", que dizia na cara que não a queria mais "porque ela não tinha dinheiro".

Dez dias depois, Perpetua, orientada pelo advogado Norberto Lucio Bittencourt, apresentava queixa-crime na 2a Delegacia Auxiliar "contra o seu explorador, o indivíduo Francisco de Moraes Alves, vulgo Chico Viola". Onde esmiuçava, perante a lei, os dias a seu lado.

Ainda na noite de núpcias, ele a teria obrigado "a ir para a rótula", ou seja, receber a clientela. A fim de custear a viagem do casal a São Paulo, onde ela passaria a atender na "casa de tolerância da rua Ipiranga n. 21", retirava mais dois contos de suas economias.

Em Santos, cidade seguinte, Cecy continuava na "mesma depravação".

Na volta, empenhava as joias na Casa Cahen por 3 contos. Pelas exigências sempre crescentes do marido, os 16 contos que mantinha na Caixa Econômica rápido se reduziam a 8, como se podia verificar na "caderneta apensa aos autos". Um resumo do depoimento de Perpetua à justiça, transcrito por *A Rua*, de 12 de julho de 1920, na primeira pessoa.

Três dias depois, Francisco Alves apresentava, de acordo com *A Razão*, sua defesa: "Chico Viola, que se fazia acompanhar por seu advogado, o coronel Virgilio de Mattos, tudo negou, e tão ingênuo se mostrou que disse até ignorar se havia efetivamente realizado casamento com Cecy".

Era quando, "ora por meio de recados, ora por meio do telefone", ela recebia "ameaças de morte e de perseguição". Em busca de garantias, voltava ao delegado Armando Vidal que prometera "chamar Chico Viola à ordem".

Em 28 de agosto, Francisco de Moraes Alves comparecia ao cartório da 4ª Pretoria Criminal, a fim de responder ao "sumário de culpa", como "explorador de lenocínio". A *Gazeta de Notícias* sintetizava o caso: Chico Viola não passava de "um tipo pernicioso e perverso", que vivia "às expensas de sua consorte, de quem extorquia todo o dinheiro". Não satisfeito, "maltratava-a constantemente, sujeitando-a a castigos corporais". Maus tratos que a teriam levado, num momento de alucinação, a tentar o suicídio.

Aquela seria a última aparição do caso na imprensa, mas a violência do acusado ainda se faria notícia, em 16 de setembro, no *Jornal do Brasil*. Quando, no largo da Lapa, quebrava a cabeça de Floriano Peixoto Coelho, colega de praça, com um "pedaço de ferro", "por um motivo frívolo". Enquanto a vítima era atendida pela Assistência Municipal, Francisco Alves era preso no xadrez do 13º Distrito.

Quatro meses depois do "sumário de culpa", a *Gazeta de Notícias*, de 29 de dezembro, anunciava um "deslumbrante ato variado", no Teatro São José. Uma produção de José Barbosa da Silva, o Sinhô, onde Francisco Alves, o "rufião audaz", interpretava, com conhecimento de causa, acompanhado pelo próprio autor, *Alivia estes olhos*: "Eu queria saber porque é/ Que esse homem bateu na mulher/ Que mulher engraçada e adorada/Que se acostumou com a pancada".

Dono de um privilégio de voz, possuidor de uma musicalidade capaz de criar melodiosas segundas vozes, inventor da improvável e histórica dupla com Mario Reis, descobridor de Alcebiades Barcellos e de Ismael Silva, cantor em torno do qual girava a música carioca em seus anos de ouro, o mais importante, sem dúvida, da história da música popular brasileira, Francisco Alves tinha uma alma malandra.

Se não possuísse aquele perfil chegado à malandragem, divulgado pela imprensa da época, a partir de depoimentos de Perpetua Jacy Guerra, sua esposa, inclusive à justiça, talvez não tivesse se aproximado dos criadores do samba batucado.

Sete anos depois, com a mesma naturalidade com que explorava aquela pequena na Lapa, passaria a explorar os sambistas no Estácio. Com a mesma espontaneidade com que registrava como seu um automóvel adquirido com dinheiro alheio, registraria como suas as criações de outros. A partir de então, samba em nome apenas de Francisco Alves se faria samba de autor desconhecido.

Francisco Alves afirmava que era de sua autoria o *Vadiagem*: "A vadiagem eu deixei/ Não quero mais saber...". Embora tivesse sido, na verdade, "alugado" a ele por Alcebiades Barcellos: "Não o vendi propriamente", explicava o verdadeiro criador. "O Francisco Alves assina-o, mas me dá 50% dos lucros que aufere". Um samba que trazia, em sua versão original, este primeiro verso: "A malandragem eu deixei". Um aluguel que já havia rendido "mais de três contos de réis" para Bide.

Essa era uma das revelações da série *A cidade do samba e do amor...*, de Carlos Cavalcanti, para *A Notícia*, em agosto de 1930. Porque o time de malandros estava decidido a bater os tambores pelos verdadeiros autores de seus sambas. E Cavalcanti formaria, ao lado dos bambas, na bateria.

Carlos Felinto Cavalcanti, nascido em 16 de setembro de 1909, em Camocim, Ceará, cursava, então, a Escola Nacional de Belas Artes. Se conquistaria, no futuro, fama nas artes plásticas como crítico, professor e historiador, ganhava a vida, em 1930, como repórter de *Crítica*. Onde integrava a "caravana", a equipe "perscrutadora de segredos e mistérios", comandada pelo jornalista Carlos Leite e pelo ilustrador Roberto Rodrigues.

Crítica se aproximava dos malandros-sambistas quando a seção *Clubs e Foliões*, de Francisco Guimarães, o Vagalume, e de Coryntho de Andrade, o Esfolado, publicava, em 9 de fevereiro de 1929, *Lá no Estácio*, samba de M. Pacheco e Cruz: "Lá no Estácio tem/ Tem, sim, meu bem/ Uma mulata faceira/ Trigueira e brejeira/ Que não ama a ninguém.// A uma linda viuvinha/ Eu cheguei a conquistar/ Era ela a Rainha/ Do Bloco Deixa Falar/ Mas perdi toda a esperança/ Porque a vi conversar/ Com o Francelino.../ Que é o bamba do lugar!".

Um ano depois, em 4 de fevereiro de 1930, a autoria dos sambas de Francisco Alves era contestada na nota *Deixa Falar*, mais uma vez em *Clubs e Foliões*, agora sob o comando de Floriano Rosa Faria, o V. Neno.

Para quem conhecia a boemia, se o assunto era samba, um bairro logo vinha à mente: Estácio. Onde tinham sido "fabricados": "*Novo amor, A malandragem, O destino Deus é quem dá, Amor de malandro* etc., de que Ismael Silva, Alcebiades Barcellos, Nilton Bastos são autores".

Novo amor e *O destino Deus é quem dá*, gravados por Mario Reis, eram atribuídos corretamente a Ismael e a Nilton. Já *A malandragem*, de Bide, e *Amor de malandro*, de Ismael, interpretados por Chico, apareciam nos selos como de autoria do próprio cantor.

Em 23 de fevereiro de 1930, Carlos Cavalcanti entrava firme no batuque com *Gente do samba*. Uma matéria de página e meia, com fotografias de Deocleciano da Silva Paranhos, Gastão de Oliveira, Heitor dos Prazeres, Ismael Silva, Julio dos Santos e Nilton Bastos.

Onde afirmava que os verdadeiros compositores permaneciam à sombra: "Ora, o leitor, após o jantar, quando se mete fagueiro no seu pijama e põe o disco que comprou na cidade, ouve sambas, é certo, mas roubados na autoria aos seus criadores".

Quando divulgava a tirada malandra de Deocleciano, o Canuto: "O samba comprado e com nome alheio é como um anel que vai para o penhor com um nome no aro. Vale menos".

Artista plástico, Cavalcanti conquistava rápido uma visão espacial do Estácio de Sá, "encravado entre o morro de São Carlos e as ruas, que parecem não ter fim, do baixo meretrício": "De um lado o crime, de outro a carne, e, no meio, o malandro sonhando...".

Samba batucado do Estácio de Sá, de Carlos Didier

Oito meses depois, tinha início *A cidade do samba e do amor...*, série de cinco artigos, publicados por *A Notícia*, entre 12 e 16 de agosto de 1930, com base em entrevistas concedidas pelos malandros, colhidas no Bar Apollo. A mais reveladora investigação jornalística sobre o Estácio de Sá, a "pátria do samba".

Uma reportagem que começava quando Carlos Cavalcanti, ao percorrer as ruas do Mangue, era apresentado a Ismael Silva, "negro como noite, esquálido e trajado com muita limpeza, elegância e discrição".

Uma amizade de primeiros passos na Pereira Franco, rumo à Estácio de Sá, em cuja esquina o "surpreendente Ismael" convidava o repórter para uma xícara de café: "A intimidade ainda não criara raízes para que nos oferecesse qualquer outra bebida".

Para abrir os trabalhos, uma tirada: "A nossa vida é um samba". Em seguida, a apresentação do reduto: "Neste café é que se reúne toda a nossa gente. É em redor destas mesas que nós divulgamos aos da turma as nossas criações. Daqui, desse interior, é que saem os sambas que descem e também os que não vão *lá pra baixo*, porque ficam *cá em cima*". Na geografia malandra, *cá em cima* era o Estácio; *lá pra baixo*, tudo o mais.

Era quando Carlos Cavalcanti indagava por quanto Francisco Alves tinha adquirido *Amor de malandro*. Resposta: "Quinhentos mil réis". Um investimento que, segundo o autor, já havia rendido ao comprador "mais de sete contos". O mesmo valor pago por Mario Reis por *Novo amor*, que rendera para o cantor "cerca de seis contos".

O repórter conheceria, um a um, os malandros-sambistas, até então espalhados estrategicamente por diversas mesas: se um do grupo precisasse de ajuda, essa viria de forma mais efetiva. O que o levaria a concluir que seriam "mais desconfiados que o mineiro", embora se fizessem, após alguma intimidade, "mais hospitaleiros que o nortista".

Alcebiades Barcellos, o Bide, era o primeiro: "O verdadeiro autor da *Malandragem*, "irmão do grande Rubens Barcellos". Em seguida, vinha Julio dos Santos, o Julinho, que sabia "como ninguém tocar cavaquinho e violão". Um mulato boa pinta, de sobrancelha fina e olhos amendoados, amigo do terno e da gravata borboleta, com cartaz certo junto às pequenas do Mangue.

O terceiro, Nilton Bastos, "meu parceiro nos sambas", autor também de "ótimas composições". Por onde se sabia que a grande parceria estava firmada em agosto de 1930. E Nilton seria, segundo Cavalcanti, "o mais fluente e borbulhante *causer* do grupo".

Ubiratan da Silva era introduzido como o "autor do samba *Nem queira saber*": "Nem queira saber/ Como a vida do homem é cruel/ Se ele é fraco de ideia/ Acaba apanhando papel...". Um samba que, rebatizado como *Apanhando papel*, teria Getulio Marinho da Silva como parceiro.

Baiaco entrava em cena com as seguintes palavras: "Oswaldo Caetano Vasques, um bateria e cantador admirável". Mais admirável seria, entretanto, em termos de amizade, aquele suave resumo de Ismael Silva.

Oswaldo Caetano Vasques era um malandro em tempo integral, cuja carreira no crime contemplava, até ali, dezoito processos por "ofensa física", "porte ilegal de armas", "furto" e "estupro", além da infalível "vadiagem". "Baiaco era mau", assegurava Bucy Moreira. Tocava fogo em mendigo com gasolina, enquanto ironizava: "O maior filósofo oriental diz: *quando não se pode viver com honra, morre-se com ela*". Criminoso perverso, como também percussionista e cantor, ambos admiráveis, segundo seu amigo Ismael Silva.

Na mesma noite, Carlos Cavalcanti conhecia "Ernani Lima", "Francelino Ferreira Gomes", "Moacyr Cardoso" e "Juvenal Pereira de Lima", "todos do nosso conjunto".

Um time de cultivada elegância na fotografia: ao lado do repórter, sentados, Bide, Baiaco e Ismael; em pé, Francelino, Ernani, Ubiratan, Moacyr e Juvenal. Todos metidos em ternos claros, todos de chapéu, quase todos palhinha, Ismael com um gelot escuro, Bide com um panamá claro.

O "Francelino Ferreira Gomes", anotado assim pelo repórter, era, sem dúvida, Francelino Ferreira Godinho, malandro com processos por vadiagem e por ofensas físicas contra mulheres, especialidades que o enquadravam na cafetinagem malandra. Filho de Bento e Apollinaria Ferreira Godinho, declarava, em auto de qualificação, de 18 de março de 1929, ter 21 anos, ser solteiro, bombeiro hidráulico, morador da Aristides Lobo, 210. Três meses depois, surgia, no *Diário Carioca* e na *Gazeta de Notícias*, de 25 de junho, como terrível desordeiro, após ameaça de morte ao proprietário do botequim do largo do Estácio, 5. No samba, respondia pelo pandeiro, segundo depoimento de Cristalino Pereira da Silva a Francisco Duarte.

Ernani Fernandes Lima, o Ernani do Estácio, era o irmão caçula de Sylvio Fernandes, o Brancura. O do meio, Armando, o Doca, seria citado por Ismael Silva como um dos bambas do Estácio: nem todos compositores, alguns apenas instrumentistas. Segundo Luiz Alves da Costa Filho, sobrinho de Nilton Bastos, Doca era bicheiro. Perante a justiça, aparecia como vadio, afeito ao porte de "armas ofensivas", envolvido em golpe com "bilhetes de loteria estrangeira".

Benedicto Lacerda seria apresentado a Carlos Cavalcanti, ali mesmo no Apollo, pelo ator português Henrique Chaves: "Um flautista admirável"; "antigamente não cantava". Aquele diretor da Companhia Jayme Costa o convencera a enfrentar o microfone, com o objetivo de não se deixar mais "embrulhar pelos moços bonitos". No caso, Francisco Alves e Mario Reis.

O "garganta de ouro" do time era Aurelio Gomes. Segundo Bide, ele não compunha, "respondia só", mas, "pra tirar, você largava na mão dele, ele ia; porque tinha uma voz, poxa...".

O outro gogó dourado seria o de Tiberio dos Santos, o Tibelo: "Ficavam só aqueles dois ali pra responder". Quando um cansava, o outro entrava. Porque o samba batucado tinha nascido assim: refrão, com versos tirados de improviso.

A Aurelio o repórter indagava sobre o tema quase único dos sambas: o amor. Queria uma explicação para o antirromantismo dos versos, destinados a "satirizar a figura da mulher", a "amesquinhar o sexo feminino". Mas aquele caboclo, de "voz de serenata" e "sangue de malandro", escapava pela tangente: "A vida do malandro é uma mulher...". "Ingênuas ou devassas, altas ou baixas, gordas ou magras", só havia um requisito: que usassem "saias fora do carnaval".

Certa noite, trabalhos encerrados, Julio dos Santos pedia licença para se retirar às pressas: "Ia ver alguém...". Aproximava-se o momento em que elas deixavam o serviço. Hora de desfrutar de um papo, uma ceia e um passeio de automóvel com seus malandros. Pois o prestígio de Julinho junto às pequenas era mesmo de fato.

Certa manhã, três malandros subiam, para surpresa do repórter, a escada da redação de *A Notícia*, na Rio Branco, 149, perto da esquina de Assembleia. Os três elegantemente vestidos, todos de gravatas listradas: Benedicto, Bide e Ismael. Era o "triângulo de ouro do samba do Estácio", com "seus abraços de gratidão".

Sempre atrás de matéria-prima inédita, Carlos Cavalcanti mencionava o nome do irmão de Alcebiades. Uma deixa para Ismael sugerir que Bide contasse a história de Rubens Barcellos.

Era quando vinham à tona detalhes preciosos da biografia de mano Rubens, "boêmio original", dono de "uma sensibilidade patética", "príncipe da malandragem". Um tipo que, sem atender aos apelos da família, persistia no "vício das pândegas".

Na redação de *A Notícia*, em presença de Benedicto Lacerda, Carlos Cavalcanti anotava a mais importante revelação musical da série: "Ele, eu e o Benedicto formamos o primeiro terceto do Estácio, composto respectivamente de pandeiro (meu irmão era um exímio pandeirista), tamborim e flauta".

Um terceto que era a semente do Gente do Morro. Um grupo cujo ensaio Carlos Cavalcanti teria o privilégio de testemunhar. Quando, certa madrugada, encerrado o expediente no Apollo, ele, Ismael e Francelino, já com os pés na calçada, escutavam um batuque, vindo de uma "quitanda da rua do Estácio".

Após o assobio da convenção, a porta de aço subia. Justo ao final de *Deixo saudades*, samba de Alcebiades Barcellos, tirado pela flauta de Benedicto, o violão de Julinho, as percussões de Bide e de Baiaco, certamente o tamborim, talvez o omelê: "Deixo saudades/ Quando morrer/ No meio da malandragem...".

Enquanto o Gente do Morro agia, no pátio dos fundos acontecia um "autêntico fandango": "Ao som do samba, os portugueses dançavam o maxixe". Segundo Cavalcanti, "as filhas das margens do Mondego sacudiam as carnes flácidas no exercício rítmico da música". "Todos suavam, bebiam e comiam a toda hora". "Nós somos loucos por um samba...", garantia, com "sotaque carregado", uma portuga "mais redonda que o globo terrestre".

A letra de *Deixo saudades* viera a público em 16 de maio, três meses antes daquele ensaio, através de *Crítica*, com a seguinte advertência: "Para que não apareça *uno hermoso chico* que seja dono daquilo que é incapaz de fazer, mas é, sim, de se jactar". De quando Carlos Cavalcanti, o provável autor da nota, ainda brincava de esconder o nome do comprador.

Francisco Alves ia para a berlinda na noite seguinte ao ensaio-fandango, no momento em que Benedicto Lacerda, ao lado de Alcebiades Barcellos, Ismael Silva e Julio dos Santos, perguntava se o repórter conhecia o cantor.

Benedicto Lacerda conhecera Francisco Alves ainda "sem casas particulares e viajando de bonde". Ao ter notícia da "nossa existência", ele tivera uma "ideia luminosa": "Chegava aqui na esquina", "mandava descer a capota do carro, reunia essa gente em derredor e fazia com que cantassem os seus sambas mais de uma vez". "Decorava-os e, depois, extorquia-os de seus verdadeiros autores por duzentos, trezentos mil réis".

Enquanto os "gênios" se vestiam com "luxo e elegância", possuíam "baratinhas Chrysler", passeavam com "lindas jovens admiradores de suas criações musicais", compareciam a "chás elegantes da alta sociedade", sempre "recebidos nos salões com palavras de louvor", a "verdadeira gente do samba" trajava com simplicidade, viajava de "taioba" e perambulava, anonimamente, pelas ruas, madrugada alta, "tirando sambas para a glória dos sambistas de mentira".

Do ponto de vista artístico, as críticas de Benedicto Lacerda não eram menos graves: os "donos do samba em virtude da compra" introduziam "preciosismos de ritmos e de imagens", com os quais o malandro não sonhava. Quando "toda a gente" os entoava, "os seus acordes e os seus versos" já não mais refletiam o "sentimento do seu criador". Carregavam apenas "pedaços da alma do malandro", que ficava no "anonimato".

No processo de produção do disco, aquele samba, criado para a improvisação de versos, passava, após o sinal verde da gravadora, às mãos de um maestro-arranjador. De duração insuficiente para o padrão internacional de dois a três minutos, as segundas partes se faziam imperativas. Se não viessem no original, seriam encomendadas a outros compositores.

Os arranjos musicais eram adaptações para solo de cantor, com acompanhamento de orquestra. Afeitos às formações instrumentais de cassino, hotel e teatro, próximos das operetas e revistas, muitas vezes chegados ao maxixe, os maestros interpretavam os sambas à sua maneira. Embora fossem profundos conhecedores de música, alguns de origem europeia, permaneciam distantes do samba batucado. E o resultado eram gravações híbridas.

Ora vejam só, *A malandragem* e *Me faz carinhos*, de Heitor dos Prazeres, Alcebiades Barcellos e Ismael Silva, gravados por Francisco Alves, acompanhado pela Orquestra Pan American do Cassino Copacabana, eram exemplos.

Com a voz no auge da forma, o cantor interpretava os sambas dos malandros como tenor lírico: sem leveza, sem bossa, sem as antecipações exigidas pela síncopa do Estácio. Isso enquanto a orquestra de flautim, flauta, clarinete, saxofone, trompete, trombone, tuba, violino, violão, banjo, piano e bateria, sob direção do maestro russo Simon Bountmann, acompanhava com uma austeridade europeia. Sempre com a pulsação rítmica do samba da Bahia.

Durante cerca de dois anos, Francisco Alves cantava como sabia cantar, o maestro Bountmann acompanhava como sabia acompanhar. Se tudo soava híbrido, entre a orquestra de teatro e a banda militar, entre a opereta e a revista, com algo de maxixe, outro tanto de samba, tudo parecia perfeito. Até o Gente do Morro aparecer para colocar os sons em seus devidos lugares.

Porque no Gente do Morro o samba estava a cargo de Alcebiades Barcellos, Benedicto Lacerda, Gastão de Oliveira, Julio dos Santos, Juvenal Lopes, Oswaldo Vasques e Tiberio dos Santos, todos malandros-sambistas. Porque no samba do Gente do Morro, com seus naipes de choro e de percussão, a alma do malandro estava inteira.

O Gente do Morro agiria em estação de rádio e em estúdio de gravação, com seu coro de malandros, contracantos de flauta, baixarias de violão, palhetadas de cavaquinho, fraseados de tamborim, pandeiro, cuíca e tambor-surdo, sempre com o alto intuito de ensinar a tirar sambas batucados na regra da arte.

Uma sonora história brasileira, cujas primeiras notas, acordes e toques apenas começavam a ser ouvidos.

25

O Gente do Morro deixava os bastidores malandros em março de 1930. O mês em que, nos domingos 9 e 23, disseminava sambas batucados pelo microfone da Rádio Sociedade. Quando lançava seu primeiro disco pela Brunswick, com crítica em *O Paiz*, no 30: "O grupo Gente do Morro é um belo conjunto".

Com ambas as portas abertas pelo barítono Corbiniano Villaça, diretor artístico da rádio e da gravadora, podia soar estranho o interesse de um cantor lírico pelo samba batucado. Não tivesse aquele erudito uma personalidade singular.

Nascido em 7 de setembro de 1873, em Belém, no Pará, Corbiniano recebia, aos 18 anos, bolsa de pintura na Académie Julian, em Paris. Devia ao maestro Francisco Braga a descoberta da voz de barítono, assim como a guinada das artes visuais para a música. Na França, tomava aulas com os cantores Donaieller e Lottin, ambos da Opéra, apresentava-se no Grand Palais, Trocadero e Salle Pleyel, para regressar ao Brasil em 6 de outubro de 1923, aos 50 anos, de acordo com o musicólogo Andrade Muricy, em perfil para o *Jornal do Commercio*, de 19 de julho de 1967.

Era um homem maduro, portanto, quando assumia, em 1926, a direção artística da Rádio Sociedade e, três anos depois, a da Brunswick. Mas de uma maturidade afetuosa, que se estendia inclusive aos animais. Enquanto sonhava com um hospital para cachorros, como o que conhecera em Londres, o "simpático barítono" levava para casa "todos os cães vagabundos", segundo o poeta Olegario Marianno, em crônica para o *Correio da Manhã*, de 9 de julho de 1929.

Sob a direção de Corbiniano Villaça, a Rádio Sociedade do Rio de Janeiro transmitia, junto com a música de concerto, a chamada música ligeira: aquela que, com elaboração artística, embora sem o fôlego da erudita, descia direto ao coração do ouvinte.

No início de 1928, as vozes de Jesy Barbosa e Stefana de Macedo, Edmundo André e Gastão Formenti, os violões de Henrique Britto e Rogerio Guimarães, a flauta de Dante Santoro, a bandola de Pery Cunha e o piano de Alberico de Souza, além da orquestra da própria rádio, deleitavam os ouvintes com canções seresteiras e sertanejas, choros e valsas. Até que, em 21 de junho daquele ano, *A malandragem*, de Alcebiades Barcellos, recebia arranjo da orquestra do maestro José Nunes Ribeiro. E, no 30, Lourival Montenegro, acompanhado pelo violão de Rogerio Guimarães, interpretava *Me faz carinhos*, de Ismael Silva. Era o samba batucado na Rádio Sociedade.

Após comercializar apenas discos e fonógrafos importados, a Brunswick, multinacional de origem norte-americana, decidia instalar, na Sotero dos Reis, 13, no Engenho Velho, a filial brasileira da gravadora. Um fruto da visita do vice-presidente, Z. E. Salisbury, em janeiro de 1928, ao país.

Uma decisão saudada com entusiasmo por *O Jornal*, por "estimular vigorosamente a arte nacional", uma vez que "nossos músicos e cantores" teriam, afinal, "um veículo de propaganda da sua virtuosidade". Uma profecia que se faria realidade.

Em 27 de novembro de 1929, o *Correio da Manhã* anunciava a fornada inaugural de nove discos da Brunswick do Brasil, com treze das dezoito músicas pelo elenco da Rádio Sociedade. Uma participação que não era de estranhar. Afinal, Corbiniano Villaça era diretor tanto da gravadora quanto da rádio.

Pertenciam à Rádio Sociedade, naquele primeiro lote, a cantora Anna de Albuquerque Mello, os cantores Edgard Arantes, Elpidio Dias e Jota Thomaz, o pianista J. Octaviano e a Orquestra Brunswick. Nos lotes seguintes, engrossavam a trupe radiofônica o Grupo dos Fulanos, comandado por Donga, e Carmen Miranda, em sua estreia fonográfica. Todos apenas migravam do estúdio da Carioca para o da Sotero dos Reis.

De fora da rádio, gravavam na Brunswick: estrelas e astros do teatro-revista, como Luiza Fonseca e Margarida Max, Arthur Costa e Ildefonso Norat; ases do choro, como Bonfiglio de Oliveira e Nelson Alves, trompete e cavaquinho do Conjunto Típico Brasileiro, e João Avelino Camargo, violão dos Três Sustenidos; craques do samba, como Paulo da Portela e o Grupo Prazeres, Benedicto Lacerda e o Gente do Morro. Aquisições ligadas à benfazeja presença de Henrique Vogeler.

Henrique Gipson Vogeler, nascido em 11 de junho de 1888, no Catumbi, filho de branco e mulata, solava ao piano, em 14 de outubro de 1917, na Associação dos Empregados do Comércio,

Samba batucado do Estácio de Sá, de Carlos Didier

alguns "trechos alegres" do *Guarany*, de Carlos Gomes, e um *Noturno*, de Frédéric Chopin, assim como acompanhava Frederico Rocha, na ária *Buona Zazà*, de Ruggero Leoncavallo. Aos 29, Vogeler era um concertista erudito.

Em 8 de março de 1919, assinava, em parceria com Domingos Roque, a música de *Sinhá*, opereta de costumes nacionais, de Gaspar da Silva, o J. Praxedes, no Carlos Gomes. Em 28, no mesmo teatro, era sua a compilação musical de *O processo do maxixe*, sátira-fantasia de Celestino Silva. Aos 30, Vogeler se fazia músico do teatro popular.

Dez anos mais tarde, em 15 de julho de 1929, ingressava no elenco da Rádio Sociedade, na programação dedicada à música regional brasileira, ao lado do cantor Gastão Formenti, do violinista Romeu Ghipsmann e de um violonista identificado como Tuper. Era quando se aproximava de Corbiniano Villaça. Bem a tempo de tomar parte na aventura da Brunswick.

Em 23 de fevereiro de 1930, Calixto Cordeiro definia, por meio de sete cenas, em página inteira do *Correio da Manhã*, a missão da gravadora. Na primeira cena, *Batuque e cateretê*, uma roda de afro-brasileiros, com um tamborim quadrado de cabo, um reco-reco, um surdo e três atabaques. Na segunda, *Modinha*, um seresteiro em pleno agudo. Na terceira, *Samba*, uma roda de umbigada, com um cavaquinho e dois violões. Na quarta, *Embolada*, um desafio de cantadores, de viola na mão e lenço no pescoço. Na quinta, *Canção e toada*, a melodia sentida de um boiadeiro. Na sexta, *Marcha carnavalesca*, um desfile de rancho, porta-bandeira à frente. Na última, *Maxixe*, um empernamento de casais em sociedade dançante familiar. A missão da Brunswick não podia ser mais brasileira.

Embaixo de cada ilustração, a indicação de alguns discos. Se o 10.049, o primeiro do Gente do Morro, não aparece, o 10.037, com *Vou te abandonar* e *Tia Chimba*, criações de Heitor dos Prazeres, interpretadas por Paulo da Portela, marcava presença.

Por aquela época, Benedicto Lacerda já havia conquistado para o grupo, seja para as gravações na Brunswick, seja para as apresentações na Rádio Sociedade, dois reforços de peso: Cypriano Silva e Jacy Pereira, cobras das cordas dedilhadas.

Cypriano Silva chegara ao Rio de Janeiro como integrante dos Turunas Pernambucanos, ao lado de Adelmar Adour, o Cobrinha,

Arthur Costa, o Sabiá, José Calazans, o Jararaca, Robson Florence, o Sapequinha, Romualdo Miranda, o Bronzeado, e Severino Rangel, o Ratinho. Um conjunto que tinha a força de sua música, de choros e emboladas, de pronto reconhecida. Oito anos mais tarde, emprestavam as baixarias de Cypriano, o Pirauá, ao Gente do Morro.

O gaúcho Jacy Pio Pereira, o Gorgulho, fazia soar seu violão, em dezembro de 1928, na *Noite de Arte Brasileira*, no Tijuca Tênis Clube, em companhia de Alvaro de Miranda Ribeiro, o Alvinho, e de Henrique Foréis Domingues, o Almirante, componentes, em breve, do Bando de Tangarás. Em abril de 1929, acompanhava Celeste Wolf, em canções brasileiras, durante festa de arte em homenagem à miss Amazonas, no Instituto Nacional de Música. Em junho, pertencia aos Boêmios Brasileiros, liderados pelo flautista Dante Santoro.

Segundo Lucio Rangel, no *Jornal do Commercio*, de 17 de fevereiro de 1958, Benedicto Lacerda teria integrado os Boêmios. Um grupo que encerrava as atividades, em 27 de novembro de 1929, após vaia estrondosa, no Teatro Sant'Anna, em São Paulo, quando o público, à espera da estrela Josephine Baker, era obrigado a ouvir a marchinha *Seu Julinho vem*, de Freire Junior, propaganda política do governador Julio Prestes, candidato à presidência. Um fim de carreira às vésperas da migração de Jacy Pereira para o Gente do Morro.

Em março de 1930, o Gente formava assim: Benedicto Lacerda, flauta; Jacy Pereira, cavaquinho e violão de seis; Cypriano Silva, violão-baixo; Alcebiades Barcellos, o Bide, primeiro tamborim; Julio dos Santos, o Julinho, e Tiberio dos Santos, o Tibelo, segundo tamborim. Era esse o time, de acordo com a imprensa, nas duas apresentações na Rádio Sociedade.

No estúdio da Brunswick, o Gente do Morro, com seu naipe de choro, à base de flauta, cavaquinho e violão, seu naipe de percussão, de tamborim, pandeiro, cuíca e tambor-surdo, e seu coro de malandros, seria uma festa para ouvidos brasileiros.

No disco de estreia, o samba *Dá nele*, de José Barbosa da Silva, o Sinhô, era interpretado pelo ator Ildefonso Norat: "Não tens razão/ Pra falar mal da mulher". Era quando o coro, em uníssono, respondia: "Dá nele/ Dá nele". Uma provocação a Ary Barroso, autor da marchinha *Dá nela*. Um samba tirado por flauta, cavaquinho, violão-baixo, piano, tamborim e tambor-chinês.

Tambor-chinês era um tambor-surdo que, percutido por baqueta, produzia fraseados rítmicos em função de corte, em constante diálogo com o tamborim. Um instrumento que aparecia, abraçado por Alcebiades Barcellos, em fotografia do Gente do Morro, na revista *Phono Arte*, de 30 de setembro de 1930. Uma imagem do Arquivo Nirez, cedida por Marcelo Bonavides.

O que fazia de Bide, além de inventor do surdo das escolas, o criador do surdo de corte. Segundo o percussionista e musicólogo Oscar Bolão, aquele tambor-surdo, de cerca de dois palmos de diâmetro, caixa de ressonância curta, teria origem chinesa.

No *Dá nele*, a pulsação da introdução era a do samba baiano, como acontecia em todos os sambas de José Barbosa da Silva. No estribilho e na segunda parte, imperava, no entanto, a pulsação característica do Estácio. O que não significava que Sinhô, apenas no *Dá nele*, tivesse adotado o samba batucado. Era resultado da ação do tamborim e do tambor-surdo, pelas mãos de Bide, Julinho e Tibelo.

No Sarguero, de Benedicto Lacerda e Ildefonso Norat, era um samba batucado autêntico, conduzido por flauta, cavaquinho, violão-baixo, piano, tamborim e tambor-surdo: "Tava no samba/ Lá no Sarguero...". Um estribilho repetido, em uníssono, pelo coro de malandros.

Antonio Cardoso Martins, o Russo, asseguraria ao autor deste livro, em depoimento de 26 de setembro de 1980, sua presença no naipe de percussão: "Lacerda me viu batendo pandeiro, que eu tinha começado na Penha. Aí nos unimos e fomos gravar, pela primeira vez, aquele *Tava no samba, lá no Salgueiro, veio a polícia me jogou no tintureiro*. Isso era do Lacerda. Na Brunswick".

Como a gravação não registraria o agudo das platinelas, Russo talvez tocasse um pandeiro-surdo, comum na época. Quem sabe batucasse de forma tímida, distante do microfone. Na verdade, ainda era um novato. Um pandeirista de primeiros toques cinco meses antes, em outubro de 1929, na Festa da Penha.

O catálogo da Brunswick trazia, entre as novidades de abril de 1930, junto com *Dá nele* e *No Sarguero*, *Amostra a mão*, outro samba de José Barbosa da Silva, o Sinhô, em interpretação de Ildefonso Norat e da Orquestra Brunswick.

Segundo a letra original, publicada pelo *Diário da Noite*, de 11 de fevereiro, tratava-se da confissão de um namoro, por engano, com um travesti: "Amostra a mão?/ Amostra o pé?/ Para eu ter a certeza/ Se és homem ou mulher// Não leve a mal/ Meu coração/ O engano foi gerado/ No dia de carnaval".

Apesar de ser mais um de Sinhô com a pulsação da Bahia, como provava a mão esquerda do piano, no trecho de partitura publicado pelo *Correio da Manhã*, de 2 de fevereiro, a batida era a do Estácio. Um fruto dos toques do tamborim e do tambor-surdo dos malandros-sambistas. Uma gravação que marcava a chegada do samba batucado às orquestrações, com a bênção do maestro Henrique Vogeler.

Em abril, quando a Brunswick do Brasil lançava seu quadragésimo nono disco, justo o do Gente do Morro, a *United Press* informava uma importante movimentação do capital internacional. A aquisição pela Warner Brothers dos "interesses de rádio, fonógrafo e gravação de discos da Brunswick Balke Collender Company, por 12.500.000 dólares".

No momento em que a Brunswick abandonava, nos Estados Unidos, os ramos fonográfico e radiofônico, Corbiniano Villaça tomava, no Brasil, decisão semelhante. Em 15 de abril de 1930, a *Radiocultura* dava nota sobre sua exoneração da Rádio Sociedade. No 20, o *Correio da Manhã* informava que o maestro Henrique Vogeler ocupava "eminente lugar na fábrica Brunswick". Se não era ainda o diretor, em breve seria. Tudo sem alterações na linha musical da gravadora brasileira.

O segundo disco do Gente do Morro trazia *Chora, meu bem*, de Benedicto Lacerda e Nilton Bastos, solado pela flauta, antes da entrada da voz, com o violão-baixo nos contracantos, cavaquinho, tamborim e tambor-surdo. Um número de Ildefonso Norat: "Por que tanto choras/ Se não estás sentida?/ As lágrimas que vertes são fingidas...".

Um autêntico samba de malandro, de melodia doída, de versos que, inspirados em musa do Mangue, deixavam à mostra uma ponta de sadismo do letrista: "Chora, meu bem, chora". Música de Benedicto e letra de Nilton, como asseguravam o *Correio da Manhã*, *O Imparcial* e *A Esquerda*, em 3, 5 e 10 de fevereiro de 1928. Dois anos e três meses depois, no entanto, o crédito solitário ao melodista revelaria a face Francisco Alves de Benedicto Lacerda.

Do outro lado do disco, *Isto não se faz*, de Julio dos Santos, tirado por flauta, cavaquinho, tamborim e tambor-surdo, com o violão-baixo nas costuras. Um estribilho que Ildefonso Norat solava e o coro repetia: "Foi você quem arranjou,/ Meu benzinho,/ Me deixar/ Estou cansado de sofrer/ Mesmo assim, não dou azar".

Uma segunda em que soava, em meio à queixa do malandro, a voz de uma estrangeira: "Não me venha implorar/ Me falando de *mi amor*/ Se eu te *pode* perdoar/ Demonstrando o meu valor".

Um samba de malandro autêntico para uma autêntica polaca. Uma daquelas malandrinhas que, sem dominar o português, erravam na conjugação do verbo "poder", enquanto chamavam seus namorados, sempre cheias de charme, de *mi amor*.

Disca, minha nega, parceria de Benedicto Lacerda e Paulo de Magalhães, conduzido por flauta, cavaquinho, violão, tamborim e tambor-surdo, marcava a estreia do flautista como cantor: "As sereias vêm pra praia/ Fazer a sua gandaia...". E tinha a segunda solada pelo coro: "Ora, disca minha nega/ Que a maré já vai vadiar...". Onde as sereias da gandaia eram as malandrinhas.

Disca, minha nega chegava às prateleiras em julho de 1930, quando o teatrólogo Paulo de Magalhães já era autor do *Hino rubro-negro*, a obra que o imortalizaria: "Flamengo, Flamengo, tua glória é lutar...". Porque o futebol tinha prestígio junto à malandragem: "O nosso *time* é do Estácio...", cantava Alcebiades Barcellos, o Bide.

Em setembro, mais três sambas do Gente do Morro: *Chorei, Chora* e *Orfandade*. O primeiro na voz de Yolanda Osorio, os outros dois na de Benedicto Lacerda, todos com o coro dos malandros.

Yolanda Osorio, que trazia no currículo interpretações radiofônicas ao som do piano de Henrique Vogeler, afirmava, em entrevista ao *Diário da Noite*, de 10 de junho, que a "afinidade entre o samba" e o "ritmo africano" tendia a "desaparecer", com a substituição da "desarmonia selvagem" pelo "encanto dolente da nossa canção". Um julgamento que ajudava a explicar a ausência do naipe de percussão na gravação de *Chorei*. Um fato raro no Gente do Morro.

Chorei era, de fato, para voz feminina: "Chorei, chorei/ Implorando o teu amor, meu bem/ Gozei, gozei/ Quando vi você chorar também". Onde cada "chorei" e cada "gozei" eram confirmados pelo coro. Um samba sobre uma mulher que apanhava de seu homem.

De inspirado tema melódico, equilibrado desenvolvimento, levado por flauta, cavaquinho e violões, *Chorei* aparecia assinado apenas por Benedicto Lacerda, embora a letra tivesse um acento sádico que lembrava o Nilton Bastos de *Chora, meu bem*. Se o selo do disco não trazia o nome do grupo, sua presença era garantida por *O Jornal*, de 14 de setembro de 1930: Yolanda Osório e Gente do Morro.

Chora, de Benedicto Lacerda e Gastão de Oliveira, tirado por flauta, cavaquinho, violão de seis, violão-baixo, piano, tamborim e tambor-surdo, começava com um breque de autoapresentação do time: "Gente do Morro". Somente então o solista, Benedicto Lacerda, entrava: "Chora". Em seguida, um malandro frisava: "Chora, meu bem". "Chora", insistia Benedicto. E outro malandro comentava: "Eu sei por quê". Mais adiante, o coro, a duas vozes, confirmava: "Podes chorar/ Podes chorar". Pela primeira vez, os malandros se valiam da segunda voz.

Francisco Duarte indagaria a Bucy Moreira se Gastão de Oliveira era "muito amigo" de Benedicto Lacerda. Resposta positiva. "Mas, de vez em quando, queria bater no Benedicto, porque o Benedicto andava correndo dele". Tinha seus motivos mano Gastão. *Chora* não trazia seu nome no selo, embora a editora Mangione garantisse: de Benedicto Lacerda e Gastão de Oliveira.

Orfandade era mais um bom momento do Gente do Morro, dessa vez com o violão de seis nas baixarias: "Fiquei na orfandade/ Quando tinha pouca idade/ O mundo me criou, meu bem...".

Um samba viril, cujo estribilho, entoado por Benedicto Lacerda, era repetido pelo coro, na maior vibração, como se os versos revelassem uma coisa positiva: "Fiquei na orfandade...". Um jeito maduro de lidar com a dureza da vida.

Um samba cuja melodia, pungente e bem estruturada, sabia a Benedicto Lacerda, o autor. Embora a letra, com a força de uma confissão, não coubesse em sua biografia, seja por não ser letrista, seja por não ser órfão. De acordo com a memória familiar, registrada por Jadir Zanardi, em *E a saudade ficou*, Manoel Lacerda abandonara a casa com o filho muito pequeno. Um fato triste, mas diferente de morte.

Samba batucado do Estácio de Sá, de Carlos Didier

Segundo o *Correio da Manhã*, de 4 de setembro de 1930, aquele samba carregava o mesmo título de outro, merecedor de "diploma de honra", concedido na *Noite do Samba*, na Feira de Amostras, em concurso que tinha o Gente do Morro entre os premiados: "*Orphandade*, de Canário". Seria *Orfandade* uma criação de Deocleciano da Silva Paranhos, o "Canário de Vila Isabel"?

Deocleciano, filho de Canuto da Silva Paranhos e de Ursulina Neves, tinha nascido em 22 de fevereiro de 1898, na Santo Henriques, 13, na Fábrica das Chitas. Aos 12, era ferido à faca, segundo *O Século*, de 29 de dezembro de 1910, durante briga com Maximino de Souza, na Gonzaga Bastos, na Aldeia Campista.

Um ano depois, em 15 de dezembro de 1911, morria seu pai, sargento do 10º Batalhão da Guarda Nacional, aos 34, de "tuberculose pulmonar", na enfermaria da Santa Casa. E Deocleciano, órfão de pouca idade, manteria vivo, na contramão do destino, bem perto de si, como apelido, seu nome: Canuto.

Orfandade, gravado pelo Gente do Morro, assinado apenas por Benedicto Lacerda, era uma perfeita crônica em samba: "O destino foi malvado/ Mas sofri resignado/ Quem me adorou foi-se embora/ Muito cedo Deus levou". Com um astucioso retorno ao estribilho: "Mas eu fiquei, meu bem// Fiquei na orfandade...". Justo por aquela época, as crônicas perfeitas chegavam ao samba.

Com que roupa?, de Noel Rosa, estava pronto havia um ano. Um samba cujo ritmo melódico se inspirava nos toques dos tamborins malandros. Um samba batucado como eram os de Canuto, amigo de bairro, seresteiro das noites profundas, elo entre os sambistas do Estácio e os de Vila Isabel.

Uma crônica sobre o "Brasil de tanga", como confidenciaria ao tio, o médico Eduardo Corrêa de Azevedo. Um depoimento colhido, em 26 de março de 1981, pelo autor deste livro.

Uma melodia de tema pescado, com muita propriedade, no *Hino nacional brasileiro*. Uma semelhança descoberta, sem demora, por Homero Dornellas, o responsável por transportá-lo para a pauta.

Após alguns acordes no piano, o maestro decretava: "Ó, Noel, tem um negócio aqui que eu não tô gostando. Isso tá parecendo o *Hino nacional*". Para provar o que afirmava, cantarolava: "Agora, vou mudar minha conduta". As primeiras notas do samba eram as nove iniciais do hino: "dó, fá, mi, fá, sol, lá, sol, lá, si bemol". Porque

Noel Rosa cantava o *Com que roupa?* em fá maior, a mesma tonalidade da música de Francisco Manuel da Silva.

Na verdade, parodiar o *Hino brasileiro* era uma das travessuras preferidas do compositor desde os tempos de São Bento. Não por acaso, a letra inteira do *Com que roupa?* se ajustava à melodia. Ela era uma paródia brincalhona do hino.

De acordo com o maestro, no entanto, seria proibido brincar com um símbolo da pátria. Um problema para o qual apresentava, de imediato, a solução: "Olha, inverte". Em vez daquele "dó, fá, mi" que abrigava o "Ouviram", ele propunha: "dó uma oitava acima, lá e sol". Era essa a inversão. Para Noel Rosa, um assunto encerrado: "Ôpa, tá bom. Então deixa assim, deixa assim", seriam essas as suas palavras. Um depoimento de Dornellas ao autor.

Com que roupa?, 1ª frase, tema original de Noel, tema invertido de Dornellas

Havia, no entanto, uma sutil diferença entre o tema do hino e o do samba. Enquanto o "vi" do "Ouviram do Ipiranga" era entoado em cima do primeiro tempo forte, o "go" do "Agora vou mudar minha conduta" entrava antes do tempo forte e por ele se estendia. Era a síncopa por antecipação, característica dos sambas dos malandros do Estácio.

Uma síncopa que o sofisticado ouvido de Homero Dornellas não descobria, mas que se achava na gravação original, feita por Noel Rosa e o Bando Regional, em 30 de setembro de 1930.

Se não estava na partitura original, do acervo Almirante, pertencente ao Museu da Imagem e do Som, disponibilizada pela Casa do Choro, estaria, no entanto, em edições futuras da própria Mangione. O que provava que Noel Rosa, em 1929, ano do *Com que roupa?*, já havia se aproximado do samba batucado.

Uma aproximação cujo crédito pertencia a Deocleciano da Silva Paranhos, o Canuto, o embaixador do Estácio de Sá em Vila Isabel.

Os malandros-sambistas também marcavam forte presença na segunda gravação de *Com que roupa?*, com Ignacio Guimarães no solo, Noel Rosa nos contracantos, no estilo do coro do Gente do Morro.

Ignacio entoava: "Seu português agora foi-se embora/ Já deu o fora e levou seu capital/ Esqueceu quem tanto amava outrora/ Foi no Adamastor pra Portugal". E, a cada verso entoado, Noel repetia: "Oi, foi-se embora"; "Seu capital"; "Amava outrora". Para se encarregar de todo o verso final: "Pra se casar com uma cachopa".

O mesmo contracanto de *Ingratidão*, de Jacy Pereira, o Gorgulho, gravado por Yolanda Osorio e o Gente do Morro, lançado em outubro de 1930, conduzido por flauta, cavaquinho, violão, piano e tamborim, com o surdo na acentuação do tempo fraco do compasso. Uma marcação que se faria um padrão.

Um samba de bom moço, fruto de paixão não correspondida. Uma letra tão bem-comportada que se ajustava com perfeição à suavidade da cantora: "Eu não sei qual a razão/ Que meu bem me trata assim/ Às vezes fico pensando/ Que ele não gosta de mim". Um estribilho que tinha as palavras finais de cada verso confirmadas pelo coro de malandros: "Qual a razão?"; "Me trata assim"; "Fico pensando".

Obra de malandro autêntico, *Isaura* chegava ao disco em interpretação de Benedicto e do Gente do Morro: "Isaura, tu és chave de cadeia/ Eu tô vendo a coisa feia/ É melhor eu me virar...".

Uma criação de Juvenal Lopes, inspirada em Isaura, pequena da Carmo Neto, aprontadora de "banzés" e "confusões", como ele mesmo contaria, ao *Diário de Notícias*, de 20 de janeiro de 1974. Outro golpe de Benedicto Lacerda, o único compositor no selo do disco.

Um truque em que o nome do verdadeiro autor desaparecia, como a bolinha no jogo da chapinha, debaixo das unhas do malandro. Uma trapaça que ajudava a entender a ausência de Ismael Silva, o principal compositor do time, no repertório do Gente do Morro. Uma oportunidade que não passaria despercebida a Francisco Alves.

Entre outubro e novembro de 1930, atrás de assegurar um naco daquela mina, Chico estacionava o carro na calçada do Bar Apollo. Queria trocar uma ideia com o grande esquecido do Gente do Morro. E, sem descer do veículo, gritava: "Ó, Ismael!".

Após ouvir todas as inéditas, cantaroladas ali mesmo, ao som de seu próprio violão, o cantor convidava o compositor a entrar no automóvel, ligava o motor e partia. Tinha algo a falar, mas em particular.

Ainda a caminho da Leiteria Bol, na Lapa, Francisco Alves contava a sua ideia: "Gravaria tudo aquilo que ele ouvira", contanto que saíssem no disco, como autores, "o meu nome e o dele". Um depoimento de Ismael Silva para o Museu da Imagem e do Som.

Embora achasse "interessante aquela proposta", o malandro-sambista, que "já estava desertando para o comércio", declarava que já tinha uma "combinação com um outro bom compositor": Nilton Bastos. Seria plano de ambos comparecerem juntos às gravadoras para ver se podiam ser "aproveitados".

Se para Ismael Silva aquilo significava uma negativa, para Francisco Alves soava como uma oportunidade: a compra de dois craques pelo preço de um. Com a bola nos pés, o artilheiro do samba não deixaria escapar aquele gol de placa.

Nascia assim, em acordo selado a uma mesa da Bol, a parceria Ismael Silva, Nilton Bastos e Francisco Alves. Um trio de primeiro sucesso logo na primeira gravação, de 27 de novembro de 1930.

Um samba tirado por banjo, violão e tambor-surdo, à moda dos malandros: "Nem tudo que se diz se faz/ Eu digo e serei capaz...". No selo, Chico Viola e os Bambas do Estácio.

Segundo Mario Reis, Francisco Alves estava preocupado com o aumento da concorrência. Uma inquietação que estaria por trás da criação da dupla Chico & Mario, dois cantores da Odeon que andavam perdendo terreno. Uma revelação feita a Lucio Rangel e Maria Lúcia Rangel, para a *Manchete*, de 4 de setembro de 1971.

Um encontro de duas vozes muito diferentes: a miúda de Mario e a potente de Chico. Um dueto de improvável conciliação, mas que a musicalidade de ambos transformava em sólido casamento: Mario perto do microfone, Chico mais atrás. Assim no disco de estreia, de 9 de setembro de 1930, com a Orquestra Copacabana: *Deixa essa mulher chorar*, de Brancura.

Se você jurar, do trio Ismael Silva, Nilton Bastos e Francisco Alves, chegava ao disco, em 5 de dezembro, pela dupla Mario & Chico: "Se você jurar que me tem amor/ Eu posso me regenerar...". Um clássico do samba batucado.

Era assim que, com *Deixa essa mulher chorar*, *Nem é bom falar* e *Se você jurar*, Francisco Alves se fazia triplamente vitorioso nas folias de 1931. Um carnaval em que somente o próprio samba batucado chegaria à sua frente. Uma vez que o gênero contava ainda com o *Com que roupa?*, de Noel Rosa, o maior sucesso do ano.

Uma vitória aferida pelo *Diário da Noite*, de 19 de fevereiro, dois dias depois da terça gorda. Quando, atrás de descobrir o verdadeiro "julgamento popular das músicas carnavalescas", "aquelas que o povo mais cantava nas ruas e nos bailes", como também as preferidas de "orquestras, choros e fanfarras", o repórter entrevistava os gerentes de duas conhecidas lojas de música.

Na Casa Mozart, da Rio Branco, o sr. Lino assegurava: "A música que teve mais saída foi o samba de Noel Rosa: *Com que roupa?*". "Entretanto, e apesar de ser esse samba popularíssimo, os que mais se ouviam cantar eram o *Nem é bom falar* e o *Se você jurar*".

Na Vieira Machado, da Ouvidor, o sr. Ernesto garantia: "Houve muito boas músicas no carnaval desse ano, a começar do samba *Com que roupa?*". Mas quando o repórter insistia pelas "mais queridas", a resposta era esta: "Parece que foi a *Nem é bom falar* e a *Deixa essa mulher chorar*". Embora tivesse sido muito cantado o *Se você jurar*, acrescentava um esperto "empregado da casa".

No carnaval de 1931, quatro sambas batucados haviam conquistado os ouvidos: *Nem é bom falar* e *Se você jurar*, de Ismael Silva e Nilton Bastos, *Deixa essa mulher chorar*, de Sylvio Fernandes, e *Com que roupa?*, de Noel Rosa. Quatro sucessos espontâneos, anteriores ao uso do rádio como influenciador do gosto popular.

No carnaval de 1931, enquanto *Com que roupa?* ampliava as fronteiras do gênero com a crítica social e o humor satírico, *Deixa essa mulher chorar*, *Nem é bom falar* e *Se você jurar* confirmavam a superioridade melódica do Estácio.

No primeiro carnaval da Revolução de 30, aquele em que o "Agora vou mudar minha conduta/ Eu vou pra luta" se fazia um hino revolucionário folião, o samba batucado, nascido no Estácio de Sá, disseminado por Mangueira e Oswaldo Cruz, Salgueiro e Vila Isabel, se tornava, por eleição das vozes anônimas, o samba da cidade.

Para todo o sempre, enquanto existir samba, enquanto houver carnaval.

26

Entre 1816 e 1831, o período brasileiro de Jean Baptiste Debret, as folias de fevereiro eram o jogo do entrudo. Uma brincadeira grosseira, de origem portuguesa, registrada pelo artista francês em crônica e desenho de mesmo título: *Cena de carnaval*. Traços e palavras que provavam que o entrudo tinha sido para os escravos, de fato, uma porta de entrada nos folguedos da sociedade livre.

A definição de entrudo constava em verbete do *Diccionário da língua portugueza*, do padre Rafael Bluteau, de 1789: "Os três dias imediatamente precedentes à quaresma, nos quais é uso entre nós divertir-se o povo com se molhar, empoar, fazer peças, e outras brincadeiras, e banquetear-se". Assim em Lisboa.

No Rio de Janeiro, o entrudo era, sobretudo, o combate do limão de cheiro. Um fruto que Debret descrevia como uma "cápsula de cera frágil", cuja cor variava do "branco ao vermelho", do "amarelo ao verde", de transparência que permitia ver o líquido em seu interior. Uma expressão que grafava como pronunciava: "Limão de *cher*".

Comercializado a 1 vintém quando cheio, a 10 réis quando pela metade, aquele fruto carnavalesco ocupava a "família de pequena renda", a "viúva de fortuna medíocre", os "negros das casas ricas" e os "negros livres". Dois meses antes, todos corriam atrás de seu próprio "suprimento de cera".

Os folguedos começavam no domingo, com os "gritos agudos de alegria dos negros", às cinco da manhã, em feiras, em torno de chafarizes, em casas de mercadores. E a cena de carnaval de Debret acontecia justo em um armazém.

"Ponto de encontro de todos os negros", onde eram vendidos, nos demais dias do ano, a um vintém, sardinhas e galos fritos, regados com um pouco de vinagre, "ceia quase universal da classe menos abastada", todos eram negros no armazém do desenho: o guerreiro do limão, o artilheiro do polvilho, a moça lambuzada, o menino da seringa, a vendedora de munição. Todos descalços, com pinta de se divertirem bastante.

Samba batucado do Estácio de Sá, de Carlos Didier

De acordo com Debret, o carnaval do Rio de Janeiro não lembrava, nem de longe, o da França, com seus "bailes de máscaras" e "filas barulhentas de pessoas disfarçadas", tampouco o da Itália, com suas "corridas de cavalos livres". O que era a expressão da verdade.

Somente em 1835, com Jean Baptiste não mais em terras brasileiras, a folia daria um passo em direção à italiana e à francesa. Quando acontecia o primeiro baile de máscaras da cidade. Uma iniciativa de Angelo Squassafichi.

Angelo Squassafichi entrava em cena através de anúncio do *Jornal do Commercio*, de 21 de novembro de 1834, onde se declarava cozinheiro de Felisberto Caldeira Brant Pontes, o Marquês de Barbacena, político de imperial relevo, com chácara no Caminho do Engenho Velho, logo depois de Mataporcos. Onde participava ao "respeitável público" a inauguração de "casa de pasto", especializada em "pratos delicados", "aprontados com o maior asseio", na rua do Espírito Santo, 27, no Largo do Rocio.

Em 17 de janeiro de 1835, o jornal trazia a propaganda do baile. Uma festa nas três salas da frente, ao som de "boa orquestra", com ceia no salão vizinho ao jardim, com um quarto reservado para chá, refrescos e doces, um gabinete exclusivo para o jogo, dois tocadores para as senhoras. Como se tratava de novidade, Squassafichi não esquecia de orientar sobre as máscaras: com ou sem elas, "como mais agradar". Um estabelecimento que ganhava nome no 24: Hotel Itália.

Assim, em 7 de fevereiro, enquanto a elite arrastava os pés, de rostos camuflados ou não, como mais agradasse, a cidade conquistava algo do requinte carnavalesco europeu. Porque o Hotel Itália, mesmo ao migrar para seu endereço mais famoso, quatro anos depois, no largo do Rocio, 1, perseveraria naquela missão civilizatória até 1849, sempre sob o comando de Angelo Squassafichi.

Convencer a elite a abandonar o entrudo, no entanto, não seria tarefa simples. Como havia flagrado o pintor inglês Augustus Earle, o entusiasmo das casas senhoriais pelo combate de limões era tanto que beirava a insanidade. Em *Jogos durante o carnaval no Rio de Janeiro*, aquarela da década de 1820, dezesseis brancos se esbaldavam, inclusive um padre, todos cheios de excitação, enquanto três negros apenas seguravam os tabuleiros.

Duas décadas após o primeiro baile, a folia daria mais um passo rumo às do Velho Continente. Quando, em 13 de março de 1854, o *Correio Mercantil* anunciava uma nova sociedade, composta por "cem membros", dedicada a "festejar, à moda da Itália e de outras nações da Europa, o carnaval do próximo futuro ano de 1855". Nascia o Congresso das Sumidades Carnavalescas.

Uma sociedade cujo cortejo inaugural, em 18 de fevereiro, tinha a seguinte descrição: à frente, a "patrulha da cavalaria municipal permanente"; depois, uma "banda de música marcial", alguns clarins, o "deus Momo" e o estandarte; em seguida, uma série de carruagens e um "séquito de cavaleiros disfarçados"; mais adiante, mais carruagens; por fim, no rabo do préstito, outra patrulha. E o *Correio Mercantil* advertia: "Nenhum carro ou cavaleiro estranho" poderia participar.

O roteiro era longo e intrincado. Começava no largo de Dom Manoel, no bairro da Misericórdia, seguia pelos do Moura e do Paço, subia as ruas Direita e da Viola, descia a dos Ourives e de São José, tomava a da Quitanda e a do Hospício, desviava pela do Núncio, Larga de São Joaquim e da Imperatriz, chegava aos Cajueiros pela da Princesa. Atravessava o Campo de Sant'Anna, ziguezagueava pelas ruas dos Inválidos, da Relação, do Lavradio e de Matacavalos, retornava pela dos Barbonos, das Marrecas, até os largos da Lapa, da Glória e do Machado. Brincava nas ruas das Laranjeiras e do Catete, assim como na praia do Flamengo. Escapava pelo Passeio Público e, através da Carioca, atingia o Rocio. Onde o ator João Caetano colocava à disposição "duas espaçosas salas" do Theatro de São Pedro para a ceia dos foliões andarilhos.

Caberia ao escritor José de Alencar, em *Ao correr da pena*, pelo *Correio Mercantil*, de 25 de fevereiro, o registro daquele triunfo: "Entre todos os festejos", o primeiro lugar pertencia ao Congresso das Sumidades Carnavalescas, recebido com "flores e buquês lançados pelas mãozinhas mimosas das nossas patrícias, que se debruçavam graciosamente nas janelas para descobrirem entre as máscaras um rosto conhecido, ou para ouvirem algum dito espirituoso atirado de passagem".

Três anos depois, o *Correio* estampava, em 7 de fevereiro de 1858, o pedido dos moradores da Saúde para que o roteiro da sociedade contemplasse as atuais Sacadura Cabral e Camerino. Era o sucesso nos bairros populares. Mais sete dias, vinha a consagração mais alta: "SS. MM. II e as augustas princesas" assistiriam, no paço, à "passagem do préstito das Sumidades Carnavalescas". O Rio de Janeiro inteiro havia se rendido aos encantos do Congresso.

Os zés-pereiras apareciam, em 11 de fevereiro de 1866, em crônica de França Junior, no *Bazar Volante*, como representantes da "distinta classe do corpo de aguadeiros, carroceiros e carniceiros", que percorriam as ruas das "2 horas da tarde até o amanhecer", "cobertos de esteiras velhas e trapos", dentro de "casacas pretas com forro virado pra fora", "pães de sala imitando botões", "tendo por dragonas cebolas", com "3 bumbos, rabecas desgrudadas, flauta e o diabo a quatro", numa "algazarra infernal, capaz de ensurdecer o tímpano mais valente". "Todos homens de espírito", zombava o cronista. Mais uma herança lusitana.

As contribuições afro-brasileiras ganhavam as ruas com o "passeio carnavalesco" do "Quecumby Bahiano", em 7 de fevereiro de 1869, em celebração pelo "feliz consórcio do herdeiro presuntivo do Rei do Congo", segundo o *Jornal do Commercio*. Um desfile com início e fim na rua Senhor dos Passos, 77, endereço do Palácio de Verão, palco do "grande baile" de encerramento.

Os ranchos surgiam dezoito anos mais tarde, pelo olhar arguto de Mello Moraes Filho, em crônica para a *Gazeta de Notícias*, de 21 e 22 de fevereiro de 1887. Onde aquele baiano, afeito às criações artísticas populares, distinguia duas pequenas sociedades: os "zés pereiras" e os "ranchos, com tocatas".

Para a imprensa em geral, no entanto, ranchos e zés-pereiras se misturavam na expressão "grupos carnavalescos": Amor às Artes, Benguelas, Cabundás, Estrela D'Alva, Macaquinhos no Sótão, Mouros Carnavalescos, Prazer da Providência, Piratas do Amor, Puritanos Carnavalescos, Recreio dos Artistas, Recreio da Infância, Recreio dos Inocentes, São Clemente, São Lourenço, Trinta Diabos, Tucanos, União Prazer de São Diogo, Velhos e Amantes da Juventude. Enquanto os cucumbis se destacavam por seus próprios nomes: Cucumbis Carnavalescos, Filha da Iniciadora dos Cucumbis, Iniciadores dos Cucumbis. Assim na *Gazeta de Notícias*, de 20 de fevereiro do mesmo ano.

Naquele carnaval em que Mello Moraes Filho apontava ranchos no carnaval carioca, Hilario Jovino Ferreira, mestre dos mestres dos ranchos, ainda morava em Salvador. Como provava a permissão do "arsenal de marinha do estado da Bahia", no *Diário Oficial da União*, de 8 de agosto de 1892, para que ele, "aprendiz de 1ª classe da oficina de aparelho e velas do mesmo arsenal", fosse "transferido para o desta capital".

O que confirmava o depoimento do próprio Hilario a Vagalume, no *Diário Carioca*, de 28 de janeiro de 1933: "Em 6 de janeiro de 1893, estava eu no botequim do Paraíso, na rua Larga de São Joaquim", "entre as ruas da Imperatriz e Regente, em companhia de vários baianos que costumeiramente ali se reuniam, quando lembrei da festa dos Três Reis Magos que, na Bahia, se comemorava naquele dia". Tinha nascido assim, por proposta de Jovino Ferreira, o rancho Rei de Ouro.

Por aquela mesma época, surgiam os cordões, oriundos das maltas dos nagoas e guaiamus, contava Orestes Barbosa, em crônica para *A Folha*, de 26 de fevereiro de 1921: "Desses partidos nasceram os cordões carnavalescos que tiveram seu tempo até que os ranchos e blocos apareceram para lhes tomar o lugar".

No início do cortejo, palhaços, reis do diabo e velhos exibiam pacíficos passos. Mas, quando cordões rivais se cruzavam, capoeiras "agitavam-se em volteios e letras, correspondidos pelos desmanchos do adversário". Se "um dos dançadores revelava inépcia num passo complicado ou numa letra de mestre", "o conflito rebentava ao som das últimas pancadas dos pandeiros, dos adufos e dos tamborins". Era quando, "em meio do barulho, uma voz audaciosa bradava: *Rasga o pano!*". "E viam-se, então, homens transformados em feras lançarem-se contra o estandarte adversário". "Rasgavam! Mas o gesto custava sangue. Era raro não haver assassinatos nessas ocasiões".

Pela crônica *Afoxé*, de João do Rio, na *Gazeta de Notícias*, de 2 de março de 1905, sabia-se de uma nova forma de desfile: o "carnaval africano", a "crítica de todos os santos". Na frente, o "Obá Emim Oiô, rei da terra de Oiô"; depois, os "pais de santo", com o "abadá e o agadanchim"; em seguida, os "alufás e os babalaôs, com as suas vestes e os seus pertences", "uns trazendo peles de carneiro e lagartos secos, outros com o opelê na mão". Segundo o babalaô Benzinho, amigo do cronista, o afoxé pioneiro teria sido organizado por João Cancio, Romão e Satu, na Pedra do Sal, na Saúde. Mais um patrimônio cultural chegado da Bahia.

Em 18 de dezembro de 1906, nascia, no Engenho de Dentro, o Bloco dos Trepadores. Uma agremiação que nutria, de acordo com o *Jornal do Brasil*, a "mais desopilante e fervorosa dedicação aos folguedos e às cousas mais alegres desse mundo". Um tipo de cortejo que, sem ser afoxé, cordão, cucumbi, rancho ou zé-pereira, se fazia uma contribuição suburbana ao carnaval.

Uma origem confirmada pela fundação do Bloco dos Democráticos, de Cascadura, em 1908. Porque somente após Engenho de Dentro e Cascadura, os demais bairros armariam seus blocos.

No Estácio de Sá, o Quem Fala de Nós Tem Paixão, de 1916, era rancho. Em 1917, desfilava no bairro o bloco Nosso Tempero É Gostoso. Em 1918, o Riso e Amor e o Salve-se Quem Puder. Em 1919, o É o Suco da Cocada Preta e o As Meninas Sem Juízo. Em 1921, o Mamãe Não Liga Ele e o Mimosas Gigoletes. Em 1922, o Pega Ele Ó Furnando. E, em 1923, o Bloco dos Gelatinosos.

Em 1923, o Estácio de Sá já gozava a fama de ser o "bairro da escola do samba", segundo *A Rua*, de 4 de dezembro, em nota sobre *soirée* na Legião dos Reservistas.

No ano seguinte, a D. Quixote, de 29 de outubro, trazia a crônica *Viva a Penha!*, assinada por Chopp Nhauer, na qual o poeta parnasiano Leal de Souza interpretava com voz de barítono: "Não quero teima/ Não vale a pena teimar.../ A melhor escola do samba/ É a do Estácio de Sá".

Em 14 de janeiro de 1926, a expressão aparecia em queixa de Americo Silva, folião da Prazer do Estácio, no *Correio da Manhã*. Segundo ele, o carnaval, "única festa genuinamente popular", cifrava-se, naqueles "tempos bicudos", "unicamente pela passagem dos três grandes clubes": Democráticos, Fenianos e Tenentes do Diabo. Quando a "alma *foliônica* do clássico sambista do Estácio" não podia mais "expandir-se à vontade, como fazia em outros tempos". E Americo concluía, cheio de tristeza: "A escola do samba" já estava "quase de todo decadente".

Em 1925 ou 1926, ganhava as ruas o bloco dos malandros-sambistas do bairro, como revelaria Alcebiades Barcellos, em depoimentos ao MIS e a Francisco Duarte.

Um bloco "sem compromisso", "só pra brincar": "A gente saía à vontade", de início apenas "umas 50 pessoas", depois, na base do "vai engrossando", "chegavam na Praça Onze umas 400".

Mesmo "sem compromisso", ainda que "só pra brincar", tinha "baiana rica", Juvenal Lopes como mestre-sala, Nair Luzia dos Santos como porta-estandarte. Tinha corda para impedir o entra e sai, além de fantasias e estandarte nas cores certas: vermelho e branco, as mesmas do América Futebol Clube.

Um bloco que evoluía ao som de sambas batucados, tirados pelo violão de Julio dos Santos, os cavaquinhos de Rubens e Alcebiades Barcellos, o pandeiro de Francelino Ferreira Godinho, os tamborins de Gastão de Oliveira e Tiberio dos Santos. Sem esquecer o de Bucy Moreira: "Eu nasci com o bloco, era garoto".

Um bloco que desfilava por Mangueira, Vila Isabel e Oswaldo Cruz: a Mangueira de Cartola, a Vila Isabel de Canuto, o Oswaldo Cruz de Paulo da Portela. Uma competição que teria fornecido, segundo Bide, o mote para o nome: "Quem deu até a ideia de Deixa Falar fui eu"; "porque a gente tinha pinimba mesmo".

Uma cultura da qual tirava bom proveito o pai de santo, cantor e percussionista Zé Espinguela, com um concurso entre as embaixadas do Estácio de Sá, Mangueira e Oswaldo Cruz, em 22 de janeiro de 1928, em sua própria casa, na Francisco Meyer, no Engenho de Dentro.

Uma vitória do Estácio, celebrada na Estrela D'Alva, em 12 de fevereiro, com uma "cabritada à italiana", seguida de arrasta-pé. Quando, de acordo com *A Noite*, depois de "divertir os queixos", as "damas e cavalheiros" iriam divertir as "pernas".

Naquele mesmo ano, em 12 de agosto, data revelada por Ismael Silva a Sérgio Cabral, a exatos seis meses da cabritada na Estrela D'Alva, os malandros-sambistas dariam o passo decisivo para a criação das escolas de samba: a fundação do bloco Deixa Falar.

Mesmo com nome e cores definidos, mesmo com mestre-sala e porta-bandeira, com baiana, corda e sambas batucados, os malandros não consideravam perfeita a organização do bloco. Assim, para fazer ainda melhor aquilo que estava bom, chamavam alguém de fora, com experiência no ramo de cortejos.

Como recordaria Alcebiades Barcellos, em depoimento ao Museu da Imagem e do Som: "Tinha um rapaz lá que era estivador, o Oswaldo, que tinha o apelido de Boi da Papoula"; "vamos botar o Oswaldo pra presidente, vamos fazer tudo organizado, direitinho".

Oswaldo dos Santos Lisboa era um mulato magro, de testa larga, olhos pequenos e tristes, nariz afro e boca miúda. Um tipo elegante, sempre de paletó e gravata, com toda a pinta de gente boa. Trabalhador da carga e descarga dos navios, associado à União dos Operários Estivadores, seria também pandeirista, segundo a caricatura de Affonso Lanza, no *Jornal do Brasil*, de 10 de janeiro de 1935. Chamado de Boi da Papoula pelos malandros-sambistas, de Oswaldo da Papoula pela imprensa, a Papoula daquele Oswaldo era a do Japão.

A Papoula do Japão, a única papoula do jardim de ranchos da cidade, tinha sido fundada, em 1906, na rua da América, 130, ao sopé do morro da Providência. Em 27 de fevereiro daquele ano, a *Gazeta de Notícias* descrevia a nova flor dos desfiles: "Riquíssimo estandarte branco e encarnado", "ventarola japonesa, com papoulas, sendo as varetas guarnecidas de violetas"; "12 damas e 20 cavalheiros, fantasiados à japonesa", além de dois meninos de "mandarim". Em sua estreia, ela levantava o 2º prêmio do concurso do jornal: o estandarte branco, de menção honrosa.

No dia seguinte, à porta da *Gazeta*, na Ouvidor, 70, o "originalíssimo grupo" entoava: "O Rei dos Astros que domina festas/ Desceu à Terra, desceu à Terra/ Como pisa com tanta altivez/ O grande sol do Império Japonês.// Bela princesa do Império Chinês/ Eu tenho paixão, eu tenho paixão/ Como é linda, trazendo em seu peito, / A Papoula do Japão".

Em 17 de janeiro de 1909, aquele mesmo jornal anunciava os planos da agremiação, com sede, então, na Benedito Hipólito, 82: "Os vitoriosos e invencíveis carnavalescos da Papoula do Japão retumbarão toda a cidade com a sua invejável pancadaria. Com riquíssimas vestes de aprimorado gosto, sairão com belíssimos quimonos".

O quimono seria uma das vestimentas do bloco Deixa Falar, duas décadas depois. Enquanto a música de pancadaria, sinônimo de música de banda, era tradição dos ranchos.

Em 27 de novembro de 1923, era de pancadaria a música que movimentava o baile da Papoula do Japão, na Senador Pompeu, 111, seu salão definitivo. Mais precisamente, a da Banda do

Regimento de Cavalaria da Polícia, sob a batuta de J. Rezende, o autor do maxixe *Cigana de Catumbi*.

Em 31 de maio de 1928, segundo o *Jornal do Brasil*, aquela flor dos bailes exalaria seu último perfume: "Reaparece hoje, no salão do ex-Reinado de Siva, a antiga Papoula do Japão". Justo quando Oswaldo dos Santos Lisboa estudava o convite do Deixa Falar.

Antes da palavra final, Oswaldo pedia, segundo Bide, uma confirmação: "Uma reunião pra ver se todo mundo apoiava ele como presidente". Uma relutância que dizia da distância entre um rancho de operários e um bloco de malandros.

Uma reunião no porão do 29, na esquina da Estácio com Maia Lacerda, onde "tinha uma família que gostava muito da gente", recordaria Alcebiades para o MIS. Um "porão baixinho", onde seria fundado, com a presença de "quase todos" os malandros-sambistas, o bloco-escola Deixa Falar. Onde seria desenvolvido, em processo de criação coletiva, o conceito de escola de samba.

Ao fundo do cortejo, a orquestra de percussão, à base de vários tamborins e pandeiros, mas apenas uma cuíca. Se os pandeiros e tamborins vibravam nas mãos de Alcebiades Barcellos, Francelino Ferreira Godinho, Gastão de Oliveira, Julio dos Santos, Oswaldo Vasques e Tiberio dos Santos, todos mestres dos couros, a cuíca chorava, de início, pelos dedos de João Mina e, mais adiante, pelos de Marcellino de Oliveira, o Oliveira da Cuíca. Sobre o número de músicos, a boa fonte seria, mais uma vez, Alcebiades Barcellos: "Tinha bem uns quarenta, só no ritmo".

Alcebiades Barcellos sentia falta de um instrumento "pra chamar a atenção lá na frente", "pra poder sentir lá na frente", como explicaria ao MIS. Uma carência que o levaria a inventar o surdo.

Bucy Moreira, percussionista do Deixa Falar, recordaria, em depoimento a Francisco Duarte, que Bide, antes de usar as habilidades de oficial de sapataria para encourar uma lata de manteiga, tinha apelado para um amigo, clarim da banda da Polícia Militar: "Olegário, você poderia emprestar o surdo da polícia?". Um pedido, a princípio, negado: "Não, Deus me livre. Quer que eu responda a um Conselho de Guerra?". Mais adiante, porém, entusiasmado com o bloco, ele terminaria por emprestar. Apenas uma vez, pois uma denúncia anônima quase trazia sérias consequências para aquele clarim boa praça.

Samba batucado do Estácio de Sá, de Carlos Didier

Segundo depoimento de Cristalino Pereira da Silva, o Bijou, a Francisco Duarte, Benedicto Lacerda seria o tocador do surdo. Cristalino era filho de um sargento-músico da PM, de mesmo nome que o seu, morador e encarregado da segurança do 29. Benedicto, outro residente daquela casa de cômodos, tinha sido músico da mesma instituição militar. Duas lembranças, a de Bucy e a de Bijou, que pareciam conectadas. Uma vez que confiar o instrumento da corporação a um ex-colega de farda soaria mais confortável para Olegário.

Para Cristalino, a armação do Deixa Falar se dava, com "umas 500 pessoas", ao longo da Maia Lacerda, entre a rua da Colina e a Estácio de Sá, com a ala das baianas à frente. Bucy Moreira confirmava as baianas, sem garantir a posição no desfile.

Na formação tradicional das escolas, segundo depoimento de Nilton Marçal ao autor deste livro, as baianas saíam junto da orquestra de percussão: "Podia vir a escola da maneira que viesse, a ala de baiana era colada à bateria"; "quem segurava a bateria, quem dava a harmonia para a bateria era a ala das baianas"; "elas vinham cantando, mas dizendo na boca mesmo".

No rabo da escola, desfilavam juntas a sensualidade e a virilidade: enquanto a percussão dos malandros mantinha acesa a chama do samba, as baianas incendiavam os malandros da percussão.

Na cabeça, o Deixa Falar seguia a tradição: os maiorais saudavam o povo, ao passo que a porta-estandarte e o mestre-sala defendiam o pavilhão. No miolo, diziam no pé e na garganta os malandrões e as malandrinhas, tanto as amadoras quanto as profissionais, numa mistura de flores do Estácio e do Mangue: "Bom, tinha gente da pesada e gente de família, mas ali, na hora, elas eram família, que elas respeitavam; não saía bolo, não", garantia Alcebiades Barcellos para o MIS.

Bucy Moreira, com 20 anos na primeira saída, assegurava, em depoimento a Francisco Duarte, a participação de Caneta e Nino, os "baluartes do momento". Dois malandros de justa fama na pernada, com ponto no largo do Estácio: "Nino era um dos maiores valentes", "o capoeira mais perfeito que apareceu"; "morava no Maia Lacerda", "pesava grama, tinha uns 48, 50 quilos, mas brigava; o camarada era uma arte".

Bucy, tipo dos mais macios do Estácio, "franzino, deste tamanhinho", na descrição de Carlos Cavalcanti, era íntimo dos malandros mais crespos. Segundo o *Jornal do Commercio*, de 27 de maio de 1934, seria condenado a três meses de prisão celular, processado nos artigos 303 e 124 do *Código penal*, por agressão com lesão, embora sem sangue, por resistência aos agentes da lei.

Na democracia carnavalesca do Deixa falar, sambavam malandrinhas e malandrões, todos fantasiados, todos de encarnado e branco, organizados em filas. Porque o bloco-escola não tinha alas, tinha filas, como esclareceria Bide: "Naquele tempo não tinha nada de ala, não"; "a gente formava quatro a quatro, cinco [a cinco]". Isso enquanto a corda estabelecia os limites do brinquedo: "Aí você não entrava; você não *panhava* o bonde andando, não". "Aí já não era mais bloco, era escola de samba".

Entre as coincidências da Papoula do Japão e do Deixa Falar, além das cores do pavilhão e do casal de mestre-sala e porta-estandarte, havia o quimono. Seria uma das fantasias, segundo Cristalino Pereira da Silva, junto com macacões, paletós-pijamas e, vez por outra, "um lenço no pescoço ou um chapéu de palhinha aba curta".

As principais diferenças entre uma escola e um rancho residiam nas baianas, no samba e na orquestra de percussão. O que levaria Ismael Silva a definir escola de samba, em depoimento ao MIS, do seguinte modo: "Música, ritmo e baianas"; "baianas, ritmo, percussão".

Na vasta cultura afro-carioca, a criação da orquestra de percussão representava uma conquista à parte. Através dela, a complexidade rítmica da música africana adentrava o samba carioca.

Enquanto a música europeia era de alta complexidade melódica, da qual havia brotado a própria harmonia, a africana era de alta complexidade rítmica. Música de polirritmia, de linhas paralelas com diferentes unidades de tempo. Como revelava o musicólogo Arthur Morris Jones, em *Studies in African Music*: "Essa é a própria essência da música africana: é isso que o africano procura. Ele quer desfrutar de um conflito de ritmos". "Quando o africano toca 3 contra 2 em polirritmia, o que ele às vezes faz é estabelecer essa relação permanente através de uma peça musical ou da parte principal dela. Isso é, aparentemente, uma negação de nossa insistência na constância da unidade básica de tempo".

Eventual na música europeia, a polirritmia acontecia de forma sistemática na africana. O que significava que, em termos rítmicos, a música de alto desenvolvimento era a africana, não a europeia.

Uma música que estava na raiz da orquestra de percussão brasileira, onde cada instrumento improvisava frases que variavam em função das frases dos demais instrumentos, sempre com o ouvido atento ao ritmo da melodia. Tudo se encaixava, tudo por intuição, tudo pura improvisação.

"Cada um fazia a sua", "e entrosava", garantia Nilton Marçal, testemunha do samba a partir de 1938, palavra soberana no assunto percussão. Um depoimento ao autor deste livro.

Como na África, os instrumentos eram fabricados pelos próprios músicos, à exceção do pandeiro, redondo ou sextavado, com ou sem platinelas, sempre obra de marceneiro.

O tamborim nascia de uma moldura quadrada, fixada por pregos, encourada como ensinava mestre Marçal: "Pegava essas duas pontas, dava uma tacha aqui, outra aqui; agora você vinha puxando", esticando, "o máximo que você possa". "Quando o cara queria deixar a tacha aparecendo, deixava"; "quando não queria", cobria "com o próprio couro molhado". Couro de boi, chamado de "raspa", nunca de gato. "Couro de gato é mentira, couro de gato nunca deu pra encourar nada"; "couro do gato é quase um papo de galinha, é um couro muito frágil".

O surdo seria inventado a partir de uma prosaica lata de manteiga. Uma história que o próprio criador, Alcebiades Barcellos, contava: "Dessas latas de manteiga pequenas; eu botei aro por dentro, de madeira, e por fora". Dois aros onde o couro era "pregado" por Bide, oficial da indústria de sapatos.

De lata de manteiga também teria sido a primeira cuíca de João Mina, feita em 1905, nos "fundos de uma cocheira", "no bairro do agrião", "ao lado do seu calvário, uma carroça; e de seus amigos, dois muares sonolentos". Isso de acordo com duas matérias sobre o primeiro cuiqueiro do samba, ambas publicadas por *A Nação*, uma em 11 de janeiro de 1935, outra em 6 de janeiro de 1936. Quando a cuíca de João Mina já nascia de uma barrica de vinho.

Um instrumento de origem africana, descrito em detalhes por Natalie Curtis, em *Songs and tales from the dark continent*: um "longo tronco oco", fechado em apenas um lado por "pele de antílope" ou de "vaca", "perfurada por dois pequenos orifícios nos quais são inseridas, separadamente, as duas pontas de um pedaço de corda ou tendão, que são amarrados a uma palheta dentro do tronco". "O tocador molha os dedos em uma tigela de água perto dele e toca a pwi'ta puxando a palheta, deslizando os dedos úmidos para cima e para baixo".

A afinação dos instrumentos se dava, de acordo com Nilton Marçal, pela ação do calor sobre o couro: "Cada um saía com seu jornal no bolso"; "tá muito grave, parou na calçada, acendia o jornal"; "esticou, vamos embora, deixa o jornal aí queimando".

Mais uma herança africana, como provava a fotografia, batida no Congo, publicada em *Musique centre africaine*, de Herbert Pepper, com a legenda "*La peau de ngoma est tendue a la chaleur du feu*" ("A pele do *ngoma* é esticada ao calor do fogo"). Onde o *ngoma* era uma espécie de atabaque pequeno.

Criação de malandros-sambistas, gente dura de encarar na mão, o samba batucado era viril. Para tocar seus instrumentos, além de habilidade rítmica, era preciso ter força. Carecia "punho" para sustentar o pandeiro, advertia mestre Nilton Marçal. Musculatura sólida para manejar o surdo, assegurava o percussionista Oscar Bolão: "A gente entrava com ele pesando, digamos, uns três quilos; saía carregando um de uns dez".

Porque na bateria se materializava a "harmonia de tensões contrárias, como de arco e lira", da tirada filosófica do grego Heráclito. A harmonia entre as tensões dos instrumentos da guerra e da música.

Ao fundo do cortejo, a orquestra de percussão e a fila de baianas. Na frente, a comissão de baluartes, o mestre-sala e a porta-estandarte. No meio, as malandrinhas e os malandrões, todos nas cores certas, todos no passo e no compasso do samba batucado, com dois ou três gogós no improviso. Ao longo de todo o trajeto, no entrosamento do canto e da dança, diretores de harmonia. Em torno, uma corda, obra de muques amigos, limite entre espetáculo e plateia.

Era esse o conceito de escola de samba.

Uma expressão que, de alcunha do Estácio de Sá, passaria a designar, aos poucos, aquele tipo de bloco criado no bairro.

Samba batucado do Estácio de Sá, de Carlos Didier

Um conceito posto à prova, com sucesso, pelo Deixa Falar, em 1929, 1930 e 1931.

Naquele ano de 1931, quando o Deixa Falar enfrentava seu último desfile, os blocos de sujo, aqueles do entra e sai dos foliões, consagravam quatro sambas batucados como os mais populares: *Com que roupa?*, *Deixa essa mulher chorar*, *Nem é bom falar* e *Se você jurar*.

Quando, sem artimanhas e maquinações, o samba batucado, criação de espertos malandros-sambistas, se fazia o samba do Rio de Janeiro.

Para todo o sempre, enquanto existir samba, enquanto houver carnaval.

27

Se você jurar, obra-prima do samba batucado, era criação de Nilton Bastos. Um samba inspirado em Georgina, sua "noiva", "pequena muito mais bonita" que Vozinha, sua "amante". Ambas empenhadas "naquela atividade", responsáveis pelo correto sustento do malandro.

Uma revelação de Luiz Alves da Costa Filho, sobrinho do compositor, a Francisco Duarte: "Ele foi noivo da Georgina", "noivo até 10 anos"; "depois que eles brigaram, foi que ele escreveu o samba": "Se você jurar que me tem amor...".

Nilton, filho do português Francisco Alves Cerqueira Bastos e da carioca Maria José da Silva, nascera em 12 de julho de 1899, na ladeira de São Januário, 9, quando seu pai trabalhava na Companhia de São Cristóvão, uma das empresas de bonde da cidade. Seis anos antes, ao registrar Margelina, a mais velha, ele se declarava "negociante". Seis anos depois, quando do nascimento de Maria José, a caçula, era "empregado público". Ao morrer, em 4 de abril de 1908, aos 44 anos, vítima de "nefrite parenquimatosa", deixava cinco filhos: Margelina, com 14 anos; Raulindo, 13; Althair, 10; Nilton, 8; e Maria José, 2; além de um "nascituro". Seria, no fim da vida, "cocheiro", morador da São Luiz Gonzaga, 122.

Adolescente de São Cristóvão, aluno da professora Isabel Dowsley, na 1ª escola masculina do 5º distrito escolar, na Frei Caneca, 296, Nilton Bastos era aprovado, aos 14 anos, em exame de promoção de classe, com "distinção e louvor", segundo *O Paiz*, de 9 de dezembro de 1913.

Dias antes de completar 20, a paixão pelo *football* já o movimentava. Era, então, de acordo com o mesmo jornal, de 29 de junho de 1919, *player* do *team* do Sport Club Rio de Janeiro, agremiação da Moraes e Silva, no Maracanã.

Um jogo em que, na posição de *forward*, se fazia famoso pelo potente *shoot*. Numa época em que futebol era *football*; campo, *ground*; partida, *match*; jogador, *player*; time, *team*; atacante, *forward*; e chute, *shoot*.

Samba batucado do Estácio de Sá, de Carlos Didier

Sempre no primeiro *team*, Nilton Bastos aparecia em *matchs* contra o Carioca, o Vasco da Gama, o Palmeiras e o Brasil, esse último no *ground* do Botafogo. Isso até março de 1921, quando se transferia para o São Paulo e Rio, clube da rua do Catumbi. No ano em que a zona do Mangue ganhava corpo, o magnetismo da bola o conduzia à zona do agrião.

Em 9 de abril de 1922, já era a estrela do Bruxellas, clube da Marquês de Sapucaí, em vitória emocionante contra o Sparta, pelo *score* de 3 x 2, com os três goals marcados pelo "incomparável *forward* Nilton". Onde aquele "incomparável" de *O Paiz* dava razão a Luiz, filho de Margelina: "Eu fui ver ele treinar; meu tio tinha um chute que só vendo; jogava muito bem bola".

Quando a zona do Mangue chegava ao esplendor, Nilton Bastos jogava no Bruxellas. Herói dos 3 x 2 em cima do Sparta, não seria difícil adivinhar seu sucesso junto às malandrinhas: "Moreno claro, muito simpático", segundo Bucy Moreira; alto e esguio, com cerca de 1 metro e 80, de acordo com seu sobrinho; compositor, pianista e jogador de futebol, como era de conhecimento geral.

Naquele ano, ganhava a vida como torneiro mecânico do Arsenal de Guerra, na Ponta do Caju. Mesmo para um operário de alta qualificação, aquela usinagem de peças era dura tarefa, com base em rigorosos parâmetros, dentro de austeros horários militares.

Por volta de 1923 ou 1924, Nilton atendia, segundo seu sobrinho, ao chamamento da malandragem. Era quando abandonava os companheiros do Arsenal para se fazer amigo dos irmãos Brancura, Doca e Ernani, Bide e Rubens. Quando passava a compor sambas batucados, a viver de mulheres, a ser visto somente de "camisa de seda", com "monograma" e "botões de ouro", de "gravata laço borboleta", "chapéu gelot" e "polainas". Um malandro por inclinação, não por fatalidade.

Pelo catálogo de endereços da Casa Edison, residia na rua de São Cristóvão, 581. De acordo com o sobrinho, abrigava-se na Dona Júlia, 67, transversal da Salvador de Sá, em companhia da mãe.

Uma senhora para quem aquele modo de vida do filho não era segredo, muito pelo contrário. Era com ela que a "noiva" se queixava, após escutar a cidade inteira entoar o "Se você jurar que me tem amor...". Porque aquela compreensiva dama não titubeava em castigar, e do modo mais tradicional, seu rebento boêmio.

"Ela foi dizer à minha avó...". "Minha avó batia nele por causa da Georgina, tem mais essa", recordaria o atento neto. Um castigo carregado de sabedoria. Pois era de moças como aquela que vinha o sustento da casa; inclusive, o da mãe daquele malandro.

Quando a briga de Nilton era com Vozinha, cabia ao sobrinho Luiz apanhar as roupas elegantes na Júlio do Carmo. Onde a amante prestava serviços, de onde o menino saía sempre com alguns trocados. No momento das pazes, era seu também o carreto da volta.

Luiz Alves da Costa Filho seria testemunha das habilidades do tio na batucada da balança, nos fundos da Escola Benjamin Constant, na Praça Onze, em companhia de Bide, Brancura e Julinho. Se naquele jogo havia os que sabiam dar e os que sabiam receber, Nilton Bastos era um batuqueiro especializado em desmanchar as bandas: "Meu tio sempre desmanchava...", garantia Luiz.

No time de malandros-sambistas, ele seria, na opinião de Carlos Cavalcanti, "o mais fluente e borbulhante *causeur*": palestrava "como se cantasse". Seu prestígio no bairro se traduzia em respeito aos sobrinhos e, especialmente, às sobrinhas: "Cuidado, não mexe, não. Ela é sobrinha do Nilton Bastos".

Frequentador de botequins do Estácio, quando via passar uma das filhas da irmã, brincava: "Vem cá, vem tomar a bênção ao seu tio". Se a menina "ficava por conta", se ia se queixar à mãe, o malandro escapava com um sorriso: "Ó Margelina, ela não me toma a bênção no meio da rua?".

Sócio-atleta de cafés do Mangue, conhecia Juvenal Lopes quando este cantava os primeiros sambas, com a firme aprovação das moças do prazer: "Ai de mim, um cantor de Mangueira!". Quando seria de Nilton Bastos, certa noite, o empurrão decisivo que Nanau precisava: "Corre o pires, corre o pires!".

Em depoimento para o *Diário de Notícias*, de 20 de janeiro de 1974, Juvenal confessava que abandonava, naquele preciso momento, o pregão de sorveteiro ("Sorvete, Iaiá/ É de coco/ É de baunilha") para se defender na zona: "Fui vivendo no Mangue, onde tive as primeiras mulheres...". "Tive uma que me dava muito trabalho, embora me desse dinheiro. Vivia aprontando banzés na rua Carmo Neto, brigando com as companheiras e armando confusões. Então, eu fiz um samba pra ela: *Isaura, chave de cadeia*". Um samba que, gravado por Benedicto Lacerda e pelo Gente do Morro, apareceria sem o nome de Juvenal no selo.

Segundo Luiz Alves da Costa Filho, a musa costumava visitar Nilton Bastos nos cafés: "Meu tio ficava naquele botequim da esquina, Estácio de Sá com Pereira Franco"; "ali é que ele fazia os sambas". A indicação precisa do Bar Apollo.

Se fazia sambas ali, talvez ali tivesse nascido *Chora, meu bem*, letra sua, melodia de Benedicto Lacerda, como anunciava, em 3 de fevereiro de 1928, o *Correio da Manhã*. Uma parceria confirmada por *O Imparcial*, de 5, e *A Esquerda*, de 10.

Um samba cuja letra não disfarçava um certo gosto pelo sofrimento alheio. Um traço característico dos cáftens. Porque Nilton Bastos, "um coração de ouro" na opinião de seu sobrinho, era um autêntico malandro: vivia de mulheres, sabia como extrair vantagem daquelas minas.

Um samba gravado por Benedicto Lacerda e o Gente do Morro, sem o nome de Nilton Bastos no rótulo. Porque Benedicto Lacerda também era um malandro autêntico. Se não explorava mulheres na zona, passava para trás os parceiros sem dor na consciência. Se não carregava navalha, tinha a agressividade entre seus traços.

Uma violência sobre a qual Altamiro Carrilho, discípulo e forte admirador, daria testemunho: "Ele não era de levar desaforo para casa, não. Ele respondia no ato. E outra coisa: brigava muito bem. Brigava maravilhosamente. Esse negócio de malandragem, de rasteira, desse troço todo, ele sabia tudo, não é?". Um depoimento ao autor deste livro, de 4 de abril de 1993.

Na época em que o pandeirista do regional atendia pelo apelido de Meningite, este tocava sentado, bem à frente de Benedicto, com Dino e Meira ao lado, Canhoto em pé, atrás dos violões. Sempre que o pandeiro errava, e ele errava muito, o flauta aplicava um pontapé corretivo, de bico de sapato, em sua canela.

Tempos depois, Lacerda e Dino reencontrariam Meningite, já como pandeirista de um *dancing* da Treze de Maio. Em resposta aos comentários sarcásticos do flautista sobre suas "presepadas" e "piruetas", ele indagava do palco: "Estás aí? Depois de velho deste para dar o cu?".

Dono de perfil "meio maluquinho", num intervalo, sem se dar conta do perigo, vinha para a mesa, onde era recebido com a seguinte pergunta: "Escuta, o que é que você falou mesmo de lá do palanque, hein?". Ao repetir a tirada sobre o idoso e seu ânus, recebia, de bate-pronto, uma "bolacha": "De canhota, de costa de mão". "O Meningite voou assim, caiu lá no chão". Uma história que Horondino José da Silva concluía com as seguintes palavras: "Ele não levava desaforo, não"; "resolvia na hora". Um depoimento colhido, em 3 de junho de 1993, pelo autor.

Baiaco e Lacerda tinham um truque malandro para se apropriar de samba alheio. Um golpe aplicado no Café Ópera, na Pedro Primeiro, bem ao lado da entrada do Carlos Gomes. Uma criação de Baiaco: "Benedicto, eu vou pedir àquele cara para cantar o samba de novo. Você fica ali, na mesa ao lado, como quem não quer nada. Vai escrevendo a música. Na hora em que você tiver a partitura pronta, me faz um sinal".

Naquele momento, Baiaco interpelava o incauto compositor: "Me diz uma coisa, de quem é esse samba?". Quando o otário ousava afirmar que era seu, o malandro cortava no ato: "Este samba é meu. O Benedicto Lacerda é testemunha. Chegou a escrever a música para mim. Por falar no homem, ali vem ele. Ó Benedicto! Vem cá esclarecer um negócio". Era quando o flautista, com a partitura na mão, cantarolava a melodia na frente do atônito ex-autor. Porque o samba, naquele instante, mudava de dono.

Em depoimento ao autor deste livro, colhido em 13 de março de 1981, Waldiro Tramontano, o Canhoto do Cavaquinho, associava o truque ao *Arrasta a sandália*. Um refrão que pertencia, na verdade, ao folclore baiano. Um golpe revelado pelo próprio Benedicto Lacerda ao cavaquinhista do Gente do Morro.

Não sem razão, os sambas *Toma jeito* e *Se tu sambas é porque queres*, criações de Nilton Bastos, posteriores a *Chora, meu bem*, tinham as letras publicadas por *A Manhã*, de 25 de janeiro de 1929, em artigo com este título: *Novos sambas. Para que não apareçam novos donos...*.

A musa de *Toma jeito* era uma daquelas moças que sustentavam o malandro: "Não quero que tu digas/ Que teu amor foi meu/ Para não haver intriga/ Não deves relatar./ Mulher como você/ Não se deve amar/ Não quero ser feliz/ Corrige o teu pensar". Um samba em que aquele "Não quero ser feliz" carregava o antirromantismo do Estácio.

Se tu sambas é porque queres, rebatizado como *O destino Deus é quem dá*, seria gravado por Mario Reis, com o correto crédito a Nilton Bastos: "Sei que tu andas sofrendo/ Estás arrependida do que já me fez/ É teu destino, mulher/ Eu não te perdoo/ Porque tu vais me enganar outra vez". Uma letra com uma ponta de perversidade.

Um tema melódico de apenas três notas: "dó, sol, mi". Um desenvolvimento sutil, em que a primeira nota descia meio tom, enquanto as duas outras eram mantidas: "si, sol, mi". Uma sequência que descansava num lá. Onde as notas dó, si e lá formavam uma descida perfeita. Onde se percebia um dedo de pianista.

Uma melodia que, muito bem tramada, carregava a tristeza dolorida do Estácio. Um samba com síncopa por antecipação, onde a primeira nota acontecia antes do primeiro tempo forte e por ele se estendia. Uma obra-prima do samba batucado.

Assim é que..., com contrato de gravação de 4 de junho de 1929, lançado por Augusto Calheiros um ano depois, possuía tema semelhante a um toque militar. Um arpejo do acorde de fá maior: "fá, dó, fá, lá; fá, lá, dó". Não à toa, quando a orquestra assumia o samba, um trompete solava o tema. Uma letra mais para gigolô do que para cáften: "Eu te pergunto então/ Não queres mais possuir meu coração?/ Tu bem podes usar de lealdade/ Que é para nossa completa felicidade".

O dinheiro faz tudo, do mesmo ano, inspirava-se em provérbio francês: "O amor faz muito, mas o dinheiro faz tudo". Uma sabedoria que, afeita à zona, Nilton Bastos bem podia ter bebido da boca de alguma francesa do Mangue: *L'amour fait beaucoup, mais l'argent fait tout*.

Um refrão que carregava um erro de português: "Eu só quero que Deus me dê/ A sorte de uma nota arranjar/ Tenho a certeza que você me vendo/ Todo bonito, queres de novo voltar".

Um erro que irritava Tom Réo, de *O Malho*, em 8 de março de 1930: "O dinheiro faz tudo, de fato... Para arranjá-lo todo músico vira compositor e, o que é pior, todo compositor vira poeta... A prova de que todo compositor, por mais analfabeto que seja, se sente com o direito de perpetrar versos infames em português, dá-nos o sr. Nilton Bastos, autor da música e da letra do samba cujo título serve de epígrafe a este tópico. Eis essa *joia* literária, onde tu e você andam de braços dados, na mais amável das confusões".

Um samba, no entanto, de melodia bem elaborada, como o próprio Tom Réo reconhecia: "Música apreciável". Onde um ouvido atento detectava uma coincidência com a melodia de *Mulher venenosa*, samba dito de Brancura, no trecho que fechava a segunda: "Amor, carinho e a orgia...". Onde as notas de "Amor, carinho" eram as mesmas de "Confesso, te adoro", com a mesma bela modulação para tom menor. Seria de Nilton Bastos a inspirada segunda de *Mulher venenosa*?

Sonho era outra parceria com Benedicto Lacerda. Um samba que vinha à tona durante o depoimento de Luiz Alves da Costa Filho, no momento em que Francisco Duarte lia, em voz alta, o relatório da Sociedade Brasileira de Autores Teatrais, de 16 de julho de 1929: "Parcerias com Ismael Silva: *Ironia, Será ou não?, Fiz isso brincando*, gravados na Casa Edison e Brunswick". "E Benedicto Lacerda tem duas músicas: *Sonho* e *Chora, meu bem*".

Sonho, gravado por Francisco Pezzi, em 27 de fevereiro de 1930, trazia uma melodia de marcha-rancho, em cima da pulsação rítmica do samba: "Sonhei que implorava/ Um amor que me pertenceu...". Em termos musicais, outra prova da influência das marchas nos sambas-batucados. Em termos autorais, mais um sumiço do parceiro debaixo dos dedos ágeis do flautista. No 33.272 da Victor: *Sonho*, de Benedicto Lacerda.

Eu vou, assinado por Ary Barroso, Nilton Bastos e Francisco Alves, carregava uma história que confirmava o caráter malandro do mais importante cantor brasileiro.

Em fins de 1929, a companhia Veado lançara o Grande Concurso Nacional Monroe. Objetivo: eleger, pelo voto popular, o *leader* dos *footballers*. Prêmio: "Uma barata Chrysler 77, último modelo, maravilha da indústria automobilística".

Uma disputa que chegaria ao fim, em junho de 1930, com a vitória de Russinho, craque do Vasco da Gama. Enquanto o desfecho não acontecia, a companhia patrocinava outros concursos, a fim de manter aceso o interesse do público.

Em 23 de fevereiro, no Teatro República, vários compositores participavam do Concurso de Sambas Monroe: J. Rezende, com *Canja de bode*; Bucy Moreira, com *Louca*; Wantuil de Carvalho, com

Monroe; Benedicto Lacerda e Ildefonso Norat, com *No Sarguero*; e Ary Barroso e Nilton Bastos, com *Eu vou*. Entre os intérpretes, Augusto Calheiros, Benicio Barbosa, Francisco Alves e Patricio Teixeira. Sendo o próprio Chico, segundo o *Diário da Noite*, de 20 de fevereiro, o organizador.

Em vez de atribuir o primeiro lugar ao mais votado, o segundo ao que viesse em seguida, havia duas votações: uma para primeiro, outra para segundo. Resultado do primeiro lugar: *Eu vou*, de Francisco Alves, com 426 votos; *No Salgueiro*, 267. Resultado do segundo lugar: *Eu vou*, 226 votos; *No Salgueiro*, 194.

Por trás daquela estranha lógica, dois prêmios em dinheiro: um conto de réis para o primeiro; 500 mil réis para o segundo. Ambos abiscoitados pelo organizador do concurso.

Comentário de Benedicto Lacerda: "No dia do certâmen, o meu samba *Morro do Salgueiro*, a pedido da plateia, foi repetido quatro vezes, o dele, *Eu vou, eu vou*, embora o silêncio dos espectadores, foi bisado. No final: Francisco Alves, 1° lugar; Benedicto Lacerda, 2° lugar. Eu tinha direito, portanto, ao prêmio de 500 mil réis. Quando, porém, fui recebê-lo, o Alves declarou-me que eu não fora premiado. Fez uma conta de chegar e acabou afirmando que o 1° e o 2° prêmios couberam ao samba que ele diz ser de sua autoria, *Eu vou, eu vou*...! E papou um conto e quinhentos mil réis". "Francisco Alves sempre viveu de golpes de mestre". Um depoimento a Carlos Cavalcanti, em *A Notícia*, de 16 de agosto de 1930.

Se o caráter malandro do grande cantor era invariável, bastante variável era a qualidade dos sambas do malandro Nilton Bastos, antes de se fazer parceiro de fé de Ismael Silva.

Num extremo, ficava a pobreza de *Antes só*, gravado por Ascendino Lisboa: "Eu vivo bem sem ter mulher/ E levo a vida a gozar/ Pois hoje em dia eu não penso em amar, em amar". No outro, a riqueza de *O destino Deus é quem dá*: "Eu já gostei de você/ Para de novo gostar/ É preferível morrer/ Não poderei esquecer/ A tua falsidade, sem eu merecer".

A colaboração com Ismael Silva, em duas dezenas de sambas de primeira linha, se mostraria muito benfazeja para Nilton Bastos. Um acordo que atribuía a ambos a autoria de tudo criado pelos dois, com o objetivo de aplicar um drible em Francisco Alves e Mario Reis.

Uma estratégia com pinta do *forward* Bastos. Um pacto posto para escanteio em 27 de novembro de 1930, com a entrada em campo da trinca Ismael, Nilton e Francisco.

Em *Nem é bom falar*, tirado por banjo, violão, tamborim e tambor-surdo, Chico, além de deixar de lado a orquestra, se valia de um coro de malandros. No selo: Francisco Alves e Bambas do Estácio. O Gente do Morro tinha mesmo mexido com o grande cantor.

No entanto, *Nem é bom falar* não trazia a pulsação autêntica dos sambas batucados. O que significava que o samba dos malandros ainda estava em processo de absorção pelos músicos. Assim como provava que nem todos aqueles bambas do selo eram, de fato, do Estácio de Sá.

Uma criação de Ismael Silva, como ele mesmo revelaria para a *Veja*, de 12 de fevereiro de 1975. De um jato vieram a melodia e a letra dos dois primeiros versos: "Nem tudo que se diz se faz/ Eu digo e serei capaz...". Nesse ponto, ele se indagava: "Capaz de quê?". Semanas depois, "andando na rua", a resposta descia: "De não resistir...".

Um estribilho de inspirada melodia, onde a segunda frase nascia da primeira, ambas com notas finais longas e agudas. Uma melodia delicada e cantante, nítida como um toque de clarim, de arremate perfeito: a última frase era idêntica à inicial.

Um estribilho sobre a incapacidade do malandro de viver longe da boemia. Uma segunda que dava voz a uma dama da orgia: "A polícia quer saber/ Se eu dou meu dinheiro todo a você". Pois quem passava a grana era ela, não o malandro.

Oleleô, o outro lado do disco, tinha o mérito de confirmar a matriz dos sambas batucados. Era um partido-alto em tom menor: "Tu não me tens amor, meu bem...". Um refrão com improvisos dentro do modelo clássico: "Você diz que não me quer/ Você diz que não me adora/ Quando tu me vês, mulher/ Por que é que você chora?". Cultivava-se o partido no Estácio de Sá.

Os sambas seguintes de Nilton e Ismael, *Não há* e *Se você jurar*, duas obras-primas, seriam gravados, em 5 de dezembro, por Chico Alves e Mario Reis. Uma tabelinha de duas gargantas improváveis, mais uma invenção do grande cantor, cuja personalidade prosseguia naquela perfeita mistura de mocinho e bandido, de surpreendentes porções de bem e de mal.

Não há nascia de tema de duas notas apenas: "lá, sol". Isso na tonalidade de dó maior. No primeiro desenvolvimento, uma escala ascendente até as duas notas do tema: "sol, si, ré, fá, lá, lá, sol". Em seguida, uma recriação, também com duas notas: "fá, mi". Depois, mais uma escala ascendente, dessa vez até a região aguda: "sol#, si, si, ré, mi, dó#". De tal forma que o "lá, sol" do tema, o "fá, mi" do desenvolvimento e o "mi, dó#" da região aguda formavam a estrutura da primeira frase: "Não há/ Não há quem não se iluda/ Com teu sorriso traidor...".

Uma letra em que a musa era uma bela carangueja do Mangue. Uma melodia em que aquelas notas agudas carregavam a pungência característica do Estácio. Um samba que prosseguia com versos confessionais de malandro-cáften: "Dizem que vingança é pecado/ Então tu podes crer/ Que eu serei um pecador". O mesmo gosto pelo sofrimento alheio de outros sambas de Nilton Bastos.

Não há, cantado por Mario Reis e Francisco Alves em mi bemol maior, tom confortável para o piano, soava mesmo como brotado de teclas brancas e pretas. Uma reflexão musical relevante, pois no time de malandros-sambistas havia apenas um pianista. E Georgina, a musa de *Se você jurar*, bem podia ser a bela carangueja, a dona daquele "sorriso traidor".

Em 1º de novembro de 1925, no Reinado de Siva, sociedade dançante da Senador Pompeu, ponto dos sambistas-malandros, uma certa Georgina da Silva Gomes, branca, de 22 anos, de serviços na Júlio do Carmo, 166, se engalfinhava com uma certa Maria Dolores que ousara dançar com um antigo amante seu. Uma cena que acabava no 3º Distrito, com direito a exame de corpo de delito.

Georgina era o nome da "noiva" de Nilton Bastos; Dolores, o da paixão de Rubens Barcellos. Se era verdade que havia, no vasto bairro do prazer, muitas Georginas e Dolores, era verdade também que a Dolores de Rubens e a Georgina de Nilton eram daquela mesma espécie.

Sobre *Se você jurar*, Orestes Barbosa, em *Samba*, não deixava espaço para dúvida: "Nilton Bastos foi um fulgor. É dele o *Se você jurar/ que me tem amor...*".

Se você jurar trazia um tema de cinco notas. Em dó maior: "lá, sol, dó, dó, dó". Primeiro desenvolvimento: "mi, ré, sol, sol, sol".

Depois, um trecho em descida: "lá, mi, dó, lá". Em seguida, uma subida, "dó, mi, lá", com arremate meio tom abaixo: sol#. Essa era a estrutura da primeira frase. E havia semelhanças entre os arremates lancinantes das frases iniciais de *Se você jurar* e de *Não há*.

No disco, *Não há* e *Se você jurar* formavam um par de jarros. De mesmo estilo, de mesmos artesãos, estribilhos de Nilton Bastos, segundas de Ismael Silva, provavelmente. Não à toa, comentava o crítico do *Correio da Manhã*, de 8 de fevereiro de 1931: "Aqui está uma chapa esplêndida, sem verso nem reverso, pois tudo é bom e merecedor da face A". Um recorte da coleção do historiador Abel Cardoso Júnior, transcrito em *As mil canções do Rei da Voz*.

Justo por aquela época, Ismael Silva migrava do tamborim para o violão, pelas mãos de um mestre: Jacy Pereira. A Pedro Bloch, ele detalharia que, ainda na roda do Catumbi, se tinha feito "necessário como tamborim". A Muniz Sodré, garantiria: "Só aprendi a tocar violão quando já era compositor profissional"; "meu professor foi Gorgulho, um violonista do conjunto regional de Benedito Lacerda". Uma migração reveladora, pois a batida do violão de Ismael Silva guardava semelhanças com a de um tamborim.

Se você jurar, interpretado por Ismael Silva para o MIS, trazia a síncopa por antecipação. Um registro valioso para a história da música. Afinal, ela não soava na gravação original de Francisco Alves e Mario Reis.

Na versão da fabulosa dupla de cantores, o "cê" de "Se você jurar" caía bem em cima do tempo forte. Para o sambista-malandro, o "cê" vinha antes, perfeitamente ajustado à batida do violão.

Era o *Se você jurar* genuíno. Era a pulsação autêntica do samba batucado. Era Ismael Silva, o *primus inter pares* do Estácio de Sá.

28

Muito antes de sua vida se complicar, Ismael Silva exibia uma personalidade encrencada. Compositor longevo, com apenas dois parceiros de fé, Nilton Bastos e Noel Rosa, dentro daquela mente criativa, onde germinavam melodiosos sambas, agitavam-se inclinações contraditórias.

Era um homem de índole difícil, cujas façanhas como jogador de chapinha deixavam longo rastro na justiça, cuja fama de cáften se fazia sólida no meio artístico. José Antônio Nonato, fraterno amigo seu, seria testemunha de acusação frontal da cantora Clementina de Jesus: "Cafetão! Explorador de mulheres na zona!".

De seu esmero nas indumentárias, requinte sustentado justo por aquelas mulheres, Bucy Moreira trazia nítida memória: "Ismael era um sujeito que era um manequim". Uma elegância que as fotografias não desmentiam.

Como se mostravam precisas as informações sobre seu lado positivo: "Era um sujeito que qualquer um gostava dele, tinha aquela maneira social com que ele se movimentava". "Qualquer lugar que ele chegasse, ele conduzia", "tinha um reconhecimento social que só vendo". "Não abusava, sempre brincando, aquela brincadeira de salão, alta família".

No depoimento de Bucy, havia um porém: "Ismael sempre foi enjoado". "Era uma espécie, assim, de um animal raivoso, preocupado, meio esquisito". "Tinha um lado mau dele; era um pederasta danado". Memórias do neto de Tia Ciata, recolhidas por Francisco Duarte.

Durante o depoimento de Alcebiades Barcellos ao Museu da Imagem e do Som, o historiador José Ramos Tinhorão indagava sobre a fama de proxeneta do autor de *Amor de malandro*: "Tinha mulher também?". "Negócio de mulher?". Mas recebia uma resposta evasiva: "Você tá falando que ele tinha". "Eu sei lá, eu vejo uns dizer que ele não gostava de mulher". "Eu nunca vi ele com mulher".

Alcebiades Barcellos preferia entregar o homossexualismo de Ismael Silva do que sua cafetinagem. Era a regra de ouro: *Não te importes*. A terceira ponte de pedra do caminho entre Mataporcos e São Cristóvão.

Fingir que os malandros não eram malandros fazia parte do jogo. O próprio Ismael Silva, indagado por Ricardo Cravo Albin, no Museu da Imagem e do Som, sobre a malandragem dos sambistas, se esquivava: "A rapaziada era da boemia, não é como pensam". Como afirmara Charles Baudelaire, "a mais bela das trapaças do diabo é persuadir você que ele não existe!".

Para Maria Lúcia Rangel, filha do amigo Lucio, Ismael abria um pouco mais o jogo: "Eu fui vaidoso demais na mocidade. Andava cheio de joias, com anéis, pulseiras, cheguei até a usar um guarda-chuva com cabo de ouro. Eu era tão besta, e por que não dizer ignorante, que quando via alguém de posse sem joias, taxava logo de pão-duro". Um raro autorretrato do malandro-cáften, no *Jornal do Brasil*, de 2 de abril de 1974.

Sempre na mira dos investigadores de polícia, Ismael Silva retornava aos cuidados do coronel Meira Lima, pela sétima vez, em 14 de outubro de 1929. Motivo: "Antecedentes". Uma detenção pela fama.

Em 22 de abril de 1930, por "vagar sem destino", por ser conhecido "jogador de tampinhas", seria detido, na Nery Pinheiro, em plena zona do Mangue, pelo guarda-civil Talisman da Silva Campos. Autuado pelo delegado Mario Pereira de Lucena, do 9º Distrito, voltava à Casa de Detenção. E mais uma vez em 10 de junho, de novo por vadiagem. Nove prisões até ali.

No momento em que fechava o acordo autoral com Nilton Bastos, era consistente sua carreira de malandro. Uma das criações da dupla seria, aliás, uma exaltação à malandragem: *O que será de mim?*. Mais uma gravação de Francisco Alves e Mario Reis. Outra franca confissão de vadiagem: "Se eu precisar algum dia/ De ir pro batente/ Não sei o que será...".

Em 1955, Ismael Silva, em regravação para a Sinter, deixaria o estribilho para o coro, enquanto se deliciava em cantar uma das segundas. Justo aquela de natureza confessional: "Também dou a minha bola/ Golpe errado ainda não dei...". Onde "dar uma bola" significava enganar otários no jogo de tampinhas.

Dez anos antes, num domingo de 1945, na ilha de Paquetá, Roberto Martins, dublê de compositor e guarda civil, descansava de suas duas profissões ao receber uma chamada do comissário Policarpo: "Dá um pulo aqui que prendi um rapazinho de cor"; "ele disse que é compositor", "conhece você". Após revelar o nome do preso, Poli escutava, do alto de seus dois metros, não sem espanto, dez sambas dos melhores. Um deles, o *Se você jurar*. Ao final, rebatia: "Aquele crioulo é dono disso tudo?".

Uma dúvida que duraria até Roberto dar uma chegada na delegacia, espiar pela janela da cela, enxergar Ismael sentado: "É esse mesmo". "Então, vai lá. Toma a chave e solta ele". Seriam essas as palavras do comissário de Paquetá. Uma ilha onde até a polícia tinha largueza de alma.

Ainda com o amigo na porta, o malandro-sambista dava início às explicações: "Ô Roberto, eu fiz uma besteira, eu estava arrestado"; "fui dar uma bolinhazinha"; "aí, dei azar, a polícia chegou e me pegou". Onde *estar arrestado* era ficar sem dinheiro; *dar uma bolinhazinha*, jogar a chapinha. Um depoimento ao autor deste livro, de 22 de fevereiro de 1981.

A mesma estrofe trazia outra evidência do dedo de Ismael Silva: "Minha malandragem é fina/ Não desfazendo em ninguém". Um verso em que o uso da preposição *em*, no lugar da costumeira *de*, fazia parte de seu requinte. Como no *Quincas Borba*, de Machado de Assis: "Desfazer no retrato só para elogiar a pessoa!". Era mesmo muito fina a malandragem do sambista.

Havia no jogo da bolinha uma sofisticação psicológica. De início, o malandro excitava a cupidez do otário, levava o cliente a acreditar na oportunidade de levar vantagem sobre um ingênuo, cujas mãos seriam menos rápidas que seus olhos. Nas primeiras jogadas, a banca se fingia inábil, perdia as paradas. Simulava que o otário seria o malandro; o malandro, o otário. Quando caía na armadilha, com vergonha da própria cobiça, ele não apresentava queixa à polícia. Outro refinamento intelectual da complexa personalidade de Ismael Silva.

Sempre dissimulado sobre suas malandragens, o sambista as confessava, aqui e ali, em versos. Em *Ironia*, onde a musa era uma carangueja do Mangue: "Não tens nada de beleza/ Além disso és dureza/ Não vivo só de carinho...". E em *Me deixa sossegado*: "Vai, mulher cruel/ Pra você eu sou pesado/ Leva a tua riqueza...". Versos impregnados do antirromantismo que só um malandro autêntico sabia cultivar.

Os malandros amavam apenas a si mesmos. Tinham-se em alta conta, exprimiam seu autoapreço na elegância das vestimentas. Sem jamais se apaixonar, dominavam as mulheres pelo controle dos próprios sentimentos. Enquanto os perversos agiam debaixo do ódio, os de melhor índole exercitavam a indiferença.

Os malandros eram amigos dos malandros. Paulo Varzea, cronista da malandragem, afirmava, em *O Cruzeiro*, de 5 de abril de 1930: "Quando é inimigo é feroz, mas quando é amigo é generoso demais". "Se este está preso, logo lhe arranja um advogado e constantemente o visita levando-lhe frutas, presentes: o (crivo) cigarro, o (papagaio) jornal".

Um fato confirmado por Zé Pretinho: "Quando nego facilitava, [o malandro] dava suas navalhadazinhas por ali, devagar, e, quando ia preso, os outros arranjavam um advogado e botava na rua; era assim a vida, a vida era essa". Um depoimento de 3 de fevereiro de 1981, colhido pelo autor.

Por amizade, os malandros-sambistas confiavam suas criações à memória time do Bar Apollo. Como contava Ismael Silva a Carlos Cavalcanti, em *A Notícia*, de 13 de agosto de 1930: "É em torno dessas mesas que divulgamos os nossos sambas. Qualquer um de nós, logo que tira um samba, canta-o para os da roda. Todos ouvem e guardam-no de cor. Se o autor um dia esquecer os ritmos de sua criação, não há quem não os saiba, a fim de entoá-los para quem os sonhou...".

Sonhei, samba de Ismael Silva, assinado em dupla com Nilton Bastos, era um daqueles memorizados pelo time. Logo após Alcebiades Barcellos explicar que eles nasciam do "sentimento do malandro", na "tortura de desvendar os mistérios da alma da mulher", Oswaldo Caetano Vasques cantava: "Sonhei que vais me abandonar/ Se é verdade, não tens razão...".

Uma melodia com tema de apenas duas notas. Na tonalidade de dó maior: "sol, dó" ("Sonhei"). Um primeiro desenvolvimento em mais duas: "si, ré" ("que vais"). Em seguida, uma escala descendente daquele ré para o ré uma oitava abaixo: "ré, dó, sol, mi, ré".

O efeito era de leveza e de flutuação, pelo uso momentâneo de um dos modos gregos, o dórico, enquanto o violão sustentava o acorde de dó maior. Vinham daí a flutuação e a leveza que casavam à perfeição com o sonho de abandono dos versos.

Samba batucado do Estácio de Sá, de Carlos Didier

Uma melodia que recendia a flor dos ranchos. Um samba cuja letra confirmava que o amor daquele malandro nem sempre era de cáften.

Em suas investigações para o livro *Samba*, Orestes Barbosa assegurava que eram de Nilton Bastos o *Se você jurar* e o *Arrependido*. O próprio Ismael Silva, em depoimento ao Museu da Imagem e do Som, ao ser indagado por Ricardo Cravo Albin sobre criações somente do parceiro, mas assinadas pela dupla, responderia assim: "Que só o Nilton fez? Temos... Não. Temos de parceria. Eu com ele. Eu com o Nilton, que fizemos os dois": "*Se você jurar*... Temos o... ah... Temos *Eu fiz tudo*".

O estribilho de *Arrependido* exibia um coração romântico: "Eu fiz tudo/ Pra esquecer a quem amei...". Enquanto a segunda revelava um suave remorso: "Muito eu te fiz chorar/ Não mereço o teu perdão...".

Ismael Silva e Nilton Bastos formavam uma parceria rara, daquelas em que a criatividade de um estimulava a do outro. Com um tanto de sambas de Nilton, outro tanto de Ismael, além de alguns, de fato, criados em dupla, seria sempre um desafio descobrir qual dos dois era o criador. Embora o mais sábio seja apreciar a série de duas dezenas de sambas, muitos de primeira linha, todos bastante afinados em estilo, sem decifrar as autorias. Uma parceria interrompida somente com a morte de Nilton Bastos.

Segundo Bucy Moreira, ele teria morrido "fraco", por conta de "muita farra". Apesar de esportista, se entregava a intensa vida boêmia, de noites amiúde em claro, amores vários no Mangue. O que teria acarretado desgaste físico semelhante ao de Rubens Barcellos. Pela memória familiar, no entanto, a tuberculose o alcançara de repente, com o agravamento de um resfriado.

Francisco Alves teria confiado ao amigo, após uma apresentação, o violão. Surpreendido, na praça da Bandeira, por um temporal, Nilton Bastos saltava do bonde na esquina da rua do Mattoso e, a fim de proteger o instrumento, tirava o paletó, embrulhava o pinho, seguia a pé, por três quilômetros, até a Dona Zulmira, 36, casa IV, na Aldeia Campista. Com as costas guarnecidas apenas pela camisa de seda, chegava ao destino com tosse.

Alguns meses depois, de cama, tirava de baixo do travesseiro um "papel todo enrolado" para mostrar ao sobrinho. Era seu último samba. Em depoimento a Francisco Duarte, Luiz Alves da Costa Filho descreveria, em detalhes, a cena.

"Botei o ouvido perto dos lábios dele. Ele aí começou a cantarolar. Então, eu mandei ele parar e... Vê se é isso?. Aí comecei a cantar": "Adeus, adeus, adeus/ Palavra que faz chorar...".

O sobrinho tinha aprendido a melodia com precisão. O que não era de estranhar. Trazia a música no sangue, tanto pelo lado materno, quanto pelo paterno.

Seu pai, um trompetista, era um daqueles músicos chamados de professor. Na estreia da opereta *A princesa dos dollars*, em 8 março de 1912, no Theatro São Pedro, ele aparecia na crítica de *O Paiz*: "No meio da festa aplaudiram um artista que devia ser tenor; mas os nossos aplausos aqui ficam para o primeiro cornetim, vibrado pelo professor Luiz Alves da Costa, firme e afinado, num belo si bemol, que foi, talvez, a causa dos tais aplausos".

Conselheiro da União Musical, em 1913; presidente da Sociedade Beneficente dos Professores de Música, em 1919; primeiro secretário da União dos Professores de Orquestra, em 1923; presidente do Centro Musical, em 1925; trompete suplente da Orquestra do Theatro Municipal, em 1934.

Em meados de 1931, seu filho Luiz, com a música nas veias e o samba no cérebro, recebia as últimas instruções de Nilton Bastos: "Vai na casa do Chico...".

Na ocasião, ele morava com a irmã, na própria Dona Zulmira, "mais lá em cima". Numa casa em cuja porta, pouco tempo depois, o sobrinho do compositor batia: "Eu quero falar com Chico Viola, que eu tenho um recado do meu tio, do Nilton".

O cantor dormia. Ao ouvir o nome do sambista, no entanto, desistia do repouso: "Manda ele entrar". Ainda sentado na cama, escutava o recado: "Meu tio fez um samba, o Nilton, mandou te entregar". Um assunto do interesse do cantor: "Como é? Me mostra aqui". Naquele momento, a última criação de Nilton Bastos chegava ao ouvido de Francisco Alves.

A melhor prova da amizade entre os dois estava no *Jornal do Brasil*, em 11 de setembro de 1931: "Maria José da Silva Bastos, irmãos, sobrinhos e cunhados do extinto Nilton Bastos pelo presente agradecem ao sr. Francisco Alves (Chico Viola) as demonstrações de estima e amizade pessoal, tomando a si o custeio dos funerais".

O malandro-sambista tinha deixado a cena às 23 horas de 8 de setembro, com 32 anos, vítima, segundo o atestado de óbito, de "tuberculose pulmonar".

Era quando Ismael Silva, sem ter mais com quem trocar ideias musicais, partia para um voo solitário, mas ainda debaixo das asas largas de Francisco Alves.

O cantor atuava como uma mistura de intérprete, agente, banco e loja comercial: gravava as músicas, recebia os direitos, fazia adiantamentos, vendia coisas variadas. Para acertar as contas no fim do mês, à mesa de um café, na base de uma cédula para Chico e outra para Ismael, em valores decrescentes, até chegar às moedinhas.

O historiador Ary Vasconcellos, em *O Cruzeiro*, de 25 de maio de 1957, apresentava o fac-símile de uma "conta corrente" de Ismael Silva com Francisco Alves.

Um manuscrito do cantor, com as despesas do compositor: venda de vitrola, por 375 mil réis; de cinco discos, por 52 mil; e de caixa de agulhas fonográficas, por 2 mil; adiantamentos de vales, um de 70 mil, dois de 50 mil, um de 20 mil, dois de 10 mil, dois de 2 mil, um de 1 mil, além de outro especial de 21 mil e 700 (para o *Feiticeiro*); três pagamentos de táxis de 2 mil réis; e cobrança de cuíca de 5 mil réis. Para acabar, a seguinte anotação: "Sua parte na compra de *Nem queiras saber*": 67 mil réis. Era, provavelmente, a aquisição dos direitos patrimoniais de *Apanhando papel*, de Getulio Marinho e Ubiratan da Silva. Saldo final: "A meu favor", 743 mil e 700 réis.

Por aquela contabilidade, só com despesas, sem nenhuma receita, Ismael Silva devia, em 26 de janeiro de 1931, 743 mil e 700 réis a Francisco Alves. A conta estava certa. Mas o sambista, em seu primeiro depoimento ao MIS, não sem razão, comentaria: "Chico Alves não pensava em outra coisa a não ser em dinheiro".

Como solista em disco, Ismael Silva estreava em 3 de setembro de 1931, cinco dias antes da morte de Nilton Bastos, com criações de dois craques da percussão: Bucy Moreira e Marcellino de Oliveira.

Bucy dera seus primeiros toques de tamborim no rancho Diremos Depois, da Senador Euzebio, 44. Uma sociedade que, com sede no mesmo endereço da Kananga do Japão, tinha Candido das Neves, o Índio, como diretor de harmonia. O que fazia sentido, pois os tamborins haviam, de fato, migrado dos ranchos para os blocos.

Filho de Guilherme Eduardo Moreira, baiano, contador, empregado do comércio, citado nos jornais como capitão, e de Glycéria da Silva, filha de Tia Ciata, Bucy tinha sido registrado com o nome de um personagem de *La dame de Monsoreau*, romance histórico de Alexandre Dumas e Auguste Maquet: Louis de Clermont d'Amboise, senhor de Bussy. Uma origem, portanto, francesa, como ele mesmo explicaria a Francisco Duarte.

Nascido em 1º de agosto de 1909, na rua da Alfândega, 304, criara-se entre as casas da avó, na Visconde de Itaúna, e a dos pais, de início na dos Artistas, na Aldeia Campista, mais adiante na Dona Minervina, no Estácio de Sá.

Era dali que escapava para o morro de São Carlos, onde, como contaria a Sérgio Cabral, "ficava naquela orgia com os amigos, como o Zé Bacurau, o Manuel Mulatinho". Embora também se divertisse lá embaixo, com Edgard Marcellino dos Passos, Alcebiades e Rubens Barcellos: "Todos eles", "fomos criados juntos".

Seu primeiro samba, *Tudo acabado*, era uma colaboração com um daqueles amigos de São Carlos: Nelson Januario Gomes. Um compositor que aparecia, em 16 de dezembro de 1921, aos 17 anos, no *Correio da Manhã*, como operário, vítima de facada na barriga. E voltava a surgir, em 6 de junho de 1933, dessa vez no *Diário da Noite*, como integrante de comissão contra um capitalista que pretendia arrematar, em leilão judiciário, terras no morro.

Tudo acabado, lançado por Francisco Alves em janeiro de 1930, rebatizado como *Palhaço*, com Bussy em francês no selo, cantava uma dor de amor: "Tudo acabado/ Eu desprezado...".

Trazia uma melodia tão nítida que parecia um solo de trompete. Um tema de apenas quatro notas: "sol, fá#, lá, sol" ("Tudo acabado"). Um primeiro desenvolvimento em outras quatro: "mi, ré#, fá, mi" ("Eu desprezado"). Em seguida, uma subida: "dó, mi, sol, si..." ("Vivo tristonho"). Onde aquele si, agudo e longo, tornava sofrida a palavra "tristonho". Por fim, uma descida: "lá, sol, mi, lá" ("abandonado"). O ouvido de Francisco Alves, mais uma vez, não se enganava sobre a qualidade do samba.

Bucy Moreira estudara piano com José Carvalho de Bulhões, o J. Bulhões, pianeiro de boa fama, animador dos arrasta-pés do Quem Fala de Nós Tem Paixão. Após a morte do pai, abandonara as teclas para se dedicar apenas aos couros. Mas aquela nitidez melódica de seu primeiro samba lembrava a precisão do antigo instrumento.

Se *Palhaço* não trazia, na gravação de Francisco Alves e da Orquestra Pan American, a pulsação rítmica dos sambas batucados, *Louca* seria registrado, por Ismael Silva e seu Esquadrão, em 9 de setembro de 1931, na regra da arte.

O estribilho dizia: "Mulher, tinhas tudo que eu te dava/ Não tinhas razão para me abandonar...". Versos de homem apaixonado, onde a mulher seria "louca" por abandonar tudo aquilo que ele proporcionava a ela. Uma lógica muito diferente daquela dos malandros-cáftens.

Um samba tirado por Ismael Silva, com voz mansa, muito à vontade, acompanhado por bandolim, violão, tamborim e surdo, dentro da pulsação característica do Estácio.

No idioma da malandragem, a expressão correta era "tirar samba". No sentido de arrancar, extrair, sacar do fundo da alma. Como explicava Ismael a Cavalcanti, para A *Notícia*, de 12 de agosto de 1930: "Nós musicalizamos os nossos amores, as nossas atrapalhações quando mais as sentimos em nossa alma interior. Originado o motivo, os versos brotam naturalmente, as expressões saem ritmicamente e, quase que fora dos sentidos, nós vamos tirando o samba".

Samba raiado, do outro lado de *Louca*, seria a única composição de Marcellino de Oliveira. Um negro bonito, de bigodinho fino, elegante, sempre de terno, sempre com o pescoço amarrado. Um malandro escolado, mais conhecido como Oliveira da Cuíca.

Segundo Alcebiades Barcellos, em depoimento ao MIS, o bloco-escola Deixa Falar trazia, em sua orquestra de percussão, a cuíca de Marcellino: "Quem saía até com a cuíca era o João Mina, o falecido João Mina". "Depois, o João Mina não quis sair lá mais, saiu o falecido Oliveira".

De acordo com Nilton Marçal, Marcellino de Oliveira fabricava a cuíca da forma primitiva. Primeiro, encourava a barrica de vinho com tacha, "ficava um surdinho". Depois, furava uma varinha de bambu com um alfinete quente, passava dois arames pelo buraco, metia ambos numa arruela de couro. Fazia dois furinhos na pele da cuíca, nos quais inseria os arames. Por cima, colocava outra arruela. Com o atrito do arame, o couro rasgava. "Você encourava uma cuíca, durava o quê? Dois, três dias". As cuícas do Oliveira seriam assim. Um depoimento ao autor deste livro, de 25 de outubro de 1982.

Em 23 de maio de 1938, *A Noite* estampava: "Ficaram órfãs as cuícas do Rio". Dois dias depois, o mesmo jornal informava que Marcellino residia na rua do Rezende, 62. Para Nilton Marçal, entretanto, o endereço era outro: "Oliveira morava na zona"; "ele era do Estácio"; "o enterro dele saiu ali do baixo meretrício, passou ali por dentro, correu aquilo tudo".

Samba raiado, criação de malandro-sambista, tinha a pulsação rítmica dos sambas baianos. O que, aliás, estava no título. Segundo Bucy Moreira, antes do surgimento do samba batucado, "era o samba tipo antigo, samba raiado, samba do partido-alto". Um depoimento a Fernando Faro.

Um samba dialogado, cheio de boa malícia, coberto de sensualidade, onde o solista começava e o coro completava. Ismael cantava: "Eu vou chorar, meu bem". O coro respondia: "Não chora". Ele: "Eu vou...". O coro: "Embora". "Sem mais... demora". "Está... na hora". E assim por diante.

Uma gravação que começava como se o bloco estivesse se aproximando, findava como se caminhasse se afastando. Um samba que carregava segundas à moda das emboladas, de notas mais rápidas, à base de semicolcheias, versos de doze e de sete sílabas: "Eu no batuque sou bastante desordeiro/ E pegando no pandeiro/ O povo dali não sai/ E o pandeiro sendo mesmo bem batido/ Faz mulher deixar marido/ Filho esganar o pai".

Um samba revisitado, com o título de *Dora*, por Aniceto de Menezes e Silva Júnior. Um sambista do Estácio, de infância na Maia Lacerda, com 19 anos quando *Samba raiado* chegava ao disco. Porque Aniceto do Império Serrano era mais uma cria do bairro do samba batucado.

Sem Nilton Bastos, Ismael Silva continuava a compor com o talento de sempre. Pertenciam a essa fase, entre outros, três belos sambas da dupla Francisco Alves & Mario Reis.

Samba batucado do Estácio de Sá, de Carlos Didier

O primeiro, *Ri pra não chorar*, revivia, à moda do Estácio, o *Mal secreto*, de Raymundo Corrêa. Dizia o soneto: "Quanta gente que ri, talvez existe,/ Cuja ventura única consiste/ Em parecer aos outros venturosa". Cantava o samba: "Nem sempre o riso é alegria/ Quantas vezes noite e dia/ Nós levamos a cantar pra não chorar...". Uma "homenagem a Nilton Bastos", segundo a partitura da editora Mangione. Uma citação de Abel Cardoso Junior, em *As mil canções do Rei da Voz*.

Liberdade, o segundo, carregava o antirromantismo dos malandros: "O meu amor foi embora/ Pensando deixar saudades...". Um estribilho que chegava ao fim com um grito: "Liberdade!". Uma citação ao *Hino da república*, música de Leopoldo Miguez, letra de Medeiros e Albuquerque.

O terceiro, *Antes não te conhecesse*, de melodia nítida como um solo de clarim, espalhava uma tristeza lancinante: "Antes não te conhecesse/ Talvez eu nunca sofresse/ Por esse mundo sem fim...". Versos que contrastavam, e muito, com o antirromantismo de *Liberdade*. Contraste que era fruto daquela complexa personalidade de Ismael Silva.

Mesmo com três sambas que provavam que não carecia de parceiros, Ismael Silva não demoraria a conseguir um. Justo por aquela época, Francisco Alves punha sobre a mesa de trabalho o estribilho que aprendera com Luiz Alves da Costa Filho. O último de Nilton Bastos.

Um samba que levaria Ismael Silva a reconhecer, em entrevista ao jornalista Arlindo Meira, para a revista *Carioca*, de 1940, a participação do cantor na criação: "Entra na parceria, nessa ocasião, Noel Rosa, que se dava muito com Chico". "Compomos, os três, o samba *Adeus*, em homenagem a Nilton Bastos".

Adeus seria gravado por Jonjoca, Castro Barbosa e o Grupo da Guarda Velha, em 12 de abril de 1932. No selo do disco: samba de Noel Rosa, Ismael Silva e Francisco Alves. No selo da história: estribilho de Nilton Bastos, segundas de Ismael Silva e Noel Rosa. Três ases do baralho do samba, juntos pela primeira e última vez.

Uma das segundas seguia de perto o estribilho de Nilton: "Adeus é bem triste/ Que não se resiste...". A outra cantava, não o adeus, a saudade de uma mulher: "Sem teu amor/ Esta vida não tem mais valor...". Uma de Ismael Silva, outra de Noel Rosa, talvez. Difícil precisar.

Mais difícil ainda seria explicar como Noel Rosa, um rapaz de classe média, aluno do Ginásio de São Bento, estudante de medicina, se tornaria parceiro constante, amigo fraterno, de Ismael Silva, um autêntico malandro.

Uma questão que Millôr Fernandes decifraria, com a argúcia de sempre, em crônica para o *Jornal do Brasil*, de 11 de dezembro de 1990, republicada no livro *Apresentações*, de 2004. Segundo Millôr, Noel jamais se sentia "perfeitamente integrado, a não ser nos meios mais destituídos, ou mesmo desprezados, pela sociedade".

Uma integração que se fazia perfeita com os malandros-sambistas, legítimos boêmios, em sua maioria afrodescendentes. Uma interação que daria origem a algumas obras-primas: o malandro na primeira; ele na segunda. Uma parceria decisiva para a forma definitiva do samba batucado do Estácio de Sá.

29

Em fins de 1929, a aposta do Bando de Tangarás era o *Com que roupa?*. Um palpite que soava forte para o carnaval. Um jogo que começava com a colocação do samba na pauta.

Com esse objetivo, três integrantes do bando, Carlos Alberto Ferreira Braga, Henrique Foréis Domingues e Noel Rosa, procuravam o maestro Homero Dornellas em sua casa, na rua Torres Homem, em Vila Isabel.

Após propor a alteração das três notas iniciais para disfarçar o uso do *Hino nacional*, combinar a entrega do serviço para o dia seguinte, Dornellas, que conhecia Braguinha desde menino, fazia uma consulta ao grupo: "Vocês estão aí. Vejam se isso aqui é bom pro carnaval". Em seguida, cantarolava, ao som do próprio piano: "Na Pavuna/ Na Pavuna/ Tem um samba em que só dá gente reiuna".

No mesmo instante, Almirante, entusiasmado com o potencial do refrão, decretava a mudança de planos: "Ó, Noel, tem paciência. Vamos deixar o seu pra 31". Surpreso com tamanha vibração, o maestro ainda argumentava que faltavam os versos da segunda parte. Mas o líder dos Tangarás estava decidido: "Eu faço, eu faço". E Noel Rosa, ao ver preterido o seu *Com que roupa?*, sapecava o comentário galhofeiro: "Mete a vela, Almirante!". Assim em depoimentos de Homero Dornellas ao autor deste livro, o primeiro em 1978, o segundo em 1981.

Em fevereiro de 1930, quando *Na Pavuna* fazia sucesso, de fato, no carnaval, Noel Rosa tomava uma decisão estratégica: dava início a uma carreira solo, em rádio, principalmente como violonista, eventualmente como cantor e compositor.

Antes de se tornar um meio de comunicação de massa, o rádio sonhava ser o "jornal de quem não sabe ler", o "mestre de quem não pode ir à escola", o "divertimento gratuito do pobre", nas palavras do pioneiro Edgard Roquette-Pinto, em *Electron*, de 16 de março de 1926.

Sem fugir ao sonho, a Rádio Educadora anunciava, em 17 de fevereiro, pelo *Jornal do Commercio*, um programa de músicas populares com os cantores Albenzio Perrone, Antonio Gomes e

Lucy Campos, acompanhados pelos violonistas Glauco Vianna e Noel Rosa. Eram as primeiras batidas de asas do criador de *Com que roupa?* longe dos Tangarás.

Logo no dia seguinte, *A Noite* dava notícia sobre o Bando Regional, bloco de jovens de Vila Isabel, liderado por ele, na batalha de confete da Werner Magalhães, no Engenho Novo: "Noel Rosa (lord Papai Noel), Carlos Faria (lord Dona Antonia), Francisco Wesser (lord Voador), João Teixeira (lord Bigodinho) Carlos Rocha (lord Gavião) e as ladys Greta Garbo, Wilma Banky, Pola Negri e Carmen Faria (miss Norma Scherer)".

Um time em que as meninas, ou os meninos travestidos, tinham nomes fisgados de atrizes do cinema internacional. Exceto, Carmen Faria.

Carmen tentava, como Noel, se lançar na carreira artística. Tinha conquistado para o bando uma "belíssima taça", por sua interpretação de *A voz do violão*, canção seresteira de Francisco Alves e Horacio Campos. Mas, cinco meses depois, receberia somente 7 votos no concurso do *Diário Carioca* sobre os melhores intérpretes da música brasileira. Um nada perto dos 70.731 de Jesy Barbosa, a vencedora.

Noel Rosa receberia mais: 899 votos. Um número bastante modesto quando comparado aos 40.671 de Renato Murce, o vencedor. Se era um "consagrado violonista e compositor", como afirmava o *Correio da Manhã*, em 19 de fevereiro, não tinha prestígio como cantor, em 17 de setembro, data do resultado final.

Entre o fevereiro do Bando Regional e o setembro do concurso do *Diário Carioca*, Noel Rosa exibia seu violão, sempre na Educadora, ao lado dos de Fausto de Oliveira, Glauco Vianna e Hélio Rosa, dos pianos de Carolina Cardoso de Menezes e José Francisco de Freitas, das vozes líricas de Ayrde Martins Costa, José Jannyni e Zaíra de Oliveira, das populares de Breno Ferreira e Silvio Caldas, além da infantil de Dircinha Baptista. Em transmissões onde a música cedia espaço, vez por outra, para a conferência de dona Lydia Salgado sobre *A profissão da enfermeira*, a palestra literária do contista Paula Machado, as declamações poéticas de Salomão Jorge e de Zacharias do Rego Monteiro.

Em 30 de setembro, treze dias depois de chegar em 22º lugar no concurso, Noel Rosa gravava o *Com que roupa?*, ao lado do Bando

Regional. Um grupo batizado com o nome do seu bloco. Um samba que seria sua fama instantânea.

Na primeira estrofe, uma autocrítica política, perfeita para o primeiro carnaval da Revolução de 30: "Agora vou mudar minha conduta/ Eu vou pra luta/ Pois eu quero me aprumar/ Vou tratar você com a força bruta/ Pra poder me reabilitar/ Pois esta vida não tá sopa".

Na segunda, uma crônica da malandragem: "Agora eu não ando mais fagueiro/ Pois o dinheiro não é fácil de ganhar/ Mesmo eu sendo um cabra trapaceiro/ Não consigo ter nem pra gastar/ Eu já corri de vento em popa".

Na terceira, uma crítica social: "Eu hoje estou pulando como sapo/ Pra ver se escapo desta praga de urubu/ Já estou coberto de farrapo/ Eu vou acabar ficando nu/ Meu terno já virou estopa".

Em todas as estrofes, um humor que era novidade em sambas batucados. Além disso, enquanto nos sambas do Estácio o refrão era entoado antes, a fim de inspirar versos de improviso, em *Com que roupa?* o refrão vinha depois. O que significava que o samba se valia da glosa. Uma forma literária em que o poeta versejava até atingir o mote.

Era em direção ao mote que Noel Rosa construía as estrofes, de último verso sempre em rima com *opa*: "Pois essa vida não tá sopa"; "Eu já corri de vento em popa"; "Meu terno já virou estopa". Um verso que chamava o mote-refrão: "E eu pergunto: Com que roupa?/ Com que roupa, eu vou?/ Ao samba que você me convidou".

Com que roupa? era expressão antiga, utilizada na *Carta a Sísifo*, assinada por J. Paturot, publicada em *Mephistopheles*, de 5 de dezembro de 1874: "Era o caso de perguntar-te, se não estivesse falando sério: *Com que roupa?*. Substituo, entretanto, esta pergunta pelas seguintes: *Com que armas?*, *Com que bagagens?*, *Com que materiais?*".

Segundo O Mosquito, de 4 de julho, *Mephistopheles* seria criação integral dos escritores José Alves Visconti Coaracy e Luiz José Pereira da Silva, sendo os demais colaboradores fruto apenas de galhofa. J. Paturot, por exemplo, o autor daquela *Carta a Sísifo*, era o personagem central do romance satírico de Louis Reybaud: *Jérôme Paturot à procura de uma posição social*.

Malandro medroso, o outro lado de *Com que roupa?*, mais um samba batucado, era uma autocaricatura irônica: "Eu devo, não quero negar/ Mas te pagarei quando puder/ Se o jogo permitir,/ Se a polícia consentir/ E se Deus quiser.// Não pensa que eu fui ingrato/ Nem que fiz triste papel/ Hoje vi que o medo é um fato/ E eu não quero pugilato com teu velho coronel".

Um samba em que Noel Rosa, ao zombar da própria covardia, se identificava com os malandros.

Em dezembro de 1930, enquanto aquele malandro medroso aguardava o estouro de *Com que roupa?*, os malandros autênticos, aqueles sem medo algum, enfrentavam as últimas gravações na Brunswick.

Deixo saudades, de Alcebiades Barcellos, o Bide, era uma exaltação à malandragem: "Enquanto vida eu tiver/ Quero levar muita vantagem...". Uma louvação que soava, na bem comportada voz de Yolanda Osorio, um tanto sem credibilidade. Uma façanha da indústria cultural.

Amor bandoleiro, outra criação de Alcebiades Barcellos, tinha solo de Benedicto Lacerda, comentários do coro de malandros: "Nunca mais eu quero saber/ (coro) Meu bem querer/ Deste teu amor bandoleiro/ (coro) Sou brasileiro". Na segunda, dois apartes falados: "Eu já fiz um juramento a Deus/ (fala) Que ano?". Mais adiante: "Agora vivo contente e feliz/ (fala) Agonia". Uma autoironia pela voz do próprio Bide.

De Benedicto Lacerda e Gastão de Oliveira, *Como acabou o meu amor* carregava um refrão malandro. Pela autenticidade, criação de mano Gastão, entoada por Benedicto: "Tens no semblante a maldade/ Por piedade, não me olhes assim...".

Um samba tirado por flauta, cavaquinho, violão de seis, tamborim, pandeiro e surdo. Uma gravação que marcava a entrada do pandeiro com platinelas no Gente do Morro. O que inspirava uma variante na batida do Estácio.

Era como se Benedicto Lacerda criasse, sob o encantamento daquele instrumento, uma nova pulsação rítmica para o samba. Mais especificamente, para a introdução, cujo ritmo melódico apoiava-se em semicolcheias. Não por acaso, as semicolcheias típicas do pandeiro.

Samba batucado do Estácio de Sá, de Carlos Didier

Eram duas as mudanças: a primeira, a substituição de várias colcheias por semicolcheias; a segunda, a troca, no último tempo, da célula rítmica do lundu ("colcheia pontuada, semicolcheia") pela do samba ("semicolcheia, colcheia, semicolcheia").

De tal forma que, mantida a sincopa por antecipação, havia um espelhamento, uma simetria no interior da pulsação: "semicolcheia; pausa de semicolcheia, colcheia, semicolcheia; quatro semicolcheias; quatro semicolcheias; semicolcheia, colcheia, pausa de semicolcheia". Uma alteração que produziria, mais adiante, saborosos frutos. Um dos quais, *Palpite infeliz*, de Noel Rosa.

Pulsação rítmica da introdução de *Como acabou o meu amor*

Isso apenas na introdução de *Como acabou o meu amor*. No estribilho e nas estrofes, a pulsação característica do Estácio.

Pulsação rítmica do samba batucado do Estácio de Sá

Do outro lado do disco, *Preto de alma branca*, de Bucy Moreira, vinha com a mesma instrumentação, o violão nas costuras, o surdo na função de corte: "Ó, loura, por que tu zombas de mim?/ Ao preto nobre não se maltrata assim...".

A nega sumiu e *Tem aguinha*, os sambas que encerravam a missão do Gente do Morro na Brunswick, traziam inovações no naipe de percussão: a cuíca africana e a bateria ianque, ambas tocadas à brasileira.

A nega sumiu, de Benedicto Lacerda, recebia interpretação de Silvio Caldas e do próprio autor: "Eu não sei por que a mulher me abandonou...". Conduzido por flauta, cavaquinho, violão e piano, tinha a bateria facilmente identificada na virada do breque.

Sobre o nome do baterista, Ismael Silva, em 13 de agosto de 1930, na série de Carlos Cavalcanti para *A Notícia*, dentro do tópico Gente do Morro, dava forte pista: "Oswaldo Caetano Vasques, um bateria e cantador admirável". O "batera" do Estácio era Baiaco.

Tem aguinha, do pianista Jota Machado, carregava um estribilho em que aguinha era cachaça, Cascatinha, marca de cerveja popular: "Tem aguinha, tem aguinha/ Para quem gosta de beber na Cascatinha...". Um samba tirado por flauta, cavaquinho, violão, piano, bateria e cuíca. Uma aparecia na coda, a outra no breque. Bateria de Oswaldo Vasques, cuíca de Marcellino de Oliveira, talvez.

Em janeiro de 1931, quando saíam aqueles dois últimos discos do Gente do Morro, *Com que roupa?* se transformava numa mania carioca. No 9, o *Diário de Notícias* registrava, em torneio de basquete no Vila Isabel Football Club, o time Com Que Roupa?. No 15, dava as caras o bloco Com Que Roupa?. No 24, estreava a revista *Com que roupa?*, de Luiz Peixoto, com a Companhia Mulata Brasileira, no República. No mesmo dia, alcançava sucesso o quadro *Com que roupa?*, da revista *Deixa essa mulher chorar*, com Aracy Cortes, no Recreio. No 27, o bloco Nós Somos do Amor tinha entre seus integrantes um certo Lord Com Que Roupa?. No final do mês, pipocavam na cidade paródias do samba.

Durante as folias de fevereiro, *Com que roupa?* se fazia a carta de apresentação de Noel Rosa aos malandros-sambistas. Muito tempo antes, no entanto, tivera início aquela sua inclinação à marginalidade, decifrada por Millôr Fernandes. Em seu instante zero, precisamente.

Quando a bacia estreita da mãe obrigava ao fórceps. Quando a má aplicação do instrumento rompia o côndilo da mandíbula. Quando o rompimento causava a deformidade no queixo.

Um defeito que era dor e bênção. Um duro sinal de eleição. Um contato muito cedo com o sofrimento, a exclusão e a morte.

Um conhecimento que produzia uma percepção incomum sobre a existência, acelerava a velocidade de seus dias, terminava por colocá-lo no lugar certo, no instante certo. Porque Noel Rosa era um destino.

Em 6 de outubro de 1923, *A Maçã* publicava *O enterro no adro*, com a sua assinatura. Nascido em 11 de dezembro de 1910, ele tinha, então, 13 anos incompletos. Tratava-se de um conto tragicômico, passado durante a Gripe Espanhola, sobre o enterro de um cavalo na igreja. Um sacrilégio pelo qual o padre, o dono do animal, era suspenso. Uma punição que durava apenas até o líder da diocese saber que ele deixava herança de 15 contos de réis: um terço para o sacerdote, um terço para o bispo e um terço para a igreja. "Vossa Reverendíssima já rezou a missa de sétimo dia?", era a piedosa pergunta que encerrava a trama.

O mesmo enredo do cordel *O dinheiro*, de Leandro Gomes de Barros, com um cavalo no lugar do cachorro original. A mesma fonte de Ariano Suassuna para um dos episódios do *Auto da Compadecida*. Mesmo se apenas uma paródia, *O enterro do adro*, republicado por O Social, em 3 de fevereiro de 1924, mostra que Noel Rosa, ainda no primeiro ano do Ginásio de São Bento, era de uma maturidade assustadora.

Em 1926, interrompia Dom Joaquim de Luna, durante a Instrução Religiosa, quando aquele monge discorria sobre a decadência, inclusive na arte literária, dos países que abraçavam o protestantismo: "Dom Joaquim, fale-nos de Goethe". Por onde se sabia que ele, além de conhecer a genialidade do escritor alemão, exibia, aos 15, a irreverência indispensável às mentes criativas.

Naquele mesmo ano, visitava José Barbosa da Silva, o Sinhô. Um episódio revelado por Jacy Pacheco, em *Noel Rosa e sua época*, com base em depoimento de Hélio, companheiro de aventura do irmão. Um encontro talvez na Itapiru, no Catumbi, seu endereço, segundo o catálogo da Casa Edison. Onde o pianeiro, após solar ao violão um samba em lá menor, desenrolava sobre a mesa da sala um teclado de cartolina: "Isso é o meu piano... Preciso dele para compor minhas músicas". De quando o Rei do Samba, triste e empobrecido, tocava a sua sensibilidade.

Um ano antes, criara sua primeira música: *Cumprindo a promessa*, editada pela Casa Carlos Wehrs, com letra no *Jornal de Modinhas*, de novembro de 1929. Mesmo sem indicação de gênero, tinha jeito de samba. Seja pelo tema da Festa da Penha, seja pelo masculino da anotação do compositor à margem do recorte: "Feito em 1925".

Um samba cujo estribilho cantava: "Eu já jurei ir à Penha, meu bem!/ Juro, eu não posso faltar/ Pois tenho medo que a santa/ Então venha/ Zangada me castigar".

Uma letra que, pela irregularidade métrica, assemelhava-se às do Estácio. Inclusive por aquele "meu bem", usado com frequência pelos malandros-sambistas. Caso de *Orfandade*, gravado pelo Gente do Morro: "O mundo me criou, meu bem".

Uma assimetria rítmica confirmada pelos versos finais: "Então venha/ Zangada me castigar". Porque *Cumprindo a promessa* tinha pinta dos sambas de Canuto.

Eu vou pra Vila, gravado por Almirante e o Bando de Tangarás, dois meses antes de *Com que roupa?*, era um samba batucado: "Não tenho medo de bamba/ Na roda do samba/ Eu sou bacharel/ Andando pela batucada/ Onde eu vi gente levada/ Foi lá em Vila Isabel".

Erguida pelo Barão de Drummond, em terras da Fazenda dos Macacos, entre o Grajaú e o Maracanã, a serra do Engenho Novo e o Andaraí, Vila Isabel era, de fato, diferenciada. Com o "nome de princesa", o de abolicionistas em suas ruas, a data da Lei do Ventre Livre em seu boulevard, o bairro de Noel Rosa se mostrava benquerença antiga dos afrodescendentes.

Ernesto Joaquim Maria dos Santos, o Donga, filho de Amélia Silvana de Araujo, uma das tias baianas, e de Pedro Joaquim Maria, construtor e bombardino, nascera, em 5 de abril de 1889, na Theodoro da Silva, 44. A mesma rua em que viria ao mundo, no 30, depois 130, Noel Rosa.

Os Africanos de Vila Isabel surgiam em 28 de setembro de 1918, na Gonzaga Bastos, 202, na Aldeia Campista. Em 1920, eram liderados por Euclydes Galdino, Eurico Antonio Baptista e Nestor da Silva. Em 1922, faziam a "primeira passeata" de seus "65 filhos da África", dos quais 30 na banda, todos sob a batuta do maestro Pedro de Oliveira. Na volta do cortejo, um "grande baile à fantasia, ao som do choro", segundo o *Jornal do Brasil*, de 4 de fevereiro. Cinco anos depois, em 6 de fevereiro de 1927, com os Africanos já sediados na Luiz Barbosa, 34, em Vila Isabel, aquele jornal publicava os nomes dos chorões: na direção e no bombardino, Jorge Seixas; na flauta, Olavo Carvalho; no cavaquinho, José Candido da Silva; nos violões, Eurico Baptista, Eugenio dos Santos, José Francisco Salles e Sylvio Machado; no pandeiro, Carlos Magalhães, o Nené; e, no ganzá, João Prudente.

Noel Rosa devia a Vila Isabel sua aproximação do Estácio de Sá. Quando Deocleciano da Silva Paranhos, mais conhecido como Canuto, afrodescendente do bairro, se tornava seu professor de samba batucado. O primeiro a fazer soar em seu ouvido a arte dos malandros-sambistas.

Samba batucado do Estácio de Sá, de Carlos Didier

Por aquela época, Noel Rosa passava a frequentar, em companhia de colegas do São Bento, a zona do Mangue. Em busca de um tipo de conhecimento sobre o qual Dom Meinrado Mattman, o reitor, sem guardar nenhum entusiasmo, manifestava, com seu sotaque carregado de suíço, uma repulsa compreensiva: "Noel, Noel... Se tiver que pecar, peque sozinho".

Nos botequins do bairro do prazer, onde ecoavam sambas inspirados nas moças daqueles pecados, com o ouvido nas melodias e nos ritmos dos malandros, de olhos presos nas musas malandrinhas, Noel se transformava, como o amigo Canuto, em mais um fascinado pelo Estácio de Sá.

Um fascínio que confessaria em entrevista ao *Jornal de Rádio*, de 1º de janeiro de 1935: "Eu via os criadores de melodias. E tinha inveja deles, da precisão que plasticizavam, através do samba, todas as emoções e sonhos". "Que valia o próprio fastígio dos reis, dos soberanos absolutos, diante do encanto comunicativo dos criadores de ritmo?".

Manuel do Espírito Santo, o Zé Pretinho, contava, à sua maneira, Noel Rosa nos botequins do Mangue: "Tocava muito. Sentava aí e pronto. A bebida. Aqueles malandros, oh, que gostavam do samba, daquela rodinha. Traz uma cerveja. Baratinho". "Nego lá querendo arranjar aí, essa coisa toda. E o Noel tá lá com o violão, e eu tô lá com a caixinha de fósforo, o rapaz batendo copo na mesa". "E o dono da casa está gostando, tá vendendo". "Aquelas mulheres vinham lá, tudo sambando, tudo já cheia". "Os homens ali, abraçando com a gente". Um depoimento ao autor deste livro, de 3 de fevereiro de 1981.

Aracy de Almeida seria testemunha do violão de Noel Rosa em "casas de mulheres" do "baixo meretrício", atrás do Mangue, pela "zona da Central do Brasil". Para onde ele, dono de voz fraca, carregava sua intérprete favorita, a fim de cantar para as musas como elas mereciam: "Noel levava o violão, eu entrava, ficava cantando...". Um depoimento colhido pelo autor, em 1981 ou 1982.

Zé Pretinho revelava que, vez por outra, naquela convivência fronteiriça, ele arriscava alguma irreverência, tomava um cascudo malandro: "Noel, quando bebia, era folgado. Queria enfrentar sem poder. Então, nego chegava lá e queria tirar sua casquinha. Mas eu via ele, um rapaz fraquinho, muito bom camarada, um sujeito cem por cento, eu aí...". Era quando o amigo o protegia.

Antonio Nássara contava que outros rapazes de Vila Isabel, antes de enfrentar o samba nos botequins, abasteciam a memória com quadrinhas das *Trovas brasileiras*, de Afrânio Peixoto. Já os versos tirados por Noel, cheios de rimas incomuns, todos percebiam que eram criações originais. Uma capacidade de versejar que fazia parte de sua reputação.

Uma habilidade presente em *Esquecer e perdoar*, parceria com Deocleciano da Silva Paranhos, o Canuto, sua primeira colaboração com um malandro-sambista. Um estribilho que era do parceiro: "Pelo mal que me fizeste/ Sem eu merecer,/ Eu te quero perdoar/ E te esquecer/ Não deixei de te amar/ Vai por mim/ Nem posso viver assim".

Um estribilho em tom menor, adequado para mágoas de amor, para o qual Noel Rosa criava duas segundas, repletas de rimas sólidas. Duas estrofes que, em redondilhas maiores, tinham em comum o verso "A minh'alma hoje descansa", o mote da glosa. O mesmo recurso de *Com que roupa?*.

A primeira dizia: "Quero agora teu carinho/ Quero a tua proteção/ Quero arranjar padrinho/ Não quero morrer pagão./ Vem a forte tempestade/ Mas depois vem a bonança/ Sofri tua crueldade/ Mas minh'alma hoje descansa/ (Só me resta a lembrança)".

Na outra, ele concluía o raciocínio, com uma expectativa um pouco mais otimista: "Se deixei de te amar/ Foi só pela ingratidão/ Que fizeste sem pensar/ Sem lembrar de uma paixão./ Mas agora estou mudado/ Meu coração não se cansa/ Por saber que sou amado/ A minh'alma hoje descansa/ (Vivo só de esperança...)".

Era assim que, pelo lápis de Noel Rosa, algo da arte poética clássica lusitana adentrava o samba dos malandros cariocas. Pois o mote daquela glosa, "A minh'alma hoje descansa", carregava clara sonoridade camoniana.

Esquecer e perdoar, samba doído, seja pela letra, seja pelas notas longas e agudas, seria registrado em disco pela voz sentida de Deocleciano da Silva Paranhos, com acompanhamento da Orquestra Guanabara.

Sofrido na voz e no amor, Canuto trazia no braço, em fevereiro de 1930, a palavra Hilda sobre um coração flechado. "O nome de uma ingrata", explicava. "E o das gratas?", indagava Carlos Cavalcanti. "Ora, estas não interessam!", era a resposta.

Um ano depois, mais uma desilusão. Dessa vez por pastora do Salgueiro, onde o Canário da Vila tinha, então, seu abrigo. Quando, após "quarenta dias de lençóis e xaropes", hospitalizado por "pagode" em excesso, sabia que sua canária pernoitava em outro ninho.

Ao ouvir a notícia de sua volta, ela mandava um recado para que a esperasse. "Não esperei nem nada", dizia ele. "Estava de camisa em casa de um conhecido, botei o colarinho e dei o fora. Ela sabe o que fez comigo, pisou no meu sentimento. Por isso tirei este assunto": "Tu bem sabes o que fizeste/ Ora vai, meu bem/ Mas eu já te perdoei/ Sim, eu bem sei/ Eu deixei de te amar, ó mulher/ Veja o azar que te dei". A mesma musa, talvez, de *Esquecer e perdoar*.

Do outro lado do disco, mais uma vez na voz de Canuto, *Eu agora fiquei mal*, de Antenor Gargalhada e Noel Rosa. Um parceiro do Salgueiro, outro de Vila Isabel. Uma aproximação que seria fruto da diplomacia do solista.

O primeiro apelido de Antenor Santíssimo de Araujo tinha sido "Tia Rita". Isso no tempo em que ele, um "crioulo grande e forte", com "um pé desse tamanho", sempre dentro de "calçado de corda", valente muito respeitado pela destreza das pernas, ainda residia no Engenho Velho. A alcunha de Antenor Gargalhada teria surgido após sua mudança para o Salgueiro, "o morro de pinta mais braba". Um depoimento do compositor e guarda-civil Roberto Martins, seu vizinho na Mariz e Barros, colhido pelo autor, em 22 de fevereiro de 1981.

Eu agora fiquei mal possuía um estribilho forte, másculo, em tom maior, sobre um abandono às vésperas da Festa da Penha: "Tenho vontade de ir à Penha/ Mas me falta o principal/ A mulher que me ajudava tanto/ Ela deu o fora/ Eu agora fiquei mal".

Um samba com segunda de Noel Rosa, toda em sete sílabas, exceto no último verso: "Esta mulher foi-se embora/ Me deixou bem arruinado/ Eu que estava tão sadio/ Agora estou acabado/ Mas agora eu peço muito/ Para não escorregar". Nesse ponto, entrava o mais longo: "Leve o meu pedido à santa que está no altar". Um verso de treze sílabas que, com a quebra, introduzia uma bossa rítmica à moda do Estácio.

Manuel Ferreira, compositor do Império Serrano, conhecera Noel Rosa na Lapa, "naquela roda de malandros", onde "cada um cantava um negócio": "Eu cantei também o meu pagodinho, e ele gostou".

Um samba sobre uma "mulher que eu tenho, que tudo que eu falo ela quer me contrariar: se eu digo que isso aqui é madeira, ela diz que é ferro; se eu digo que é ferro, ela diz que é borracha; está sempre desencontrada comigo". Um refrão que despertava a atenção de Noel Rosa: "Olha, vou mudar a segunda".

Uma segunda que, mesmo que Ferreira quisesse afirmar que era sua, "qualquer um via que tinha aquele cheirinho, aquela coisinha do Noel": "E quando o jejum me come/ Pra contrariar a fome/ Fico mastigando os dentes".

Uma estrofe que Manuel comentava, com um riso gostoso de pura admiração: "Como é que eu contrario a mim mesmo?". "Eu estava com fome, comecei a mastigar os dentes, não é? Nessa altura, o estômago lá embaixo late". "Só desce saliva". "Contrariar a ele mesmo? Isso é coisa de Noel". Um depoimento ao autor deste livro, de 21 de maio de 1983.

Gosto, mas não é muito dava início à parceria com Ismael Silva. Uma marchinha brincalhona, lançada por Francisco Alves, em dezembro de 1931: "Olha, escuta, meu bem/ É com você que eu estou falando, neném...". Registrada como de Ismael e Chico, tinha a autoria reivindicada por Noel Rosa, em entrevista para o *Jornal de Rádio*, de 1º de janeiro de 1935.

Em samba, a colaboração dos dois grandes compositores tinha início, provavelmente, com *Adeus*. Mas se aquecia, de fato, quando Ismael, ao entrar no botequim de costume, cantava para Chico e Noel o estribilho de *Para me livrar do mal*, a fim de que as três cabeças o memorizassem. O mesmo recurso dos malandros-sambistas no Bar Apollo.

A diferença era o pedido de Noel Rosa, como o próprio sambista-malandro revelaria a Pedro Bloch, para a *Manchete*, de 20 de junho de 1964: "Ismael, deixa eu fazer a segunda parte?".

Gravado por Francisco Alves, em 29 de junho de 1932, *Para me livrar do mal* trazia duas segundas, cujos versos, após discorrerem sobre o estribilho, o arrematavam à perfeição: "Nunca mais você encontra/ Quem lhe faça o bem que fiz/ Levei muito golpe contra/ Passe bem, seja feliz".

Em *Uma jura que eu fiz*, Ismael Silva confirmava a vocação de homem solitário: "Não tenho amor/ Nem posso amar...". Um refrão para o qual Noel Rosa elaborava, entre outros, os seguintes versos: "Um amor pra ser traído/ Só depende da vontade/ Mas existe amor fingido/ Que nos traz felicidade".

No total, a colaboração de Noel Rosa e Ismael Silva, fruto de sincera admiração mútua, cultivada em bate-papos cotidianos, com respeitosas trocas de ideias, sempre em torno de mesas boêmias, produziria dezessete sambas e duas marchas. O que faria de Ismael o mais frequente parceiro de Noel.

A dupla de cantores Ismael & Noel, mais um fruto daquela mútua admiração, seria responsável por quatro gravações. Entre as quais, as de dois deliciosos sambas: *Escola de malandro* e *Vejo amanhecer*. O primeiro, sem o nome de Noel, tinha sua contribuição firmada pelo jornal *Harmonia*, da coleção de José Ramos Tinhorão: "A escola do malandro/ É fingir que sabe amar...". O segundo, sem o nome de Ismael, seria reivindicado por ele, em depoimento ao pianista César Cruz, publicado na *Luta Democrática*, de 12 de março de 1967: "Como parceiro de Noel Rosa, lá para 1933, compusemos *Vejo amanhecer*". Um samba cuja autoria das segundas podia ser facilmente identificada pelo estilo: "De esperar a minha amada/ A minh'alma não se cansa/ Pois até quem não tem nada/ Tem ainda a esperança/ Esperança nos ilude/ Ajudando a suportar/ Do destino o golpe rude/ Que eu não canso de esperar".

Papeavam os dois queridos parceiros no Café Nice, quando um sambista negro, de uns 20 anos, se aproximava para indagar, com "muita humildade", quem era Noel Rosa. Trazia um estribilho e necessitava de uma estrofe para a segunda. Era quando o compositor de *Com que roupa?*, após a expressão "É uma honra, companheiro", tirava do bolso um papel, pedia um lápis ao garçom, ouvia o rapaz cantarolar e escrevia, "de estalo, quase sem pensar, quatro lindas estrofes".

"Maravilhado", o estreante agradecia de um modo original: "O senhor acaba de me complicar a vida. Pedi-lhe um verso e tenho quatro. Jamais conseguirei decidir qual deles é o mais bonito". Uma situação que Noel Rosa resolvia com as seguintes palavras: "Então, faça mais três sambinhas bonitinhos, companheiro". O que levaria

Ismael Silva, testemunha da cena, a declarar para o sociólogo Muniz Sodré, na *Manchete*, de 15 de outubro de 1966: "Noel, meu grande amigo, era de uma bondade imensa".

Ao autor deste livro, Ismael Silva contaria, entre abril e julho de 1976, uma passagem da dupla. Trocavam ideias à mesa de um botequim, quando alguém cutucava Noel Rosa pelas costas com um pedido. Sem interromper a conversa, ele metia a mão no bolso, puxava uma cédula, entregava por sobre os ombros, sem se virar para trás. Acostumado à dureza da vida, o parceiro o recriminava: "Você nem viu para quem deu o dinheiro. Como vai cobrar?". E escutava uma resposta de sumo descaso financeiro: "Ismael, o dinheiro é seu? Então...".

Dono de sensibilidade social, com um desapego incomum em relação às finanças, Noel Rosa era um autêntico boêmio. Um homem cuja única paixão seria uma dançarina de cabaré. Um tipo capaz de convidar para a mesa do restaurante um excluído, a fim de dividir com ele a sopa, como testemunharia aquela dançarina. Um depoimento da própria Juracy Corrêa de Moares, a Ceci, ao autor, entre fevereiro e abril de 1981.

Um parceiro que contribuía para os sambas dos malandros com buriladas melodias e bem tramados versos, sempre dentro daquele antirromantismo também seu de nascença.

Um poeta que usava gírias e expressões das calçadas, fixava cenas cotidianas das ruas, embora fosse bastante clássico na forma: jamais misturava os pronomes, usava versos metrificados, cultivava como poucos o recurso poético-melódico da rima, valia-se da glosa.

Como se valia o quinhentista Luiz de Camões que, para o mote "Não há mal que lhe não venha", versejava: "Perdigão, que o pensamento/ Subiu a um alto lugar,/ Perde a pena do voar,/ Ganha a pena do tormento./ Não tem no ar nem no vento/ Asas com que se sustenha:/ Não há mal que lhe não venha". Onde o penúltimo verso chamava o mote pela rima. O mesmo recurso de *Com que roupa?*, onde a rima em *opa* atraía o refrão-mote.

Alguns atentos professores de português apontariam um erro no *Com que roupa?* O correto seria: "Com que roupa eu vou ao samba para que você me convidou". O verbo pedia, de fato, preposição.

Um diagnóstico que persistiria até que Antonio Martins de Araujo e Castelar de Carvalho, em *Noel Rosa, língua e estilo*, localizassem, no *Dicionário de verbos e regimes*, a seguinte observação sobre "convidar": "Às vezes se emprega com a preposição subentendida". Como exemplo, Francisco Fernandes, o dicionarista, citava os *Lusíadas*, de Luiz de Camões: "O fresco vento o convida que parta".

Ambos, Camões e Noel, tinham tomado um atalho, ido direto ao *que*, enquanto deixavam implícita a preposição. Voava alto Noel Rosa.

Em 4 de janeiro de 1936, lá do alto em que voava, de onde tudo para ele se descortinava, concedia uma entrevista a Jorge Faraj e Jota Efegê, para o *Diário Carioca*, com um balanço sobre a trajetória do gênero.

Onde argumentava que o samba, antes "rudimentar voz do morro", se tinha feito "autêntica expressão artística, produto exclusivo da nossa sensibilidade".

Onde afirmava que alguns poetas, antes "anquilosados no manejo do soneto", haviam sentido em tempo a verdade: teriam influenciado a estética popular e sido por ela influenciados. Dessa "ação recíproca" resultara, em termos poéticos, a "elevação do samba".

Onde transportava para a roda de malandros-sambistas o poeta boêmio da *Via láctea*: "Não duvido que Bilac, se fosse vivo, tomasse o bonde do samba".

30

Enquanto o samba batucado cativava ouvidos de geografias distantes, desfazia-se o time de malandros do Estácio de Sá. Resultado, sobretudo, da filosofia individualista da malandragem, sempre atenta à vantagem, pouco afeita à comunidade. Uma diferença fundamental em relação às longevas Mangueira de Cartola, Portela de Paulo. Mas seria a transformação do Deixa Falar em rancho que minaria de vez o magnetismo dos malandros do time.

Um mês e meio antes daquela surpreendente metamorfose, *A Esquerda*, de 10 de fevereiro de 1931, escalava os cabeças do bloco-escola Deixa Falar: Oswaldo dos Santos Lisboa, presidente; Nilton Bastos, diretor de canto; Julio dos Santos, diretor de harmonia; Aurelio Gomes, diretor de sambas; Alcebiades Barcellos e Ismael Silva, mestres de evolução; Juvenal Lopes e Onofre da Silva, mestres-salas; Iracy Seixas Ferreira e Nair Luzia dos Santos, porta-estandartes.

Em 24 de março, o *Jornal do Brasil* anunciava a estranha mutação: "Deixa Falar – A sua organização como rancho". Ainda assim, o Deixa seguia com malandros no comando: Julio dos Santos, secretário; Ismael Silva e Nilton Bastos, diretores de canto; Alcebiades Barcellos e Julio dos Santos, diretores de harmonia; Benedicto Lacerda, maestro. No coro, Aurelio Gomes, Edgard Marcellino dos Passos e Ernani Fernandes Lima, três malandros, Cristalino Pereira da Silva, o Bijou, simpatizante. Entre as pastoras, Licínia e Nair Jumbeba, netas de Tia Ciata, e a adolescente Diva Lopes do Nascimento, futura mãe da filha de Ismael Silva. A malandragem estava presente.

Mais nove meses, o mesmo jornal, de 9 de dezembro, trazia João da Bahiana na direção geral, Francelino Ferreira Godinho e Sylvio Fernandes na comissão de carnaval. Mas a sonora novidade era a escalação de dois diretores de bateria: Marcellino de Oliveira e Veterano Saturnino. O que significava que o rancho pretendia sair com a orquestra de percussão do bloco-escola Deixa Falar. Uma inovação poderosa. Era esse o plano.

Passados dois dias, Oswaldo dos Santos Lisboa propunha à assembleia geral a aclamação de Antonio Faria como presidente de honra. Entrava em cena um padrinho. Uma conquista imperativa pelos elevados custos de se erguer um rancho. E aquele benfeitor parecia sob medida.

Antonio Faria, o Bulldog da Praia, tinha sido um malandro precoce. Em 1907, aos 11 anos, chefe de quadrilha de pivetes da Praia do Peixe, ele e dois comparsas, a bordo de um caíque, furtavam cebolas nas docas do Mercado Municipal. Uma cena cinematográfica: enquanto Bulldog fugia à nado, dois guardas mergulhavam em seu encalço, com o cais em franca torcida pelo menino. Tudo terminava com um policial carregado de maca para o hospital, enquanto o malandrinho, ainda pleno de energia, era conduzido para a delegacia.

Se aquela estreia de Bulldog possuía um humor rocambolesco, as navalhadas no braço e no ombro do operário Alicio Calixto, em 1908, no beco da Batalha, não tinham graça alguma. Nem a facada no dorso de Francisco de Oliveira, trabalhador do Trapiche Reis, na rua Clapp, em 1909. Muito menos o tiro de revólver, em 1912, dentro do Mercado Novo, na perna do pescador Francisco José Antonio Bicho, fatal pela septicemia.

Sem demora, Bulldog se tornava um malandro da estia, membro do bando de Cabeça de Bagre, Eurico das Coroas, Getulio da Praia, Ilheuzinho, Jererê, Mete o Braço e Moleque Antenor. Um achacador de comerciantes, embora se dissesse de família do comércio, filho do Faria, dono de casa de pasto da rua da Misericórdia.

De baixa estatura, apenas 1 metro e 60, impressionava pelo desassombro e pela pegada. Duas características que interessavam ao poder, pelas quais ganhava a patente de cabo político do deputado, também advogado e tabelião, Nicanor Nascimento. Na mesma linha dos antigos capoeiras, dedicados ao aliciamento de eleitores, ao engravidamento de urnas amigas, ao sumiço daquelas hostis. Protegido de um poderoso, escapava das grades com apenas um recado para o chefe. Era a regra.

Em 11 dezembro de 1931, quando era aclamado como presidente de honra do rancho Deixa Falar, morava no beco dos Ferreiros, 26, entre a Dom Manoel e a do Cotovelo, uma área conhecida como Bairro Chinês. No andar de baixo, estacionava a carroça de frutas. No de cima, dormia em companhia do amigo Felipe José Bernardo, o Chatinho. Segundo a imprensa, Bulldog estava regenerado.

Sabia-se, e isso com certeza, que era um entusiasmado folião. Naquele 1931, quando o Vaca Malhada rasgava a cidade, ele se exibia como mestre-sala, em dupla com a porta-estandarte Aracy Malhadinha. No momento em que o bloco passava defronte do *Jornal do Brasil*, um repórter da casa descobria "o velho carnavalesco Bulldog, dirigindo a sua gente do travesti", além de "dois ou três *eles* que bancam os *elas*, de modo a tapear legitimamente os incautos". Assim na edição de 17 de fevereiro. E teria sido Getulio Marinho, o Amor, segundo Bucy Moreira, seu professor na arte dos mestres-salas.

Aclamado como presidente de honra, o malandro-mecenas logo se fazia presidente e tesoureiro da comissão de carnaval do Deixa Falar. Um rancho cujo cortejo, dividido em duas partes, *As quatro estações* e *Homenagem à revolução brasileira*, assinado pelos artistas Armando Fonseca Leite e Ranulpho Cavalcanti, o *Diário Carioca*, de 2 de fevereiro de 1932, detalhava.

Na comissão de frente, "7 diretores, montados em corcéis pretos, trajados de cinzento, presididos pelo velho carnavalesco Antonio Faria".

Doze "caçadores de mariposas" e doze "odaliscas", entre as quais Diva Lopes do Nascimento, futuro amor de Ismael Silva, davam início à primeira parte do enredo. Em seguida, o quadro *Jardim da Primavera*, interpretado pela "senhorinha Maria da Luz", a companheira de João da Bahiana, segundo Francisco Duarte, cercada pelo voo de "incansáveis borboletas" meninas. No fecho de *As quatro estações*, a porta-estandarte Iracy Seixas Ferreira e o mestre-sala Benedicto Trindade, nos papéis de *Primavera* e *Outono*.

Na abertura da *Homenagem à revolução*, a "formosa" Izaura Vieira, a *Paz*, três "oficiais generais" e seis "senhorinhas", essas nos papéis do Distrito Federal e dos cinco estados que colaboraram para o "triunfo da Revolução": Minas Gerais, Paraíba, Pernambuco, Rio Grande do Sul e São Paulo. Onde o maior estado brasileiro, o grande perdedor, se fazia o Pilatos no credo do Deixa Falar. Entre as senhorinhas, Licínia e Djanira Jumbeba, netas de Tia Ciata, e Margarida Rocha, parceira de Brancura, uma malandrinha autêntica. No quadro *A alegria revolucionária*, Julio dos Santos, o malandro Julinho, encarnava o líder das quinze pastoras que interpretavam os "estados restantes". Um desfile encerrado pelo corpo de dez coralistas, "caracterizados luxuosamente de gaúchos", e pela orquestra de vinte e um músicos, todos fantasiados de "soldados da revolução".

Se era difícil imaginar os malandros-sambistas, no começo do préstito, em cima de "corcéis pretos, trajados de cinzento", era bastante fácil adivinhar o fracasso do Deixa Falar.

Em 11 de fevereiro, saía o resultado do Dia dos Ranchos, concurso promovido pelo *Jornal do Brasil*: Flor do Abacate, do Catete, campeão; Flor da Lyra, de Bangu, vice; Arrepiados, de Laranjeiras, prêmio de harmonia; Rouxinol, de Bangu, prêmio de enredo; Lyrio, de Botafogo, prêmio de evoluções; Destemidos da Caverna, do Engenho de Dentro, prêmio de originalidade; e Parasitas de Ramos, prêmio de estandarte.

Na mesma edição, vinha o veredito sobre o Deixa Falar: "Traz comissão de frente, mas o conjunto é pequeno, fraco, modesto. A segunda parte desempenha-se melhor do que a primeira, que é pobre de figuras e vazia de ambiente decorativo. Entretanto, o rancho é afinado e bem equilibrado, embora os trajos fossem simples. Trata-se de um grupo sem pretensão".

Um juízo do qual nem o presidente, Oswaldo dos Santos Lisboa, discordava. Sobre a pobreza das figuras, esclarecia que o rancho se exibira com apenas 75 de seus 124 componentes. Sobre o vazio da decoração, explicava que saíra "sem gambiarras", "sem os troféus de flores", "sem as pastas" e "sem as bandeiras dos 21 Estados". Falhas motivadas pela "intromissão de elementos estranhos" que, tidos como "bons e leais amigos", teriam cuidado somente de seus próprios interesses. Por fim, "abatido" e "revoltado", atribuía o malogro à má administração dos recursos financeiros.

Juarez Barroso levantaria, pelo *Correio da Manhã*, de 8 de fevereiro de 1970, uma hipótese para a derrota: "Pequenino do Catete, funcionário público, da comissão de compras, um dos muitos arrivistas atraídos pelo crescimento da escola, fizera uma negociata com as fazendas das fantasias, revendendo-as, ao que consta, para o Flor do Abacate, e comprando para substituí-las um tecido de qualidade inferior". E complementava: "Na trapalhada entrou também Buldogue da Praia, um dono de lancha, também arrivista".

A incompetência, no entanto, tinha sido a principal causa do fracasso. Porque o time de sambistas-malandros, comandado por Oswaldo dos Santos Lisboa, com Armando Fonseca Leite na confecção das fantasias, vitorioso na criação do bloco-escola Deixa Falar, não dominava a complexa engenharia dos ranchos.

Surgidos na segunda metade do século XIX, os ranchos carnavalescos se sofisticavam ano a ano, em enredos, fantasias, adereços e alegorias, em marchas melodiosas, naipes feminino e masculino, orquestras de sopros, cordas dedilhadas e percussões leves.

Um refinamento comprovado pelo Flor do Abacate, o rancho que, com o tema *Napoleão Bonaparte em campanha no Egito*, merecera o voto consagrador: "Todo cortejo do guerreiro vitorioso está apresentado com detalhes e pormenores magníficos, sendo a indumentária cuidada, dando um cunho de verdade ao entrecho, destacando-se as fantasias dos reis do Egito e da Pérsia". "Desfile vistoso. Muito efeito. Boa combinação". "Luxo e bom gosto: mais que isso, riqueza". "Assunto de pura fantasia do artista do rancho que se inspirou numa passagem da vida de Napoleão para criar um enredo tão originalmente desenvolvido e tão bem executado".

Decididamente, o Flor do Abacate não carecia de "negociatas com as fazendas das fantasias" do Deixa Falar. Além disso, quando o assunto era carnaval, Bulldog da Praia era um benemérito, não um achacador.

Uma virtude demonstrada no balancete do rancho, assinado pelo próprio mecenas-malandro e pelo carnavalesco Ranulpho Cavalcanti, publicado no *Jornal do Brasil*, de 16 de fevereiro.

Cinquenta e seis por cento dos 7:043$300 do orçamento se referiam a compras em casas do comércio, todas de "reputações firmadas no espírito público desta cidade": A Regência, Gebara, Gonçalves, Mathias, O Mandarim, Parc Royal, Spiller, Storino e Verde. As costureiras correspondiam a 13% das despesas; os calçados, capacetes, diademas, leques, meias e troféus, 12%; a locação de automóvel para a comissão de carnaval, 5%; as despesas do festival no Theatro Lyrico, com o objetivo de arrecadar fundos, 5%; a polícia militar, os fogos de artifício e a verba para Alcebiades

Barcellos, Juvenal Lopes e Armando, 2% cada um; a Light, 0,5%; e as despesas diversas, 1%.

Trinta e sete por cento das receitas de 5:773$500 vinham de dois "livros de ouro", o de Oswaldo Lisboa e o de Ranulpho Cavalcanti, e da doação de Bonifacio Paim, vigia da Diretoria de Arborização e Jardins, entusiasta do carnaval. O auxílio da prefeitura representava 35%; as contribuições de pastoras e coristas, 18%; o festival no Theatro Lyrico, 7%; e as três listas de rateio, 2%.

O resultado era "um saldo ao nosso favor de 1:268$800", concluíam Faria e Cavalcanti. Ainda sem comprovação, restavam apenas a contribuição recebida "por intermédio do sr. Juvenal Lopes", as despesas do procurador Aurelio dos Santos e o pagamento aos músicos "por intermédio do sr. Oswaldo Caetano Vasques". O que aumentaria o "saldo a nosso favor" para 1:338$300, argumentavam os signatários.

Um orçamento deficitário, cujo buraco era coberto por "importâncias feitas pelo sr. presidente-tesoureiro". O que provava a benemerência de Bulldog.

Dez meses depois do ruidoso fracasso do rancho Deixa Falar, Carlos Cavalcanti, em *O Radical*, de 25 de dezembro de 1932, anunciava a morte do samba no Estácio: "Os rouxinóis da palheta, camisa listrada e tamancos, desertaram para a Mangueira, o morro da Matriz, Oswaldo Cruz, onde as facas de ponta continuam de gumes acerados. Tudo quer novas sensações. Também os malandros, estetas cor de borra de café e almas de pluma... E o samba emigrou do Estácio para outros lugares...".

A primeira morte de um malandro-sambista tinha sido a de Rubens Barcellos, em 1927; a segunda, a de Nilton Bastos, em 1931; a terceira, a de Edgard Marcellino dos Passos, naquele mesmo ano, no dia de Natal.

Uma morte matada, na Carmo Neto, defronte ao 40, entre a João Caetano e a General Pedra, nas imediações da linha férrea. Onde, por volta de 23 horas, Edgard conversava com Ernestino Mendes de Almeida ao ser atingido por um tiro covarde na nuca.

Apesar da fuga rápida do assassino, a testemunha reconhecia Antonio José da Silva, o Mulatinho. Segundo o *Correio da Manhã*, um jogador contumaz, malandro do Mangue, companheiro de farras do morto. Um tiro antecedido, em algumas horas, por uma discussão, durante um jogo de cartas, nos fundos daquele mesmo prédio, onde Ernestino morava e mantinha, até pouco, sua barbearia.

Para Bucy Moreira, em depoimento a Francisco Duarte, o verdadeiro assassino seria Cadeado, um tipo "bolina, essas coisas". Queria matar Chico Gordinho, "mas quem veio abrir a porta foi o Edgar": "Ele foi passando fogo, pegou na testa". Condenado a seis anos de prisão, Antonio José da Silva negaria sempre ser o autor.

O registro de morte confirmava a causa: "Ferimento do encéfalo por projétil de arma de fogo". Assim como trazia o nome dos pais do morto, Astolpho Marcellino dos Passos e Delphina Maria da Conceição. E esclarecia que Edgard, morador da Senador Euzébio, 538, seguia solteiro.

A baixa seguinte seria a de Deocleciano da Silva Paranhos, o Canuto, em 26 de novembro de 1932, no Hospital São Francisco de Assis, no coração do Mangue.

Dois dias depois, Antonio Moreira da Silva, seu vizinho da Ladeira Pirassinunga, 1, na Fábrica das Chitas, comparecia ao cartório da Freguesia do Espírito Santo, a fim de registrar o óbito, "em consequência de infecção paratífica, peritonite por perfuração intestinal". Canuto deixava a cena aos 34 anos, com a mesma idade de seu pai.

Após o fracasso, o Deixa Falar se dissolvia. Enquanto Oswaldo dos Santos Lisboa retomava a marcha no jardim dos ranchos melodiosos, Alcebiades Barcellos, Ismael Silva, Julio dos Santos e Juvenal Lopes retornavam ao batuque dos sambas das escolas. Do nome Deixa Falar, ninguém mais queria saber.

De sede provisória no próprio Bar Apollo, a nova agremiação dos malandros-sambistas carregava um nome cheio de significado: União do Estácio de Sá. No *Diário Carioca*, de 17 de março de 1933, a notícia sobre sua fundação soava como resposta a *O samba morreu no Estácio...*, de Carlos Cavalcanti: "O samba não podia sucumbir no lugar onde nasceu: o Estácio de Sá; aquele Estácio onde nasceu Nilton, Ismael, Bide, Baiaco e onde Heitor aprendeu a compor. Não! O Estácio não morreu; ele vive".

Como prova de vida, o jornal publicava carta do primeiro secretário, Julio dos Santos, sobre a fusão do "antigo Deixa Falar e do novel União das Cores". Objetivo: formar o União do Estácio, a 1ª linha. Pois o bairro ainda possuía, na 2ª e 3ª linhas, o Para o Ano Sai Melhor e o Vê Se Pode.

No ano em que o Estácio de Sá disputava em três linhas o carnaval, Orestes Barbosa dava início, em 7 de julho, através de *A Hora*, à campanha pela criação da Orquestra Típica do Samba. Se o tango possuía conjunto próprio, à base de bandoneon, violino e piano, se o foxtrote era executado por *jazz-band*, com metais, banjo, piano e bateria, o samba merecia também sua orquestra. Uma ideia do violonista Mozart Araujo, abraçada, de imediato, pelo cantor Mario Reis.

Uma ação que tinha início com as seguintes palavras do cronista: "Aqui nós tocamos e gravamos sambas com instrumentos dos outros, desprezando os instrumentos nacionais". "Falta ao samba o carinho dos seus músicos e dos estúdios... Em lugar de vivermos falando dos outros, o que nós devemos fazer é não ter medo, nem vergonha do que é nosso".

Para transformar a ideia em realidade, Mario Reis convocava Pixinguinha, maestro que orquestrava sambas na Victor, havia algum tempo, com instrumentos de percussão.

Em *Nego bamba*, de J. Aymberê, de 30 de dezembro de 1930, Ottilia Amorim cantava: "Nego bamba/ Bom no samba/ Bom no batuque e no tamborim". Nesse ponto, os sopros e o banjo silenciavam para um tambor-surdo imitar a batida: "colcheia pontuada, semicolcheia; semicolcheia, colcheia, semicolcheia; colcheia pontuada, semicolcheia; colcheia, pausa". Uma orquestração que, mesmo sem assinatura, soava como as de Pixinguinha.

Em 9 de dezembro de 1932, Silvio Caldas e o Grupo da Guarda Velha registravam *Vou fazer tua vontade*, de Heitor dos Prazeres, com sopros, piano, faca-e-prato e tambor-surdo. Seis meses depois, Moreira da Silva e os Diabos do Céu interpretavam *Eu vou comprar*, também de Heitor, onde soavam, além dos sopros, o pandeiro e o surdo.

Mario Reis sabia o que fazia: Alfredo da Rocha Vianna era o nome perfeito para materializar o sonho da típica do samba. Uma orquestra cuja primeira audição acontecia, em 1º de setembro de 1933, no estúdio da Rádio Club, na Bittencourt da Silva, 21.

Na plateia, dois ministros de estado: Oswaldo Aranha, da Fazenda, e Francisco Antunes Maciel Junior, dos Negócios

Interiores. Porque Mario da Silveira Reis, sobrinho do proprietário da Fábrica Bangu, tinha posto seus contatos para funcionar.

Uma orquestra formada por três naipes: sopros, cordas dedilhadas e percussão. Uma instrumentação descrita por Antonio Nássara: flauta, trompete, clarinete, saxofone, trombone, fagote e bombardino; cavaquinho e violão; tamborim, pandeiro, ganzá, cuíca e omelê. Uma benfazeja mistura de banda, choro e bateria.

Uma orquestra com duas dezenas de músicos, todos da nata: Alfredo da Rocha Vianna, Bonfiglio de Oliveira, Djalma Guimarães, Esmerino Cardoso, Luiz Americano e Victor André Barcellos; Ernesto dos Santos, o Donga, e Raul Palmieri; Arnô Canegal, Bucy Moreira, Jacob Palmieri, João da Bahiana, Marcellino de Oliveira e Walfrido Silva.

Uma música cuja qualidade não era difícil de adivinhar. Como não era de estranhar o impacto sobre Antonio Nássara: "Uma coisa bonita, uma coisa das mais bonitas que eu já vi". Um depoimento ao autor deste livro, de 22 de agosto de 1992.

Novidade era a reação de Oswaldo Aranha, ouvida por Mario Reis, registrada por *A Hora*, de 2 de setembro: "Só posso ter palavras de elogio para o que acabo de ver e ouvir: gente de meu país, música do meu país. Sou dos que sempre acreditaram na verdadeira música nacional. Não creio na influência estrangeira sobre a nossa melodia. Nós somos um povo novo. E a praxe é que os povos novos vençam os antigos. O Brasil, com sua música nova e própria, há de vencer. Mesmo no Rio Grande do Sul, quando elementos da fronteira vinham fazer a sua música nas terras gaúchas, acabavam cedendo e influenciados pela nossa harmonia típica. Este é um espetáculo inédito e empolgante. É o início da obra de prestígio para a música brasileira".

Palavras todas de franco entusiasmo. Nenhuma, no entanto, samba. Porque no repertório da orquestra típica não havia samba. Havia três maxixes, todos de Pixinguinha, e, talvez, uma valsa.

Vem cá, não vou e *Urubatan* tinham sido gravados, em 1929, pela Orquestra Victor Brasileira, com a pulsação rítmica característica dos maxixes, embora Pixinguinha, em partituras de 1933 e 1938, classificasse a primeira como choro, a segunda como tango. *Ainda me recordo* era um maxixe, com interferências de samba, segundo a partitura, de 1931, e a gravação, de 1932, pelo Grupo da Guarda

Velha. E *Pierrô e Colombina*, a quarta música do repertório, seria, provavelmente, a valsa de Oscar de Almeida, registrada pelo Grupo Carioca, em 1916, apesar de *A Hora* atribuir a criação também a Pixinguinha.

Não era surpresa, entretanto, aquela ausência de sambas. Oito anos antes, Alfredo da Rocha Vianna declarara, em entrevista a *O Jornal*, de 27 de janeiro de 1925, que o "músico de fato" devia, "por amor à arte", "condenar o samba", gênero que concorria para a "restrição do pensamento musical". Para ele, o choro, não o samba, merecia ser cultivado. Esse, sim, dava "margem para desenvolvimento de frases musicais, com vigor, com fluência, com pujança".

Em 1933, quando surgia a oportunidade de exibir a música brasileira, inclusive para autoridades governamentais, Pixinguinha não pestanejara. Trouxera para a formação instrumentos de percussão, mas selecionara como repertório apenas composições de choro.

Doze dias depois, Sylvio da Fonseca rebatizava, através de *O Radical*, a orquestra: "Toda a discussão se resume no nome que deva ter a típica. Até agora está consagrado o de típica do samba". "Quem sabe se seria preferível chamá-la orquestra típica brasileira?".

Enquanto a Orquestra Típica Brasileira seguia em frente, sempre sob o comando de Pixinguinha, através de exibição instrumental, em 25 de outubro, no auditório da Feira de Amostras, assim como ao lado do cantor Mario Reis, no estúdio da Rádio Mayrink Veiga, em 12 e 17 de novembro, o União do Estácio de Sá elegia, em assembleia geral, também no 17, sua diretoria: presidente, Octacilio Pinto de Azevedo; vice-presidente, Eduardo Spazafumo; secretário, Julio dos Santos; procurador, Waldemar Corrêa de Sá; revisor de contas, Nelson Pinto de Souza; conselheiros fiscais, Ismael Silva, Juvenal Lopes e Oswaldo dos Santos. Do time do Bar Apollo, apenas Ismael, Julinho e Juvenal.

Em 16 de dezembro, o bloco inaugurava sua sede definitiva, na Haddock Lobo, 142, antigo endereço do Éden Clube. Quando oferecia um "grande baile", em "salões artisticamente ornamentados", onde, segundo o *Diário Carioca*, o "elemento feminino, ostentando ricas toilettes, volteava sob os acordes de uma excelente *jazz-band*". Se era estranha uma *jazz-band* em baile dos criadores do samba batucado, ao menos as cores permaneciam as mesmas do Deixa Falar.

O batismo do pavilhão alvirrubro do União do Estácio, em 7 de janeiro de 1934, teria como padrinhos Sylvio Narciso de Figueiredo Caldas e Angelina Keller Delavechia, casados um ano antes. Segundo Alcebíades Barcellos, em depoimento ao MIS, Silvio, com "y" nos registros oficiais, era um íntimo dos malandros-sambistas: "O único cantor que ia no Estácio me procurar, sem maldade"; "ia me procurar porque ele gostava mesmo de mim; mas era pra gente dar uma volta", "pra bater papo".

Uma festa de batizado que, além da amizade dos malandros, possuía duas coisas muito ao gosto do mais completo cantor da música popular brasileira: samba batucado e comida saborosa. No caso, um "suculento angu à baiana". Na última hora, no entanto, por conta do "estado de saúde da sra. Silvio Caldas", a cerimônia seria adiada para três domingos depois, acompanhada de uma macarronada ao molho de camarão. Para o dia 7, permaneciam o angu e o "ruidoso baile".

Um ano e três meses antes, em 26 de outubro de 1932, na saída de um baile ruidoso como aquele, naquele mesmo endereço, Nelson Pinto de Souza, revisor de contas do União do Estácio, branco, 26 anos, morador da Corrêa Vasques, 31, e João Pereira da Silva, mulato, 31, da Estácio de Sá, 29, caminhavam juntos pela Haddock, depois pela Estácio, até a esquina de Pereira Franco. De acordo com o *Diário da Noite*, eram "se não amigos, pelo menos bons camaradas".

Uma camaradagem que se fazia rivalidade na calçada do Bar Apollo. Quando as palavras macias davam lugar a insultos ásperos que feriam fundo. Onde a discussão tinha como ponto final uma bofetada.

Longamente amadurecida, a vingança de João, o esbofeteado, acontecia em 9 de janeiro de 1934, dois dias depois do "suculento angu à baiana" do União do Estácio. Quase em frente à alfaiataria do alagoano José Leite Brandão, na Marquês de Sapucaí, 176, entre a Júlio do Carmo e a Benedito Hipólito, onde Nelson ganhava a vida como entregador.

Ele estava parado, em cima da bicicleta, em palestra com um menino, quando João, armado de navalha, "preparada com alguns dentes para melhor estragar o pescoço do rival", aplicava-lhe um murro: "Da bofetada já me vinguei. Agora vou te arrancar a cabeça!".

No chão, com as pernas enganchadas no veículo, Nelson era um alvo fácil. *Causa mortis*: "Secção do pescoço, inclusive laringe e esôfago, por instrumento cortante". Assim no atestado médico. Uma cena descrita pelo *Diário da Noite*, de 10 de janeiro, com base nas palavras do navalhista.

Nelson Pinto de Souza seria homenageado pelo presidente Octacilio Pinto de Azevedo com um luto de 7 dias. Devido à recusa da diretoria em observar o luto, como também pela descoberta de uma dívida de 5 contos de réis, Azevedo apresentava sua renúncia. Assim, antes mesmo do batismo do pavilhão, o União do Estácio experimentava a primeira crise.

Situação resolvida com a aclamação de uma junta governativa: presidente, Eduardo Spazafumo; secretário, Julio dos Santos; tesoureiro, Mario Ferreira. Primeira deliberação: a nova diretoria se responsabilizava pela dívida; o bloco respeitava o luto, mas apenas por três dias. Permaneciam na agenda os bailes de 13 e 14. Na lógica dionisíaca dos novos comandantes, celebrar a vida era mais relevante do que lamentar a morte.

Entre aquele 12 de janeiro, data da aclamação da junta, e 4 de março, quando o presidente já era Julio dos Santos, Eduardo Spazafumo, após deixar a presidência, passava adiante a "parte que lhe cabia na sociedade". Entre os compradores, Ismael Silva.

Tudo permanecia calmo até Maldonado Alves cobrar a dívida, assumida pelo União do Estácio ao se instalar no 142 da Haddock Lobo, endereço até então do Eden Club. Uma sociedade dançante que trazia entre seus foliões, além do credor Maldonado, Cantildo Araújo, do Quem Fala de Nós Tem Paixão, Euripedes Capellani, do Deixa Falar, e o próprio Ismael Silva.

Como quem compra adquire tanto os ativos como os passivos da sociedade, o malandro Ismael, acostumado a enganar otários na curra da chapinha, se descobria, com a cobrança de Maldonado, no papel de vítima.

Ismael Silva já tinha começado a se afastar do Estácio. Residia, aos 28 anos, segundo o *Diário de Notícias*, de 1º de abril de 1934, na rua das Marrecas, 9, na Lapa. Enquanto Eduardo Spazafumo, de

29, branco, com pinta, de fato, de italiano, morava na Rodrigues dos Santos, 43, na fronteira do bairro com o Mangue.

A vingança tinha lugar no Café Ponto Chic, na Salvador de Sá, 150, bem na esquina de Laura de Araújo. Onde, em 31 de março, por volta das 19 horas, o malandro-sambista enunciava, em português impecável, antes de apertar o gatilho do *bulldog*: "Vais morrer!".

Por conta do ziguezaguear do alvo, em corrida desesperada, nenhuma das balas o atingia. O atirador, no entanto, preso em flagrante por Frank Baptista Santos, membro da Polícia Especial, seria autuado, no 9º Distrito, pelo comissário Carlos Machado.

Sem mira em relação a Eduardo Spazafumo, todas aquelas cinco balas acertariam em cheio em Ismael Silva.

Enquanto o ajuste com a justiça não acontecia, o compositor, no esplendor da forma, imerso em dor persistente, à espera de uma condenação inevitável, produzia, sem parceiro, como convinha a uma confissão, uma de suas mais comoventes criações: *Choro, sim*.

Um samba cuja melodia, triste como o quê, carregada de notas longas, de saltos para o agudo, revelava o estado de espírito de Ismael Silva: "Choro, sim, com razão/ Não tem fim minha aflição...".

Um samba com tema de três notas descendentes. Na tonalidade de dó maior: "mi, ré, dó" ("Choro, sim"). Dois desenvolvimentos em descida: "si, lá, sol" ("com razão"); "mi, ré dó" ("Não tem fim"). Uma melodia que, daquele fundo grave, subia até se fazer lancinante, com notas repetidas, lá em cima, como quem segredava uma agonia: "fá, fá, fá, mi" ("Me acompanha"). Porque era mesmo aguda a dor da queda de um malandro.

Uma letra que explicava a natureza daquele sofrimento: "Minha dor, na verdade, é moral". Mas silenciava sobre o crime que estava por trás daquela dor: "A razão eu não conto a ninguém/ Até faço questão de sempre ocultar". Embora revelasse a existência de um desafeto: "Porque eu sei que existe alguém/ Que da minha aflição muito vai se gloriar".

Os deuses da música estavam decididos a pôr à prova o malandro-sambista de mais alta aptidão musical. Aquele que trouxera para dentro do samba as melodias das marchas-rancho. Aquele que dera ao samba batucado seu mais largo voo.

Choro, sim era uma sentida amostra daquele talento, assim como o prelúdio da queda do talentoso. Tudo decidido nas altas esferas, onde se teciam os humanos destinos. Não de imediato, para mais adiante.

Ismael Silva seguiria em frente e para o alto. Galgaria posições, conquistaria espaço, gozaria de ainda mais denso prestígio. Transmitiria à posteridade, além daqueles sublimes sambas, seu melodioso código genético.

31

Choro, sim, gravado por Francisco Alves, em 21 de novembro de 1934, com Ismael Silva como único autor, selava o fim do acordo entre os dois sócios. Um resultado da campanha de amigos do compositor contra o trato perverso, assim como do desinteresse do próprio cantor. Um movimento que carregava uma coincidência: quando Chico saía de cena, Diva entrava no coração de Ismael.

Em 16 de abril de 1973, em depoimento a Fernando Faro para o *MPB Especial*, Ismael Silva, indagado por seus amores, se esquivava: "Ah, bom, são vários nomes, vários... Dolores, Florisbela, Anita... E etc.".

De bate-pronto, sem pôr fé naquele *et cetera*, Christina Buarque de Hollanda, integrante do elenco, trazia a público uma informação de cocheira: "Tem uma Diva também no time...".

Dessa vez, Ismael não fugia: "Estão me lembrando de uma Diva", "conhecem a minha vida melhor do que eu. É, está certo, existiu uma Diva que eu não estava me lembrando. Uma Diva também a quem amei".

Diva Lopes do Nascimento, filha do motorneiro Augusto Francisco do Nascimento e da doméstica Iracema Lopes, viera ao mundo em 6 de março de 1916, quando seus pais moravam na Faria, 19, a futura Corrêa Vasques. Antes, viviam na Viscondessa de Pirassinunga, 62. Mas, em 1921, já se haviam firmado na Estácio, 17, na altura da Pereira Franco, defronte ao Bar Apollo.

Em 1932, Diva formava, com Licínia e Nair, netas de Tia Ciata, entre as pastoras do rancho Deixa Falar. Era uma das doze odaliscas da *Primavera*, em par com os doze caçadores de mariposas, na primeira parte do enredo. Tinha, então, quase 16 anos.

O amor de Ismael e Diva florescia em fins de 1934, quando ele, aos 29, residia na rua das Marrecas, na Lapa de todos os desvios. Quando ela, aos 18, se fazia uma morena no auge de seus encantos. Um encontro que as forças da natureza faziam logo ecoar: primeiro na justiça, depois na vizinhança.

Do eco na justiça, o *Jornal do Commercio* dava notícia, em 2 de janeiro de 1935. Uma denúncia pelo artigo 267 do *Código penal*: "Deflorar mulher de menor idade, empregando sedução, engano ou fraude". Do eco na vizinhança, Luiz Alves da Costa Filho, sobrinho de Nilton Bastos, guardaria a lembrança: ele tinha feito "mal a uma menina".

Se a perda da virgindade era certa, a maioridade era também. Mas o passo mais importante seria dado somente em junho, seis meses depois. A data provável do início da gravidez.

Marlene, a filha de Diva e Ismael, nascia em 11 de março de 1936, na casa dos avós maternos, no 17 da rua do Estácio, segundo o registro feito, na 5a Pretoria Cível, dez dias depois, por Raphael Martins de Jesus. Quando, sem o nome do pai, a menina ganhava os dois sobrenomes do declarante: Marlene Martins de Jesus.

O baiano Raphael, marinheiro, integrante da guarnição do paquete Ruy Barbosa, casara-se, em 12 de agosto de 1935, por procuração, na 2ª Pretoria, com a fluminense Aída Baptista, sua esposa até o desquite, em 14 de junho de 1963.

Diva morreria em 17 de outubro de 1994, aos 78 anos, no Hospital Estadual Pedro II, ainda solteira, de "parada cardiorrespiratória" e "diabetes mellitus". Moradora da Santa Doroteia, 125, em Campo Grande, seria sepultada no Jardim da Saudade, em Paciência, após uma existência de elegante discrição sobre aquele amor.

Quanto a Francisco Alves, Ismael Silva tinha consciência dos benefícios, e não apenas dos malefícios, da união com o grande cantor. Ao Museu da Imagem e do Som declararia que, sem aquele pacto, talvez não fosse quem era.

Era por indicação de Chico que Ismael respondia, em 1935, pela direção artística da Odeon, como comprovava o pianista César Cruz, após enfrentar as escadas do edifício Paschoal Segretto, na rua Pedro I, praça Tiradentes, dentro do uniforme do Colégio Souza Marques, com um "rolo de músicas debaixo do braço". Enquanto subia, descia Custodio Mesquita, "todo de branco, sapatos pretos, com uma vasta cabeleira negra bem penteada".

Na sala principal, César era recebido por Ismael com as seguintes palavras: "Sou o diretor artístico". Em seguida, o compositor de *Choro, sim* passava os olhos pelas partituras e, mesmo sem saber ler as notas, manifestava seu desinteresse com uma pergunta: "Você, garoto de colégio, já fazendo música?". Para entrar a aconselhá-lo a voltar aos estudos, sem imaginar que Aurora Miranda gravaria, dois anos depois, na própria Odeon, acompanhada pelo Regional de Benedicto Lacerda, *Sobe meu balão*, uma marchinha daquele desprezado rolo. Uma crônica do próprio Cruz, na *Luta Democrática*, de 12 de março de 1967.

Naquela época, Ismael Silva andava, de fato, preocupado com o aumento da concorrência. Em 20 de janeiro, reclamava, em entrevista para *A Nação*, que as "fábricas de discos" estavam "superlotadas de músicas das mais variadas", "para todos os paladares", "desde a marchinha de coro simples e curto às grandes orquestrações". Sem perder a oportunidade para divulgar seus próprios sambas, entre os quais *Boa viagem*, com Noel Rosa. Sem esquecer de derramar seu carinho sobre aquele colaborador: "Não é desconhecido para vocês que considero Noel como verdadeiro irmão, com quem fiz várias parcerias, e que bem considero, aliás com bastante propriedade, o Bernard Shaw da música popular".

Às vésperas de enfrentar a justiça, Ismael Silva se preocupava com dinheiro. Cheio de prestígio junto à imprensa, concedia entrevistas sobre o espetáculo que organizava, em seu próprio benefício, no Instituto Nacional de Música. Quando detalhava, para o *Diário Carioca* e *A Manhã*, de 13 de novembro de 1935, o elenco: Noel Rosa, Benedicto Lacerda, Moreira da Silva, Custodio Mesquita, Romualdo Peixoto, Manezinho Araujo, Newton Teixeira, Joel e Gaúcho. Onde o primeiro nome era Noel Rosa; o grande ausente, Francisco Alves. Sendo que Ismael não podia mais contar com Oswaldo Caetano Vasques.

Em 7 de outubro daquele ano, Baiaco tinha abandonado as baquetas, na Dona Francisca, 130, no Engenho Novo, vítima de "tuberculose pulmonar" e de "caquexia".

A mesma rua em que, em 8 de agosto de 1899, nascera Ottilia, sua irmã mais velha, filha do ferreiro Bartholomeu Caetano Vasques, de 24 anos, e de Georgina Maria Vasques, de 18.

Um ano depois, em 12 de setembro de 1900, morria aquela menina de vida breve, de pneumonia, na rua da Passagem, 29. O endereço em que tinha nascido, em 2 de junho, seu irmão Oswaldo. Porque aquele malandro do Estácio era um filho de Botafogo.

Em 10 de abril de 1917, Baiaco sofria, com apenas 16 anos, no Corpo de Segurança, sua primeira prisão. Motivo: "Averiguações". A segunda, por vadiagem, pelo 7º Distrito, em 28 daquele mês, resultava em condenação à Colônia Penal. De onde saía, em 22 de junho, após comemorar, entre grades, os 17.

Em 30 de janeiro de 1918, às vésperas da maioridade, Oswaldo Vasques ganhava, na esquina de Conde de Bonfim e Garibaldi, na Tijuca, duas facadas: uma na coxa, outra no ventre. Ambas de Eduardo Tavares Pereira, ex-funcionário da Padaria Modelo, no 769 daquela rua. Morador de barraco da Estrada Velha da Tijuca, Baiaco se fazia réu, junto com o desafeto, após deixar o Hospital da Santa Casa, pelo artigo 303: ofensa física. Um processo pertencente ao Arquivo Nacional, embora distante de sua folha de antecedentes. Um crime coberto pela *Gazeta de Notícias*, *O Imparcial* e *O Paiz*.

Em 1924, já agia em parceria com Sylvio Fernandes, o Brancura. Em 17 de abril e 24 maio, a 3ª Câmara da Corte de Apelação julgava *habeas-corpus* em benefício de ambos. Capturado pela Brigada Policial, em 24 de agosto, por conta do alistamento militar, era preso, em 28 de novembro, dentro do vapor Campos Salles, do Lloyd Brasileiro, por razão desconhecida.

Em 1926, morava na Senador Pompeu, 65, perto do morro da Conceição. Mas atuava no Mangue, onde, na Pinto de Azevedo, após aplicar um soco em Sidney Ferreira das Neves, recebia nas costas quatro navalhadas.

No ano seguinte, sofria seis detenções: uma pelo estupro de Francisca Moura Bacellar, na Gávea; outra pelo porte ilegal de uma navalha velha; e mais quatro por vadiagem. Em 15 de setembro, por decisão da 5ª Pretoria Criminal, recebia a primeira condenação pesada: dois anos na Colônia Correcional de Dois Rios. Logo depois, em 17 de outubro, pelo juízo da 3ª, vinha a segunda: um mês, sete dias e doze horas de prisão celular, grau médio do artigo 377. Uma pena por aquela velha navalha.

Em 1928, outras seis prisões: uma por roubo com violência, duas por uso de arma, três por vadiagem. Quando ganhava, por andar armado, mais sessenta dias de descanso obrigatório, impostos pelo juízo da 5ª, em 8 de dezembro. Em termos criminais, um ano a mais em sua vida; do ponto de vista artístico, um ano especial.

Em 14 de fevereiro, *A Manhã* revelava que Baiaco, durante a festa para a embaixada do Estácio, na Estrela D'Alva, pela vitória no concurso de Zé Espinguela, havia entoado, com sua "voz de baixo profundo", o "novo melodioso samba de Edgard": "Quem me deixar não quero mais/ Não dou meu braço a torcer/ Guardo a tua beleza, meu bem!/ Não quero saber mais de você". Seriam esses os versos originais de Edgard Marcellino dos Passos. Três dias depois, o intérprete retornava à Casa de Detenção para mais dois meses longe do samba.

Em 1929, eram quatro os encarceramentos: um por vadiagem com jogo; um por furto durante jogo da bolinha, em parceria com Sylvio Fernandes; dois por vadiagem simples.

Pelo primeiro, entrava na Detenção em 18 de março. De onde não sairia em 13 de abril por "estar condenado pelo art. 377": porte de armas. Uma pena que cumpriria somente em 13 de junho.

Os dois processos por simples vadiagem resultavam em duas canas: a primeira em 1º de julho, com saída em 26 de setembro; a segunda em 21 de outubro, sem registro de liberdade.

Estava, portanto, na Casa de Detenção, quando Sylvio Fernandes entrava, em 18 de abril, condenado por aquele furto durante o jogo da chapinha. O que talvez explique a ausência do artigo 330 na folha de Oswaldo Caetano Vasques.

Na madrugada de 2 de março de 1930, na esquina de Maia Lacerda e Estácio de Sá, Oswaldo Vasques recebia, de Octavio Reis, no joelho esquerdo, um tiro de revólver. Sem motivo algum, segundo o *Jornal do Brasil* e *O Jornal*. Em revide a um soco de Baiaco, "desordeiro na zona do 9º Distrito", de acordo com o *Diário Carioca*. Residia, então, na avenida dos Democráticos, 768, em Manguinhos. Mas morava, em 21 de dezembro, na rua de São Cristóvão, 342, entre o Café Mondim e o Armazém Nossa Senhora da Guia, em companhia da irmã Elsa.

Elsa Caetano Vasques tinha nascido em 23 de março de 1907, na Fernandes Guimarães, 45, em Botafogo. No momento do registro, seu pai, Bartholomeu, se declarava, em vez de ferreiro, "artista". No entanto, quando ela própria fizesse novo registro, na 4ª Pretoria Cível, em 15 de janeiro de 1940, se diria: Elza, com *z*; de 1906, não de 1907; filha de Berto, não de Bartholomeu. E, desde 1925, era uma das moças da vida alegre.

Em 10 de outubro de 1926, atendia na Visconde de Duprat, 20, quando Maria Felizarda, do 22, tinha a ideia de um passeio dominical à Quinta da Boa Vista, a bordo de um automóvel de praça, de bico comprido e capota arriada, dirigido pelo português

Avelino Collaço. Por gostar de companhia, convidava Elsa e Maria da Gloria, do 20, as irmãs Amélia e Dolores, do 22, e Maria Julia e Olinda, do 24. Todas vizinhas, todas muito jovens.

Para levar Irma, de 7 anos, Elsa Vasques tinha pedido permissão a Antonio dos Santos, o pai, e a dona Guilhermina, a avó, chefes da família da Carmo Neto, 229.

Seguiam contentes as sete moças e a menina, aboletadas no calhambeque, algumas no banco, outras na capota, quando, na rua de São Cristóvão, bem defronte à igreja de São Joaquim, acontecia a batida. Um choque contra o auto de Roque das Neves, sem graves consequências para as passageiras.

A Noite trazia a fotografia de Elsa, de brincos, dentro de um vestido leve de renda clara, ao lado de Amélia, de 16 anos. Em seu colo, Irma. E aquele abraço, cheio de carinho responsável, mostrava como sabiam ser amáveis as alegres moças. Além de provar que era familiar a convivência com a vizinhança.

Quatro anos depois, em 17 de janeiro de 1930, no 26 da mesma rua, ao sair com o garçom e músico Juvenal de Oliveira Coutinho para um papo afetivo, Elsa Goyaco, como era conhecida, se via surpreendida pelo amante, Abilio Nicolau Congo, cabo da Polícia Militar. Resultado: dois tiros no rival, um no chapéu, outro de raspão na testa.

Por volta de novembro, após ser ferida à navalha, dessa vez pelo músico-garçom Juvenal, Elsa tomava a decisão de abandonar a Visconde de Duprat. Atrás de proteção contra seus próprios amores, se mudava para junto do irmão. Mesmo assim, em 20 de dezembro, ao virar as costas depois de um *não*, recebia uma punhalada daquele covarde ex-namorado.

Enquanto isso acontecia, Oswaldo Caetano Vasques tocava a vida no ritmo de sempre. Em 23 de junho de 1930, era detido por vadiagem. Mais uma vez, em 22 de setembro, por aquela mesma especialidade, em processo que se encerrava em 27 de abril de 1931, após fiança de 500 mil réis, quitada por Antonio Faria, o Bulldog da Praia, malandro-mecenas do rancho Deixa Falar.

Por fim, em 18 de julho de 1932, Guiomar Oliveira Mello, de 20 anos, em seguida a uma "desinteligência" com Baiaco, seu amante, se atiraria, ou seria atirada, do segundo andar do sobrado da Senador Euzébio, 530, onde ambos viviam.

Criminoso vocacional, Oswaldo Caetano Vasques era também artista. Se sua voz de "baixo profundo" não chegaria aos discos, sua percussão estaria registrada, talvez, em duas gravações do Gente do Morro: *Tem aguinha* e *A nega sumiu*. Ambas com bateria, seu instrumento, segundo Ismael Silva.

Como compositor, cultivava um único gênero: *samba de extorsão*. Essa era, ao menos, sua fama. Aquele golpe para se apropriar, com o auxílio de Benedicto Lacerda, do refrão de *Arrasta a sandália*, contado pelo próprio flautista a Canhoto do Cavaquinho, seria confirmado por Alcebiades Barcellos ao MIS: "Aquilo era dum nortista. Que o Oswaldo, o Baiaco, fez essa molecagem com o rapaz. O rapaz tava na esquina cantando...".

Numa esquina da vida, Oswaldo Vasques ouvia o novo samba de Manuel Ferreira: "Eu vou navegar/ Até encontrar o porto de felicidade...". Por ser, de fato, muito bem tirado, Baiaco passava a afirmar que era seu. Isso de um jeito muito pessoal: "Ele dizia que se eu tivesse coragem de dizer que era meu que dava facada".

Para se livrar daquele encosto, Manuel Ferreira combinava um encontro na Silva Jardim, território da vida alegre, na praça Tiradentes. Uma acareação com testemunhas, junto às quais a faca do malandro não apresentaria seus argumentos: Ataulfo Alves, Oswaldo Silva, Roberto Martins e Waldemar Silva. Era quando Baiaco, ao se sentir imprensado, punha o peito para fora, como costumava fazer, e ensaiava a retirada estratégica: "Olha, o negócio é o seguinte: eu ganhei o samba". "Um amigo fez, mas não quero implicar com isso". Um depoimento do verdadeiro criador de *Não deixo saudade* ao autor deste livro.

O nome de Baiaco aparecia em dez sambas: três com Benedicto Lacerda, dois com Bucy Moreira, dois com Boaventura dos Santos, um com Cartola, um com Aurelio Gomes, mais um com Almirante e Homero Dornellas. Um vigoroso time de parceiros.

Se o compositor era uma fraude, o percussionista era batata. Em 8 de janeiro de 1934, brilhava na Sute-Bateria, orquestra do Copacabana Palace, dirigida pelo maestro Simon Bountmann, ao lado do saxofone de Luiz Americano, do trompete de Djalma Guimarães, do trombone de Esmerino Cardoso, da tuba de Amaro dos Santos e do banjo de Ernani Braga. Porque Oswaldo Caetano Vasques era mesmo um ás do pandeiro, do omelê e da bateria.

Samba batucado do Estácio de Sá, de Carlos Didier

Em 21 de agosto de 1936, dez meses depois da morte de Baiaco, Ismael Silva enfrentava o Tribunal do Júri. Na presidência, o juiz Eurico Rodolpho Paixão; na promotoria, Rufino de Loy; na defesa, Stelio Galvão Bueno. Após a chamada dos jurados, era anunciado o processo por crime previsto no parágrafo 2º do artigo 294, combinado com o 13, do *Código penal*: tentativa de homicídio. Um julgamento coberto pelo *Jornal do Commercio*.

No conselho de sentença, sete jurados: Arlindo Soriano Pupe, Francisco de Paula Queiroz Ribeiro, João Paulo de Mello Barreto Filho, José Gurgel Dantas, Lino Silva, Moacyr de Moraes Jardim e Theodomiro Penna Vieira.

Interrogado o réu, o escrivão passava à leitura do processo, no qual constava que Ismael da Silva teria disparado, em 31 de março de 1934, cerca das 19 horas, contra Eduardo Spazafumo, sem atingir o alvo, toda a carga de seu revólver, quando a vítima deixava o botequim na esquina de Salvador de Sá com Laura de Araújo.

Logo na abertura, Rufino de Loy chamava a atenção para a "temibilidade do acusado", que carregava em sua folha oito processos e duas condenações. Para o promotor, importava muito "conhecer-se da temibilidade do agente", de sua "capacidade para o crime", que poderia ser "genésica" ou "específica". Segundo ele, Ismael Silva seria um "indivíduo de capacidade genésica" que, "condenado por vadiagem", beneficiado por *sursis*, não se emendara: tornara a ser condenado por "crime contra a honra".

Até junho de 1930, Ismael Silva sofrera sete processos, todos por vadiagem, com apenas uma condenação. O oitavo, citado pelo promotor, dizia respeito aos "crimes contra a segurança da honra e honestidade das famílias e do ultraje público ao pudor". Título no qual se inseria, dentro do capítulo "Da violência carnal", o artigo 267: "Deflorar mulher de menor idade...". O provável responsável por sua segunda pena.

"Ao cabo de tudo isso", prosseguia Rufino de Loy, o réu estava ali, perante a justiça, dessa vez por tentativa de homicídio, por conta de sua "capacidade genésica". Na perspectiva do acusador, tratava-se de uma inclinação para o crime determinada pelos genes. Mais um episódio do infalível preconceito racial brasileiro.

Sobre a tentativa, assegurava ter sido ocasional: os projéteis não haviam atingido o alvo somente porque este, desesperado, corria em zigue-zague, enquanto o réu descarregava todas as cinco balas do tambor, de acordo com a "maioria das testemunhas". Embora uma delas, justo uma "autoridade policial", tivesse alterado o depoimento entre o flagrante e o sumário. Uma mudança que soava estranha para a promotoria, que encerrava a acusação com o pedido de condenação pelo "grau mínimo da tentativa".

Assim, após o defensor Stelio Galvão Bueno pleitear a absolvição do réu com base na "negativa do crime ao mesmo imputado", os jurados se recolhiam à sala secreta. De onde saíam com a sentença de quatro anos de prisão.

Durante aquele longo e triste recolhimento, do qual só se livraria em 14 de dezembro de 1938, por condicional da 6ª Vara Criminal, o time do samba batucado sofria mais uma baixa de peso.

Em 4 de maio de 1937, morria Noel Rosa, parceiro de Antenor Gargalhada, Canuto, Cartola, Ernani Silva, Ismael Silva, Manuel Ferreira, Nelson Britto e Puruca, além de Alcebiades Barcellos.

Alcebiades afirmaria, ao Museu da Imagem e do Som, não ser parceiro de Noel. Este, no entanto, citava *Fui louco* entre suas criações: seja em entrevista ao *Jornal de Rádio*, de 1º de janeiro de 1935; seja em autocaricatura, publicada por *A Noite*, de 11 de maio de 1937, onde aparecia afogado por partituras de suas próprias músicas. Seja ainda ao cantar o samba, como obra sua, em festa de Vila Isabel, em presença de José Maria Arantes, vizinho de bairro. Um depoimento ao autor deste livro, de 11 de outubro de 1980.

A melodia do refrão de *Fui louco*, cantada por Alcebiades Barcellos, guardava certas diferenças em relação à gravada por Mario Reis: "Fui louco/ Resolvi tomar juízo/ A idade...".

Mario e Alcebiades entoavam o "A idade" com notas diferentes. Para o sambista, na tonalidade de dó maior, era "fá, fá, mi"; para o cantor, "mi, mi, si". Mais adiante, no "é profundo", uma notinha mudava muita coisa: "ré, si, lá, sol", em vez de "lá, si, lá, sol". Onde aquele ré de Bide produzia uma sequência descendente que trazia a dor mais à flor do canto.

Modificações que significavam que Mario, após aprender o estribilho, tinha adaptado a melodia ao seu jeito. Enquanto Bide mantinha, em depoimento ao MIS, a versão original.

Na segunda, a história era outra. Sobre a melodia, não havia diferenças marcantes. Quanto à letra, o malandro-sambista trocava os dois versos finais das duas estrofes. Aquela que começava com

"Neste mundo ingrato e cruel...", e deveria seguir com "E da orgia então...", Bide arrematava com: "Já estou ficando maduro...". Trecho que pertencia, na verdade, à outra estrofe: "Felizmente, mudei de pensar...".

Quanto à pronúncia, Alcebiades adotava a de Mario. O "então" e o "maduro" eram os do cantor, que tinha um modo delicado, muito seu, de articular. E aqueles *Filizmente* e *dimissão*, com i em vez de e, um saboroso e frequente erro de Mario, Bide repetia. Em resumo, o sambista tinha aprendido com ele as segundas.

Noel Rosa gostava de fazer segundas para estribilhos de criadores autênticos como Alcebiades Barcellos. Com *Tudo que você diz*, de Nelson Britto, tinha sido assim. Conhecido como Nelson Cavaquinho, o segundo deste apelido, em seguida a Nelson Alves, cavaco dos Oito Batutas, Nelson Britto, compositor de *Parceiro do sereno* e *Não há prazer*, ambos ao lado de Arthur Costa, ingressava, em 1932, no União do Amor. Um bloco da Júlio do Carmo, perto da Machado Coelho, na zona do Mangue, onde ele cantava, com sucesso, logo no primeiro ensaio: "Tudo que você diz/ Com toda lealdade/ É mentira...". Assim no *Jornal do Brasil*, de 9 de dezembro.

Um samba gravado, dez dias depois, por Francisco Alves e Mario Reis, com segundas de Noel Rosa. Entre as estrofes não gravadas: "Quando alguém não esquece/ A pessoa por quem padece/ É porque tem saudade/ Da própria falsidade". No selo do disco Odeon, apenas Noel Rosa; na partitura Mangione, somente Nelson Britto.

Bucy Moreira revelaria, em entrevista a Francisco Duarte, mais uma parceria de Noel Rosa com sambistas afrodescendentes. Uma história que começava com o *Vida alegre*, samba do "pequeno compositor Joãozinho", "inspirado em motivo da vida real do adolescente", morador do morro de São Carlos, divulgado por Tertuliano de Menezes, secretário do bloco Vê Se Pode, no *Diário da Noite*, de 17 de março de 1934: "Foste para a vida alegre/ Não tinhas necessidade/ Volta pra tua choupana/ Pra perto daquela alma/ Que tanto te ama/ E que até dormindo te chama".

O próprio Bucy Moreira havia proposto a Noel Rosa a colaboração: "Por insinuação minha, do Bide e do Baiaco, foi que, justamente, ele botou a segunda parte, o Noel". "A segunda que Nonô fez não correspondia, e Noel fez uma segunda a rigor". Para

Bucy, seria uma criação de Nonô, seu amigo de infância, um "camarada" que "tocava muito bom violão e cavaquinho".

Um samba que, àquela altura, trazia o início alterado: "Você não morre tão cedo/ Volta para a tua choupana/ Pra perto daquela pobre alma/ Que tanto te ama/ Que até dormindo te chama". Assim em depoimento a Francisco Duarte.

Você não morre tão cedo seria preservado pela memória de Armênio Mesquita Veiga, aluno de violão de Noel Rosa, com a mesma melodia, mas com nova letra: "Você não morre tão cedo/ Você não morre tão cedo/ Juro que neste momento/ Pensava nesta sua pessoa/ Tão boa, tão boa/ Que até dormindo perdoa".

Onde Noel mantinha, além do primeiro verso, o "Que até dormindo" do último, enquanto discorria, nas segundas, sobre o tema: "Chegando exatamente no momento/ Em que a gente pensa o que não diz,/ Você adivinhou meu pensamento,/ Você já perdoou tudo o que fiz".

Em 16 de março de 1938, na Rádio Cruzeiro do Sul, o repórter de *O Radical* descobria que Marilia Baptista, a Princesinha do Samba, trazia em sua coroa cinco diamantes inéditos de Noel Rosa: *Cor de cinza*, *Pela décima vez*, *Remorso*, *Silêncio de um minuto* e *Você não morre tão cedo*.

No 4 de maio seguinte, na Rádio Tupi, no primeiro aniversário de morte do compositor, Marilia comandava um programa em sua homenagem. Entre os números, a primeira audição de *Você não morre tão cedo*.

Após a interpretação, em vez dos costumeiros cumprimentos, a grande cantora recebia, ainda no estúdio, a visita de "dois homens" aborrecidos. Dois sambistas que afirmavam que "essa música não era do Noel Rosa, que eu não cantasse, que era registrada, que era deles".

Embora de modo desagradável, talvez tenha conhecido, nos bastidores da Tupi, Joãozinho do Vê Se Pode e Nonô do Estácio, os parceiros de *Você não morre tão cedo*.

Marília costumava aprender os sambas com o próprio Noel. Aquele, contudo, era uma exceção: tinha sido ensinado por Armênio. Assim, insegura quanto à autoria, desistia do número e, em nome da justiça, o apagava da memória. Um depoimento colhido pelo autor deste livro, em 26 de fevereiro de 1983.

Samba batucado do Estácio de Sá, de Carlos Didier

Um samba gravado, afinal, em 6 de maio de 1987, pelo conjunto Coisas Nossas, no espetáculo *Noel Rosa Não Morre Tão Cedo*, na Sala Funarte. Um registro do acervo da Fundação Nacional de Artes.

Dois meses depois da morte daquele parceiro de fé de Ismael Silva, *A Nação*, de 29 de julho de 1937, aplicava um puxão de orelhas na classe musical, através da coluna *Rádio*, assinada por F. G.: o "festejado compositor" achava-se encarcerado, "sem que até aqui seus colegas de rádio se movimentassem pela sua liberdade". De fato, durante a longa pena, só a família se lembrava dele.

Em compensação, eram frequentes as visitas de dona Emilia, sua mãe, e de Luzia, uma sobrinha, à Casa de Detenção. Onde o encontravam "sempre bem vestido, muito cuidadoso da aparência, nem parecia que era um preso". Quando, mesmo longe do convívio social, "continuava a ajudar a manter a mãe e os sobrinhos", "entregava à família todo o dinheiro que recebia de direitos autorais". Um depoimento de Luiza, filha de Orestina, a Francisco Duarte, para o *Jornal do Brasil*, de 14 de março de 1979.

Era com Ismael Silva ainda atrás das grades que Carlos Cavalcanti, o primeiro historiador dos malandros-sambistas, revelava, em *O brando gesto da princesa...*, pelo *Diário da Noite*, de 13 de maio de 1938, a arte pictórica de Heitor dos Prazeres, um daqueles sambistas-malandros.

Crítico de arte, Cavalcanti analisava quatro telas: *Macumba*, *Jongo*, *Arrabalde* e *Sonho*. Reproduzia uma quinta, *Cena de escravatura*, e definia assim o artista: "Heitor dos Prazeres é também pintor, pintando tal como faz versos e músicas, sem querer, a mandado dos instintos, muito naturalmente, muito gostosamente, sem outra finalidade que tirar um alvoroço que, vez por outra, lhe passa pela cabeça".

Carlos Cavalcanti tinha se aproximado de Heitor dos Prazeres no Natal de 1931. Quando, ao pedir um samba de improviso, em comemoração à grande data cristã, era atendido com um refrão inspirado nas malandrinhas: "Eu já pedi a Papai Noel/ Pra botar no meu sapato/ Uma mulher que tenha dinheiro/ E que seja mesmo de fato".

Em 29 de julho de 1933, ele se unia a Maria da Gloria de Azevedo, com Paulo da Portela como testemunha. Segundo o registro, o casal residia na ladeira da Glória, 14. De acordo com a imprensa, Heitor circulava por Bento Ribeiro, Cascadura e Dona

Clara, bairros distantes do Estácio e da Praça Onze, muito de braço com o padrinho Paulo. Era, então, diretor de grupos musicais, autor de *Mulher de malandro*, a mais famosa crônica sobre a grande provedora da malandragem: "Quanto mais apanha, a ele tem amizade/ Longe dele tem saudade".

Segundo Roberto Martins, um tipo real: "Conheci uma mulher que só ficava com homem se batesse nela", "só trabalhava depois que apanhava". Ela se chamava Luiza, "uma morena bonita pra burro", "mas, só apanhando que ia", "você batia nela, ela ia". Um depoimento ao autor deste livro.

O pintor Heitor dos Prazeres teria florescido, segundo Rubem Braga, um ano antes do casamento, com a criação de um "quadrinho para enfeitar seu barraco". Mas seria a morte daquela parceira de lei que jogaria o sambista de vez dentro das telas. Quando passaria a sublimar em pinturas sua dor.

Assim, ao visitar Carlos Cavalcanti, em 11 de maio de 1938, na redação do *Diário da Noite*, na Rodrigo Silva, 12, Heitor carregava, debaixo do braço, sua "pinacoteca ambulante". E, dentro da cabeça, uma questão.

Estava decidido a ilustrar o poema *O homem e seu carnaval*, de Carlos Drummond de Andrade, para o qual imaginava "um estranho homem" no cenário da Praça Onze. No entanto, de regresso de Montevidéu, encontrara demolida a Escola Benjamin Constant e, sem conseguir uma fotografia da praça, ficara embatucado. Precisava da imagem para produzir uma "restituição perfeita da verdade local".

De acordo com Rubem Braga, em crônica para a *Folha de São Paulo*, de 5 de outubro de 1966, aquela reportagem de Carlos Cavalcanti, além de revelar o pintor Heitor dos Prazeres, colocava em seu bolso o primeiro "dinheiro grosso": "Cem mil cruzeiros" pela venda de um quadro ao escritor Henrique Pongetti. Enquanto Drummond arrematava, por quantia desconhecida, o *Carnaval na Praça Onze*.

A derrubada da Benjamin Constant, em cujos fundos ficava a balança de carga, palco da mais famosa roda de batucada da cidade, acontecia em 4 de janeiro de 1938. A princípio, para dar lugar a um monumento à Retirada da Laguna. Depois, como simples "remoção de verdadeiro obstáculo ao trânsito para a Zona Norte e Suburbana", assegurava o *Diário Carioca*, de 5.

Um arrasamento que rápido se estenderia à Praça Onze, a parte do Campo de Sant'Anna, ao largo de São Domingos, a tudo até a Candelária. Pois, enquanto Ismael Silva pagava sua dívida com a sociedade, a sociedade dava início à destruição da cidade do samba.

Em 14 de dezembro, onze meses e dez dias depois do sumiço da balança, saía a sentença de livramento condicional, proferida pela 6ª Vara Criminal. Quando Ismael, na ausência de Noel, na distância de Chico, sem encontrar um lugar na escola de samba da vida, passava a morar com a irmã Orestina, no Catumbi de sua adolescência.

Era, então, um "homem diferente", como testemunhava a sobrinha Luiza: de "alegre", ficara "minguado", "caladão", "macambúzio". Preocupava-se com a modesta "condição econômica" da família, procurava incentivar os estudos dos sobrinhos. "Saía muito, mas voltava sempre desanimado". "Tudo parecia conspirar contra ele".

Numa daquelas saídas, Ismael Silva esbarrava, no Bar da Brahma, na Galeria Cruzeiro, com o escritor, crítico literário e jornalista Prudente de Moraes, neto. Um amigo a quem, sem perda de tempo, lançava um pedido: "O senhor, que é importante, que tem amigos importantes, podia me dar uma ajudazinha. Eu queria ser oficial de Justiça. Esses que levam intimações, que trabalham nas varas". Uma revelação de Jota Efegê, em *O Jornal*, de 27 de julho de 1969. Um pedido de ajuda à pessoa certa.

Prudente de Moraes, neto, possuía uma personalidade original. Em 1921, aos 17, ainda aluno do Pedro II, aquele descendente do primeiro presidente civil do país recebia aulas de anarquismo, em curso "meio clandestino", na rua do Carmo, sempre aos domingos, ministrado pelo filólogo José Oiticica. Quando usava uma gravata *lavallière*, idêntica à do mestre, como uma espécie de emblema anarquista.

Em 1924, fundava, em parceria com Sérgio Buarque de Hollanda, colega da faculdade de Direito, a revista *Estética*. Uma aventura editorial de apenas três números, mas de peso, por conta da magnitude dos colaboradores: Alvaro Moreyra, Annibal Machado, Carlos Drummond, Graça Aranha, Guilherme de Almeida, Manuel Bandeira, Mario de Andrade, Menotti del Picchia,

Pedro Nava, Renato de Almeida, Rodrigo Mello Franco de Andrade, Ronald de Carvalho e Sérgio Milliet, além de, evidentemente, os dois diretores. Três números que Prudente não esquecia de remeter, com um bilhete respeitoso, ao mestre Oiticica, àquela altura preso, por suas opiniões e ações políticas, na Ilha das Flores.

Cinco anos depois, ao denunciar o injusto esquecimento do cronista Joaquim José da França Junior, em crônica para *A Província*, de 16 de agosto de 1929, Prudente exibia uma intelectualidade sensível à cultura do povo: "Com a sua verve inesgotável, sem virtuosidades, no seu estilo que era antes uma falta de estilo", França Junior registrava "histórias inconfundíveis, apanhadas vivas no meio social do seu tempo"; "vivia cá embaixo, e contava o que via aos cá de baixo, como ele".

Admirador de Ismael Silva, costumava adquirir seus sambas em Ao Pinguim, na Ouvidor, 121, quase na esquina de Rio Branco. Onde, na primeira metade da década de 1930, Oscar Rocha, gerente-proprietário, o apresentava ao malandro-sambista: "Dr. Prudente, este é o Ismael de quem o senhor vem sempre procurar os discos". Nascia assim, no solo fértil da sincera admiração, a proximidade que justificava aquele pedido de ajuda.

O escritor Annibal Monteiro Machado, autor do conto *A morte da porta-estandarte*, respondia, na época, pelo 8º Ofício de Distribuidor da Justiça do Distrito Federal. Sendo um dos poucos literatos que mereciam, na opinião do romancista Jorge Amado, a classificação de humanista, era em Annibal que Prudente depositava a esperança de Ismael.

No Palácio da Justiça, ele encontraria, contudo, além do humanismo do titular do ofício, "dificuldades insuperáveis", na expressão de Prudente, pelo *Diário de Notícias*, de 16 de julho de 1969. Entre as insuperáveis dificuldades, por certo, a extensa folha de antecedentes criminais.

Um encontro que rendia, no entanto, segundo Jota Efegê, um convite de Annibal Machado para uma visita à sua casa, na Visconde de Pirajá, 487, perto da Garcia d'Ávila, em Ipanema: "Todos os domingos, à noite, temos umas reuniõezinhas. Vá mesmo".

Samba batucado do Estácio de Sá, de Carlos Didier

Um dos *habitués* daqueles saraus era Lucio do Nascimento Rangel, literato, filho do poeta alagoano Armindo Rangel. Em relação à música popular, tinha sido, de início, cantor. Em 29 de dezembro de 1932, apresentava-se, acompanhado pelo piano de Aluisio da Silva Araujo, em festa do Ginásio Luso-Americano, em Vila Isabel. Segundo Rubem Braga, em perfil biográfico para a *Manchete*, de 19 de dezembro de 1953, ele teria desistido de cantar ao ouvir, pela primeira vez, Cartola. E era o próprio Lucio que relacionaria, no ano seguinte, na mesma revista, entre as coisas que havia testemunhado, e mereciam ser recordadas, esta: "Ismael Silva, elegantíssimo, acompanhando-se ao violão, em casa de Aníbal Machado".

Em entrevista a Pedro Bloch, o próprio compositor contaria suas performances ipanemenses: "Quando eu chegava, aos domingos, na casa do Annibal Machado, acabava com a literatura. Tudo virava samba. Cantava e repetia. Eles gostavam, não é? Que é que eu ia fazer? São Paulo dá café, Minas dá leite e sambista dá samba". Assim na *Manchete*, de 20 de junho de 1964.

Por aquela mesma época, entre 1939 e 1940, Prudente de Moraes, neto, apresentava Ismael Silva a Mario de Andrade, em sala do Serviço do Patrimônio Histórico e Artístico Nacional, onde também trabalhavam o poeta-engenheiro Joaquim Cardoso e o pintor-escritor Luís Jardim. Quando o escritor de *Macunaíma*, encantado em conhecer o compositor de *Amor de malandro*, solicitava que cantasse seus sambas, inclusive alguns da "bagagem inédita".

No mesmo dia, Mario de Andrade, ao deixar o prédio do SPHAN, topava com Lucio Rangel no Café Bellas Artes, na esquina de Almirante Barroso e Rio Branco. Sem perda de tempo, sapecava: "Sabe quem eu conheci hoje? O Ismael". Como Lucio permanecesse "imperturbável", sem demonstrar interesse, ele insistia: "O Ismael, Lucio, o Ismael Silva". Era quando o outro, com "suprema indiferença", declarava: "Não conheço". Nesse momento, levantava-se. E, a fim de dar maior ênfase à afirmação, disparava: "Conheço o grande Ismael Silva". Uma revelação do próprio Prudente de Moraes, neto.

No ano daquele histórico encontro de Mario de Andrade e Ismael Silva, o Estácio não havia mais.

Heitor dos Prazeres, o Lino, após fundar o Deixa Falar, ainda com a palheta do cavaco na mão, cada vez mais se valia da paleta do pintor, em bairros distantes, nas vizinhanças de Madureira. Tiberio dos Santos, o Tibelo, tamborim e gogó de ouro, desaparecia antes da metamorfose do bloco-escola em rancho. Alcebiades Barcellos, apesar de morador do Estácio, vivia, desde 1933, sua perfeita parceria com Armando Marçal, em Ramos. Julio dos Santos, após uma facada no rosto, em 12 de maio de 1934, na esquina de Haddock e Aristides Lobo, saía de cena, aos 26 anos, ainda solteiro, morador da rua Rego, 8, na Zona da Leopoldina. Aurelio Gomes e Francelino Ferreira Godinho, foliões do rancho Flor do Ipê, em 1935, nas águas carnavalescas de Oswaldo dos Santos Lisboa, tinham sumido dos cortejos malandros. Em março daquele mesmo ano, Gastão de Oliveira agia como o guarda número 322 da Polícia Municipal, locado no quartel da praça Tiradentes. Sylvio Fernandes Lima, o Brancura, trabalhava como operário, na Colônia Juliano Moreira, onde morreria de enterocolite, em 20 de junho de 1943, deixando um filho de nome Afonso. Sendo que o malandro Francelino, residente na Suburbana, 1496, se faria passado, em 1º de dezembro de 1953, como funcionário público. E Juvenal Lopes, o Nanau, o cantor de Mangueira, sempre fiel ao samba, se tornaria, na década de 1960, presidente da Estação Primeira. Não havia mais, definitivamente, o Estácio.

Se cada malandro-sambista tinha achado seu próprio descaminho, Annibal Machado, Lucio Rangel, Mario de Andrade, Prudente de Moraes, neto, e Vinicius de Moraes formavam agora o time de Ismael Silva.

No lugar da malandragem dos sambas, a intelectualidade das letras. Em vez do Bar Apollo e do Café do Compadre, o Bar da Brahma e o Café Vermelhinho.

Era como Ismael Silva, batuqueiro da vida, tinha desmanchado a banda traiçoeira que o destino lhe dera.

"Bom tempo era aquele do café defronte da ABI", confessaria, pleno de autoestima, a Pedro Bloch: "Os intelectuais queriam me ver; eu ficava na espera, achava que não era o meu ambiente, mas eles gostavam, e eu vinha".

32

Em 24 de janeiro de 1937, às vésperas da grande folia, Mario de Andrade se achava no Rio de Janeiro. Segundo o *Diário de Notícias*, gozava férias do Departamento de Cultura de São Paulo. Em 7 de fevereiro, domingo de carnaval, quando as escolas de samba agiam na Praça Onze, permanecia em terras cariocas com seu ouvido decifrador.

Em crônica para o *Estado de São Paulo*, de 15 de janeiro de 1939, Mario recordaria o samba de uma daquelas escolas que, dois anos antes, desfilara quando "o céu estava altíssimo e a noite parara exausta de tanto calor".

Uma "música belíssima", onde um "negro da estiva fazia o solo mais ou menos, e logo o coro largava a se desesperar". Onde as mulheres subiam nas "quatro notas do arpejo ascendente inicial". Um "admirável samba", entoado por "vozes abertas" que, "contraditoriamente alvissareiras", "empurravam mais o espaço dos grandes ares, deixando mais amplidão para a desgraça". "Uma desgraça real, nascida por certo de inconsciências tenebrosas, que quase impedia a contemplação", "de tão irrespirável tornava esta vida". "Sei que não pude aguentar. Assim é a tristeza atual do samba".

Mario de Andrade atribuía aquela tristeza à melodia, "principalmente na manifestação mais atual, com as suas largas linhas altas, seus sons prolongados". Percebia no samba "uma intensidade dramática, muitas vezes esplêndida". Julgava-o "lancinante", "trágico". Uma precisa descrição do samba batucado do Estácio de Sá.

Em 1939, o poeta vivia o primeiro de seus três anos de Rio de Janeiro. Onde, após deixar para trás os largos sonhos do Departamento de Cultura, se dedicava ao Serviço do Patrimônio Histórico e Artístico Nacional. Quando, segundo *Eu sou trezentos*, de Eduardo Jardim, lecionava história e filosofia da arte na Universidade do Distrito Federal, assessorava o Instituto Nacional do Livro na organização de uma *Enciclopédia brasileira*, enquanto se esquivava da direção do Serviço Nacional de Teatro. Tudo em meio a intensa boemia.

Era por puro prazer que comparecia ao Dia da Música Popular Brasileira, em 4 de janeiro, no espaço da Feira de Amostras, onde sambas e marchas disputavam, pelo voto direto, a preferência do público. Porque Mario gostava mesmo de sambas, de certos sambas.

De formação erudita, diplomado em piano pelo Conservatório de São Paulo, em vez de se fazer músico de tocar, se tinha tornado músico de ouvir: um musicólogo, e dos mais agudos. Encantado com a originalidade do folclore, sonhava com uma música de concerto genuína brasileira, baseada nas tradições populares.

Lucio Rangel garantia, no entanto, que poucos tinham sentido o samba carioca como Mario de Andrade. Nas muitas mesas boêmias de ambos, no momento em que os "cartões de chope tornavam-se mais volumosos", era sempre quem os puxava nas cantorias. Quando se revelava "um enamorado do samba malicioso e cheio de ritmo que se fazia naquele tempo".

Dono de ouvido exigente, achava que 1939 havia sido "bastante fecundo em sambas bons", com "alguns documentos notáveis desse caráter de nossa música carnavalesca, de origem proximamente negra". E, sem se furtar ao voto, elegia dois do Dia da Música Popular: um "creio que chamado *Sofri* e o *Sei que é covardia*", "bem característicos desse valor dramático, essencialmente musical, e que não deriva do texto, nem por ele se condiciona".

Onde *Sei que é covardia* era o samba de Ataulfo Alves e Claudionor Cruz. Onde *Sofri* parecia ser *Desengano*, com toda a pinta de samba do Estácio de Sá, embora assinado por Haroldo Lobo e Milton de Oliveira.

Mario de Andrade chegaria a sonhar com um livro sobre o samba do Rio de Janeiro. "Uma espécie de panorama", com um ensaio seu sobre o "conteúdo musical", outro de Vinicius de Moraes sobre a "lírica", mais um de Lucio Rangel sobre a "história" e os "vultos principais". Um projeto que, infelizmente, ficaria somente nas "conversas inconsequentes".

Porque Lucio, o autor daquela crônica para o *Correio do Povo*, de 25 de fevereiro de 1961, estava certo: Mario teria deixado um "estudo definitivo sobre o samba carioca, do ponto de vista estético ao social".

Samba batucado do Estácio de Sá, de Carlos Didier

Ismael Silva recordaria, em entrevista a Fernando Faro, seus encontros com ele, no Bar da Brahma, na Galeria Cruzeiro, ponto de literatos. Uma mesa à qual o sambista chegava sempre antes, sendo Mario o segundo: "Ô, Ismael, *quéde* o pessoal?". "Ô, Mario, o pessoal já está chegando. Peraí, sentemos".

Uma memória que preservava o *quéde*, brasileirismo tão ao gosto de Mario de Andrade. Um intelectual que, "como figura humana, não deixava nada a desejar. Era um amor".

Em *Profissão malandro*, Lucio Rangel contaria um episódio boêmio, ao lado de Ismael Silva e Prudente de Moraes, neto, em um bar, talvez aquele mesmo da Brahma. Um bate-papo interrompido por um comissário de polícia: "O senhor, doutor Prudente, e este seu amigo, tomando chope com um malandro?".

Lucio argumentaria, tempos depois, que Ismael era compositor, autor de dezenas de obras-primas, que não conseguia imaginar alguém, nos Estados Unidos, acusar Irving Berlin e Cole Porter de malandragem. No entanto, o comissário sabia o que dizia. Ismael era malandro; Porter e Berlin, não.

Em busca de colocação para Ismael Silva, Prudente de Moraes chegara a acionar o homem de negócios Augusto Frederico Schmidt. Reticente de início, o poeta tomara-se de interesse após a entrada em cena de Jaime Ovalle, tio de Yedda, sua esposa, como avalista do apadrinhamento.

Como o emprego não saía, apesar das frequentes visitas de Ismael ao escritório de Schmidt, onde encantava comerciantes, industriais e políticos com suas criações, Prudente, certa tarde, no restaurante do Hipódromo da Gávea, após o abraço de costume, indagava pela colocação. E ouvia a sentença do empresário, "solene", "pesadão", "charuto na boca": "Ismael Silva não quer trabalhar".

Segundo Prudente de Moraes, em sua crônica para o *Diário de Notícias*, de 16 de julho de 1969, "o poeta havia morado na filosofia do samba e do sambista".

Mais preciso seria, entretanto, se escrevesse "filosofia do malandro". Um tipo prestes a sumir, na esteira do arrasamento da cidade do samba e da malandragem.

Em janeiro de 1938, descera a Escola Benjamin Constant. Nos anos seguintes, desapareceria tudo entre a Visconde de Itaúna e a Senador Euzébio, a do Sabão e a de São Pedro, da Ponte dos

Marinheiros à Candelária. Deixariam o mapa, a praça Onze de Junho, parte do Campo de Sant'Anna, os largos de São Domingos e do Capim, a igreja de São Pedro dos Clérigos. Surgiria um clarão, semelhante a uma autoestrada, sem nenhuma harmonia urbanística, no centro do Rio de Janeiro.

Em outubro de 1939, Francisco Alves lançava *Aquarela do Brasil*, de Ary Barroso, com orquestração de Radamés Gnattali. Nascia o samba-exaltação, o samba cívico, para ouvir de pé, com a mão sobre o peito. Nada mais antimalandragem.

Mesmo assim, a imprensa amiga insistia na missão de abrir espaço para o samba malandro de Ismael Silva naquele Brasil da *Aquarela*. Em 2 de fevereiro de 1940, em entrevista para *O Radical*, o sambista prometia: "Vou reaparecer. Depois do carnaval". Teria, então, cerca de vinte novas criações. Duas de títulos com traços malandros: *Gigolô* e *Prescrição*.

Vinicius de Moraes, outro frequentador das domingueiras de Annibal Machado, mais um admirador de Ismael Silva e seu violão, era crítico de cinema quando Orson Welles descia no aeroporto Santos Dumont, em 9 de fevereiro de 1942, com um "chapelão de cowboy", "bigode ruivo" e "gargalhada gostosa", além de "um bocado de desprezo pela dietética", segundo a descrição de *A Noite*. Vinha rodar *It's all true*, documentário sobre o carnaval do Rio de Janeiro. E seria o poeta do *Soneto de fidelidade* que apresentaria o compositor de *Amor de malandro* ao diretor de *Cidadão Kane*.

Tratava-se de projeto oficial, parceria do Departamento de Imprensa e Propaganda, órgão do Brasil, com o Comitê da Coordenação das Relações Culturais Interamericanas, dos Estados Unidos. Apesar disso, *It's all true* representava para Orson Welles uma realização pessoal. Ele se considerava um pouco carioca, pois seus pais tinham partido do Rio para Wisconsin, no início de 1915, com sua mãe em "adiantado estado de gravidez".

Em meio a dissipações financeiras e façanhas boêmias do cineasta, o documentário não chegaria à montagem final. Ainda assim, o escritor Raimundo Magalhães Júnior seria testemunha, entre 1942 e 1943, em Nova York, da admiração de Orson por Ismael, de quem carregara na bagagem algumas gravações. Como o próprio sambista contaria ao MIS: "Ele pediu os discos"; "eu gostei desse interesse, não é?".

Em crônica para a *Revista da Semana*, de 27 de dezembro de 1947, Magalhães Junior revelaria que o diretor queria escrever para o compositor. Sem se lembrar do nome, apelava para sua memória: "Sabe quem é um sambista negro que, segundo penso, matou um homem e tem algumas melodias maravilhosas?". Em seguida, "batendo numa caixa de fósforos", no "estilo do Café Nice", cantarolava um samba.

Sem decifrar o autor, Raimundo decorava e, dias depois, no Roxy Theatre, Carmen Miranda matava a charada: Ismael Silva. Àquela altura, Welles, às voltas com a filmagem de *Jane Eyre*, andava por Hollywood. Para onde Magalhães endereçava um telegrama da Western, em seu inglês mais caprichado. E recebia, em português coloquial, a confirmação: "Isso mesmo, bichão".

Apesar de contar com as admirações de Annibal Machado, Lucio Rangel, Mario de Andrade, Orson Welles, Prudente de Moraes, neto, e Vinicius de Moraes, o sucesso insistia em guardar distância de Ismael Silva.

Em 5 de fevereiro de 1948, sem testemunhar novos êxitos do filho, morria Emilia Corrêa Chaves, no Hospital de Pronto Socorro, depois de um atropelamento. *Causa mortis*: "Contusão da cabeça", "hemorragia das meninges". Ainda morava no Catumbi, na travessa do Chichorro, 117, casa 3. Tinha 80 anos, "enxergava pouco", "lavava roupa assobiando os meus sambas", diria Ismael, o declarante do óbito, a Pedro Bloch.

Oito meses antes, em 20 de junho de 1947, Armando Vieira Marçal, ex-morador da rua do Chichorro, ao fundo da qual se abria a travessa de Dona Emilia, tinha largado, definitivamente, o tamborim. Isso depois de uma gargalhada, dentro do escritório da RCA Victor, no edifício do Clube Militar, na Santa Luzia. *Causa mortis*: "Edema agudo dos pulmões, miocardite e endocardite crônicas". Residia, então, na Leopoldina Rego, 579, em Olaria.

Havia muito, os irmãos Marçal tinham trocado o Catumbi pela Zona da Leopoldina. Em 1930, quando Armando se casava com Angela Delphina da Costa, já havia nascido Waldyr, em 11 de agosto de 1929, na rua da Aurora, 59, na Penha. O segundo filho, Nilton, vinha, em 7 de setembro de 1930, na das Missões, 244, em Ramos.

Em 1931, o Alvacelli Football Club, daquele mesmo bairro, contava com Norberto e Armando Marçal na direção. Um ano após ambos atuarem, o primeiro como diretor esportivo, o segundo como jogador, com os apelidos de Manga I e Manga II, no A Noite F. C.

Em 1932, alçavam voo As Mariposas de Ramos, bloco de sede na André Pinto, 209, casa do presidente de honra, Norberto Vieira Marçal. Endereço também do baile, no sábado, 23 de janeiro, e da peixada, no domingo.

No ano seguinte, ganhava o palco o Bloco Escola de Samba Recreio de Ramos, cujo ensaio, em 2 de fevereiro de 1933, o *Jornal do Brasil* testemunhava, em "vasta área toda arborizada", na Paranapanema, 52. Um "verdadeiro samba de morro", com "mais de trezentas baianas", acompanhadas por bateria de "8 cuícas, 9 pandeiros, 18 tamborins e 2 surdos".

Entre os bambas, ao lado do presidente Norberto e do diretor de harmonia Armando, formava Ernani Silva, o Sete. O autor do pungente refrão de *Primeiro amor*: "O meu primeiro amor/ Me abandonou, sem ter razão...". Um samba lançado, por Francisco Alves e Mario Reis, em 1933, com segundas de Noel Rosa: "Quanto mais o tempo voa/ Mais a tua culpa cresce/ O perdão é pra pessoa/ Que não pede, mas merece...".

Em 4 de janeiro, *A Noite* trazia a letra original de *Agora é cinza*, criação de Armando Marçal para a Recreio de Ramos: "Partiste!/ Saudades me deixaste/ Eu chorei/ O nosso amor foi uma chama/ Que o sopro do passado desfez/ Agora são cinzas/ Tudo acabado/ E nada mais!".

Um samba que seu filho, Nilton, cantava, ao som da caixa de fósforos, aos 120 batimentos por minuto: "Era esse o andamento. Entendeu?". Andamento rápido, herança africana. Um depoimento ao autor deste livro.

Após o sucesso de *Agora é cinza*, com segundas de Alcebiades Barcellos, os encontros dos parceiros, forrados por "tradicional sopa de entulho", arrematada por infalível "macarrão com carne assada", aconteciam na própria rua das Missões. Onde, em busca de "frases poéticas e melódicas", deixavam "rascunho para tudo quanto é lado", de acordo com Nilton Marçal, em entrevista a Lena Frias, para o *Jornal do Brasil*, de 27 de março de 1979.

Para Fernando Faro, ele descreveria o pai como um "crioulo de 2 metros de altura", "calmo", "boa praça", o "mais festeiro do mundo". Um malandro-sambista que, em 20 de junho de 1947, no escritório da gravadora, ao lado de Ataulfo Alves, Carlos Galhardo e Ciro Monteiro, soltava uma risada e caía no sofá. Como era "muito brincalhão", parecia mais uma gozação. "E o velho já tinha partido, já tinha ido embora".

Com a saída de cena de Armando Marçal, "duro, duro, no duro", Alcebiades Barcellos, percussionista da Rádio Nacional, trazia o adolescente Nilton, aos 17, para debaixo de seu teto, para bem junto de seus conselhos. Onde ficaria até 18 de março de 1975, data da morte daquele querido parceiro de seu pai.

Enquanto Bide se fazia, casado com Emilia de Almeida, mãe de sua filha Luzia, um segundo pai para Nilton Marçal, Ismael Silva reencontrava, afinal, o aplauso. Ao transformar em samba a própria dureza: "Ó Antonico, vou lhe pedir um favor/ Que só depende da sua boa vontade...".

Segundo Ary Vasconcellos, em *O Jornal*, de 15 de janeiro de 1959, *Antonico* chegava ao disco após um encontro casual do compositor com Alcides Gerardi, dentro de um botequim. Quando, ao intuir que Ismael Silva devia ter "muita coisa boa" em estoque, o cantor perguntava pelas novidades. E ouvia: "Aquele beijo foi uma coisa tão louca/ Que te confesso com toda a sinceridade...".

Sem simpatizar muito com o *Coisa louca*, era apresentado, em seguida, ao samba-encomenda de uma "viração" para um certo Nestor, sambista "em grande dificuldade": "Faça por ele como se fosse por mim".

Seria *Antonico* que, com a força das criações genuínas, aquelas que brotam do fundo da vida, colocaria Ismael Silva, em abril de 1950, mais uma vez, no jogo.

Cinco anos depois, em 21 de junho de 1955, na estreia de *O samba nasce do coração*, em companhia das Irmãs Yaras, Ismael não lembrava, nem de longe, o Nestor de *Antonico*. Sapeca e sorridente, estrelava o espetáculo de Zilco Ribeiro, no Casablanca, na Praia Vermelha, ao lado de Ataulfo Alves, Donga, João da Bahiana e Pixinguinha, junto da graça de Anilza Leoni, Carmem Verônica e Consuelo Leandro, em meio a orquestrações de Vadico e cenários de Lan.

Um sorriso e uma sapequice que contavam com um artefato relevante: uma dentadura, criada pelo "famoso protético e compositor Assis Valente", naquele mesmo ano, segundo o dono da prótese, em entrevista para a *Veja*, de 12 de fevereiro de 1975.

Nascia assim, na base de uma coisa puxa a outra, *O samba na voz do sambista*, elepê de 10 polegadas da Sinter, com oito músicas antigas de Ismael Silva: *Novo amor* e *Sofrer é da vida*, sem parceiros; *Para me livrar do mal*, com Noel Rosa; *Me diga teu nome*, *Nem é bom falar*, *O que será de mim?* e *Se você jurar*, com Nilton Bastos; e *Adeus*, com Nilton e Noel. Um disco celebrado, em 10 de março de 1956, pela *Gazeta de Notícias*, como "um dos maiores feitos da discografia brasileira de todos os tempos".

Em loja de discos do Centro, justo à procura daquele *O samba na voz do sambista*, Hermínio Bello de Carvalho, aos 21 anos, se aproximava de Ismael Silva. De imediato, fazia-se íntimo; bem rápido, carregava-o para cima e para baixo. Em breve, trazia para perto um "batalhão de quase-meninos", todos "honrados" em serem seus "escudeiros". Como contaria na crônica "São Ismael, 80 anos".

Um ano depois, em 11 de abril de 1957, chegava ao fim a "batalha judiciária" em torno da herança de Francisco Alves, ex-sócio de sambas de Ismael Silva, vítima de acidente de automóvel, na estrada Rio-São Paulo, em 27 de setembro de 1952.

Quando, após marchas e contramarchas entre a 4ª Vara de Órfãos, a 8ª Câmara Cível e o 2º Grupo de Câmaras Cíveis, o ministro Luiz Gallotti, relator do recurso extraordinário número 20.999, não acatava, no Supremo Tribunal Federal, o pedido de duas irmãs do cantor, Angela e Carolina, e de um sobrinho, Afonso, da exclusão de Perpetua, a viúva, da sucessão hereditária, "por indignidade", por tê-lo acusado, "em juízo", de "prática de lenocínio".

Uma decisão acompanhada pelos demais ministros: Afrânio Antônio da Costa, Ary de Azevedo Franco e Cândido Motta Filho. Uma unanimidade que pacificava a questão. Um assunto coberto por *A Noite*, *Correio da Manhã*, *Diário Carioca*, *Diário de Notícias* e *O Jornal*.

O segundo elepê de Ismael Silva, sempre malandro, jamais santo, saía, em junho de 1958, com doze composições: quatro com Nilton Bastos, *Amar*, *Arrependido*, *É bom evitar* e *Não há*; uma com Lamartine Babo, *Ao romper da aurora*; uma com J. B. de Carvalho,

Com a vida que pediste a Deus; sendo sem parceiros, *Agradeças a mim, Antonico, Choro, sim* e *Não vá atrás de ninguém*; além de duas inéditas, *Fã* e *Meu único desejo*. Um lançamento da Mocambo, saudado por *O Jornal* como "um pedaço da história melódica do Brasil".

Quatro meses antes, em 16 de fevereiro, morria Benedicto Lacerda, na Clínica Cirúrgica São João de Deus, em Santa Teresa. *Causa mortis*: "Insuficiência cardiorrespiratória", provocada por "carcinoma brônquico". O músico residia, então, na Teixeira de Mello, 13, apartamento 501, em Ipanema. E deixava, segundo o *Jornal do Brasil*, além daquele imóvel, duas casas na Ilha do Governador e um sítio em Macaé.

Após flautear no terceto do Estácio, ao lado do pandeiro e do tamborim dos irmãos Barcellos, Benedicto se tinha feito líder do Gente do Morro, em companhia do cavaquinho e do violão de Julinho, das percussões de Bide, Baiaco, Juvenal e Tibelo. Todos malandros.

Em 9 de março de 1930, conquistava para o grupo o reforço do violão de seis de Jacy Pereira e do violão-baixo de Cypriano Silva. Dois não malandros.

Em 9 de agosto, o *Diário da Noite* escalava Aurelio Gomes, Gastão de Oliveira, Heitor dos Prazeres e Oswaldo Vasques, famosos malandros-sambistas, além dos desconhecidos Antonino, Arnaud e Bahiano.

No 23, o *Correio da Manhã* trazia uma fotografia do time. Apesar da má qualidade, era possível distinguir: de pé, Antonio Cardoso Martins, o Russo, com o pandeiro, ao centro; e Gastão de Oliveira, de gravatinha borboleta, à direita. Sentados, a partir da esquerda: talvez Cypriano Silva, primeiro violão; Benedicto Lacerda e sua flauta; talvez Machadinho, com o cavaco; e Jacy Pereira, o Gorgulho, segundo violão.

O melhor retrato do Gente do Morro seria, no entanto, o da *Phono Arte*, de 30 de setembro: Benedicto Lacerda, flauta; Dario Ferreira, saxofone; Julio dos Santos, cavaquinho; Henrique Britto e Jacy Pereira, violões de seis; Juvenal Lopes, ganzá; Gastão de Oliveira, tamborim; e Alcebiades Barcellos, tambor-surdo. Um exemplar do acervo de Miguel Ângelo de Azevedo, o Nirez, cedido por Marcelo Bonavides. Uma escalação do próprio diretor da revista, Cruz Cordeiro, no *Diário de Notícias*, de 30 de agosto de 1953.

Segundo Cordeiro, o pandeirista chamava-se Antonio. No entanto, aquele rapaz de gravatinha borboleta, pandeiro na mão, não era Russo, filho de Francisco Cardoso Martins, dono da Quitanda e Carvoaria do Povo, da rua do Estácio, 59.

Um ano antes daquela foto, Antonio Cardoso Martins, o Russo, trabalhava como mecânico da Light, especializado em caixa de mudança, dedicado aos ônibus de dois andares, apelidados de chope duplo. Ao adormecer embaixo de um veículo, na oficina na Comandante Maurity, se via despertado, aos palavrões, por Benjamim, chefe durão e mal-educado.

Era quando perdia a calma e descia a chave inglesa na cabeça do português. Ao ver o sangue escorrer, largava a roupa no armário, picava a mula de macacão mesmo. Sem o apoio paterno, saía de casa e passava a dormir na praia das Virtudes, debaixo dos barcos.

Num sábado de outubro, quando circulava pela praça Tiradentes, era abordado por um rapaz que atendia pelo apelido de Rolô: "Ó Alemão, queres vender medalhinha na Penha amanhã?". Sem dinheiro para custear as despesas, recebia, como adiantamento, dois mil réis. Depois de investir seiscentos num jantar no china, trezentos nos tíquetes de ida e volta pelo trem da Leopoldina, chegava, sem dormir, antes das 5 horas, na porta principal do arraial. Mas Rolô não apareceria.

Sem nada para fazer, descobria, no Bar da Gegê, um grupo de trompete, saxofone, trombone, banjo e bateria. Ouvia a música, encostado a uma árvore, quando Milton Boca de Sopa, o baterista, perguntava se era do ramo. Mesmo com a negativa, conquistava sua simpatia: "Então, come um pastel".

Alguns pastéis e chopes depois, já no papel de garçom da banda, recebia a convocação: "Pega aquele pandeiro ali e vai batendo aí". Ao argumentar que nunca tinha batido, recebia a seguinte orientação musical: "Bate de qualquer maneira". Na apresentação seguinte, em Bonsucesso ou Ramos, era apresentado como "nosso pandeirista". Como músico, Russo tinha pegado no tranco. Um depoimento a Renato Vivacqua, de 25 de julho de 1987.

Em depoimento ao autor deste livro, de 26 de setembro de 1980, Antonio Cardoso Martins contaria que, em visita à casa de cômodos da Estácio de Sá, 27, enxergava, no quarto de um soldado da Polícia Militar, um pandeiro tomado das mãos de um vagabundo. "Você me dá ele?", pedia. "Dar, não. Você me paga uma Cascatinha e leva". Era o primeiro pandeiro de Russo.

No fim de semana seguinte, tocava no Musical de Bonsucesso, onde chegara com o instrumento enrolado em jornal, a fim de não despertar a ira da polícia. Dias depois, batucava na banda União Musical. Mais adiante, na bateria do Deixa Falar.

Ao percutir em festa da própria família, onde as atrações eram a flauta de Benedicto Lacerda e a guitarra portuguesa de Antônio Conceição, o líder do Gente do Morro sapecava: "Pô, você está batendo bem". E fazia o convite para que Russo entrasse para o grupo.

A única presença infalível no Gente do Morro era mesmo a de Benedicto Lacerda. Em 3 de março de 1931, o *Diário de Notícias* escalava: no cavaquinho, Julio dos Santos; nos violões de seis, Carlos Lentine e Jacy Pereira; no pandeiro, Juvenal Lopes; na cuíca, Gastão de Oliveira. Até que, em 22 de setembro, *A Noite* revelava a presença de Waldiro Frederico Tramontano, o Canhoto. Uma indicação de Russo.

Antonio tinha descoberto Waldiro em reunião na Pessoa de Barros, no Estácio, onde Caninha respondia pelo violão, Canhoto, pelo cavaquinho: "Achei formidável o centro dele. Ele era centrista".

O Gente do Morro possuía, naquele momento, dois cavaquinhistas: Machadinho e Julinho. Como Machadinho faltava muito, Julinho andava com "questões de família", Russo, na primeira oportunidade, passava a dica para o comandante: "Lacerda, eu vi um cavaquinho que é um espetáculo".

Mata-mosquito da prefeitura, Waldiro Tramontano, o Canhoto, estreava em festa na praça da Bandeira. "Resultado: nunca mais voltou para a Saúde Pública".

Dois anos depois, em 7 de junho de 1933, Gorgulho, virtuose das seis cordas, embarcava no Comandante Capella, rumo a Porto Alegre, com a "saúde combalida pelo muito trabalhar", segundo a triste nota de seu irmão, Cyro Pio Pereira, em *A Nação*. Morreria, em 3 de setembro, vítima de tuberculose.

Uma doença adquirida, de acordo com Canhoto, por descomedimentos boêmios: "Era por isso que aquela turma morria moça, tudo tuberculoso". "O Jacy Pereira, o Gorgulho, por exemplo, morreu, acho, com 22 anos. Também, era impressionante. Vocês sabem qual era o café da manhã dele? Um copo de cachaça. De manhã cedo, em jejum". Um depoimento colhido pelo autor, em 13 de março de 1981.

Em 5 de março de 1933, o *Correio da Manhã* noticiava a estreia do Regional de Benedicto Lacerda, uma das atrações do Programa Casé, pelo microfone da Rádio Philips. Tratava-se do rebatismo do Gente do Morro.

Um nome impreciso, pois regionais eram os grupos típicos de outras regiões do país. Inferior, por não possuir a força e o sabor do original. Biograficamente importante, por revelar o desejo do líder de se afastar dos malandros-sambistas.

O abandono definitivo aconteceria apenas após uma malograda excursão, entre março e abril de 1934, a Campos, Muqui e Vitória, em companhia de Noel Rosa, da cantora Itamar de Souza e do humorista Grijó Sobrinho. Quando, além da flauta de Benedicto, do cavaquinho de Canhoto e do pandeiro de Russo, o Gente do Morro contava com os violões de Francisco Coringa e Macrino Medeiros, além do ganzá de Doidinho.

Tanto o cavaquinhista quanto o pandeirista atribuíam o fracasso ao preconceito do público em relação ao nome do grupo. Mesmo assim, até 12 de julho de 1934, três meses depois daquele fiasco, os dois nomes coexistiriam: Gente do Morro e Regional de Benedicto Lacerda.

Os tempos corriam, de fato, ásperos, seja para Benedicto Lacerda que buscava oportunidades em São Paulo, seja para Antonio Cardoso Martins que se virava no *Jornal do Commercio* com um "negócio de guardar lista de bicho". Tempos que se viam amenizados, de repente, por um telegrama: "Russo, embarque imediatamente, muito ouro, Lacerda".

Antes de tomar o trem, Antonio consultava o senhor Dias, gerente e padrinho no jornal, atrás de proteção e algum capital. Após a bênção, partia, na mesma noite, em busca do ouro.

Na capital paulista, no ponto dos músicos, nada de Benedicto. Na Editora Mangione, nada. Na Irmãos Vitale, o mesmo. O flautista andava sumido.

Durante três dias, sempre à procura do amigo, Antonio gozava, em Vila Matilde, da hospitalidade de parentes. Até que um jovem músico passava a pista certa: "Ele está morando numa pensão na Rua Aurora".

De porta em porta, o pandeirista terminava por acertar a hospedaria. Entrava no quarto, dava com o flautista na cama, com pinta de paxá. Era quando abria os braços e indagava pelo ouro. "Que ouro? É que eu na merda não fico sozinho". A amizade entre Benedicto e Russo era desse calibre. Um depoimento colhido pelo autor deste livro.

Em julho de 1934, Benedicto Lacerda abandonava, além do nome do grupo, o naipe de percussão, à base de tamborim, pandeiro, cuíca, ganzá e tambor-surdo, um dos pontos altos do Gente do Morro. No ritmo, somente o instrumento de Russo.

Criação original do Estácio de Sá, o Regional de Benedicto Lacerda, nascido Gente do Morro, se faria o grupo mais atuante da música carioca, em estações de rádio e estúdios de gravação, sempre com cordas magistrais: as quatro de Canhoto, desde 1931; as seis de Carlos Lentine e Ney Orestes, entre 1935 e 1937; as sete de Horondino José da Silva, o Dino, e as seis de Jayme Thomaz Florencio, o Meira, de 1937 a 1950. Quando o flautista passaria a batuta para o cavaquinhista.

Em 1974, entretanto, ainda seriam as magistrais cordas de Benedicto Lacerda que acompanhariam Angenor de Oliveira no elepê da Marcus Pereira, produzido por João Carlos Botezelli: as de Canhoto, Dino e Meira. Um disco que seria a consagração definitiva de Cartola.

Uma boa sorte musical que Ismael Silva jamais conheceria. Embora sentisse intensa satisfação, em fevereiro de 1960, ao ser eleito, com 87.280 votos, Cidadão Samba. Um contentamento que aquele sorriso, de lado a lado, não permitia negar.

Naquele ano em que o cidadão sambava feliz, dava mais um passo a destruição da cidade do samba. Em 22 de maio, o governo anunciava para 30 de novembro a perfuração do Catumbi-Laranjeiras. Um túnel que, projetado em 1950, concretizado somente em 1963, provocaria o arrasamento da zona do agrião, o berço da malandragem do Estácio de Sá.

Uma obra que dividia o bairro em dois: de um lado, o largo e as ruas do Catumbi, do Chichorro e Itapiru; do outro, já perto de Santa Teresa, apenas metade da Padre Miguelinho. No meio, com a sutileza urbanística de uma avenida Brasil, abria-se uma autoestrada. E assim, com o atropelamento das ruas dos Coqueiros, Cunha, Eleone de Almeida, Magalhães, Valença e Vista Alegre, desaparecia parte da geografia do samba batucado.

Em novembro de 1965, *Samba pede passagem*, de Armando Costa, Oduvaldo Vianna Filho e Sérgio Cabral, direção teatral do próprio Costa e de João das Neves, direção musical de Lindolfo Gaya, colocava Ismael Silva de novo em cena. Dessa vez no palco do Opinião, ao lado de Aracy de Almeida, Baden Powell, Carlos Poyares, Grupo Mensagem, MPB 4, Partido Alto, Raul de Barros, Regional do Canhoto e Samba Autêntico. Entre os mestres do Partido, Alcebiades Barcellos, o Bide.

Ismael Silva interpretava dez sambas: *Antonico* e *Peçam bis*, criações somente suas; *Me diga teu nome*, *Nem é bom falar*, *O que será de mim?* e *Se você jurar*, em parceria com Nilton Bastos; *Ao romper da aurora*, com Lamartine Babo; *Para me livrar do mal*, com Noel Rosa; *Adeus*, estribilho de Nilton, segundas suas e de Noel. E, para encerrar, em dupla com Aracy de Almeida, *A razão dá-se a quem tem*, outro com Noel. Um espetáculo que se transformava, no ano seguinte, em disco da Polydor.

Em 29 de setembro de 1966, Ismael Silva concedia o primeiro depoimento para o Museu da Imagem e do Som. Na bancada de entrevistadores, Ary Vasconcellos, Hermínio Bello de Carvalho, Ilmar Carvalho e Ricardo Cravo Albin. O segundo depoimento aconteceria, em 16 de julho de 1969, apenas para Cravo Albin, o presidente da casa.

Tinha nascido no MIS, em 2 de janeiro de 1968, uma especial alegria de Ismael Silva. Quando o Conselho de Música Popular definia os vencedores dos troféus Estácio de Sá e Golfinho de Ouro: o primeiro para Augusto Marzagão, pelo Festival Internacional da Canção; o segundo para Chico Buarque de Hollanda, pelo conjunto das composições. Como a premiação incluía, além do troféu, um cheque de 4 mil cruzeiros novos, o criador de *Roda Viva*, no mais elegante silêncio, passava o valor para o de *Antonico*: 1.341 dólares, em janeiro de 1968; 11.651 dólares, em julho de 2022. Um amor artístico que falava alto. Um cheque que não seria o único.

Única era a filha, Marlene. Uma menina para quem o nome do pai seria um segredo até a véspera do casamento. Quando dona Diva, afinal, abria o jogo: "Teu pai se chama Ismael Silva".

Apesar do veto materno a um convite para a cerimônia, a revelação carregava, de imediato, benéficas influências: preenchia um vão no coração da noiva; agradava, e muito, aos ouvidos do noivo, um admirador do sambista.

Era assim que, certo dia, o barbeiro Joaquim Baptista, o marido de Marlene, às voltas com sabão e pincel, tesoura e navalha, largava para os ouvidos da freguesia, não sem orgulho, que era "genro de Ismael Silva". Justo quando na cadeira do salão se achava Paulo de Mello Borges, foguista aposentado da Marinha, antigo folião do rancho Quem Fala de Nós Tem Paixão.

Um segredo transmitido, no momento adequado, para o ouvido certo. Uma revelação que o malandro, escolado pela vida, recebia, de início, "desconfiado", até mesmo "cético". Mas, em seguida, exultante.

Marlene era, aos 35 anos, uma mãe de família, com quatro filhos pequenos, moradora de Campo Grande. Para onde Ismael Silva partia, dentro de um automóvel, ao lado de Paulo Borges, em 22 de fevereiro de 1971, segunda-feira de carnaval.

Durante uma semana, ela tinha arranjado a casa, cuidado de tudo, sem ainda acreditar, de fato, na vinda do pai. Uma incredulidade que duraria até vê-lo descer do carro, na elegância de sempre, todo de branco, de bengala na mão, caminhar em sua direção, estancar e dizer: "Minha filha!".

Era quando Marlene perdia a fala, ficava "dura", "seca", "parecia um boneco". Isso enquanto Joaquim fazia o que podia para demonstrar a gratidão do casal pela visita.

Ao final do encontro, Ismael pedia para levar um retrato dos netos, prometia "fazer esforço para dar educação e cultura a eles". Entretanto, para o amigo Paulo, no caminho de volta, declarava: "Ela não gostou de mim...". Carregado de legítima culpa, interpretava mal a crise nervosa da filha: "Ela não devia ter me recriminado. Que é que ela sabe do passado para julgar os outros?".

Marlene ainda procuraria Ismael por três vezes. Insistiria para que abandonasse o "quarto de solteirão" na Lapa, viesse morar com ela em Campo Grande. Até perceber, com aguda sensibilidade, que seu pai era um homem especial.

Uma história comovente, cuja recuperação, no *Jornal do Brasil*, de 14 de março de 1979, com depoimentos de Marlene, Joaquim e Paulo, se fazia mais uma dívida com Francisco Duarte.

Se você jurar, espetáculo escrito e dirigido por Ricardo Cravo Albin, estrelado por Carmem Costa e Ismael Silva, acompanhados pelo violão de José Paulo, estreava no Teatro Paiol, em Curitiba, em 1º de março de 1973. Em seguida, subia ao palco do TUCA, em São Paulo, com os violões de Clodoaldo de Brito, o Codó, e de seu filho, Antônio de Brito, mais a bateria de Eduardo Quintas. E fechava a carreira no Teatro Senac, no Rio de Janeiro, sempre com o depoimento de Chico Buarque de Hollanda sobre o malandro-sambista: "Ismael é a maior influência que eu tenho em toda a minha obra. Muito maior que as constantes citações que me são imputadas: Noel Rosa e Ataulfo Alves. Ismael, na verdade, é o meu verdadeiro pai musical". Assim na resenha de Júlio Hungria, para o *Jornal do Brasil*, de 18 de abril de 1973.

Se os laços poéticos e musicais que uniam Chico Buarque a Ismael Silva permaneceriam um enigma, aquela afirmativa, com um pleonasmo que acentuava a veracidade da paternidade, jogava luz sobre o amor de Chico por Ismael. Um sentimento, aliás, correspondido.

Na gravação do *MPB Especial*, de Fernando Faro, para a TV Cultura, em 16 de abril daquele ano, Ismael se mostrava bastante honrado pela participação da cantora Christina Buarque, irmã de Chico.

Três meses depois, Ismael Silva gravava mais um elepê, *Se você jurar*, para a RCA, com arranjos de Messias Santos Júnior, apoio de coro feminino. No repertório, entre as inéditas, *Contraste*: "Existe muita tristeza na rua da Alegria/ Existe muita desordem na rua da Harmonia". Entre as regravações, *Tristezas não pagam dívidas*, samba lançado em 1932, por Silvio Caldas e Francisco Alves, como criação de Manoel da Silva, seu irmão.

Em 16 de julho, Ismael Silva aparecia, em fotografia do *Jornal do Brasil*, junto à mesa de som da RCA, com a elegância de sempre, de suéter branco e calças pretas. Quando declarava, do alto de seus 67 anos, que se sentia "o mesmo rapazinho que vendia músicas para poder sobreviver".

Samba batucado do Estácio de Sá, de Carlos Didier

Após saber que Gato Barbieri, saxofonista argentino, gravara o *Antonico*, se confessava surpreso por ser conhecido pela juventude brasileira: "O melhor de tudo é que cantam junto comigo e afinado". Bem a tempo, pois aquele seria seu último disco.

Mais seis meses, em 20 de janeiro de 1974, o *Diário de Notícias* anunciava: *Rio enterra o berço do samba*. Em seguida ao Catumbi, o Estácio de Sá era destruído.

Tudo entre a rua do Estácio e a Presidente Vargas, entre a Pereira Franco e a Joaquim Palhares, descia ao chão. Todos os traçados das vias originais eram trocados. Todos os nomes, abandonados. Como símbolo dos novos tempos, o trecho final da Afonso Cavalcanti, nos limites da zona do Mangue, seria rebatizado como Madre Tereza de Calcutá, transversal da Dom Marcos Barbosa.

Posta abaixo a cidade do samba, resistiria para sempre no ar o samba da cidade. Talvez por isso Ismael se definisse como "aquele que não tinha idade". Perspicaz como o quê, filosofava, em 14 de fevereiro de 1972, para os repórteres Orivaldo Perin e José de la Peña Neto, do *Jornal do Brasil*: "Em matéria de *absolutamente*, não há nada como o *ora veja*".

José Antonio Nonato, um amigo de raro acesso, dava notícia, no *Correio da Manhã*, de 31 de março de 1971, sobre o malandro visto de perto. Em crônica cujo título, sem o sobrenome do sambista, confirmava aquela intimidade, enquanto preparava os leitores para um gênio difícil: *Ismael, um temperamento*.

Segundo Nonato, ele, como a *Chiquita Bacana*, a musa da marchinha de Alberto Ribeiro e João de Barro, só fazia aquilo que seu coração mandava: personalidade forte estava ali. Se algum de seus "poucos e pacientes amigos" levasse, no aniversário, "um presentinho, uma carteira, um cinto, um chinelo folgado para os seus pés cansados", Ismael agradecia, mas não usava nunca, porque só usava aquilo que ele mesmo escolhia.

Numa época em que, ao experimentar certo ostracismo, "andava meio jururu", se José Antônio sentasse à mesa e pedisse "uma cerveja bem gelada", ele não fazia companhia porque, "você sabe, eu não posso tomar gelado, pode aparecer um show por aí e eu não posso ficar rouco". E era justo aquele "temperamento" que lhe assegurava um não pequeno número de desafetos.

Em todo caso, quem quisesse arriscar bastava aparecer, "lá pelas dez da noite", no botequim da esquina de Riachuelo com Gomes Freire, na Lapa. Se ele não estivesse no ponto, o admirador podia "pedir um papelzinho ao moço da caixa e escrever bilhete": chegava, "sem selo e sem estampilha, mas seguro".

José Antonio Nonato Duque Estrada de Barros, aquele fraterno amigo de Ismael Silva, tinha nascido em 18 de agosto de 1942, na Maternidade Escola, na rua das Laranjeiras. Justo onde o rio Carioca, como ele gostava de assinalar, se desviava: onde o leito guinava para a Conde de Baependi. Uma mudança de rumo que seria uma marca no destino daquele menino.

Terceiranista de Direito na PUC, se fazia "coordenador externo" do Movimento Solidarista Universitário, ação comandada por Raul Amaro Nin Ferreira, segundo *O Jornal*, de 17 de maio de 1964. Em 14 de junho, formava par constante, no Bar Lagoa, com Joyce Raschle, colega da Psicologia, garantia o *Jornal do Brasil*. Era, então, um estudante que, interessado em política, não desprezava a vida social.

Em 3 de janeiro de 1965, presidente em exercício da União Metropolitana dos Estudantes, solicitava ao presidente da nação, através do *Diário de Notícias*, a demissão do ministro da Educação. No ano seguinte, tecia, como orador da turma, durante a cerimônia de colação de grau, "severas críticas ao governo do marechal Castelo Branco", noticiava o *Jornal do Brasil*, de 17 de dezembro.

De posse do canudo, conquistava, através de concurso, de acordo com a memória familiar, uma cobiçada colocação no Tribunal de Alçada Cível. Uma posição que abandonava, junto com o Direito, antes do fim da década, a fim de se tornar, numa primeira inflexão profissional, jornalista. Era o destino do rio em ação.

Em 6 de janeiro de 1970, estreava no *Correio da Manhã* com a crônica *Samba e lantejoulas*. Onde contava que a Portela estava dividida: metade apoiava a participação de Clóvis Bornay, metade condenava a "intromissão dos brancos" que de samba nada entendiam. Desse ponto em diante, José Antonio provava, em estilo alto e claro, que não se tratava de "preconceito contra os brancos". Na Ala dos Estudantes da própria Portela, por exemplo, desfilavam "sadios garotões da esquerda festiva" e "meninas maravilhosas", todos "branquíssimos". E concluía: "Na verdade, tudo se resume em brancos, sim — bonecas, não!".

Naquele janeiro, José Antonio já havia conquistado a benquerença de Ismael Silva. O produtor musical João Carlos Carino recordaria as reuniões em casa de suas tias Helena e Mena, entre as décadas de 1960 e 1970, na Paissandu, no Flamengo, com a participação de Cartola, Clementina de Jesus, Ismael Silva e Nelson Cavaquinho. Entre os convivas, dois amigos de Leonardo Castilho, filho de Helena: Hermínio Bello de Carvalho e José Antonio Nonato.

De guinada em guinada, Nonato assinava, em 11 e 12 de dezembro de 1971, a direção do espetáculo *Estrela Dalva*, com Carmem Costa e Dalva de Oliveira, Abel Ferreira e conjunto, de duas récitas por noite, no Tereza Rachel, em Copacabana.

Subia ao palco em São Paulo, como apresentador, função que exercia com brilho, em show intimista de Isaurinha Garcia. Quando a grande cantora, em cena e nos bastidores, o estimulava: "Quer cantar? Canta, meu filho. Basta abrir a boca".

Era assim que, no início de 1976, ao segregar a Luiz Paulo Horta, amigo querido, colega de Santo Inácio, o desejo de cantar Noel Rosa, seu desvio-mor, José Antonio Nonato escutava o seguinte conselho: "Antes, você precisa conhecer os rapazes do Coisas Nossas".

Eu tinha 22 anos, morava com meus pais, na Joaquim Nabuco, 194, 501, em Ipanema. Um apartamento em cuja porta, sem demora, ele batia: "Meu nome é José Antonio Nonato. Sou amigo de Luiz Paulo Horta. Posso entrar?". Com essas palavras simples e elegantes, entrava em nossas vidas, a fim de promover os desvios a que estava destinado.

O Coisas Nossas era um grupo boêmio, fundado por mim, por Aluísio Didier, meu irmão, e por Oscar Bolão, meu parceiro, ao lado de alguns outros que ficariam pelo caminho, inclusive o cavaquinhista Toninho Xereta, camarada de Oscar, e o flautista José Pedro, irmão de Luiz Paulo.

Um grupo que estreara, em 13 de outubro de 1975, na PUC do Rio, no espetáculo *Novos músicos tocam velhos mestres*, produzido pelo Musiclube Ernesto Nazareth, liderado por Guilherme Peregrine, João Alexandre Viégas e Luciana Portinho. No repertório, duas dezenas de sambas de Noel Rosa que espalhávamos, eu e meu violão, até então solitariamente, sempre ao modo antigo, pelas madrugadas boêmias cariocas.

Durante uma caminhada pelo Centro, entre abril e julho de 1976, eu comentava com José Antonio sobre a inadequação de minha batida de violão para os sambas da parceria de Noel Rosa com Ismael Silva. Uma pulsação rítmica que, aprendida por meu pai, Aluisio Moreira Didier, com o violonista José César de Lima, o José do Carmo, em Recife, no início da década de 1940, se mostrava perfeita para o *Palpite infeliz*, embora não se ajustasse bem ao *Para me livrar do mal*.

Pulsação de violão derivada do samba batucado original

A proposta de José Antonio era surpreendente: "O Ismael pode ajudar você. Sou amigo dele. Vamos lá?". Ao perceber minha hesitação, insistia: "Ele pode ajudar você, sim. Mas hoje é só para marcar o dia".

Atravessamos os Arcos, seguimos pela Mem de Sá, caímos à esquerda na Gomes Freire, para encontrar Ismael Silva no Bar Carioquinha, já perto da esquina de Riachuelo. Onde, dentro de impecável terno branco, camisa cor de abóbora e gravata branca, ele cantava um samba, em pé, apoiado na bengala, para um amigo, sentado a uma mesa, à sua direita.

Não apenas cantava, pontuava: "O amor é como a chama", "dois pontos"; "Tem princípio, meio e fim", "ponto"; "Se você já não me ama", "vírgula"; "Para que fingir assim", "interrogação". Tratava-se de *Boa viagem*, parceria com Noel Rosa.

Ao saber da dúvida de um jovem músico em relação ao seu violão, Ismael Silva se mostrava bastante receptivo: "Pois, não. Vamos marcar".

Na data combinada, no Café e Bar Arcada, na Riachuelo, no canto da Gomes Freire, eu colocava o instrumento em suas mãos, com o pedido para que tocasse um samba seu. Ao final, comentava: "Você toca diferente. Poderia tocar mais um?".

A batida de Ismael Silva, com perfeito ajuste ao *Se você jurar*, era a pulsação rítmica característica do Estácio de Sá, onde o primeiro

Samba batucado do Estácio de Sá, de Carlos Didier

toque acontecia antes do primeiro tempo forte e por ele se estendia: "semicolcheia; pausa de semicolcheia, colcheia, semicolcheia; colcheia, colcheia; colcheia, colcheia; colcheia pontuada, semicolcheia".

Uma batida que seria publicada na coluna *Um toque*, de Caôla Didier, meu apelido, em *O Catacumba*, edição de novembro e dezembro de 1984, a convite da diretora da Divisão de Música da Fundação Rio, Lilian Zaremba.

Pulsação do violão de Ismael Silva

Naquela mesma tarde, depois de me ensinar como se tirava, na regra da arte, um samba batucado, Ismael Silva abria a carteira e puxava um cheque. Em seguida, pedia para que eu lesse a assinatura. Era a de Chico Buarque de Hollanda. E o malandro-sambista sublinhava assim o meu espanto: "Pois é...".

Exibia o fascículo da *História da Música Popular Brasileira*, editado pela Abril Cultural, integralmente dedicado a ele, e comentava: "Não sei por que lembraram de meu nome". A vaidade de Ismael Silva tinha essa dimensão.

Ao saber que o Coisas Nossas preparava um ciclo de cinco espetáculos com oitenta músicas de Noel Rosa, reagia deste modo: "Por que não eu?". Era quando José Antonio Nonato, de improviso, inventava a proposta de um show com o grupo, somente com músicas suas, com ele no palco. Mas aquela vaidade era inclemente: "Aí já serei o segundo...".

No terceiro e último encontro, no botequim da praça João Pessoa, na esquina de Gomes Freire com Mem de Sá, Ismael Silva se mostrava bastante arredio. Recusava-se a falar sobre suas parcerias com Noel Rosa. Mesmo após nos ajoelharmos no chão, de mãos postas. Uma ideia teatral de José Antonio Nonato, colocada em prática por ele, por mim e por Oscar Bolão.

Somente na calçada, defronte ao bar, após minha pergunta sobre seu método de compor, ele se fazia, apoiado ao ombro de Oscar Bolão, um amor de pessoa. Como se tivesse incorporado, de repente, um santo menos aguerrido. Era, então, todo solicitude.

Negra semente, fina flor da malandragem

Para Ismael Silva, música e letra nasciam juntas. O curioso era que o samba vinha aos poucos, nota após nota, sílaba após sílaba, para cada sílaba uma nota. Um processo que interrompia assim que sentia a inspiração fugir. No dia seguinte, ou mesmo dias depois, repassava. O que não soava bem, ele descartava: dava um passo atrás e recomeçava daquele ponto. O que valia tanto para as notas quanto para as sílabas. Indagado se compunha com ou sem violão, era categórico: jamais com o instrumento. Evitava, desse jeito, seguir um caminho harmônico predeterminado.

Naquela mesma noite, ainda ao ombro carnudo de Oscar, dando um refresco à bengala, o malandro-sambista nos brindava com a interpretação do delicioso *Peçam bis*: "A todos que estão me ouvindo, eu agradeço/ Essa atenção dispensada é mais do que mereço...".

Na despedida, após nossas manifestações de gratidão por sua generosidade, arrematava, naquele português impecável, muito seu, a palestra: "Sou eu *quem* agradece".

Seis meses antes, no Natal de 1975, José Antonio Nonato o visitara para um abraço de fim de ano. Após se identificar na portaria, aguardava. Porque Ismael Silva não admitia ser surpreendido com a roupa de casa nem mesmo pelos mais chegados. Ao descer, com a elegância de sempre, trazia, no entanto, a mais amável das saudações: "Nonato, pena você não ter vindo ontem. Tivemos um embalo ótimo!".

Uma cordialidade ausente na dona da pensão: "Então, o senhor chama de embalo a festa de nascimento de Jesus Cristo?". "Ora, embalo é palavra boa", tentava se justificar o sambista. Mas aquela senhora era implacável: "Boa, coisa nenhuma. Embalo é festa de sacanagem!".

Segundo José Antonio, Ismael Silva se mudara, pouco antes da morte, para uma pensão na rua do Riachuelo, perto do Bar Arcada. Embora seu registro de morte apontasse, como última residência, a Gomes Freire, 788, apartamento 315.

Ismael Silva morria, em 14 de março de 1978, no Hospital da Lagoa, de "infarto agudo do miocárdio" e "arteriosclerose". Após o velório no Museu da Imagem e do Som, no bairro da Misericórdia, o corpo partia em cortejo para a Gomes Freire, a sua rua. Em seguida, rumava para o cemitério São Francisco de Paula.

Samba batucado do Estácio de Sá, de Carlos Didier

No largo do Catumbi, onde o sambista ouvira os primeiros sambas, onde o malandro aprendera as primeiras malandragens.

Entre os sambistas presentes, alguns integrantes das escolas: Cartola e Zica, da Mangueira; Monarco e Zé Kéti, da Portela; Bicho Novo e Odete Silva, da São Carlos; e Dida, da Vila Isabel.

Entre os familiares, Marlene, a filha, se apresentava, somente naquele triste momento, à imprensa e à sociedade. Além de dois sobrinhos, Francisco e Dulce, cuja mãe, Orestina, internada, não sabia da morte do irmão caçula.

Entre as coroas de flores, três da Portela, uma da Funarte, uma da Sbacem, mais outra do Museu da Imagem e do Som. Uma sétima trazia: "Homenagem do Bloco Carnavalesco Deixa Falar".

Ismael Silva tinha o corpo coberto de rosas vermelhas e brancas, as cores da primeira escola de samba. No pescoço, a medalha ohikari da Igreja Messiânica, culto que havia abraçado. Entre as mãos, por sobre o peito, um tamborim, seu primeiro instrumento. No couro, o desenho de um gato.

De acordo com o ritual da cultura afro-brasileira, o corpo de Ismael Silva descia, respeitosamente, junto com o sol, ao som das batidas secas e espaçadas de um surdo, sob a responsabilidade de Manuel Paulino do Nascimento, da Unidos de São Carlos.

À semelhança daquela reverencial cerimônia de despedida, o samba batucado, nascido de semente folclórica, plantada por negros baianos em terras cariocas, germinado no Estácio de Sá, entre o morro de São Carlos e a zona do Mangue, nas vizinhanças do Catumbi, era um fruto da árvore cultural afro-brasileira.

Viril e pungente, de melodias de notas longas, de saltos súbitos para o agudo, de pulsação rítmica mais ampla e sincopada que a do samba baiano, o samba batucado crescera pela fusão com canções de serenata e marchas de rancho cariocas, pela penetração de pontos afro-brasileiros, ao som de toques carregados do ritmo de ancestrais lundus.

Se o gênero se valia de elementos musicais e literários de origens africanas e europeias, aqueles malandros-sambistas, seus criadores, eram afrodescendentes. O que fazia do samba batucado, assim como os lundus, as polquinhas e os maxixes, os tanguinhos e os choros, as canções seresteiras e as marchas-rancho, uma criação afrodescendente.

Como eram afrodescendentes os cultos do candomblé e da umbanda, as bênçãos dos babalaôs e ialorixás, os feitiços dos alufás. Afrodescendentes, o acaçá, o acarajé, o caruru de folha, a moqueca de peixe com leite de coco, o vatapá.

Afrodescendentes, os passos do *apanha o bago, corta-jaca, miudinho* e *separa o visgo*. Afrodescendentes, os cortejos de cucumbis, cordões e afoxés, ranchos, blocos e escolas de samba.

Afrodescendentes, aquelas "vozes abertas", "contraditoriamente alvissareiras", assim decifradas por Mario de Andrade. Afrodescendente, aquele gosto de festejar junto, aquele "chegue mais, meu rei".

Afrodescendente, a própria afetividade brasileira. Uma afetividade que, nascida da dor, não deixava escapar a felicidade.

Seria justo nesse sentido afetivo alto que vibravam os versos de Noel Rosa, branco do Estácio, cúmplice confesso do crime de samba, parceiro de muitos daqueles afrodescendentes: "E quem suportar uma paixão/ Sentirá que o samba, então,/ Nasce do coração".

Samba batucado do Estácio de Sá: negra semente, fina flor da malandragem.

Carlos Didier

Samba batucado do Estácio de Sá, de Carlos Didier

Fontes da pesquisa

Samba batucado do Estácio de Sá, de Carlos Didier

Negra semente, fina flor da malandragem

Depoimentos
. Alcebiades Barcellos, o Bide, depoimento ao Museu da Imagem e do Som, 21/03/1968
— depoimento a Sérgio Cabral, em *As escolas de samba...*, Fontana, 1974
— depoimento a Juarez Barroso, *Jornal do Brasil*, 25/03/1975
— depoimento a Francisco Duarte, em *Carnaval, primeiro grito*, *Jornal do Brasil*, 12/02/1979
. Alfredo da Rocha Vianna, o Pixinguinha, depoimento ao Museu da Imagem e do Som, 06/10/1966 e 22/04/1968
. Altamiro Carrilho, depoimento a Carlos Didier, 04/04/1993
. Angenor de Oliveira, o Cartola, depoimento a Carlos Didier, 16/09/1980
. Antônio Cardoso Martins, o Russo do Pandeiro, depoimento a Carlos Didier, 26/09/1980
— depoimento a Renato Vivacqua, 25/071987
. Antonio Moreira da Silva, depoimento ao *Brasil Especial*, TV Globo, 14/10/1977
. Antonio Nássara, depoimento a Carlos Didier sobre gravação de *Deixa essa mulher chorar*, 14/08/1985
— depoimento a Carlos Didier sobre Orquestra Típica do Samba, 22/08/1992
— depoimento a Carlos Didier sobre visita a casa de Tia Ciata, 02/11/1995
. Aracy de Almeida, depoimento a Carlos Didier e João Máximo, 1981 ou 1982
. Ary Vasconcellos, depoimento a Carlos Didier sobre a foto de Tia Ciata, s/d
. Bucy Moreira, depoimento a Fernando Faro, *MPB Especial*, TV Cultura, 1973
— depoimento a Sérgio Cabral, em *As escolas de samba...*, Fontana, 1974
— depoimento a Francisco Duarte, Conjunto dos Músicos, 19/08/1978
— depoimento a Perfilino Neto, Rádio Educadora FM, Bahia, 01/12/1979
. Cristalino Pereira da Silva, o Bijou, depoimento a Francisco Duarte, 21/01/1979
. Eduardo Corrêa de Azevedo, tio de Noel Rosa, depoimento a Carlos Didier, 26/03/1981
. Emma D'Ávila, depoimento a Carlos Didier sobre *O x do problema*, 09/03/1981
. Euzébia Silva de Oliveira, a Dona Zica, e Neuma Gonçalves, a Dona Neuma, depoimentos a Carlos Didier, 05/03/1983
. Ernesto dos Santos, o Donga, depoimento ao Museu da Imagem e do Som, 02/04/1969
. Heitor dos Prazeres Filho, depoimento a Carlos Didier, 15/12/2020
. Homero Dornellas, depoimento a Carlos Didier e José Antonio Nonato, 1978
— depoimento a Carlos Didier e João Máximo, 10/06/1981
. Horondino José da Silva, o Dino Sete Cordas, depoimento a Carlos Didier, 03/06/1993
. Ismael Silva, depoimento a Pedro Bloch, *Manchete*, 20/06/1964
— primeiro depoimento ao Museu da Imagem e do Som, 29/09/1966; *Jornal do Brasil* e *Correio da Manhã*, 30/09/1966
— depoimento a Muniz Sodré, *Manchete*, 15/10/1966
— segundo depoimento ao Museu da Imagem e do Som, 16/07/1969
— depoimento a Fernando Faro, *MPB Especial*, TV Cultura, 16/04/1973

Samba batucado do Estácio de Sá, de Carlos Didier

— depoimento a Maria Lúcia Rangel, *Jornal do Brasil*, 02/04/1974
— depoimentos a Carlos Didier e José Antonio Nonato, abril-julho de 1976
. João Carlos Botezelli, o Pelão, depoimento a Carlos Didier, 15/12/2014
. João Carlos Carino, depoimento a Carlos Didier, 02/04/2018
. João Machado Guedes, o João da Bahiana, depoimento ao Museu da Imagem e do Som, 24/08/1966
— depoimento a José Ramos Tinhorão, *Veja*, 28/07/1971
. José Antônio Nonato Duque Estrada de Barros, depoimento a Carlos Didier, 31/05/2013
. José Maria Arantes, depoimento a Carlos Didier, 11/10/1980
. Juracy Corrêa de Moraes, a Ceci, depoimentos a Carlos Didier e João Máximo, fevereiro e 10 de abril de 1981.
. Juarez Barroso e Moacyr Andrade, depoimento a Carlos Didier, 06/08/1976
. Juvenal Lopes, depoimento a Beatriz Santacruz, em *A Notícia*, 28 07 1973
. Luiz Alves da Costa Filho, depoimento a Francisco Duarte, 18/11/1984
. Manuel do Espírito Santo, o Zé Pretinho, depoimento a Carlos Didier e João Máximo, 29/01/1981 e 03/02/1981
. Manuel Ferreira, depoimento a Carlos Didier, 21/05/1983
. Maria José da Bélgica, viúva de Umberto II, rei da Itália, depoimento a Carlos Didier, 17/03/1987
. Marília Baptista, depoimentos a Carlos Didier, 18/10/1980 e 26/02/1983
. Nilton Marçal, depoimento a Carlos Didier, 25/10/1982
— depoimento a Fernando Faro, *Ensaio*, TV Cultura, 09/03/1991
. Oscar Luiz Werneck Pellon, o Oscar Bolão, depoimentos a Carlos Didier, 04/03/2021, 05/08/2021
. Raul Marques, depoimento a Carlos Didier, 20/11/1983
. Roberto Martins, depoimento a Carlos Didier e João Máximo, 22/02/1981
. Venancio Pereira Velloso Filho, depoimento a Carlos Didier, 19/04/2018
. Waldiro Frederico Tramontano, o Canhoto do Cavaquinho, depoimento a Carlos Didier e João Máximo, 13/03/1981

REGISTROS OFICIAIS
. Alexandre Gonçalves Pinto, registro de batismo, 07/03/1869, nascimento em 12/03/1868
. Alexandre Gonçalves Pinto, registro de casamento, 24/09/1928
. Alcebiades Maia Barcellos e Alice Rosa da Silva, registro de casamento, 23/07/1925
. Alcebiades Maia Barcellos e Emilia de Almeida, registro de casamento, 26/06/1943
. Antonio Cardoso Martins, o Russo do Pandeiro, carteira do Sindicato dos Músicos Profissionais do Rio de Janeiro, 08/05/1944
. Armando, o primeiro filho de Vicente e Carolina Vieira Marçal com este nome, registro de nascimento, 22/09/1891
. Armando, o primeiro filho de Vicente e Carolina Vieira Marçal com este nome, registro de morte, 15/02/1892

. Armando Vieira Marçal, filho de Vicente Pedro Marçal e Carolina Vieira Marçal, registro de nascimento, 23/11/1901
. Armando Vieira Marçal, filho de Vicente Pedro Marçal e de Carolina Vieira Marçal, registro de batismo, 05/04/1903, nascimento em 14/10/1901
. Armando Vieira Marçal, filho de Vicente e Carolina Vieira Marçal, registro de morte, 20/06/1947
. Avelino Vieira Marçal, registro de nascimento, 08/07/1890
. Bellarmino Moura de Souza, registro de casamento, 22/04/1909
. Bellarmino Moura de Souza, registro de morte, 17/04/1942
. Benedicto Lacerda, registro de casamento com Ondina Gonçalves Vieira, 09/01/1926
. Benedicto Lacerda, registro de morte, 16/02/1958
. Bucy Moreira, registro de nascimento, 01/08/1909
. Canuto da Silva Paranhos, registro de morte, 15/12/1911
. Celestina Gonçalves Martins, mãe de Heitor dos Prazeres, registro de casamento com Laurindo José Francisco, 04/06/1924
. Celuta Figueira Pegado, registro de casamento com Raul de Moraes Cahet, 08/02/1913
. Celuta Figueira Pegado Cahet, registro de morte, 10/04/1952
. Deocleciano da Silva Paranhos, Canuto, registro de nascimento, 22/02/1898
. Deocleciano da Silva Paranhos, Canuto, registro de batismo 24/06/1898, nascimento em 21 02 1898
. Deocleciano da Silva Paranhos, Canuto, registro de morte, 26/11/1932
. Diva Lopes do Nascimento, registro de nascimento, 06/03/1916
. Diva Lopes do Nascimento, registro de batismo, 19/08/1917
. Diva Lopes do Nascimento, registro de morte, 17/10/1994
. Edgard Marcellino dos Passos, registro de nascimento, 05/06/1899
. Edgard Marcellino dos Passos, registro de morte, 24/12/1931
. Elsa Caetano Vasques, registro de nascimento, 21/03/1907
. Elza Caetano Vasques, 2º registro de nascimento, 1940, 21/03/1906
. Elsa Caetano Vasques, registro de morte, 30/09/1953
. Emilia Corrêa Chaves, mãe de Ismael Silva, registro de morte, 05/02/1948
. Ernani Fernandes Lima, registro de nascimento, 11/05/1905
. Francelino Ferreira Godinho, registro de morte, 01/12/1953
. Francisco Alves Cerqueira Bastos, pai de Nilton Bastos, registro de morte, 04/04/1908
. Francisco Antonio da Rocha, o Chico da Bahiana, registro de casamento com Amalia Alexandre Costa, 28/02/1902
. Georgina Caetano Vasques, registro de nascimento, 06/01/1909
. Glyceria, filha de Ciata e João Baptista Silva, registro de nascimento, 16/05/1889
. Heitor dos Prazeres, registro de nascimento, 02/07/1902
. Heitor dos Prazeres, registro de casamento com Maria da Gloria Azevedo, 29/07/1933
. Heitor dos Prazeres, registro de casamento com Nativa Paiva, 05/10/1948
. Heitor dos Prazeres, registro de morte, 04/10/1966

Samba batucado do Estácio de Sá, de Carlos Didier

. Henrique Alves de Mesquita, registro de morte, 12/07/1906
. Henrique Gipson Vogeler, registro de casamento com Erastine Pires Sayão, 06/07/1924
. Hilaria Pereira de Almeida, Tia Ciata, registro de morte, 10/04/1924
. Isabel da Costa Jumbeba, registro de morte, 22/11/1946, filha Norberto da Costa Guimarães e Hilaria Pereira Ernesto, a Tia Ciata
. Ismael Silva, registro de morte, 14/03/1978
. Jair, irmão de Diva Lopes do Nascimento, registro de nascimento, 18/03/1921
. Jair, irmão de Diva Lopes do Nascimento, registro de morte, 09/07/1923
. João Paulo, filho de Ciata e João Baptista da Silva, registro de nascimento, 26/06/1898
. João, filho de Hilaria Ernesto e João Baptista, registro de batismo, 23/09/1899, nascimento em 26/06/1898
. Laudelina Vieira Marçal, registro de casamento, 24/04/1923, nascimento em 25/03/1893
. Luiz, irmão de Diva Lopes do Nascimento, registro de morte, 08/02/1915
. Luiz Alves da Costa Filho, sobrinho de Nilton Bastos, registro de nascimento, 19/08/1913
. Manoel Silva, irmão de Ismael Silva, registro de morte, 23/01/1971
. Margelina, irmã de Nilton Bastos, registro de nascimento, 13/12/1893
. Maria José de Moraes Cahet, filha de Celuta Pegado e Raul Cahet, registro de nascimento, 27/10/1913
. Maria Louzada Lacerda, mãe de Benedicto Lacerda, registro de morte, 25/07/1964
. Marlene Martins de Jesus, registro de nascimento, 16/03/1936
. Miguel, filho de Miguel Emygdio Pestana, registro de nascimento, 08/08/1897
. Nilton Bastos, registro de nascimento, 12/07/1899
. Nilton Bastos, registro de morte, 08/09/1931
. Norberto Vieira Marçal, registro de nascimento, 07/06/1898
. Norberto Marçal, registro de batismo, 22/03/1902
. Norberto Vieira Marçal, registro de casamento, 25/03/1925
. Orestina Baptista Cruz, irmã de Ismael Silva, registro de batismo, nascimento em 24/09/1898
. Oswaldo Caetano Vasques, registro de nascimento, 02/06/1900
. Oswaldo Caetano Vasques, registro de morte, 07/10/1935
. Ottilia Caetano Vasques, registro de nascimento, 08/08/1899
. Ottilia Caetano Vasques, registro de morte, 12/09/1900
. Palmyra Baptista Cruz, irmã de Ismael Silva, registro de batismo, 05/09/1901, nascimento em 25/02/1901
. Paulo Varzea, registro de nascimento, 31/03/1899
. Pedro de Oliveira Costa, pai de Vicente Pedro Marçal, registro de morte, 17/01/1890
. Perpetua Jacy Guerra, registro de nascimento, 25/05/1901
. Perpetua Jacy Guerra e Francisco Moraes Alves, registro de casamento, 24/05/1920
. Raphael Martins de Jesus, registro de casamento com Aída Baptista, 12/08/1935

. Raul Vieira Marçal, registro de nascimento, 09/12/1895
. Ruben Barcellos, registro de batismo, 29/01/1911, nascimento em 13/05/1905
. Rubem Barcellos, registro de morte, 15/06/1927
. Sylvio Caldas, registro de nascimento, 23/05/1908
. Sylvio Caldas, registro de batismo, 07/11/1909
. Sylvio Caldas e Angelina Keller Delavechia, registro de casamento, 11/01/1933
. Sylvio Fernandes Lima, registro de nascimento, 26/10/1900
. Sylvio Fernandes Lima, registro de morte, 20/06/1943
. Vicente Pedro Marçal, casado com Carolina Vieira Marçal, registro de óbito, 06/03/1905
. Virgulina Vieira Marçal, registro de casamento, 21/11/1916
. Waldyr da Costa Marçal, registro de nascimento, 11/08/1929
. Waldiro Frederico Tramontano, registro de casamento, 20/09/1941
. Waldiro Frederico Tramontano, registro de morte, 24/11/1987

ATOS OFICIAIS
. *À inspeção do arsenal de marinha do estado da Bahia*. Permissão para que Hilario Jovino Ferreira, aprendiz de 1ª classe, seja transferido para o desta capital, *Diário Oficial da União*, 08/07/1892
. *Classe de 1903*. Alistamento de Benedicto Lacerda, *Diário Oficial da União*, 27/05/1925
. *Decreto Nº 16.799*. Constituição da banda de música da Escola Militar, Relatório Ministério da Guerra, 13/02/1925
. *Primeira Região Militar*. Primeira Circunscrição de Recrutamento. Junta de Alistamento do 12º distrito, Espírito Santo. Classe 1903, Benedicto Lacerda, filho de Manoel Lacerda, *Diário Oficial da União*, 25/03/1927.

LIVROS
. *150 anos de música no Brasil (1800-1950)*, de Luiz Heitor Corrêa de Azevedo, José Olympio Editora, 1956
. *A alma encantadora das ruas*, de João do Rio, Secretaria Municipal de Cultura do Rio de Janeiro, 1991
. *Abecê do folclore*, de Rossini Tavares de Lima, Ricordi, 1972
. *A canção brasileira*, de Vasco Mariz, MEC, 1956
. *A filha de Maria Angu*, peça cômica e lírica em 3 atos, por Arthur Azevedo, 4ª edição, Serafim José Alves Editor, sem data
. *A língua e o folclore da bacia do São Francisco*, de Edilberto Trigueiros, MEC, Funarte, 1977
. *Ameno Resedá: o rancho que foi escola*, de Jota Efegê, Letras e Artes, 1965
. *A modinha e o lundu no século XIX*, de Mozart de Araujo, Ricordi Brasileira, 1963
. *A música brasileira e seus fundamentos*, de Luiz Heitor Corrêa de Azevedo, União Panamericana, 1948
. *A música no Brasil*, de Guilherme de Mello, Imprensa Nacional, 1908 e 1947

Samba batucado do Estácio de Sá, de Carlos Didier

. *A negregada instituição: os capoeiras no Rio de Janeiro*, de Carlos Eugênio Líbano Soares, Prefeitura do Rio de Janeiro, 1994
. *Antiqualhas e memórias do Rio de Janeiro*, de José Vieira Fazenda, Documenta Histórica Editora, Instituto Histórico e Geográfico Brasileiro, 2011
. *Apresentações*, de Millôr Fernandes, Record, 2004
. *As escolas de samba, o quê, quem, como, quando e porquê*, de Sérgio Cabral, Fontana, 1974
. *As mil canções do Rei da Voz*, de Abel Cardoso Júnior, Revivendo, 1998
. *Aspectos da música brasileira*, de Mario de Andrade, Martins Editora, 1975
. *Através da Bahia, Excertos da obra Reise in Brasilien*, de Von Spix e Von Martius, trasladados a português pelos Drs. Pirajá da Silva e Paulo Wolf, Companhia Editora Nacional, 1938
. *A vida dos escravos no Rio de Janeiro, 1808-1850*, de Mary C. Karasch, Companhia das Letras, 2000
. *As vozes desassombradas do museu: Pixinguinha, João da Baiana, Donga*, MIS-RJ, 1970
. *Ban-ban-ban*!, de Orestes Barbosa, Benjamim Costallat & Miccolis, 1923
. *Batuque é um privilégio*, de Oscar Bolão, Lumiar Editora, 2003
. *Benedicto Lacerda: e a saudade ficou*, de Jadir Zanardi, Muiraquitã, 2009
. *Cancioneiro de músicas populares*, de Cesar das Neves, volumes 1 e 2, Typographia Occidental, 1893 e 1895
. *Canções folclóricas brasileiras e melodias indígenas*, suplemento musical, Spix & Martius, Viagem ao Brasil, Bayerische StaatsBibliothek, Digitale Bibliothek, século XIX
. *Canções populares do Brasil*, de Julia de Brito Mendes, J. Ribeiro dos Santos Editor, 1911
. *Candomblés da Bahia*, de Edison Carneiro, Civilização Brasileira, 1978
. *Cantares brasileiros: cancioneiro fluminense*, de Mello Moraes Filho, SEEC-RJ, 1982
. *Cantos populares do Brasil*, de Sylvio Romero, Editora Itatiaia, 1985
. *Charles Baudelaire: poesia e prosa*, Nova Aguilar, 1995
. *Chico Viola*, de David Nasser, Edições O Cruzeiro, 1966
. *Cidade de São Sebastião do Rio de Janeiro: terras e fatos*, de Aureliano Restier Gonçalves, Arquivo Geral da Cidade do Rio de Janeiro, 2004
. *Compêndio narrativo do peregrino da América*, de Nuno Marques Pereira, ABL, 1939
. *Constituições primeiras do arcebispado da Bahia*, por Dom Sebastião Monteiro da Vide, 12 de junho de 1707, Typographia 2 de Dezembro, 1853
. *Crônica geral e minuciosa do Império do Brasil*, de Mello Moraes, Dias da Silva Junior Typographo-Editor, 1879
. *De la prostitution dans la ville de Paris*, de A. J. B. Parent-Duchatelet, J. B. Baillière et Fils, Paris, 1857.
. *Discografia de Francisco Alves*, de Walter Teixeira Alves, Roberto Gambardella, Miécio Caffé e Abel Cardoso Junior, Edição Lebasponte, 1988
. *Domingos Caldas Barbosa, o poeta da viola da modinha e do lundu (1740-1800)*, de José Ramos Tinhorão, Editora 34, 2004
. *Ensaio sobre música brasileira*, de Mario de Andrade, Martins Editora, 1972
. *Escolas de samba do Rio de Janeiro*, de Sérgio Cabral, Lazuli Editora, 2011
. *Estudos de folclore*, de Luciano Gallet, Carlos Wehrs, 1934
. *Estudos de folclore e música popular urbana*, de César Guerra-Peixe, UFMG, 2007

. *Mário de Andrade, Eu sou trezentos, vida e obra*, de Eduardo Jardim, Edições de Janeiro, 2015
. *Fala, Mangueira*, de Marília Trindade Barboza da Silva, Carlos Cachaça, e Arthur L. de Oliveira Filho, José Olympio Editora, 1980
. *Festas e tradições populares*, de Mello Moraes Filho, F. Briguiet Editores, 1946
. *Figuras e coisas da música popular brasileira*, de Jota Efegê, volumes 1 e 2, Funarte, 1978 e 1980
. *Figuras e coisas do carnaval carioca*, de Jota Efegê, Funarte, 1982
. *Folguedos tradicionais*, de Edison Carneiro, Funarte, 1982
. *Fraseologia musical*, de Esther Scliar, Editora Movimento, 1982
. *Guia do folclore fluminense*, coord. Cáscia Frade, Presença, 1985
. *História da Literatura Portuguesa*, de Theophilo Braga, Imprensa Nacional, 2005
. *História da música brasileira*, de Renato Almeida, F. Briguiet Editores, 1942
. *História da música portuguesa*, de João de Freitas Branco, Europa-América, 1959
. *História da poesia popular portuguesa*, de Theophilo Braga, Typographia Lusitana, 1867
. *História das Ruas do Rio*, de Brasil Gerson, Lacerda Editores, 2000
. *História do carnaval carioca*, de Eneida, Civilização Brasileira, 1958
. *História social da música popular brasileira*, de José Ramos Tinhorão, Editora 34, 1998
. *Hospital Marítimo Santa Isabel passa a Hospital Paula Candido*, Anais da Câmara dos Deputados, 23/12/1898
. *Intenção e gesto: pessoa, cor e a produção cotidiana da (in)diferença no Rio de Janeiro, 1927-1942*, de Olívia Maria Gomes da Cunha, Arquivo Nacional, 2002
. *Ismael Silva: samba e resistência*, de Luiz Fernando Medeiros de Carvalho, José Olympio Editora, 1980
. *João do Rio: catálogo bibliográfico*, de João Carlos Rodrigues, Secretaria Municipal de Cultura do Rio de Janeiro, 1994
. *Juarez Barroso: o poeta da crônica-canção*, de Natercia Rocha, Substânsia, 2018
. *La danse des salons*, de Henri Cellarius, Chez L'Auteur, Imprimerie Schneider et Legrand, Paris, 1849
. *Lapa*, de Luís Martins, José Olympio, 2004
. *Lundum x lundu*, de Baptista Siqueira, UFRJ, 1970
. *Lundus e modinhas antigas: século XIX*, de Esther Pedreira, Tempo Brasileiro, 1981
. *Marafa*, de Marques Rebelo, Nova Fronteira, 2003
. *Mario Reis, o fino do samba*, de Luís Antônio Giron, Editora 34, 2001
. *Maxixe, a dança excomungada*, de Jota Efegê, Conquista, 1974
. *Memórias de um sargento de milícias*, de Manuel Antonio de Almeida, Ediouro, 1995
. *Memórias do Café Nice: subterrâneos da música popular e da vida boemia do Rio de Janeiro*, de Nestor de Hollanda, Conquista, 1970
. *Meninos, eu vi*, de Jota Efegê, Funarte, 1985
. *Minha vida*, de Francisco Alves, Editora Brasil Contemporâneo, 1936
. *Minha vida... minha vida...*, de Francisco Alves, 1ª ed 1942, Collectors, 1992
. *Modinhas imperiais*, de Mario de Andrade, Editora Itatiaia, 1980
. *Música de feitiçaria no Brasil*, de Mario de Andrade, Editora Itatiaia, 1983
. *Música, doce música*, de Mario de Andrade, Livraria Martins Editora, 1976

Samba batucado do Estácio de Sá, de Carlos Didier

. *Música e cultura popular: vários escritos sobre um tema em comum*, de José Ramos Tinhorão, Editora 34, 2017
. *Música popular brasileira*, de Oneyda Alvarenga, Editora Globo, 1950
. *Música popular de índios, negros e mestiços*, de José Ramos Tinhorão, Vozes, 1975
. *Música popular portuguesa*, de Armando Leça, Editorial Domingos Barreira, Porto, sem data
. *Música popular: teatro e cinema*, de José Ramos Tinhorão, Vozes, 1972
. *Música popular: um tema em debate*, de José Ramos Tinhorão, JCM, 1969
. *Musique centre africaine*, de Herbert Pepper, Gouvernement Général de L'Áfrique Équatorial Française, Encyclopédie Coloniale et Maritime, Paris, s/d
. *Na roda do samba*, de Francisco Guimarães, Typographia São Benedicto, 1933
. *Na rolança do tempo*, de Mario Lago, Civilização Brasileira, 1977
. *Nássara passado a limpo*, de Carlos Didier, José Olympio, 2010
. *Negros e judeus na Praça Onze*, de Beatriz Coelho Silva, Bookstart, 2015
. *Noel Rosa e sua época*, de Jacy Pacheco, G. A. Penna Editora, 1955
. *Noel Rosa, língua e estilo*, de Castelar de Carvalho e Antonio Martins de Araujo, Thex Editora, 1999
. *Noel Rosa, uma biografia*, de Carlos Didier e João Máximo, UNB, 1990
. *Nosso Sinhô do Samba*, de Edigar de Alencar, Civilização Brasileira, 1968
. *No tempo de Noel Rosa*, de Almirante, Livraria Francisco Alves, 1963
. *Noturno da Lapa*, de Luís Martins, José Olympio, 2004
. *Obras completas de Luiz de Camões*, edição crítica, Imprensa Portuguesa, 1874
. *O carnaval carioca através da música*, de Edigar de Alencar, Freitas Bastos, 1965
. *O choro: reminiscências dos chorões antigos*, de Alexandre Gonçalves Pinto, sem editora, 1936
. *O folclore negro do Brasil*, de Arthur Ramos, Martins Fontes, 2007
. *O império do divino*, de Martha Abreu, Nova Fronteira, 1999
. *O negro no Rio de Janeiro e sua tradição musical: partido-alto, calango, chula e outras cantorias*, de Nei Lopes, Pallas, 1992
. *Orestes Barbosa, repórter, cronista e poeta*, de Carlos Didier, Agir, 2005
. *O Rio de Janeiro de ontem e de hoje*, de Nelson Costa, Léo Editores, 1958
. *O Rio de todos os Brasis*, de Carlos Lessa, Record, 2005
. *Os africanos no Brasil*, de Nina Rodrigues, UNB, 1988
. *Os bordéis franceses: 1830-1930*, de Laura Adler, Companhia das Letras, Círculo do Livro, 1993
. *Os estrangeiros e o comércio do prazer nas ruas do Rio: 1890-1930*, de Lená Medeiros de Menezes, Arquivo Nacional, 1992
. *Os sons dos negros no Brasil*, de José Ramos Tinhorão, Art Editora, 1988
. *Paulo da Portela, traço de união entre duas culturas*, de Marília Trindade Barboza da Silva e Lygia Santos, Funarte, 1980
. *Panorama da Música Popular Brasileira*, de Ary Vasconcellos, Martins Editora, 1964
. *Paris boêmia: cultura, política e os limites da vida burguesa (1830-1930)*, de Jerrold Seigel, L&PM, 1992
. *Pequena história da música*, de Mario de Andrade, Martins Editora, 1977
. *Pequena história da música popular*, de José Ramos Tinhorão, Art Editora, 1991
. *Religiões negras e Negros bantos*, de Edison Carneiro, Civilização Brasileira, 1991
. *Recordando a Praça Onze*, de Samuel Malamud, Livraria Kosmos Editora, 1988

. *Samba de sambar do Estácio*, de Humberto de Moraes Franceschi, IMS, 2010
. *Samba de umbigada*, de Edison Carneiro, MEC, 1961
. *Samba, jazz & outras notas*, de Lucio Rangel, Agir, 2007
. *Samba, sua história, seus poetas, seus músicos e seus cantores*, de Orestes Barbosa, Livraria Educadora, 1933
. *Sambistas e chorões*, de Lucio Rangel, Livraria Francisco Alves, 1962
. *São Ismael do Estácio: o sambista que foi rei*, de Maria Thereza Soares, Funarte, 1985
. *Sessão passatempo*, de Hermínio Bello de Carvalho, Relume Dumará, 1995
. *Songs and tales from the dark continent*, de Natalie Curtis, G. Schirmer, 1920
. *Studies in african music*, de Arthur Morris Jones, Oxford University Press, Londres, 1959
. *Tia Ciata e a pequena África no Rio de Janeiro*, de Roberto Moura, Funarte, 1983
. *Traité de mélodie, abstraction faite de ses rapports avec l'harmonie*, de Anton Joseph Reicha, impressão J. L. Scherff, 1814
. *Travels in Brazil, 1817-1820*, de Carl Friedrich Philipp von Martius e Johann Baptist von Spix, Longman, Hurst, Rees, orme, Brown and Green, 1824
. *Três vultos históricos da música brasileira*, de Baptista Siqueira, Editora D. Araujo, 1970
. *Valeu a pena*, de Mario Martins, org. Franklin Martins, Nova Fronteira, 1996
. *Várias histórias*, de Machado de Assis, Laemmert & C. Editores, 1896
. *Viola de Lereno*, de Domingos Caldas Barbosa, Civilização Brasileira, 1980
. *Voyage autour du monde*, Louis de Freycinet, Chez Pillet Ainé, Paris, 1825
. *Voyage pittoresque et historique au Brésil*, de Jean Baptiste Debret, Firmin Didot Frères, 1834

LIVROS DE PARTITURAS
. *Noel Rosa e suas melodias inesquecíveis*, partituras, Editorial Mangione, sem data
. *Nosso Sinhô do Samba*, partituras, Todamérica-Funarte, sem data
. *O tesouro de Noel Rosa, o poeta da Vila*, Mangione, sem data

ENSAIOS
. *A corda e a caçamba*, análise da música de Noel Rosa, de Carlos Didier, escrito para a *Revista Brasil*, da Secretaria de Educação do Estado do Rio de Janeiro, 1987 (inédito)
. *Breve história de um grande compositor chamado Ismael Silva*, de José Ramos Tinhorão, em *Música e cultura popular: vários escritos...*, 2017
. *Ecos Fluminenses, França Junior e sua produção letrada no Rio de Janeiro (1863-1890)*, de Raquel Barroso Silva, Universidade Federal de Juiz de Fora, 2011
. *Não me ponha no xadrez com esse malandrão, Conflitos e identidades entre sambistas no Rio de Janeiro do início do século XX*, de Maria Clementina Pereira Cunha, Afro-Ásia, Salvador, n. 38, 2008, https://periodicos.ufba.br/

REVISTAS ESPECIALIZADAS
. *Estética: 1924-1925*, edição fac-similada, Gernasa, 1974
. *Revista da Música Popular*, edição fac-similada, Funarte, 2006
. *Revista do Patrimônio Histórico e Artístico Nacional*, número 10, de 1946

Samba batucado do Estácio de Sá, de Carlos Didier

ALMANAQUES, JORNAIS E REVISTAS
. *Por decreto de 29 de agosto de 1810*. O Príncipe Regente gratifica a Elias Antonio Lopes..., *Gazeta do Rio de Janeiro*, 03/10/1810
. *Dona Maria do Rozario Furtado de Mendonça*. No caminho que vai de Mataporcos para São Cristóvão, três pontes de pedra, próximas à chácara do coronel Manoel Caetano Pinto, *Gazeta do Rio de Janeiro*, 27/03/1813
. *Capitães de Mar e Guerra*. José Lopes dos Santos Valadim, Cajueiros, *Almanach do Rio de Janeiro*, 1816
. *Pedro Sartoris faz público*. Uma viola espanhola de 6 cordas, *Gazeta do Rio de Janeiro*, 25/12/1816
. *No dia 18 de junho de 1819, desapareceu desta cidade*. Dionísio, toca bem viola, muito pachola, *Diário do Rio de Janeiro*, 13/10/1821
. *Escravos fugidos*. Joaquina, de nação Benguela, Cajueiros, detrás dos quartéis, casa em que morou a viúva do defunto Camizão, *Diário do Rio de Janeiro*, 13/10/1821
. *Achados*. A quem faltar uma negra de nome Maria, capitão do mato Apolinário, rua Nova da Princesa, ao pé dos Cajueiros, *Diário do Rio de Janeiro*, 27/10/1821
. *Quem lhe faltar um moleque pequeno*. Capitão do mato Apolinário, rua da Princesa, nos Cajueiros, *Diário do Rio de Janeiro*, 02/01/1822
. *Perdas*. No dia 11 do corrente, perdeu-se uma nota do banco de 90:000 réis, D. Maria Leonor Camizão, *Diário do Rio de Janeiro*, 18/04/1822
. *No 20 de fevereiro, fugiu de chácara do Engenho Novo*. Antonio, juntamente uma viola pequena que tocava, *Diário do Rio de Janeiro*, 15 03 1827
. *Fugiu na noute de 27 de março*. Benedito, tocador de viola, *Diário do Rio de Janeiro*, 02/04/1827
. *Escravos fugidos*. Marcelino, natural da Bahia, rua do Príncipe nos Cajueiros, *Diário Mercantil*, 01/10/1827
. *No dia 15 de agosto fugiu um escravo*. João, filho da Bahia, toca viola, *Diário de Rio de Janeiro*, 02/10/1827
. *Fugiu há mais de um mês*. Isidoro, toca viola, *Diário do Rio de Janeiro*, 31/08/1830
. *Achado*. A quem lhe faltar um moleque, procure na chácara da Capella, em Catumbi Grande, *Diário do Rio de Janeiro*, 07/02/1831
. *Escravos fugidos*. Quem souber de um escravo..., José. perna meia samba, *Diário do Rio de Janeiro*, 05/08/1831
. *O encarregado pelos moradores do beco do Guindaste da compra de pedras para a calçada do mesmo*. José Alves de Mesquita (Basto), doação de 4 mil réis, *Diário do Rio de Janeiro*, 27/01/1832
. *Até que enfim chegou, sr. Redator, o tempo das amoras*. Maxixe para algum velho achacado de hemorroidas, *O Nacional*, 05/06/1833
. *Angelo Squassafichi*. Cozinheiro do Exmo. Marquês de Barbacena, casa de pasto, pratos delicados, rua do Espírito Santo, *Jornal do Commercio*, 21 11 1834
. *Angelo Squassafichi*. Baile de máscaras, rua do Espírito Santo 27, Hotel de Itália, *Jornal do Commercio*, 17/01/1835
. *O baile no Hotel de Itália*. Transferido para 7 fevereiro, *Jornal do Commercio*, 29/01/1835
. *O abaixo assinado faz saber*. José Alves de Mesquita Basto, dono de armazém de café, travessa (beco) do Guindaste, 8, dissolução da sociedade com Manoel José Pereira da Silva Maia, *Jornal do Commercio*, 12/02/1835

Negra semente, fina flor da malandragem

. *Subscrição a favor das obras da Casa de Correção.* José Alves de Mesquita Bastos, doação de 4 mil réis, *Diário do Rio de Janeiro,* 26 11 1835
. *No dia 15 do corrente fugiu um crioulo.* Querino, toca viola à moda da Bahia, *Diário do Rio de Janeiro,* 03/03/1836
. *Os gostos estravagantes.* O Carapuceiro, Pernambuco, 03/02/1838
. *Perdeu-se.* Uma boceta de prata no Catumby Pequeno, *Jornal do Commercio,* 20/02/1838
. *Na casa de pasto da rua da Ajuda n. 48.* Caruru, vatapá, moqueca de peixe com leite de coco à moda da Bahia, *Diário do Rio de Janeiro,* 25/08/1838
. *Na barraca do campo de São Cristóvão.* Vatapá à moda da Bahia, sarrabulho, frigideira à moda de Pernambuco, *Diário do Rio de Janeiro,* 22 09 1838
. *O laborioso matuto. O Carapuceiro,* Pernambuco, 26/12/1838
. *Vende-se uma perfeita mucama.* Vende-se uma preta mina, angu, vatapá, amêndoas, *Diário do Rio de Janeiro,* 08/03/1839
. *Desapareceram na madrugada.* Gregorio, menino negro da nação Samba, *Diário do Rio de Janeiro,* 04/07/1839
. *Sarrabulho e vatapá à baiana.* Barraca no campo da Aclamação, *Diário do Rio de Janeiro,* 05/01/1841
. *Avisa-se ao respeitável público.* Vatapá, rua da Alfândega 244, em frente à rua de São Jorge, *Diário do Rio de Janeiro,* 05/01/1841
. *Sarrabulho e vatapá à baiana.* Campo da Aclamação, *Diário do Rio de Janeiro,* 05/01/1841
. *Justo admirador do talento de Mme Léon Giavelly. Jornal do Commercio,* 27 06 1844
. *Curiosidade.* Que será samba? Que baianice é essa?, *O Brasil,* 27/07/1844
. *Théatre Français. Salle S. Francisco.* La Polka, representação em honra do aniversário de S. M. I., *Jornal do Commercio,* 07/12/1844
. *Hotel Novo Pharoux.* Caruru, vatapá e zorô à baiana, *Diário do Rio de Janeiro,* 31/12/1845
. *Senhores pedestres.* Maria, escrava, 34 anos, natural da Bahia, *Jornal do Commercio,* 09/06/1846
. *Benefício de Luiz José da Cunha.* Henrique Alves de Mesquita, pistom, variações de Desidério Dorizon, *Jornal do Commercio,* 01/07/1847
. *O Lycéo Musical.* Rua do Conde, 13, 2o andar, Gioachino Giannini e Dionisio Vega, mestres, *Correio Mercantil,* 10/01/1848
. *Extrato diário em 11 de junho.* Presos, Antonio Alves de Mesquita, músico do 2o batalhão de guarda nacional, por capoeira, *Diário do Rio de Janeiro,* 15/06/1848
. *Lições de flauta, violão e cavaquinho.* Rua da Prainha, 8, loja, *Diário do Rio de Janeiro,* 02/01/1851
. *O bahiano na corte.* Primeiro anúncio, *Jornal do Commercio,* 05/10/1851
. *Amigo J. Francisco.* Ausência de ofensas em *O bahiano na corte, O Correio da Tarde,* 08/10/1851
. *52a Pacotilha.* Joaquim Manoel e Padre Telles, Neukomm e Marcos Portugal, chorados lundus e fadinhos, *Correio Mercantil,* 02/02/1852
. *Eduardo Daniel Villas Boas.* Despedida da alfândega da Corte, em 7 de fevereiro de 1852, *Jornal do Commercio,* 08 02 1852

Samba batucado do Estácio de Sá, de Carlos Didier

. *Ministério da Guerra.* Expediente do dia 5 de agosto, Joaquim Antonio da Silva Callado, pedido de nomeação, mestre de música do batalhão do depósito, *Diário do Rio de Janeiro*, 25/08/1852
. *Os segredos do coração.* Livro de poemas de Eduardo Daniel Villas Boas, acompanhado de uma valsa, *Diário do Rio de Janeiro*, 30/10/1853
. *Notícias e fatos diversos.* Congresso das Sumidades Carnavalescas, fundação, *Correio Mercantil*, 13 03 1854
. *Panorama.* Theatro Lyrico, músico da orquestra dirigiu palavras insultuosas aos admiradores da artista Casaloni, *Diário do Rio*, 10/02/1855
. *Theatro Lyrico.* Carta aberta de Henrique Alves de Mesquita, *Correio Mercantil*, 11/02/1855
. *Notícias diversas.* Domingo, 18 do corrente, primeiro passeio, Congresso das Sumidades Carnavalescas, roteiro completo, *Correio Mercantil*, 14/02/1855
. *Ao correr da pena.* Crônica de José de Alencar, Congresso das Sumidades Carnavalescas, *Correio Mercantil*, 25/02/1855
. *Trata-se comida para fora.* Vatapá de leite à moda da Bahia, rua Larga de São Joaquim, 114, *Jornal do Commercio*, 17/05/1855
. *Theatro Lyrico Fluminense, Dominó Noir.* Presença de Pedro II, *Saudades de Mme Charton*, de Henrique Alves de Mesquita, *Correio Mercantil*, 27 02 1856
. *Na rua de Santa Rosa.* Ensina-se flauta, violão e cavaquinho, *soirées* para a véspera e a noite de São Pedro, *Diário do Rio de Janeiro*, 28/06/1856
. *O sr. Henrique Alves de Mesquita.* Carta aberta de A. S. C. sobre o silêncio em relação à obra de Mesquita, *Correio Mercantil*, 27/11/1856
. *Resenha artística.* Henrique Alves de Mesquita, missão de fazer nascer a nossa ópera nacional, *Diário do Rio de Janeiro*, 15/12/1856
. *Bahia, 13 de maio de 1857, Naufrágio da Meduza.* Peça, costumes da Bahia, crioulas com saias de roda, dançam samba, *Diário do Rio de Janeiro*, 21/05/1857
. *Seguem hoje no vapor hamburguês Petrópolis.* Henrique Alves de Mesquita, *Diário do Rio de Janeiro*, 02/07/1857
. *Atenção.* Os moradores da rua da Saúde pedem, Sumidades Carnavalescas e União Veneziana, na rua da Saúde e da Imperatriz, *Correio Mercantil*, 07/02/1858
. *SS MM II e as augustas princesas.* Sumidades Carnavalescas, *Correio Mercantil*, 14/02/1858
. *Augustos e digníssimos senhores representantes da nação brasileira.* Escandaloso batuque, furrundu, samba, bate moleque, O *Correio da Tarde*, 27/04/1858
. *Antes de terminar.* Elogios a Henrique Alves de Mesquita, sucessor de José Maurício e Francisco Manoel, *Revista Popular*, 1859
. *Theatro de S. Januario.* Joaquim da Silva Callado Junior, fantasia sobre motivo de *La traviata*, de Verdi, na flauta; fantasia sobre motivo de *Linda di Chamounix*, de Donizetti, no clarinete, *Correio Mercantil*, 25/12/1860
. *Vatapá e caruru.* Rua do Hospício, 276 A, *Jornal do Commercio*, 10/10/1862
. *Saiu à luz. Tango, chanson havanaise,* de L Bousquet, *Jornal do Commercio*, 01/06/1863
. *Efetuou-se ontem na Academia das Bellas Artes.* Aula de rabeca, Joaquim Antonio da Silva Callado Junior, menção honrosa, *Correio Mercantil*, 10/06/1863
. *Espetáculos.* Theatro Lyrico Fluminense, estreia, hoje, *O vagabundo*, presença SS MM II, *Diário do Rio de Janeiro*, 24/10/1863

Negra semente, fina flor da malandragem

. *Theatro Lyrico Fluminense*. Estreia, *O vagabundo*, presença SS MM II, benefício do autor na 2a representação, *O Jornal*, 24/10/1863
. *O vagabundo*. Estreia, plateia pouco numerosa, benefício de Henrique Alves de Mesquita, *Diário do Rio de Janeiro*, 26/10/1863
. *Theatrologia*. Domingo, benefício do jovem maestro Henrique Alves de Mesquita, revelação sobre o cárcere, Sesostris, *Bazar Volante*, 08/11/1863
. *Os Zés Pereiras representam a distinta classe do corpo dos aguadeiros, carroceiros e carniceiros da cidade*. Crônica de Sesostris, *Bazar Volante*, 11/02/1866
. *Um passeio a Paquetá*. Crônica de Sesostris, França Junior, *Bazar Volante*, 30/09, 07 e 21/10, 23 e 30/12/1866
. *Folhetim*. *O vagabundo*, de Henrique Alves de Mesquita, "gemido de dor e de saudade", Osiris, França Junior, *Correio Mercantil*, 12 05 1867
. *Joaquim Antonio da Silva Callado*. Sepultamento, fluminense, 52 anos, casado, endocardite, *Jornal do Commercio*, 21/06/1867
. *SPMFU Luzitania Brasileira*. Mestre Callado, longa enfermidade, Callado Junior assume como mestre, *Jornal do Commercio*, 25/06/1867
. *Hotel do Senhor do Bonfim*. Vatapá à baiana, rua Conde D'Eu, 174 A, Cidade Nova, *Jornal do Commercio*, 05/07/1867
. *Último baile de carnaval*. Quecumby, Theatro São Pedro de Alcântara, programação, *Jornal do Commercio*, 25/02/1868
. *Findo o drama*. Lyrico Fluminense, Callado, fantasia para flauta e piano sobre *Baile de máscaras*, de Verdi, presença SS MM II, *Jornal do Commercio*, 02/08/1868
. *Alguns dos mais notáveis amadores desta corte*. Batuta de ébano, presente para Henrique Alves de Mesquita, *A Vida Fluminense*, 19/12/1868
. *Polca do Callado. Querida por todos*, *Jornal do Commercio*, 12/01/1869
. *Carnaval, Ramos, cabeleireiro*. Cucumby Bahiano, Anúncio de adereços, *Jornal do Commercio*, 06/02/1869
. *Sociedade carnavalesca Quecumby Bahiano*. Um passeio do Rei do Congo, *Jornal do Commercio*, 07/02/1869
. *Aluga-se preta de meia idade*. Vatapá, caruru e todos quitutes da Bahia, rua Formosa, 126, *Jornal do Commercio*, 06/04/1869
. *Vende-se uma lindíssima e elegante crioula de 18 anos*. Vatapá e mais quitutes à moda da Bahia, *Jornal do Commercio*, 27/07/1869
. *Infantes do Diabo*. Callado se exibe na inauguração da nova Gruta, concerto vocal e instrumental, *Jornal do Commercio*, 23/09/1869
. *SDF Príncipe D Affonso*. Sede, rua Nova do Príncipe 35, *Jornal do Commercio*, 19/03/1870
. *Saiu à luz, Saudades de Luque*, *Jornal do Commercio*, 08/05/1870
. *Philarmonica Fluminense*. O distinto e sempre festejado artista sr. Reichert, *Diário do Rio de Janeiro*, 30/05/1870
. *Eco da cidade*. Serenatópolis, flauta, cavaquinho e violão, *Jornal da Tarde*, 16/01/1871
. *SDF Club P D Carlos*. Partida familiar, rua da Gamboa 59, *Jornal do Commercio*, 25/03/1871
. *Theatro Phenix Dramática*. *Trunfo às avessas*, de França Junior e Henrique Alves de Mesquita, 05/08/1871, *Jornal do Commercio*, 31/07/1871

Samba batucado do Estácio de Sá, de Carlos Didier

. *Theatro Phenix Dramática. Trunfo às avessas*, estreia, personagens e atores, descrição das cenas, *Jornal da Tarde*, 05/08/1871
. *Crônica teatral. Trunfo às avessas*, crítica positiva sobre a música; público conduz autor até sua casa, *Diário do Rio de Janeiro*, 12/08/1871
. *Variedade. Trunfo às avessas*, crítica, de Joaquim Heleodoro, de 08/08/1871, *A República*, 15/08/1871
. *Saiu à luz. Remissão dos pecados* e *Olhos matadores*, habanera e tango, de Henrique Alves de Mesquita, *Jornal do Commercio*, 21/11/1871
. *Theatro Lyrico Fluminense. Trunfo às avessas*, 2 de dezembro, presença da Princesa Isabel e do Conde D'Eu, anúncio, *Jornal do Commercio*, 01/12/1871
. *Ilustres capoeiras*. Vicente Pedro Marçal, *Diário do Rio de Janeiro*, 09/06/1872
. *Badaladas*, a notícia dada por um jornal paraense. Machado de Assis brinca com o 1º ato de *Ali Babá*, Dr. Semana, *Semana Illustrada*, 20/10/1872
. *Theatro D. Pedro II*. Presença de SS MM II, solista Joaquim Antonio da Silva Callado Junior, *Jornal do Commercio*, 22/09/1873
. *Paço Imperial*. Callado cumprimenta Pedro II, *Diário do Rio de Janeiro*, 23/09/1873
. *Theatro D. Pedro II*. Espetáculo-concerto, solista Joaquim Antonio da Silva Callado Junior, *Jornal do Commercio*, 25/09/1873
. *Carta a Sísifo*. Crônica de J. Paturot, expressão *Com que roupa?*, *Mephistopheles*, 05/12/1874
. *A filha de Maria Angu*. Paródia em 3 atos, de Arthur Azevedo, com música de Charles Lecocq, *Jornal do Commercio*, 01/02/1876
. *A filha de Maria Angu*. Crítica, *Gazeta de Notícias*, 23/03/1876
. *Água do Vintém*. Chácara do Vintém, anúncio, *Jornal do Commercio*, 31/01/1877
. *Junta Municipal da Corte*. Vicente Pedro Marçal, 25 anos, solteiro, pedreiro, filho Maria da Conceição, *Diário do Rio de Janeiro*, 07/02/1877
. *Lundu*. Crônica em versos, baiana do tabuleiro, *Gazeta de Notícias*, 24/02/1877
. *No largo da Prainha*. Capoeira Antonio José da Silva fere na cabeça o escravo Caetano, *Gazeta de Notícias*, 29/04/1877
. *Ocorrências da rua*. Capoeira Antonio, desordens com navalha na rua da Candelária, *Gazeta de Notícias*, 13/05/1877
. *Ocorrências da rua*. Alexandre Ferreira Bastos, arte da capoeiragem, rua dos Andradas, *Gazeta de Notícias*, 14/05/1877
. *Ocorrências da rua*. Capoeira José Ministro fazia artes no largo de Santa Rita, *Gazeta de Notícias*, 19 05 1877
. *Ocorrências da rua*. Capoeira Manoel Maria da Motta, armado de navalha, promovia desordens, largo do Moura, *Gazeta de Notícias*, 29/05/1877
. *No domingo último foi preso*. No largo de Santanna, capoeira fazia desordens; solto rápidamente, influências políticas, *Gazeta de Notícias*, 06/06/1877
. *Ontem, às 6 ½ da tarde*. Na rua de S José, dois praças do 7o batalhão, armados de navalha, em exercícios de capoeiragem, *Gazeta de Notícias*, 21/06/1877
. *Os bailes*. Crônica de França Junior, *Gazeta de Notícias*, 29/08/1877
. *Illma. Câmara Municipal*, sessão de 10 de novembro de 1877, proibição do cultivo do agrião, *Gazeta de Notícias*, 11/11/1877
. *Água de Vintém*. Texto de Mello Moraes, visita à Chácara do Vintém, no Engenho Velho, *Jornal do Commercio*, 05/05/1878
. *Chácara do Vintém*. Texto de Mello Moraes, *Jornal do Commercio*, 14/05/1878

Negra semente, fina flor da malandragem

. *Philarmonica Fluminense*, flauta de mestre Callado, crítica negativa, lundus, fados e outros aleijões, *O Cruzeiro*, 09/07/1878
. *Skating Rink, rua do Costa, 31.* Samba baiano, pela 1a vez um bem ensaiado e sapateado samba, anúncio, *Gazeta de Notícias*, 20/11/1878
. *Grande baile à fantasia.* Pufe carnavalesco cita a água de vintém, *Jornal do Commercio*, 23/02/1879
. *Theatros e...* Ária da *Aída*, doçura do sopro do sr. Callado, logo após, *Concerto Original*, *Gazeta de Notícias*, 27/06/1879
. *Crônicas da boemia. Um baile na Cidade Nova*, crônica de França Junior, pseudônimo Comt'Oscar, *O Mequetrefe*, 06/03/1880
. *Falecimentos.* Ontem, conhecido flautista Callado, *Gazeta de Notícias*, 21/03/1880
. *Estudos e cavações. O maxixe*, crônica de Chechéo, *O Facho da Civilização*, 15/08/1881
. *Obituário.* Damião, filho de Hilaria Pereira Ernesto, *Gazeta de Notícias*, 25/10/1882
. *Obituário.* Damiana, filha de Hilaria Pereira Ernesto, *O Globo*, 27/10/1882
. *A Lídia (maxixe) comprou todos os títulos. O Carbonario*, 11/12/1882
. *Aí cara dura!*, Vasques representa, pela primeira vez, a novela cômica de sua composição, *Gazeta de Notícias*, 10/04/1883
. *O maxixe nasceu para a panela. Corsário*, 03/07/1883
. *A Lidia maxixe tem um grande sortimento de camisas de vênus. O Carbonário*, 28/09/1883
. *Conforme noticiamos.* Fundação, ontem, sociedade dançante familiar Estrella do Brazil, *Gazeta da Tarde*, 11/02/1884
. *Expediente do bispado.* Proclamas de casamento, Vicente Pedro Marçal e Carolina Maria Vieira de Jesus, *O Apóstolo*, 23/07/1884
. *A festa do major Britto.* Celuta recita Gonçalves Dias, *O Vassourense*, 28/06/1885
. *Manifestação apreço.* Celuta recita Gonçalves Dias, *Diário do Brazil*, 01/07/1885
. *Cenas de baile.* SDFJI, baile, orquestra, *Diário de Notícias*, 13/07/1885
. *Testamentos.* Maria de Oliveira Costa, esposa Pedro Oliveira Costa, herdeiros Vicente Marçal e Pedro Marçal de Souza, *Gazeta de Notícias*, 20/04/1886
. *2º Distrito de Sant'Anna.* Pedem-se providências, batuque de samba no Cabeça do Porco, *Gazeta de Notícias*, 27/09/1886
. *Carnaval.* Grupos carnavalescos, *Gazeta de Notícias*, 20/02/1887
. *O Carnaval. Rio de Janeiro.* Crônica de Mello Moraes Filho, ranchos com tocatas, *Gazeta de Notícias*, 21 e 22/02/1887
. *O Carnaval. Os Cucumbis.* Crônica de Mello Moraes Filho, *Gazeta de Notícias*, 13/02/1888
. *Indenização ou República*, de Coelho Netto e Emílio Rouede, Variedades Dramáticas, samba baiano, cantado e dançado, *O Paiz*, 12/08/1888
. *Ontem, às 11 horas da noite, na rua do Espírito Santo.* Alexandre Gonçalves Pinto, bofetada de Luiz Pinto Pereira, *Gazeta de Notícias*, 17/11/1888
. *Um fandanguassu inenarrável.* Club dos Democráticos, *demi-mondaines*, *Diário do Commercio*, 18/12/1888
. *Impressões de viagem ao Rio de Janeiro.* Crônica de Ernest Daudet, tradução de Germano Hasslocher, *Gazeta da Tarde*, 28/12/1888

Samba batucado do Estácio de Sá, de Carlos Didier

. *Foi nomeado chefe de polícia desta cidade o dr. Sampaio Ferraz. Diário de Notícias*, 16/11/1889
. *Dois Meses!*, Editorial, *Diário de Notícias*, 15/01/1890
. *Pedro Oliveira Costa.* Missa de 7°, pai de Vicente Pedro Marçal e Pedro Marçal de Souza, Igreja de Sant'Anna, *Gazeta de Notícias*, 22/01/1890
. *Óbitos.* Pedro Marçal de Souza, 32 anos, solteiro, rua do Hospício, 336, *Jornal do Commercio*, 15/02/1890
. *Com um baile em seu salão.* Primeira Sociedade Dançante Familiar Estrela do Brasil, *Democracia*, 26/07/1890
. *Club dos Democráticos.* Primeira execução da polca *Fandanguaçu*, baile de anteontem, *Jornal do Commercio*, 15/12/1890
. *Correio geral.* Foram nomeados carteiros de 2ª classe, Alexandre Gonçalves Pinto, *Jornal do Commercio*, 25/12/1890
. *The Polka. It Was Invented In 1830. The Morning Call*, San Francisco, 29/07/1891
. *Devoção do Senhor do Bonfim.* Zeladoras por devoção. Hilaria Pereira Ernesto, *Diário de Notícias*, 18/01/1893
. *A Cabeça do Porco.* Soou ontem a hora derradeira para esse escândalo municipal, *Gazeta de Notícias*, 27/01/1893
. *A Cabeça de Porco.* A origem desse nome sui generis perdeu-se na noite escura dos tempos, Crônica de Caliban, *O Paiz*, 29/01/1893
. *A lenda das três pontes*, de Mello Moraes Filho, *Archivo do Districto Federal*, 1894
. *Remeteu-se ao Diretor da Escola Normal de Barra Mansa.* Celuta, filha de Julio Cesar Pegado, *Jornal do Commercio*, 20/05/1896
. *Escola Normal de Barra Mansa.* Convite de comparecimento, Celuta Pegado, exame 23 de maio de 1896, *Jornal do Commercio*, 22/05/1896
. *Niterói.* Casamento civil, cartório do 1° Distrito, proclamas afixados, Francisco Maia Barcellos e D. Henriqueta Maia de Souza, *Gazeta de Notícias*, 03/07/1896
. *Ernesto Pereira Pinto.* Anúncio fúnebre. Compadre de João Baptista da Silva e Hilaria Pereira Ernesto, *Gazeta de Notícias*, 16/07/1897
. *Grupo da Rosa Branca.* Bastante interessante, cantos esquisitos e danças originais, 1a crítica, *Jornal do Brasil*, 13/02/1899
. *Hospital Paula Candido.* A impressão da visita. *O Fluminense*, 04/10/1900
. *Amor desesperado.* Assassinato e suicídio. Eliziario e Clementina Neves, *Jornal do Brasil*, 07/04/1901
. *Reminiscências Histórico Pernambucanas.* Rei do Congo. de Pereira da Costa, *Jornal do Brasil*, 25/08/1901
. *Sociedade Carnavalesca Prazer da Rosa Branca.* Diretoria, vice-presidente, Leopoldino Costa Jumbeba, General Pedra 223, *Jornal do Brasil*, 04/02/1902
. *Nascimentos.* 5ª Pretoria, Armando, filho de Arthur Fernandes Lima e Leonidia Maia, rua do Riachuelo, 29, *Jornal do Brasil*, 24/03/1903
. *Desastre e morte.* Avelino, 12 anos, filho de Vicente Pedro, rua Visconde de Itamaraty, 37, *Gazeta de Notícias*, 01/04/1903
. *Desastre e morte.* Avelino, 12 anos, filho de Vicente Pedro Marçal, rua Visconde de Itamaraty, 37, Marcenaria Brasileira, *O Paiz*, 01/04/1903
. *Morte horrível.* Avelino, filho de Vicente Pedro Marçal, rua Visconde de Itamaraty, 37, operário, *Correio da Manhã*, 01/04/1903

. *Theatro Apollo, hoje. O esfolado.* Esther Bergerat, primeira representação, *Correio da Manhã*, 26/11/1903
. *Recebemos.* As seguintes composições musicais. *O tango da quitandeira*, da revista *O esfolado*, de Francisca Gonzaga, *A Notícia*, 09/03/1904
. *Theatro Recreio Dramático. Cá e Lá...* Revista, 34º número, *Habanera de São Paulo*, estreia da atriz Cinira Polonio, *Correio da Manhã*, 15/03/1904
. *Galeria Theatral.* Cinira Polonio, diseuse, não canta, *Avança*, 04/06/1904
. *Anúncios de meia cara.* Precisa-se de um fio de voz, tratar com a sra. Cinira Polonio, no Recreio Dramático, *Avança*, 01/07/1904
. *Notícias.* Recreio está em festa. Centenário revista *Cá e lá...*, bisados *Abacate, Café de São Paulo* e *Habeas corpus*, de Cinira Polonio, *O Paiz*, 01/07/1904
. *Afoxé.* Crônica de João do Rio, *Gazeta de Notícias*, 02/03/1905
. *SDC Papoula do Japão.* Estandarte Branco e Encarnado, detalhes do desfile, *Gazeta de Notícias*, 27 02 1906
. *Maestro Mesquita.* Morte, ontem. Uma aventura galante, em Paris, fê-lo perder as boas graças do soberano, *O Paiz*, 13/07/1906
. *O Club Bloco dos Trepadores, fundado ultimamente na estação do Engenho de Dentro.* Baile inaugural 12 de janeiro, *Jornal do Brasil*, 18/12/1906
. *Pivetes que prometem.* Prisão a nado. Antonio Faria, o Bulldog, aos 11 anos, *A Notícia*, 26/02/1907
. *Carteira de um peru.* Lulu, popular na zona do agrião, *O Rio Nu*, 16/03/1907
. *Navalhadas.* Antonio Faria, o Bulldog, em Alicio Calixto, pardo, 19 anos, *O Paiz*, 30/04/1908
. *Francisco Alves Cerqueira Bastos.* Missa 30º dia, *Jornal do Brasil*, 04/05/1908
. *A peste vermelha.* Entrevista com Oswaldo Cruz, *Gazeta de Notícias*, 23/05/1908
. *Morto há dias num quarto fechado.* Miguel Emygdio Pestana, tipógrafo, *O Século*, 24/10/1908
. *Falecimentos.* Miguel Emygdio Pestana, *Correio da Manhã*, 26/10/1908
. *Miguel Emygdio Pestana.* Nota fúnebre, assinante Hilario Pereira de Almeida, *Correio da Manhã*, 29/10/1908
. *Precisa-se de um menino, de 16 a 17 anos, para vendedor de doces.* Na rua Visconde de Itaúna, 117, *Jornal do Brasil*, 15/12/1908
. *Tentativa de assassinato à faca.* Antonio Faria, vulgo Bulldog, *Correio da Manhã*, 24/07/1909
. *Morto e mutilado.* Morte de Adhemar, irmão de Celuta Figueira Pegado, *O Paiz*, 20/07/1910
. *Decapitado.* Horrível tragédia. Morte de Adhemar Figueira Pegado, *Correio da Manhã*, 21/07/1910
. *Um morto misterioso.* A história de Adhemar, irmão de Celuta Pegado, *Gazeta de Notícias*, 21/07/1910
. *Obituário.* Benjamin da Silva, *O Fluminense*, 13/11/1910
. *Entre menores.* Uma facada certeira. Estado grave. Deocleciano da Silva Paranhos, ferido à faca, *O Século*, 29/12/1910
. *Bando das Estrelas do Oriente.* Alcebiades e Rubens Barcellos, Niterói, *A Imprensa*, 21/01/1911
. *Batizado de Rubens. A Imprensa*, 30/01/1911

Samba batucado do Estácio de Sá, de Carlos Didier

. *Club dos Cafajestes*. Grêmio Flor do Abricó. Saltitante pianista Sinhô, *Jornal do Brasil*, 03/06/1911
. *S P M Nova Aurora*. Festa de sua excelsa Padroeira. *O Regenerador*, 19/11/1911
. *Sociedade D. C. Flor do Abacate*. Grandioso festival em homenagem ao nosso pianista José Silva, Sinhô, hoje, *Jornal do Brasil*, 13/01/1912
. *Honoria Figueira Pegado*. Morte, esposa de Julio Cesar Pegado, mãe de Celuta, *Jornal do Brasil*, 13/01/1912
. *Proezas do Bulldog*. Antonio Faria atira no pescador Francisco José Antonio Filho, perna direita, *A Notícia*, 02/02/1912
. *Morto por um tiro*. Francisco José Antonio Bicho, tiro de Antonio Faria, o Bulldog, *Jornal do Brasil*, 09/02/1912
. *Artes e artistas*. Theatro S Pedro, *A princesa dos dollars*, opereta, Léo Fall, primeiro cornetim, professor Luiz Alves da Costa, elogios, *O Paiz*, 09/03/1912
. *Programa das escolas primárias de letras do Distrito Federal*. *O Paiz*, 31/03 e 04/04/1912
. *Da plateia*. A noite de hoje, *A princesa dos dollars*, estreia, Cia Leopoldo Fróes, Theatro Apollo, *A Noite*, 14/05/1912
. *Instrução Municipal*. Professoras catedráticas, Celuta Pegado, 5ª escola masculina, 12º distrito, *O Paiz*, 15/06/1912
. *Os ranchos*. Hilario Jovino Ferreira, entrevista a Francisco Guimarães, o Vagalume, *Jornal do Brasil*, 18/01/1913
. *Foi transferida*. Celuta Figueira Pegado, da 5ª escola do 12º distrito para a 4a escola masculina do 5º distrito, *O Paiz*, 27/02/1913
. *O jogo é franco*. Uma roleta em pleno Largo da Carioca. *A Noite*, 02/05/1913
. *Na zona do agrião*. Catumbi, bairro do agrião, outrora célebre por abrigar valentes, desordeiros e assassinos, *Correio da Noite*, 30/07/1913
. *Exames de promoção de classe, realizados no mês próximo passado, na 1ª escola masculina do 5º distrito. 3ª seção, a cargo da professora Dona Isabel Dowsley*. Nilton Bastos, distinção e louvor, *O Paiz*, 09/12/1913
. *Congresso dos Bohemios*. Grande baile em benefício de Sinhô, Irineu de Almeida, Pixinguinha, João Pernambuco etc., *Jornal do Brasil*, 20/12/1913
. *Parque 15 de Novembro*. Retreta, Nova Aurora, valsas e tangos, *O Regenerador*, 13/09/1914
. *6º Distrito Escolar*. Celuta Pegado Cahet, 3a masculina, 6º distrito, rua do Bispo 176, *O Paiz*, 15/09/1914
. *SCDF Kananga do Japão*. Jarra, rua Senador Euzebio, 44, grande baile, ressurgimento, *Jornal do Brasil*, 24/10/1914
. *Carnaval*. Kananga do Japão, forrobodó à fantasia, *Jornal do Brasil*, 16/01/1915
. *Presos, mas de barriga cheia*. Calote no restaurante da rua Visconde de Itaúna, 117, *A Noite*, 25/03/1915
. *CDF Fidalgos da Cidade Nova*. Estreia do maestro Sinhô, hoje, baile, rua de Sant'Anna, 55, *Jornal do Brasil*, 22/05/1915
. *SD Kananga do Japão*. Piquenique, banda de música, terno de corda sob a batuta de Bexiguinha, *Jornal do Brasil*, 10/06/1915
. *Netinhos de Vovó*. Praça Onze de Junho 55, sarau em benefício de Sinhô, Choro Carioca, Pixinguinha, Pernambuco, Donga, *Jornal do Brasil*, 07/09/1915
. *Um soldado de polícia é espancado na zona do agrião*. *A Noite*, 16/09/1915

. *SD Kananga do Japão*. Sinhô e seu bloco, *Jornal do Brasil*, 16/10/1915
. *SD Kananga do Japão*. Pomposo baile em benefício do nosso camarada André Xavier que se acha preso, Choro Carioca, *Jornal do Brasil*, 21/10/1915
. *Na zona da lama*. Queria matar a amante, *A Rua*, 12/12/1915
. *Kananga do Japão*. Benefício de Dona Perciliana Maria Joanna, mãe de Maria Rita, choro de Sinhô, *Jornal do Brasil*, 10/02/1916
. *Quem Fala de Nós Tem Paixão*. Fundação, Rio Comprido, Aristides Lobo, 256, diretoria, *Correio da Manhã*, 27/02/1916
. *Quem Fala de Nós Tem Paixão*. Visita à redação, *O Imparcial*, 07/03/1916
. *E o dinheiro do homem, seu comissário?* Norberto Vieira Marçal, vendedor jornais, furtado no 9º Distrito, *A Noite*, 17/05/1916
. *Canhenho fúnebre*. Carolina Vieira Marçal, Vista Alegre, 24, *A Noite*, 07/08/1916
. *A Festa da Penha*. O terceiro domingo de romaria, sambas, batuques e choros, Tia Ciata e o samba do Chefe da Polícia, *Jornal do Brasil*, 16/10/1916
. *O despeito de um preterido*. Na rua do Catete, um indivíduo navalha uma atriz, Ottilia Amorim, *A Razão*, 02/01/1917
. *Quem Fala de Nós Tem Paixão*. Flauta, cavaquinho, violão, *Gazeta de Notícias*, 02/01/1917
. *Pelo telefone*. Mauro de Almeida e Donga entrevistados por Vagalume, tango samba, distribuído às bandas militares, *Jornal do Brasil*, 08/01/1917
. *Pelo telefone, o sucesso carnavalesco de 1917*. Bandas que tocarão o samba, *Jornal do Brasil*, 18/01/1917
. *Quem Fala de Nós Tem Paixão*. Acha-se esplendidamente instalado na rua do Estácio, 47, *Jornal do Brasil*, 20/01/1917
. *Democraticos. Pelo telefone*, cinco vezes na estante, *Jornal do Brasil*, 21/01/1917
. *Pelo telefone, samba carnavalesco*. Arranjo de Donga, letra de Mauro de Almeida, grande sucesso, *Jornal do Brasil*, 23/01/1917
. *As Sabinas da Kananga*. Diretor geral, maestro J. Silva, Sinhô, *Resposta à inveja*, *Jornal do Brasil*, 14/02/1917
. *Quem Fala de Nós Tem Paixão*. Bailes, rua do Estácio, piano, J. Bulhões, *Jornal do Brasil*, 26/03/1917
. *Registro civil*. Nascimentos. Alcebiades, filho Francisco Maia Barcellos, nascido em 27 de julho de 1903, rua 15 de Novembro, 76, *O Fluminense*, 14/08/1917
. *Hoje, às 14 h, no salão nobre da Associação dos Empregados do Comércio*. Programa. Henrique Vogeler, *O Paiz*, 14/10/1917
. *Quem Fala de Nós Tem Paixão*. Rapaziada batuta que não morre de careta, *O Imparcial*, 06/01/1918
. *A faca*. Oswaldo Caetano Vasques, rua Garibaldi, esquina de Conde Bonfim, duas facadas de Eduardo Tavares, coxa e ventre, *O Imparcial*, 31/01/1918
. *Facada e Fogo*. Oswaldo Caetano Vasques, 17, Eduardo Tavares, Conde de Bonfim, 769, facada no peito, *O Paiz*, 31/01/1918
. *O ajuste de contas*. Oswaldo Caetano Vasques, 17 anos, facada certeira, *Gazeta de Notícias* 31/01/1918
. *A polícia prende vários jogadores*. Norberto Marçal, monte, rua José Maurício, *Correio da Manhã*, 01/05/1918

Samba batucado do Estácio de Sá, de Carlos Didier

. *Um samba que acaba na polícia*. João Avelino da Silva, rua Navarro, 43, Catumbi, *Gazeta de Notícias*, 01/09/1918
. *Prefeitura*. Por ato de ontem do prefeito, concedida jubilação à professora catedrática Celuta Figueira Pegado Cahet, *O Paiz*, 16/10/1918
. *Club dos Democráticos*. *Não tem futuro*, samba de Sinhô, *Correio da Manhã*, 08/02/1919
. *Clube dos Carnavalescos do Andaraí. A gafieira*, charge aos bailes dos clubs de mil réis por cabeça, *Gazeta de Notícias*, 03/03/1919
. *Carlos Gomes. Sinhá*, opereta, de Gaspar da Silva, o J. Praxedes, música de Domingos Roque e Henrique Vogeler, *Correio da Manhã*, 08/03/1919
. *Os sambas deste ano. Confessa, meu bem*, entrevista com Sinhô, *Jornal do Brasil*, 11/03/1919
. *Carlos Gomes. O processo do maxixe*, sátira fantasia, música compilada pelo maestro Henrique Vogeler, anúncio, *O Paiz*, 28/03/1919
. *A rua do Carmo em polvorosa*. Norberto Vieira Marçal, capoeira, *Jornal do Brasil*, 01/04/1919
. *Entre valentes*. Bofetada e facadas, Domingos Monteiro Guimarães vencido por Alcebiades da Rosa Nogueira, *Jornal do Commercio*, 31/05/1919
. *Um desordeiro esfaqueia o outro*. Alcebiades Rosa Nogueira, vulgo Moleque Alcebiades, *A Razão*, 01/06/1919
. *S C Rio de Janeiro*. Comparecimento, sede, rua Morais e Silva, 43, Nilton Bastos, *O Paiz*, 29/06/1919
. *À navalha*. Armando Vieira Marçal, botequim rua da Saúde, 7 e 9, desentendimentos e navalhadas, *A Rua*, 08/11/1919
. *Agrediu o freguês à navalha*. Armando Vieira Marçal, *O Paiz*, 09/11/1919
. *Navalhadas*. Armando Vieira Marçal, 24 anos, rua do Chichorro, 21, *Jornal do Commercio*, 09/11/1919
. *Luta e navalhada*. Armando Vieira Marçal, 18 anos, rua do Chichorro, *O Jornal*, 09/11/1919
. *Caixeiro navalhista*. Armando Vieira Marçal, 24 anos, rua do Chichorro, *Gazeta de Notícias*, 09/11/1919
. *Festa da Penha*. O domingo dos barraqueiros, Sinhô, *Rei dos Sambas*, *Cada um por sua vez*, *Jornal do Brasil*, 10/11/1919
. *Alastra-se a prostituição*. *Correio da Manhã*, 01/03/1920
. *Entre soldados e marinheiros*, *Correio da Manhã*, 24/04/1920
. *Ottilia Amorim*, figura interessantíssima de brasileira, com todos os encantos e dengues, que nos fazem tanto mal ou tanto bem, *Palcos e Telas*, 06/05/1920
. *A polícia vai ficar mais rigorosa para com o pessoal do baixo meretrício*. *Correio da Manhã*, 14/06/1920
. *A polícia em repressão ao meretrício*. *Correio da Manhã*, 24/06/1920
. *O pé de anjo, revista*. Segundo centenário, 251.679 expectadores, anúncio, *O Paiz*, 25/06/1920
. *Ingeriu sublimado*. Perpetua Moraes Alves, 22 anos, casada há 1 mês com Francisco Alves, vulgo Chico Viola, *O Jornal*, 03/07/1920
. *Cecy e o Chico Viola*. Explorada, abandonada e desiludida, *O Paiz*, 04/07/1920
. *A História de Cecy teve uma passagem trágica*. *O Imparcial*, 04 07 1920
. *O infortúnio de Cecy*. *A Razão*, 04/07/1920

. *O romance de uma infeliz*. Cecy e o explorador Chico Viola, *Gazeta de Notícias*, 04/07/1920
. *Para morrer*. Ingeriu sublimado corrosivo. Perpetua Moraes Alves, a Cecy, *O Jornal*, 04/07/1920
. *Por ciúmes*. Tentativa de suicídio de Perpetua Moraes Alves, *Jornal do Brasil*, 04/07/1920
. *Os exploradores de lenocínio*. Um caso revoltante, a triste história de Cecy, *A Razão*, 09/07/1920
. *As piratarias do Chico Viola*. *A Rua*, 12/07/1920
. *O inquérito contra Chico Viola na 2ª delegacia auxiliar*. *A Noite*, 12/07/1920
. *O Chico Viola está em maus lençóis*. 2a Delegacia Auxiliar, *Jornal do Brasil*, 13/07/1920
. *Contra o Chico Viola*. Exploração da esposa, *O Imparcial*, 13/07/1920
. *Na 2a delegacia auxiliar*. Francisco Alves, acusado explorar esposa Perpetua, *Voz do Povo*, 13/07/1920
. *O inquérito contra Chico Viola*. *Correio da Manhã*, 13/07/1920
. *O inquérito contra Chico Viola*. *O Paiz*, 13/07/1920
. *O inquérito contra Chico Viola*. *Correio da Manhã*, 13 07 1920
. *Os exploradores do lenocínio*. Francisco Alves, vulgo Chico Viola, depoimento de Cecy, *A Razão*, 13/07/1920
. *Os exploradores do lenocínio*. O acusado defende-se, Chico Viola, declarações, advogado, *A Razão*, 16/07/1920
. *O romance de uma infeliz*. Ameaçada, Cecy procura 2o delegado auxiliar, *Gazeta de Notícias*, 27/07/1920
. *Um caso grave. A polícia protege um cáften?* Francisco Alves, Perpetua, esposa, *A Razão*, 19/08/1920
. *Acusado de explorar a própria esposa*. Sumário de culpa, Francisco Moraes Alves, o Chico Viola, *Gazeta de Notícias*, 29/08/1920
. *O rei não vem apenas para ver*, Gazeta *de Notícias*, 30/08/1920
. *Quebrou a cabeça do colega*. O chauffeur Francisco Moraes Alves, vulgo Chico Viola, pedaço de ferro, largo da Lapa, *Jornal do Brasil*, 16/09/1920
. *Para o rei não ver*. *A Folha*, 17/09/1920
. *A chegada dos Reis da Bélgica*. *Gazeta de Notícias*, 20/09/1920
. *Pelo decoro da cidade*. O que foi a campanha do 2º delegado auxiliar contra o meretrício, *Correio da Manhã*, 07/10/1920
. *Os foliões em preparativos*. Crônica de Barbadinho, Reinado de Siva, ensaios, Pixinguinha, *O sol*, marcha, *A Noite*, 21/12/1920
. *Teatros da Empresa Paschoal Segretto*. São José, ato variado, *Alivia estes olhos*, samba, por Sinhô e Francisco Alves, *Gazeta de Notícias*, 29/12/1920
. *Agressão à navalha*. Alcebiades da Rosa Nogueira, malandro, açougueiro, *A Razão*, 02/02/1921
. *A vida da cidade*. Crônica de Orestes Barbosa, não assinada, *A Folha*, 26/02/1921
. *Liga Metropolitana de Desportos Terrestres*. Opções, Nilton Bastos, S Paulo Rio F. C., *O Paiz*, 31/03/1921
. *Primeiras, S. José*. Tristíssimo papel que faz em cena um sr. de nome Francisco Alves, Jornal de *Theatro e Sport*, 30/04/1921

Samba batucado do Estácio de Sá, de Carlos Didier

. *Recebeu uma facada e foi para o hospital em estado grave*. Em São Carlos, Nelson Januario Gomes, mulato, 17 anos, *Correio da Manhã*, 16/12/1921
. *Grupo das Sabinas*. Sinhô no Estácio, Embaixada do Fala Baixo, batalha de confete, *Jornal do Brasil*, 22/01/1922
. *Ao público*. Companhia Siderúrgica Belgo-Mineira, aumento de capital, *Jornal do Commercio*, 02/02/1922
. *Os vendedores de cocaína*. *Correio da Manhã*, 05/02/1922.
. *Bruxellas F. C., bloco Nós e Elas*. Sede rua Marquês de Sapucaí, atuação batalhas São Leopoldo e Benedito Hipólito, *O Paiz*, 17/02/1922
. *Resultados de domingo*. Bruxellas 3 x 2 Sparta, *goals* marcados pelo incomparável *forward* Nilton, *O Paiz*, 13/04/1922
. *O João Minhoca*. Uma boa nova, Ottilia Amorim, aulas de canto, tenor Marcondes, *Theatro e Sport*, 01/07/1922
. *Rio à Noite*. Nota de Francisco Guimarães, o Vagalume, mafuás na zona da prostituição, *O Brasil*, 14/07/1922
. *Africanos de Villa Isabel*. Baile do 4º aniversário, *Jornal do Brasil*, 28/09/1922
. *Canhenho fúnebre*. Sepultados ontem, Flausina, filha de Francisco Maia Barcellos, rua do Morro, 37, *A Noite*, 03/11/1922
. *Mais um grande conflito*. *Correio da Manhã*, 19/11/1922
. *Greve numa fábrica*. Bide, grevista de fábrica de calçados, *O Imparcial*, 06/01/1923
. *Parede*. Bide, grevista de fábrica de calçados, *Jornal do Commercio*, 06/01/1923
. *Por causa de festas*. Bide, grevista de fábrica de calçados, *O Paiz*, 06/01/1923
. *O João Minhoca*. Má língua, O tenor, de uma só corda, Francisco Alves, *Theatro e Sport*, 06/01/1923
. *Preso quando vendia cocaína*. *Correio da Manhã*, 07/01/1923
. *Batuque e samba na Exposição Internacional*. Programa completo do espetáculo, *O Imparcial*, 11/01/1923
. *O Batuque e o samba na Exposição Internacional*. Bloco do Bam-bam-bam, a fina flor da malandragem carioca, *A Noite*, 12/01/1923
. *A Zona do Samba*. Baianas do Morro do Araújo, Tia Eliziaria, *Gazeta de Notícias*, 03/02/1923
. *G.D.C. Prazer das Morenas*. Modinhas, Antenor Ferreira, o Garganta de Ouro, e Nicolau Granado, violão, *Jornal do Brasil*, 20/02/1923
. *Cinco tiros e nada*. Alcebiades da Rosa Nogueira perde no jogo para Guilherme Mendes, bofetada, tiros na Lapa, *Gazeta de Notícias*, 03/07/1923
. *O enterro no adro*. Conto de Noel Rosa, A Maçã, 06/10/1923
. *Na zona do Mangue*. Jeny navalhou Isolina, *Correio da Manhã*, 08/10/1923
. *Papoula do Japão*. Banda militar, J. Rezende, *Gazeta de Notícias*, 27/11/1923
. *Juri*. Julgamento, ontem, de Guilherme Mendes, tiros em Alcebiades da Rosa Nogueira, *O Paiz*, 29/11/1923
. *Juri*. Julgamento de Guilherme Mendes; tiros em Alcebiades da Rosa Nogueira, *O Jornal*, 29/11/1923
. *Na zona de Momo*. Soirée dançante de ontem na Legião dos Reservistas, Estácio de Sá, bairro da escola do samba, *A Rua*, 04/12/1923
. *O enterro no adro*. Conto de Noel Rosa, *O Social*, RJ, 03/02/1924
. *Corte de Apelação, 3a Câmara*. Habeas-corpus, Oswaldo Bartholomeu Vasques, Sylvio Fernandes, *Gazeta de Notícias*, 17/04/1924

. *Corte de Apelação, 3a Câmara*. Habeas-corpus em favor de Sylvio Fernandes, Oswaldo Bartholomeu Caetano Vasques, *O Jornal*, 22/05/1924
. *Viva a Penha!* Crônica Chopp Nhauer, "A melhor escola do samba/ É a do Estácio de Sá", D. Quixote, 29/10/1924
. *As nossas modinhas*. As serenatas eram bonitas, e faziam bem à alma, *O Paiz*, 19/12/1924
. *Os reis do choro e do samba*. Entrevista com Pixinguinha, *O Jornal*, 27/01/1925
. *Por um auto-ônibus*. Atropelamento de Edgar, rua Haddock Lobo, *O Imparcial*, 20/05/1925
. *Na rua Haddock Lobo*. Ônibus atropela Edgard M dos Passos, 27 anos, solteiro, rua Esteves, 55, ferimentos no pé esquerdo e perna direita, *O Paiz*, 20/05/1925
. *Colhido por um ônibus*. Edgard Passos, rua Esteves, 55, O Brasil, 20/05/1925
. *Artes e artistas. Theatros. Se a moda pega*, João Caetano, Ottilia Amorim, mais roliça e mais trêfega, *O Paiz*, 02/07/1925
. *Georgina pôs o Reinado de Siva em polvorosa*. A Noite, 02/11/1925
. *Por ciúmes*. No Reinado de Siva, Georgina briga com Dolores, *O Paiz*, 02/11/1925
. *Festa da Penha*. As prisões, Rubens Barcellos, Heitor dos Prazeres, Aída Souto, Emilia Baptista, Ottilia Nascimento Pereira, *Jornal do Brasil*, 10/11/1925
. *Artes e artistas. Theatros*. Ottilia Amorim, perfil, viva, inteligente, travessa, sabendo dizer e sabendo movimentar-se, *O Paiz*, 11/12/1925
. *Prazer do Estácio*. A escola do samba já está quase de todo decadente, *Correio da Manhã*, 14/01/1926
. *Prazer das Morenas de Bangu*. Grande baile, Benedicto Lacerda, *Jornal do Brasil*, 09/02/1926
. *Sports. Football*. Um aviso do Olaria, diretor pede comparecimento, Nilton Bastos, *O Paiz*, 06/03/1926
. *Alto-falante*. Rádio é o jornal de quem não sabe ler, de Roquette Pinto, *Electron*, 16/03/1926
. *Ciúmes*. Uma cadeira no ar, Maria Dolores Meira tem amante, a outra, não, *A Noite*, 14/04/1926
. *Agrediu a companheira*. Dolores Meira e Philomena Maria de Jesus, rua Júlio do Carmo, 267, *O Paiz*, 15/04/1926
. *Assaltos noturnos*. Benedicto Lacerda e amigos prendem os ladrões, *O Paiz*, 14/05/1926
. *Os assaltos na zona do 9. Distrito*. Benedicto Lacerda, rua São Roberto, 4, casa IV, músico da Escola Militar, *Correio da Manhã*, 14/05/1926
. *Ladrões audaciosos*. Benedicto Lacerda, rua São Roberto, 4, casa IV, músico da Escola Militar, *Gazeta de Notícias*, 14/05/1926
. *Assaltando à mão armada*. Benedicto Lacerda e amigos prendem os ladrões, *O Jornal*, 14/05/1926
. *Mais dois chauffeurs assaltados*. Benedicto Lacerda, músico da Escola Militar, *Voz do Chauffeur*, 17/05/1926
. *Para um soco, uma navalhada*. Na Pinto de Azevedo, Oswaldo Caetano Vasques, Baiaco, e Sidney Ferreira das Neves, *Correio da Manhã*, 08/06/1926

Samba batucado do Estácio de Sá, de Carlos Didier

. *Alvejou o amante e tentou suicidar-se.* Caso Mamede e Maria das Dores, *A Noite*, 10/06/1926
. *Amores de marujo acabaram numa violenta cena de sangue.* *Correio da Manhã*, 11/06/1926
. *Os dramas do baixo meretrício.* Caso Mamede e Maria das Dores, *O Imparcial*, 11/06/1926
. *Fere o amante e tenta suicidar-se.* Caso Mamede e Maria das Dores, *O Paiz*, 11/06/1926
. *Uma tragédia na zona do Mangue.* Caso Mamede e Maria das Dores, *Gazeta de Notícias*, 11/06/1926
. *Por ter deixado o amor velho pelo novo.* Caso Mamede e Maria das Dores, *A Manhã*, 11 06 1926
. *Seis anos de suplício.* Caso Mamede e Maria das Dores, *O Brasil*, 11/06/1926
. *Os amores do marujo.* Faleceu no Pronto Socorro o marinheiro Libanio, *Correio da Manhã*, 22/06/1926
. *Uma sova em regra.* *Correio da Manhã*, 06/08/1926
. *Mais uma vez conflagrou se a zona da arrelia.* *Correio da Manhã*, 01/09/1926
. *Desastre de automóvel.* Elsa Vasques ferida, *A Noite*, 11/10/1926
. *Violento choque de veículos.* Elsa Vasques, *Jornal do Commercio*, 11/10/1926
. *Um encontro de autos na rua São Cristóvão.* Elsa Vasques, rua Visconde de Duprat, *A Manhã*, 12/10/1926
. *Sempre os autos oficiais.* Elsa Vasques, *Correio da Manhã*, 12/10/1926
. *Um auto oficial ocasiona um grande desastre.* Elsa Vasques, *Jornal do Brasil*, 12/10/1926
. *No Reinado de Siva.* Um chofer assassinado. Meretrício barato, fina flor da malandragem, *Voz do Chauffeur*, 15/11/1926
. *J. B. da Silva, o Sinhô. Ora vejam só*, gravado em disco, editado pela Carlos Wehrs, *O Paiz*, 29/11/1926
. *Música. Ora vejam só*, *O Paiz*, 02/12/1926
. *Através de um mundo à parte.* De Alfred Marc, *A Manhã*, 14, 28 e 29/12/1926, 02, 09 e 30/01, 06, 13 e 27/02, 06, 13, 20 e 27/03, 10 e 24/04, 01 e 22/05/1927
. *Que vergonha.* *Correio da Manhã*, 07/01/1927
. *Cantou e morreu!* Um trabalhador mata outro, certeira facada no coração, *A Manhã*, 14/01/1927
. *Crônica de um vagabundo.* *Gazeta de Notícias*, 22/01/1927
. *Crônica de um vagabundo.* *Gazeta de Notícias*, 23/01/1927
. *Me deixa viver.* De Rubens Barcellos, *Correio da Manhã*, 23/01/1927
. *Os novos sambas para o carnaval. Me deixa viver*, letra e música de Rubens Barcellos, *Correio da Manhã*, 23/01/1927
. *Africanos de Villa Isabel.* Conjunto, nomes e instrumentos, *Jornal do Brasil*, 06/02/1927
. *Disputando o amor de um homem.* Lutam duas mulheres, Manoel Joaquim Corrêa, *Gazeta de Notícias*, 05/03/1927
. *Limpando a zona.* Jogo da chapinha, *bas fond* do Mangue, prisão, 9° Distrito, Ismael da Silva, *O Imparcial*, 26/04/1927
. *O crime desta madrugada.* Desgraçada quando era ainda uma criança, *A Noite*, 10/05/1927

Negra semente, fina flor da malandragem

. *O bárbaro crime da madrugada de hoje*. *A Manhã*, 10/05/1927
. *Madrugada sangrenta*. Depois de explorar a própria esposa, matou-a, juntamente com o amante, a punhaladas, *Gazeta de Notícias*, 11/05/1927
. *O bárbaro crime da rua da Lapa*. *A Manhã*, 11/05/1927
. *Revive, em sangue, a malfadada Lapa*. *O Jornal*, 11/05/1927
. *Ciúmes de alcance*. Retalhou à navalha o corpo da amante, caso Oswaldo Moreira e Benedicta de Jesus, *A Manhã*, 28/05/1927
. *A família agradece*. Morte de Rubens Barcellos, *A Noite* 18/06/1927
. *Francisco Maia Barcellos, sua esposa e filhos, convidam*. Missa de 7o dia, *A Noite*, 22/06/1927
. *Missa fúnebre para Rubens Maia Barcellos*. *A Manhã*, 23/06/1927
. *Embebeu as vestes em álcool e ateou-lhes fogo em seguida*. *Correio da Manhã*, 05/07/1927
. *Furtou em Mendes e veio vender na zona do Mangue*. *Correio da Manhã*, 17/07/1927
. *Theatro Recreio. O Bagé. A favela vai abaixo*, quadro, esquetes de Luiz Peixoto e Marques Porto, *Correio da Manhã*, 04/08/1927
. *Zona em polvorosa*. *Correio da Manhã*, 14/12/1927
. *O padre... era mulher*. *Correio da Manhã*, 22/12/1927
. *Discos Odeon. Carnaval de 1928. A malandragem*, de Francisco Alves, *O Paiz*, 15/01/1928
. *Discos Odeon. Carnaval de 1928. A malandragem*, de Francisco Alves, *Correio da Manhã*, 15/01/1928
. *Discos Odeon. Carnaval de 1928. A malandragem*, de Francisco Alves, *O Paiz*, 15/01/1928
. *Mistérios da mandinga*. O príncipe dos alufás, Henrique Assumano Mina do Brasil, de Francisco Guimarães, o Vagalume, *Crítica*, 18/01/1928
. *Música*. Casa Vieira Machado, *A malandragem*, de Bide e de Francisco Alves, 2$000, *Correio da Manhã*, 22/01/1928
. *O Rio vai ter uma grande fábrica de artigos fonográficos*. Visita do vice-presidente da Brunswick, *O Jornal*, 22/01/1928
. *Achou excessiva a despesa e agrediu o garçom*. *Correio da Manhã*, 27/01/1928
. *Músicas novas. Chora, meu bem*, de Benedicto Lacerda e Nilton Bastos, *Correio da Manhã*, 03/02/1928
. *Concurso de sambas*. Embaixada do Estácio, vencedora, dia 22, sr. José Spinelli, rua Francisco Meyer, Engenho de Dentro, *O Imparcial*, 04/02/1928
. *Musicolândia. Chora, meu bem*, de Benedicto Lacerda e Nilton Bastos, *O Imparcial*, 05/02/1928
. *Estrela D'Alva*. No Firmamento, festa para a Embaixada do Estácio, vencedora do concurso de José Spinelli, no Engenho Dentro, *A Noite*, 09/02/1928
. *Chora meu bem*. Música de Benedicto Lacerda, letra de Nilton Bastos, *A Esquerda*, 10/02/1928
. *Estrela D'Alva*. A homenagem à embaixada do Estácio. Baiaco canta *Quem me deixar não quero mais*, letra, novo samba de Edgard, *A Manhã*, 14/02/1928
. *A polícia contra o amor*. Como eram as antigas serenatas, de Orestes Barbosa, sem assinar, *A Manhã*, 03/04/1928
. *Papoula do Japão*. Grande baile. Reaparece hoje no salão do ex-Reinado de Siva, *Jornal do Brasil*, 31/05/1928

Samba batucado do Estácio de Sá, de Carlos Didier

. *Sem fio*. Radio Sociedade, música ligeira, jazz band dirigida por José Nunes Ribeiro, *Malandragem*, samba, *A Noite*, 21/06/1928

. *Sem fio*. Radio Sociedade, *Não me faz carinho*, samba, com Lourival Montenegro e Rogério Guimarães, *A Noite*, 30/06/1928

. *Primeiras de Eu quero é nota!. Não é isso que eu procuro*, com Francisco Alves e Celia Zenatti, *A Manhã*, 06/07/1928

. *Não é isso que eu procuro...* Revista, *Samba de verdade*, de Brancura, *A Manhã*, *Correio da Manhã*, *Gazeta de Notícias*, 20/07/1928

. *Não é isso que eu procuro... Samba de verdade*, de Brancura, *A Noite*, 21/07/1928

. *Não é isso que eu procuro... Samba de verdade*, com Ottilia Amorim e Francisco Alves, trisado todas as noites, *O Imparcial*, 28/07/1928

. *Não é isso que eu procuro...* Otília Amorim dança com Francisco Alves o *Samba de verdade*, eletrizando a plateia, *A Noite*, 06/08/1928

. *A coisa começou no salão da Estrela D'Alva e acabou na rua*. Alcebiades da Rosa Nogueira, tiro na Estrela Dalva, *Correio da Manhã*, 16/11/1928

. *Clubs e Dancings*. Sinhô, descuidista dos sambas, *A Manhã*, 05/12/1928

. *Festas*. Noite de Arte Brasileira, Tijuca Tênis Club, programa, Jacy Pio Pereira, *O Jornal*, 28/12/1928

. *Novos sambas. Para que não apareçam novos donos... Toma jeito* e *Se tu sambas é porque queres*, de Nilton Bastos, letras, *A Manhã*, 25/01/1929

. *Lá no Estácio*. Samba, de M. Pacheco & Cruz, *Crítica*, 09/02/1929

. *A festa do Amazonas*. Senhora Celeste Wolf, acompanhada por Jacy Pio Pereira, *A Noite*, 29/04/1929

. *A festa de hoje em homenagem à Miss Amazonas*. Canções brasileiras, senhora Celeste Wolf, *Jornal do Brasil*, 30/04/1929

. *Baleado por seu inimigo*. Alcebiades da Rosa Nogueira, baleado por Tinguá, *Gazeta de Notícias*, 21/06/1929

. *Baleado há dias por seu inimigo*. Alcebiades da Rosa Nogueira, morte, *Gazeta de Notícias*, 03/ 07/1929

. *Hospital para cães*. Crônica de João da Avenida, pseudônimo de Olegario Marianno, *Correio da Manhã*, 09/07/1929

. *Radiotelefonia*. Rádio Sociedade, Gastão Formenti, canto, Henrique Vogeler, piano, Romeu Ghipsmann, violino, Tuper, violão, *O Paiz*, 15/07/1929

. *França Junior é um nome injustamente esquecido*. Crônica de Prudente de Moraes, neto, o Pedro Dantas, *A Província*, 16/08/1929

. *Brunswick*. Discos nacionais. Lançamento da gravadora, anúncio, *Correio da Manhã*, 27/11/1929

. *Surpreendendo a amante em colóquio amistoso*. Elsa Vasques, Congo atira em Coutinho, *Diário da Noite*, 17/01/1930

. *Uma bala furou o chapéu*. Abilio Nicolao Congo atira em Juvenal O. Coutinho, em disputa por Elsa Vasques, *A Batalha*, 18/01/1930

. *Agrediu a ex-namorada...* Juvenal Oliveira contra Elsa Vasques, faca nas costas, *O Jornal*, 21/12/1930

. *Amostra a mão*, samba carnavalesco, de Sinhô. Partitura, trecho, *Correio da Manhã*, 02/02/1930

. *Deixa Falar*. Bloco carnavalesco, *Novo amor*, *A malandragem*, *O destino Deus é quem dá*, *Amor de malandro*, *Crítica*, 04/02/1930

. *Radiotelefonia*. Radio Educadora, Glauco Vianna, Noel Rosa, violões, *Jornal do Commercio*, 17/02/1930
. *Bando Regional*. Noel Rosa, lord Papai Noel, *A Noite*, 18/02/1930
. *Bando Regional*. Chefia do consagrado violonista e compositor Noel Rosa, *Correio da Manhã*, 19/02/1930
. *Concurso de sambas Monroe*. Teatro República, Francisco Alves, organizador, *Diário da Noite*, 20/02/1930
. *Gente do samba*. Reportagem de Carlos Cavalcanti, *Crítica*, 23/02/1930
. *Brunswick*. Propaganda, por Klixto, *Correio da Manhã*, 23/02/1930
. *Concurso de sambas Monroe*. Resultado final, *Diário da Noite*, 24/02/1930
. *Batalha de confete e pancadaria*. O bloco dos malandros, *A Noite*, 24/02/1930
. *Ferido à bala por um desconhecido*. Oswaldo Caetano Vasques, conflito, esquina de Maia Lacerda e Estacio, *O Jornal*, 02/03/1930
. *Baleou o malandro que o esbofeteou*. Oswaldo Caetano Vasques, *Diário Carioca*, 02/03/1930
. *Com um tiro no joelho esquerdo*. Oswaldo Caetano Vasques, esquina de Estácio e Maia Lacerda, *Jornal do Brasil*, 02/03/1930
. *Músicas e discos*. Coluna de Tom Réo, *O dinheiro faz tudo*, samba, de Nilton Bastos, letra, crítica, *O Malho,* 08/03/1930
. *Irradiações*. Rádio Sociedade, Gente do Morro, escalação, *Diário Carioca*, 09/03/1930
. *Sem fio*. Radio Sociedade, Gente do Morro, escalação, *Correio da Manhã*, 23/03/1930
. *Música popular e operetas*. *Dá Nele* e *No Sarguero*, com Ildefonso Norat e Gente do Morro, Brunswick 10.049, crítica, *O Paiz*, 30/03/1930
. *Cuando llora la milonga*. Crônica de Paulo Varzea, *O Cruzeiro*, 05/04/1930
. *Uma grande transação comercial nos Estados Unidos*. Venda da Brunswick para Warner, *Correio da Manhã*, 10/04/1930
. *Exonerou-se das funções de organizador de programas da Rádio Sociedade*. Corbiniano Villaça, *Radiocultura*, 15/04/1930
. *Henrique Vogeler*. Fotografia, legenda, ocupa eminente lugar na fábrica Brunswick, *Correio da Manhã*, 20/04/1930
. *Músicas*. Dois novos sambas, *Deixo saudades*, de Bide, *Crítica*, 16/05/1930
. *Por conta do à toa*. Crônica de um vagabundo, de Paulo Varzea, *O Cruzeiro*, 31/05/1930
. *A sensibilidade nacional através a voz de Yolanda Osorio*. Entrevista da cantora, *Diário da Noite*, 10/06/1930
. *A Cidade do Samba e do Amor...* Reportagem de Carlos Cavalcanti, não assinada, *A Notícia*, 12, 13, 14, 15 e 16/08/1930
. *A Noite do Samba na Feira de Amostras de 1930*. Orphandade, de Canario, Concurso de conjuntos, Gente do Morro, *Correio da Manhã*, 04/09/1930
. *Discos e Fonógrafos*. *Chorei*, Yolanda Osório e Gente do Morro, *O Jornal*, 14/09/1930
. *O concurso de música regional*. Qual a melhor intérprete? Apuração final, Carmen Faria, 7 votos, Noel Rosa, 899, *Diário Carioca*, 17/09/1930

Samba batucado do Estácio de Sá, de Carlos Didier

. *Os progressos do A Noite F. C.* Entrevista com Norberto Vieira Marçal, diretor esportivo, *A Noite*, 19/09/1930
. *Grupo Gente do Morro*. Fotografia, *Phono Arte*, 30/09/1930
. *O samba do Estácio*. Crônica de Carlos Cavalcanti, *Correio da Manhã*, 04/01/1931
. *Basketball*. Torneio de cordialidade, time Com que Roupa?, *Diário de Notícias*, 09/01/1931
. *A Tuna Mambembe será homenageada*. Bloco Com Que Roupa, *Diário de Notícias*, 15/01/1931
. *No Catete tem governo e samba também*. Crônica de Carlos Cavalcanti, *Correio da Manhã*, 18/01/1931
. *Theatro Recreio. Deixa essa mulher chorar*, quadro com *Com que roupa?*, *Diário de Notícias*, 24 01 1931
. *Theatro República. Com que roupa?*, revista, com Companhia Mulata Brasileira, *Diário de Notícias*, 24 01 1931
. *Choro Nós Somos do Amor*. Lord Com Que Roupa, *Diário de Notícias*, 27/01/1931
. *Lá em cima*. Crônica de Carlos Cavalcanti, *Correio da Manhã*, 01/02/1931
. *Bloco carnavalesco Deixa Falar*. *A Esquerda*, 10/02/1931
. *Vaca Malhada*. Foliões do Mercado Novo. Bulldog e sua gente do travesti, *Jornal do Brasil*, 17/02/1931
. *A musa popular carnavalesca*. As verdadeiras músicas do carnaval que passou. *Com que roupa?*, *Nem é bom falar*, *Se você jurar*, *Deixa essa mulher chorar*, *Diário da Noite*, 19/02/1931
. *Gente do Morro*, *Diário de Notícias*, 03/03/1931
. *Deixa Falar*. A sua organização como rancho. *Jornal do Brasil*, 24/03/1931
. *À Praça*. Em 27/07/1931, Manoel Joaquim Corrêa compra botequim de Alfredo Augusto de Souza, rua Estácio de Sá, 14, *Jornal do Commercio*, 29/07/1931
. *Nilton Bastos*. Agradecimento. Francisco Alves, custeio dos funerais, *Jornal do Brasil*, 11/09/1931
. *O grande almoço de confraternização dos jornalistas*. Valioso concurso da orquestra-choro Gente do Morro, *A Noite*, 22/09/1931
. *Bloco Deixa Falar*. Comissão de carnaval, *Jornal do Brasil*, 09/12/1931
. *Deixa Falar*. Na assembleia geral, em 11 de dezembro, aclamado presidente de honra do Deixa Falar, Antonio Faria, *Jornal do Brasil*, 22/12/1931
. *O Natal e a poesia dos morros*. Crônica de Carlos Cavalcanti, *Correio da Manhã*, 25/12/1931
. *Pelas costas e de surpresa*. A morte de mano Edgard, *Jornal do Brasil*, 25/12/1931
. *Assassinou a tiros o desafeto*. A morte de mano Edgard, *O Jornal*, 25/12/1931
. *Matou o parceiro à bala*. A morte de mano Edgard, *Correio da Manhã*, 25/12/1931
. *Por questões de jogo*. A morte de mano Edgard, *Diário Carioca*, 25/12/1931
. *Desfechou certeiro tiro no parceiro*. A morte de mano Edgard, *O Globo*, 26/12/1931
. *As Mariposas de Ramos*. Nova sede, rua André Pinto, 209, casa de Norberto Vieira Marçal, presidente de honra, *Jornal do Brasil*, 23/01/1932
. *O luxuoso cortejo da Deixa Falar*. *Diário Carioca*, 02/02/1932
. *Rancho Deixa Falar*. *Jornal do Brasil*, 02/02/1932
. *O Dia dos Ranchos*. O julgamento, *Jornal do Brasil*, 11/02/1932
. *O Dia dos Ranchos*. O balancete do Deixa Falar. *Jornal do Brasil*, 16/02/1932

. *Após uma rusga jogou-se do sobrado ao solo.* Guiomar Oliveira Mello, amante de Oswaldo Vasques, desinteligências, *Diário de Notícias,* 19/07/1932
. *O samba morreu no Estácio...* Crônica de Carlos Cavalcanti, *O Radical,* 25/12/1932
. *A festa do encerramento das aulas no Ginásio Luso Americano.* Lucio Rangel, canções, Aluisio Araujo ao piano, *Diário Carioca,* 31/12/1932
. *Bloco Escola de Samba Recreio Ramos.* Letra de *Agora é cinza, A Noite,* 04/01/1933
. *A origem dos ranchos.* Hilário Jovino Ferreira, entrevista a Francisco Guimarães, o Vagalume, *Diário Carioca,* 28/01/1933
. *Escolas de Samba.* Recreio de Ramos, *Jornal do Brasil,* 04/02/1933
. *Sem fio.* Radio Phillips, Programa Casé, Conjunto Regional de Benedicto Lacerda, *Correio da Manhã,* 05/03/1933
. *Avante, Estácio!* Fundação do União do Estácio, *Diário Carioca,* 17/03/1933
. *Os autores dos sambas dos outros...* Entrevista com Paulo da Portela, *Mulher, tu és orgulhosa, Diário Carioca,* 22/03/1933
. *Clubes e Festas.* Ouvindo os bacharéis do samba. Alcebiades Barcellos e Juvenal Lopes, União do Estácio, recém-fundado, *Diário Carioca,* 23/03/1933
. *Clubes e Festas.* União do Estácio de Sá., convocação, *Diário Carioca,* 29/03/1933
. *Clubes e Festas.* União do Estácio. Aviso, sede provisória, rua do Estácio, 16, secretário, Julio dos Santos, *Diário Carioca,* 28/04/1933
. *Ainda o litígio terras no morro de São Carlos.* Comissão, Nelson Januario Gomes, *Diário da Noite,* 06/06/1933
. *Largou ontem o Comandante Capella.* Rio-Porto Alegre, Jacy Pio Pereira a bordo, *O Radical,* 08/06/1933
. *Rádio.* Coluna de Orestes Barbosa, campanha pela Orquestra Típica do Samba, *A Hora,* 07/07/1933
. *Às voltas com a justiça.* Sylvio Fernandes e Margarida Rocha, exploração da menor Paulina, *Diário da Noite,* 12/08/1933
. *Microfone Coluna.* De Sylvio da Fonseca, O que não se ouve dos microfones, Orquestra Típica do Samba, formação, *O Radical,* 15/08/1933
. *Microfone Coluna.* De Sylvio da Fonseca. Fala Mozart Araujo, idealizador da Orquestra Típica do Samba, *O Radical,* 17/08/1933
. *Microfone Coluna.* De Sylvio da Fonseca. Pixinguinha vai dirigir a Típica de Mario Reis, *O Radical,* 19/08/1933
. *Rádio.* Coluna de Sylvio da Fonseca, repertório da Orquestra Típica do Samba, *Ainda me lembro* [recordo], *Vem cá* [*Vem cá, não vou*], *Urubatan* e *Pierrot e Colombina*; "Mario Reis mais nervoso do que nunca ouviu as seguintes palavras do ministro da fazenda [Oswaldo Aranha]: - *Só posso ter palavras de elogio para o que acabo de ver e ouvir...*", *A Hora,* 02/09/1933
. *Microfone Coluna.* De Sylvio da Fonseca. Orquestra Típica do Samba, "melhor chamá-la de típica brasileira", *O Radical,* 13/09/1933
. *Música.* Jacy Pereira, de Ciro Pio Pereira, *A Nação,* 17/09/1933
. *Feira Internacional de Amostras.* Orquestra Típica Brasileira, concerto no Auditorium *Jornal do Brasil,* 25/10/1933
. *Rádio Mayrink Veiga.* Mario Reis e Orquestra Típica Brasileira, dirigida por Pixinguinha, *O Paiz,* 12/11/1933

Samba batucado do Estácio de Sá, de Carlos Didier

. *Rádio Mayrink Veiga*. Mario Reis e a Orquestra Típica Brasileira, dirigida por Pixinguinha, O Radical, 17/11/1933
. *BCF União do Estácio*. Sede, rua Haddock Lobo, 142, diretoria, *Jornal do Brasil*, 02/12/1933
. *União do Estácio de Sá*. Nelson Pinto de Souza, revisor de contas, Ismael, conselho fiscal, *Diário Carioca*, 09/12/1933
. *União do Estácio de Sá*. Festa inaugural, 16/12, sede, antigo Eden Club, *Diário Carioca*, 12/12/1933
. *União do Estácio de Sá*. Ruidoso sucesso festa inaugural, sede Haddock Lobo, *Diário Carioca*, 20 12 1933
. *União do Estácio de Sá*. Batismo do pavilhão alvirrubro, em 7 de janeiro, paraninfos casal Silvio Caldas, *Diário Carioca*, 24/12/1933
. *União do Estácio de Sá*. Festa para Bide e Ismael, Silvio Caldas, paraninfo, *Diário Carioca*, 03/01/1934
. *União do Estácio de Sá*. Diretoria, vice-presidente, Eduardo Spazafumo, *A Batalha*, 03/01/1934
. *União do Estácio de Sá*. Batismo pavilhão alvirrubro, angu à baiana, homenagem a Bide e Ismael, *Diário Carioca*, 03/01/1934
. *União do Estácio de Sá*. A festa de domingo, batismo do pavilhão alvirrubro, *O Paiz*, 05/01/1934
. *União do Estácio*. Ismael Silva no conselho fiscal, *Jornal do Brasil*, 07/01/1934
. *União do Estácio de Sá*. Adiado o batismo para 21 de janeiro, *Diário Carioca*, 07/01/1934
. *Bloco Carnavalesco União do Estácio*. Macarronada com molho de camarão, 21 de janeiro, *A Nação*, 08/01/1934
. *Música para o reinado de Momo*. Sute bateria, Oswaldo Vasques, *A Noite*, 08/01/1934
. *Sute-bateria*. Regência, Simon Bountmann, percussão, Oswaldo Vasques, *O Jornal*, 09/01/1934
. *Dominado pelo ódio*. Agrediu o adversário à navalha, ferindo-o mortalmente, *Diário de Notícias*, 10/01/1934
. *Encontrou-se com o antagonista e desferiu-lhe profunda navalhada no pescoço*. *O Jornal*, 10/01/1934
. *Vingando uma bofetada*. João Pereira da Silva, baile em 26 de outubro de 1932, Haddock Lobo, 142, *Diário da Noite*, 10/01/1934
. *Nelson Pinto de Souza*. União do Estácio, folião desde que o Deixa Falar era escola, *Diário Carioca*, 12/01/1934
. *União do Estácio de Sá*. Renúncia do presidente, dívida de 5 contos, dissolução da diretoria, aclamação de junta governativa, Eduardo Spazafumo, novo presidente, *Diário Carioca*, 13/01/1934
. *União do Estácio de Sá*. O baile de hoje, Julio dos Santos, presidente, *Diário Carioca*, 04/03/1934
. *Cinco tiros! Mas o alvejado escapou ileso*. Ismael Silva atira em Eduardo Spazafumo, *O Paiz*, 01/04/1934
. *Que sorte!* Cinco tiros que não acertam o alvo, Ismael Silva atira em Eduardo Spazafumo, *Jornal do Brasil*, 01/04/1934

. *Vais morrer!* Detalhes da cena, motivo do crime, Ismael Silva atira em Eduardo Spazafumo, *Diário de Notícias*, 01/04/1934
. *Bem que o Mossoró avisou.* O roubo do Café do Compadre, *A Noite*, 13/04/1934
. *Café do Compadre.* Os meliantes assaltaram o estabelecimento, *O Globo*, 13/04/1934
. *Mataram o vigia para roubar algumas garrafas de bebidas.* O roubo do Café do Compadre, *Diário da Noite*, 13/04/1934
. *Realiza-se hoje a Festa Chocolatina.* Benedicto Lacerda e seu conjunto Gente do Morro, *Correio da Manhã*, 12/07/1934
.*Pum!* O Brancura ficou ferido e ainda perdeu a carta de valente, duelo com Moacyr Baptista Pessoa, na Benedito Hipólito, *Jornal do Brasil*, 18/08/1934
. *O julgamento de hoje no Tribunal do Júri.* Julgamento de Mulatinho, morte de mano Edgard, *O Globo* 30/08/1934
. *Júri.* Condenação de Mulatinho a 6 anos, morte de mano Edgard, *Jornal do Brasil*, 31/08/1934
. *Promovia desordem no Mangue.* Moacyr Baptista Pessoa, Margarida Rocha, *Jornal do Brasil*, 25/10/1934
. *A alma e o destino de Noel Rosa. Jornal de Rádio*, 01/01/1935.
. *A cuíca, a morena e o samba.* João Mina, o inventor da cuíca, *A Nação*, 11/01/1935
. *São tantas as músicas, este ano, que os compositores procuram superar-se a si próprios.* Entrevista de Ismael Silva, *A Nação*, 20/01/1935
. *S. Ex., o Cidadão Momo, fala.* Entrevista de Paulo da Portela, *A Manhã*, 18/10/1935
. *Os ensaios nas escolas de samba. Samba da Bahia*, letra, de Álvaro Soares, Maciste Carioca, *A Manhã*, 08/11/1935
. *O compositor Ismael Silva concede a A Manhã uma expressiva entrevista. A Manhã*, 13/11/1935
. *Ismael Silva, o autor de Choro, sim, vai realizar sua festa artística. Diário Carioca* 13/11/1935
. *Ninguém foge ao seu destino.* Entrevista de Noel Rosa a Jorge Faraj e Jota Efegê, *Diário Carioca*, 04/01/1936.
. *A cuíca civilizou-se.* João Mina, adaptação da cuíca, *A Nação*, 06/01/1936
. *Rádio. Departamento de Propaganda.* Rádio Philips, do terreiro da Mangueira, *Pérolas para o teu colar*, de Cartola e Maciste, *Diário Carioca*, 29/01/1936
. *A Escola de Samba!...* Crônica de Carlos Cavalcanti, *A Nação*, 22/02/1936
. *Tribunal do Júri.* Condenação de Ismael Silva por tentativa de homicídio, *Jornal do Commercio*, 22/08/1936
. *Não conseguiu ferir o desafeto.* Condenação de Ismael Silva por tentativa de homicídio, *O Jornal*, 22/08/1936
. *Júri.* Condenação de Ismael Silva por tentativa de homicídio, *Jornal do Brasil*, 22/08/1936
. *Letras e Artes.* Encontra-se no Rio, em gozo de férias, o sr. Mario de Andrade, *Diário de Notícias*, 24/01/1937
. *São somente malfeitores.* Brancura preso na Detenção, negado *habeas corpus*, *A Noite*, 17/02/1937
. *O fim triste de um samba bonito.* Noel Rosa, *A Noite*, 11/05/1937

Samba batucado do Estácio de Sá, de Carlos Didier

. *Rádio*. Coluna de F. G., Ismael Silva na prisão, sem que companheiros se movimentem por sua liberdade, *A Nação*, 29/07/1937
. *Os funerais do Meia Noite*. Brancura entre do malandro, *Diário da Noite*, 02/09/1937
. *Futuros monumentos*. Retirada da Laguna no lugar da Escola Benjamin Constant, *A Noite*, 13/10/1937
. *Tráfego mais fácil Zonas Norte e Suburbana*. A demolição da Escola Benjamin Constant, *Diário Carioca*, 05/01/1938
. *O samba agora é no céu*. Marília Baptista. *Você não morre tão cedo*, *O Radical*, 16/03/1938
. *Primeiro aniversário da morte de Noel Rosa*. Marilia Baptista, Rádio Tupi, programa, hoje, *O Jornal*, 04/05/1938
. *Grandes reformas na Rádio Tupi*. Homenagem a Noel Rosa, Marilia Baptista, 2 sambas inéditos, *O Jornal*, 10/05/1938
. *O brando gesto da princesa...* Carlos Cavalcanti descobre o pintor Heitor dos Prazeres, *Diário da Noite*, 13/05/1938
. *Ficaram órfãs as cuícas do Rio*. Morte de Marcellino de Oliveira, *A Noite* 23/05/1938
. *A morte do rei da cuíca*. Marcellino de Oliveira, rua do Rezende, 62, *A Noite*, 25/05/1938
. *Música popular*. Crônica de Mario de Andrade, Estado de São Paulo, 15/01/1939
. *Ismael Silva veterano do samba*. Entrevista para Arlindo Meira, *Carioca*, edição 222, 1940
. *Voltou o compositor absoluto*. *O Radical*, 02/02/1940
. *Trancafiados durante o reinado de Momo*. Detenção de malandros, Sylvio Fernandes, 31 entradas, sendo 8 na Correção, *A Noite*, 17/02/1941
. *Vim ao Brasil para aprender*. Desembarque de Orson Welles, *A Noite*, 09/02/1942
. *Ismael Silva*. De Anibal Machado, *Diretrizes*, 11/06/1942
. *À praça*. José da Silva Magacho compra estabelecimento de João Hermógenes Britto, rua Frederico 37, *Jornal do Commercio*, 01/09/1945
. *Morreu repentinamente o autor de Primeiro amor*. *A Noite*, 20/06/1947
. *Morreu o compositor Armando Marçal*. *O Jornal*, 21/06/1947
. *Morte súbita*. Diário de Notícias, 21/06/1947
. *Orson Welles, o louco*. De Raimundo Magalhães Jr, *Revista da Semana*, 27/12/1947
. *Mais uma vez surgem os túneis como solução única de problemas cariocas*. Diário Carioca, 20/01/1950
. *Heitor dos Prazeres. A pintura começa aos 40*. Crônica de Rubem Braga, *Manchete* 31/01/1953
. *O sapateiro Bide já gravou 400 músicas*. Crônica de Paulo Medeiros, *Última Hora*, 22/08/1953
. *Gente da cidade*. Perfil biográfico de Lucio Rangel, por Rubem Braga, *Manchete*, 19/12/1953
. *Cidade*. De Rubem Braga, "As lágrimas que eu choro sem cessar/ São pérolas para o teu colar", de Cartola, *Correio da Manhã*, 01/01/1954
. *Música popular*. Ismael, de Lúcio Rangel, *Manchete*, 20/03/1954
. *Mano Heitor e seus Sambas*. De Paulo Medeiros, *Manchete*, 17/04/1954
. *Quarenta anos*, de Lucio Rangel, *Manchete*, junho de 1954

. *O Samba Nasce do Coração*. Estreia, hoje, anúncio, *A Noite* 21/06/1955
. *Rádio, Discos, TV*. Coluna de Edel Ney, *O samba na voz do sambista*, SLP 1055, com Ismael Silva, *Gazeta de Notícias*, 10/03/1956
. *Música popular*. Coluna de Ary Vasconcellos, a conta corrente de Chico Alves e Ismael Silva, 26/01/1931, *O Cruzeiro*, 25/05/1957
. *O samba não nasceu no morro*. Getúlio Marinho, entrevista, *Correio da Manhã*, 13/02/1958
. *Discos*. Coluna de Lúcio Rangel, Benedito Lacerda, Boêmios Brasileiros, *Jornal do Commercio*, 17/02/1958
. *No domingo de carnaval, Benedito Lacerda morreu*. *Diário da Noite*, 19/02/1958
. *Faleceu Benedito Lacerda, em pleno reinado de Momo*. *Correio da Manhã*, 20/02/1958
. *Perdeu a Velha Guarda um de seus maiores expoente*. *O Jornal*, 20/02/1958
. *Benedito Lacerda, sambas e marchas em sua homenagem...*, *Jornal do Brasil*, 20/02/1958
. *Música Popular. Alcebiades Barcelos (1902)*. Coluna de Ary Vasconcellos, *O Jornal*, 22/06/1958
. *Música Popular. Ismael Silva (1905)*. Coluna de Ary Vasconcellos, *O Jornal*, 15/01 e 18/03/1959
. *Eleito Cidadão Samba o compositor Ismael Silva*. *Jornal do Brasil*, 05/02/1960
. *Planos são iguais*. Antônio Raposo de Almeida, diretor urbanismo Sursan, Catumbi-Laranjeiras, 30 de novembro, perfuração, *Jornal do Brasil*, 22/05/1960
. *Memórias do Homem Sizudo*. De Guima, *Correio da Manhã*, 11/09/1960.
. *Memórias do Homem Sisudo*. De Guima, *Correio da Manhã*, 30/10/1960
. *Mário de Andrade e o samba carioca*. Crônica de Lúcio Rangel, *Correio do Povo* 25/02/1961
. *A idade de ouro da revista carioca*. Crônica de Salvyano Cavalcanti de Paiva, *Correio da Manhã*, 17/03/1962
. *Amanhã, inauguração, obras Catumbi*. Anúncio, *Correio da Manhã*, 28/07/1963
. *Gente moça*. Movimento Solidarista Universitário da PUC, coordenador geral, Raul Nin Ferreira, coordenador externo, José Antônio Nonato, *O Jornal*, 17/05/1964
. *Zunzunzum, de G. C., Les copains*. No Bar Lagoa, o par constante José Antonio Nonato e Joyce Raschle, *Jornal do Brasil*, 14/06/1964
. *UME reclama demissão de Suplici*. José Antônio Nonato pede demissão do ministro da Educação, Suplici de Lacerda, *Diário de Notícias*, 03/01/1965
. *Uma vedete do passado*. Crônica de Brício de Abreu, *A Cigarra*, fevereiro 1965
. *Samba pede passagem*. Estreia hoje, com Aracy de Almeida, Ismael Silva etc., *Jornal do Brasil*, 12/11/1965
. *Ismael Silva dá testemunho sobre música popular no Museu da Imagem e do Som*. *Jornal do Brasil*, 30/09/1966
. *Ismael vendeu carinho até por 100 mil réis*. *Correio da Manhã*, 30/09/1966
. *Música*. A gravação para a posteridade do sambista Ismael Silva...,*Tribuna da Imprensa*, 01/10/1966
. *Os inventores do samba*. Donga, aquele que gravou o primeiro samba, crônica de Muniz Sodré, *Manchete*, 01/10/1966
. *Heitor dos Prazeres criou a primeira escola de samba*. Crônica de Muniz Sodré, *Manchete*, 08/10/1966

Samba batucado do Estácio de Sá, de Carlos Didier

. *A turma.* José Antonio Nonato, orador, críticas ao governo do marechal Castelo Branco, formatura Faculdade de Direito da PUC, *Jornal do Brasil*, 17/12/1966
. *Ismael Silva, parceiro de Francisco Alves.* Crônica de César Cruz, *Luta Democrática*, 12/03/1967
. *Corbiniano Villaça.* Crônica de Andrade Muricy, *Jornal do Commercio*, 19/07/1967
. *Lili, neta de Assiata, foi criada na casa de sua avó, dentro do samba.* Crônica de Jota Efegê, entrevista com Licinia da Costa Jumbeba, *O Jornal*, 03/09/1967
. *O Rio antigo será logo Cidade Nova.* Ismael Silva lembra serenatas do Catumbi, *Correio da Manhã*, 13/12/1967
. *Museu dá Golfinhos de Ouro. Diário de Notícias*, 21/01/1968
. *Golfinho e Estácio. Correio da Manhã*, 21/01/1968
. *Praça Onze de Junho, palco dos carnavais.* Crônica de Francisco Duarte, *Jornal do Brasil*, 24/02/1968
. *O samba, o poeta, o trabalho.* Crônica de Pedro Dantas, pseudônimo de Prudente de Moraes, neto, *Diário de Notícias*, 16/07/1969
. *Ismael Silva, o sambista que pretendeu ser meirinho.* Crônica de Jota Efegê, *O Jornal*, 27/07/1969
. *Samba e lantejoulas.* Crônica de José Antonio Nonato, *Correio da Manhã*, 06/01/1970
. *Deixa Falar. Primeiro recado do samba.* Crônica de Juarez Barroso, *Correio da Manhã*, 08/02/1970
. *Ismael, um temperamento.* Crônica de José Antonio Nonato, *Correio da Manhã*, 31/05/1971
. *A memória viva do Rio.* João da Bahiana, entrevista, José Ramos Tinhorão, *Veja*, 28/07/1971
. *Mario Reis. Agora quero cantar.* Reportagem de Lucio e Maria Lucia Rangel, *Manchete*, 04/09/1971
. *Profissão malandro.* Crônica de Lucio Rangel, em *Samba, jazz e outras notas*, novembro de 1971
. *Coluna Cinco.* Estrela Dalva, Dalva de Oliveira, Carmem Costa, Abel Ferreira, direção José Antônio Nonato, Tereza Rachel, *Correio da Manhã*, 11/12/1971
. *No Rio, colação de grau.* Texto de Orivaldo Perin e José de la Peña Neto, *Jornal do Brasil*, 14/02/1972
. *Chico Buarque de Hollanda, influência de Ismael Silva.* Show violonista Paulo José, *Diário do Paraná*, 27/02/1973
. *O carnaval está morrendo.* Ricardo Cravo Albin, Carmem Costa, José Paulo e Ismael Silva, *Diário da Tarde*, 01/03/1973
. *O carnaval está em coma.* Entrevista de Ismael Silva, *Diário do Paraná*, 01/03/1973
. *Ismael Silva. O samba da fase heroica sobe ao palco...*, de Júlio Hungria, um depoimento de Chico Buarque, *Jornal do Brasil*, 18/04/1973
. *Ismael Silva na idade do samba.* Gravação do elepê *Se você jurar, Jornal do Brasil*, 16/07/1973
. *Juvenal, a história viva do samba*, de Beatriz Santacruz, *A Notícia*, 28 07 1973
. *Vai ficar a saudade do café com leite.* Entrevista com Antonio Moreira da Silva, *Diário de Notícias*, 20/01/1974
. *Coisa maluca, o Estácio é o berço do samba.* Entrevista com Tancredo Silva, *Diário de Notícias*, 20/01/1974

. *Do Estácio só ficará recordação*. Entrevista com Juvenal Lopes, *Diário de Notícias*, 20/01/1974
. *Ismael Silva. Outra aula do professor de samba*. Entrevista para Maria Lúcia Rangel, *Jornal do Brasil*, 02/04/1974
. *Que reis são eles?* Entrevistas com Ismael Silva, Cartola e Mano Décio, *Veja*, 12/02/1975
. *O discreto adeus do sambista*. Crônica de Juarez Barroso, Depoimento de Alcebiades Barcellos, *Jornal do Brasil*, 25/03/1975
. *Adivinhem quem não vai ao desfile!* Ismael Silva, o fundador das escolas, de Tim Lopes, *Jornal do Brasil*, 21/01/1978
. *Enfarte mata Ismael Silva*. O Fluminense, 15/03/1978
. *Ismael Silva, autor de Se você jurar, morre de enfarte aos 72 anos*. *Jornal do Brasil*, 15/03/1978
. *Sem as escolas que nasceram de uma ideia sua, Ismael Silva é sepultado*. *Jornal do Brasil*, 16/03/1978
. *Foi-se o último bamba*. *Luta Democrática*, 16/03/1978
. *Ismael é sepultado com relíquia da Luz Divina*. *O Fluminense*, 16/03/1978
. *Pouca gente no último adeus a Ismael Silva*. *Tribuna da Imprensa*, 16/03/1978
. *Carnaval primeiro grito*. *Vida e morte do Deixa Falar, o bloco que deixou escola*, de Francisco Duarte, *Jornal do Brasil*, 12/02/1979
. *Como se ganhava o desfile nos anos 30*. *Vida e morte da Vizinha Faladeira*, de Francisco Duarte, *Jornal do Brasil*, 25/02/1979
. *Ismael Silva desconhecido*. Reportagem de Francisco Duarte, *Jornal do Brasil*, 14/03/1979
. *Marçal por Marçal*. *Uma antologia do samba carioca*, de Lena Frias, *Jornal do Brasil*, 27/03/1979
. *Um toque*, de Caôla Didier, crônica sobre a pulsação rítmica característica do Estácio de Sá, *O Catacumba*, novembro e dezembro de 1984.
. *Um Noel nada rosa*. Resenha de Millôr Fernandes, *Jornal do Brasil*, 11/12/1990
. *São Ismael 80 anos*, de Hermínio Bello de Carvalho, de 1985, *Blog Limonada Samba Dub*, 07/11/2011

Obras de referência
. *Casa Edison e seu tempo*, de Humberto Moraes Franceschi, Sarapuí, 2002
. *Cyclopaedic dictionary of music*, A, de Ralph Dunstan, J. Curwen & Sons, 1919
. *Diccionario crítico etimológico*, de Joan Coromines, Editorial Gredos, 1984
. *Diccionário da língua portugueza*, do padre Rafael Bluteau, reformado e acrescentado por Antonio de Moraes Silva, Oficina de Simão Thaddeo Ferreira, Lisboa, 1789
. *Dictionnaire de la langue française*, par E. Littré, Librairie Hachette, 1883-1889
. *Dicionário Cravo Albin da Música Popular Brasileira*
. *Dicionário de termos e expressões*, de Henrique Autran Dourado, Editora 34, 2004
. *Dicionário Literário Brasileiro*, de Raimundo de Meneses, Edição Saraiva, 1969
. *Dicionário Musical*, de Ernesto Vieira, Lambertini, Lisboa, 1899
. *Dicionário Musical Brasileiro*, de Mario de Andrade, Editora Itatiaia, 1999

Samba batucado do Estácio de Sá, de Carlos Didier

. *Dictionary of music*, de Hugo Riemann, Augener, Londres, sem data
. *Dictionary of Music and Musicians*, A, de George Grove, Macmillan, 1900
. *Discografia Brasileira de 78 rotações: 1902-1964*, de Alcino Santos, Grácio Barbalho, Jairo Severiano e Miguel Ângelo de Azevedo (Nirez), Funarte, 1982
. *Enciclopédia brasileira da diáspora africana*, de Nei Lopes, 4ª ed., Selo Negro, 2011
. *Enciclopédia da Música Brasileira: erudita, folclórica e popular*, São Paulo, Art Editora, 1977
. *Nova numeração dos prédios da cidade do Rio de Janeiro*, de J. Cruvello Cavalcanti, Typographia da *Gazeta de Notícias*, 1878; edição fac-similada, Prefeitura do Rio de Janeiro, 1975-1979

SITES
. Discografia Brasileira de 78 rpm (Fundação Joaquim Nabuco)
. Discos do Brasil
. Editora Irmãos Vitale
. Editora Mangione
. Instituto Memória Musical Brasileira (IMMuB)
. Supremo Tribunal Federal
. UBC – União Brasileira de Compositores

ACERVOS
. Arquivo Geral da Cidade do Rio de Janeiro
. Arquivo Nacional
. Ary Vasconcellos
. Biblioteca Brasiliana Mindlin
. Biblioteca Nacional
. Casa do Choro
. Casa Edison
. Chiquinha Gonzaga
. Discografia Brasileira (IMS)
. Ernesto Nazareth, 150 anos
. Family Search
. Fernando Paiva
. Francisco Duarte
. Gallica
. Gilberto Inácio Gonçalves
. Humberto de Moraes Franceschi
. Instituto do Piano Brasileiro
. José Ramos Tinhorão
. León Barg
. Museu Histórico Nacional
. Museu da Imagem e do Som
. Museu da República
. Paulo Mathias
. Rádio Educadora FM, da Bahia
. TV Cultura, de São Paulo

ÍNDICES

Samba batucado do Estácio de Sá, de Carlos Didier

ÍNDICE DE ASSUNTOS POR CAPÍTULO

- *A bicharada*, 22
- *Adeus*, 28, 29
- *Afoxé*, 17, 26
- *Agora é cinza*, 32
- *Ainda me recordo*, 30
- Alcebiades Rosa Nogueira, malandro da estia do Estácio, 19
- Alcebiades Barcellos, o Bide, 20, 21, 24, 31
- Alexandre Gonçalves Pinto, 15
- *Ali Babá*, 14, 15
- *A favela vai abaixo*, 18
- *A malandragem*, 21
- Ameno Resedá, 22
- *Amor bandoleiro*, 29
- *Amor de malandro*, 23
- Amores do Mangue, 6
- *Amostra a mão*, 25
- *A nega sumiu*, 29
- Angelo Squassafichi, 26
- *Antes não te conhecesse*, 28
- *Antonico*, 32
- Antonio Cardoso Martins, o Russo do Pandeiro, 32
- Antonio Faria, o Bulldog da Praia, 30
- *A polícia já foi lá em casa*, 9
- *A razão dá-se a quem tem*, 29
- Armando Fernandes Lima, o Doca, 24
- Armando Vieira Marçal, 23, 32
- *Arrependido*, 28
- *Assim é que...*, 27
- Aurelio Gomes, 24
- Baianos no Rio de Janeiro, 12
- Bailes cariocas, 15, 16
- Baile de máscaras, 26
- Bar Apollo, 11, 19, 24
- Batucada, 17, 21
- *Batuque na cozinha*, 18
- Benedicto Lacerda, 20, 21, 24, 25, 27, 32
- Bloco do Bam-bam-bam, 18
- Blocos carnavalescos, 26
- Brunswick do Brasil, 25
- Bucy Moreira, 28
- Café do Compadre, 11, 19
- *Café Ideal*, 18
- Campo dos Cajueiros, 17
- Canções seresteiras, 20
- *Caninha do Ó*, 18
- *Cantiga de festa*, 18
- Capoeiragem, 15, 19
- Carlos Alberto Nobrega da Cunha, professor, 18
- Carlos Cavalcanti, 24
- Carnaval, 26
- Catumbi, 11, 20, 22
- Celuta Figueira Pegado Cahet, 22
- *Chegou o general da banda*, refrão de batucada, 21
- *Chora*, 25
- *Chora, meu bem*, 25
- *Chorei*, 25
- Choro, 15
- *Choro, sim*, 30
- *Choro e poesia*, 20
- Cidade Nova, 16
- *Coisa louca*, 32
- *Como acabou o meu amor*, 29
- *Com que roupa?*, 25, 29
- Concurso de samba de Zé Espinguela, 26
- Congresso das Sumidades Carnavalescas, 26
- *Constituições Primeiras do Arcebispado da Bahia*, 12
- *Contraste*, 32
- *Coração volúvel*, 10
- Corbiniano Villaça, 25
- Cordões, 26
- Cucumbi, 26

Samba batucado do Estácio de Sá, de Carlos Didier

. *Cumprindo a promessa*, 29
. *Dá nele*, 25
. *Deixa essa mulher chorar*, 10
. Deixa Falar, o bloco, 26
. Deixa Falar, o rancho, 30
. *Deixo saudades*, 24, 29
. Deocleciano da Silva Paranhos, o Canuto, 25, 29, 30
. *Descascando o pessoal*, 18
. *Disca, minha nega*, 25
. Diva Lopes do Nascimento, 31
. Edgard Marcellino dos Passos, 23, 30
. Entrudo, 26
. Ernani Fernandes Lima, o Ernani do Estácio, 24
. Ernest Louis Marie Daudet, 19
. *Escola de malandro*, 29
. Escola de samba, 26
. *Esquecer e perdoar*, 29
. Estácio de Sá, o bairro, 11, 19, 26
. *Estou vingado* 23
. Estrela D'Alva, 19
. *Eu agora fiquei mal*, 29
. *Eu ando sofrendo*, 20
. *Eu vou comprar*, 30
. *Eu vou pra Vila*, 29
. Flor do Abacate, 22, 30
. Francelino Ferreira Godinho, 24
. Francisco Alves, 9, 24, 25, 27
. *Fui louco*, 31
. Gente do Morro, 24, 25, 29
. Getulio Marinho da Silva, 17
. *Gosto, mas não é muito*, 29
. *Gosto que me enrosco*, 18
. Gravações híbridas de sambas batucados, 24
. Habanera, 14
. Heitor dos Prazeres, o Lino do Estácio, 18, 31
. Henrique Alves de Mesquita, 13
. Henrique Vogeler, 25
. Hilario Jovino Ferreira, 26
. *Iaiá, não me bole no coqueiro, não*, refrão de batucada, 21
. *Imã*, 15
. *Ingratidão*, 25
. *Ironia*, 28
. *Isaura*, 25
. Ismael Silva, 21, 22, 23, 25, 27, 28, 30, 31, 32
. *Isto é bom*, 14
. *Isto não se faz*, 25
. Jean Baptiste Debret, 26
. João da Bahiana, 17
. Joaquim Antonio da Silva Callado, 15
. Joaquim Antonio da Silva Callado Junior, 15
. Joaquim Manoel da Câmara, 15
. José Antonio Nonato Duque Estrada de Barros, 28, 32
. José Barbosa da Silva, o Sinhô, 17, 18
. Julio dos Santos, o Julinho, 24
. *Landum, dança folclórica brasileira*, recolhida por Martius & Spix, 14
. *Liberdade*, 28
. *Linguagem do coração*, 15
. *Louca*, 28
. Lucio Rangel, 31
. Lundu, 14
. *Lundu*, crônica em versos, 17
. *Lundu do pescador*, 14
. *Macumba*, 18
. *Macumba de Iansã*, 18
. *Macumba de Oxóssi*, 18
. Malandragem, 7, 8, 19, 20
. Manoel Joaquim Corrêa, 10, 11, 19
. Marcha-rancho, 22
. Mario de Andrade, 31, 32
. Marlene Martins de Jesus, 31, 32
. Maxixe, 15, 16
. *Me deixa sossegado*, 28
. *Me deixa viver*, 20
. *Me faz carinhos*, 23
. Meia Noite, 10
. Miguel Emygdio Pestana, 17
. Mulher de malandro, 31
. *Mulher de malandro*, 31
. *Mulher, tu és orgulhosa*, 10
. *Mulher venenosa*, 10

- Música negra no Rio de Janeiro, 12
- *Na Bahia, tem*, 12
- *Não deixo nem levo saudade*, 31
- *Não é isso que eu procuro*, 23
- *Não há*, 27
- *Nego bamba*, 30
- *Nem é bom falar*, 27
- Nilton Bastos, 24, 27, 28
- Noel Rosa, 25, 28, 29
- Norberto Vieira Marçal, 23
- *No Sarguero*, 25
- *Novo amor*, 23
- *Nunca perdemos*, 21
- *Ó abre alas*, 22
- *O destino Deus é quem dá*, 27
- *O dinheiro faz tudo*, 27
- *Oleleô*, 27
- Oliveira da Cuíca, 28
- *Ontem ao luar*, 20
- *O que será de mim?*, 28
- *Ora vejam só*, 18
- *Orfandade*, 25
- Orquestra Típica do Samba, 30
- *Os beijos de frade*, 13
- *Os teus olhos cativam*, 16
- Oswaldo Caetano Vasques, o Baiaco, 24, 27, 31
- Oswaldo dos Santos Lisboa, 26
- Ottilia Amorim, 9
- *Palhaço*, 10, 28
- Papoula do Japão, 26
- *Para me livrar do mal*, 29
- Paulo da Portela, 10
- *Peçam bis*, 32
- *Pelo telefone*, 16, 18
- Perpetua Jacy Guerra, a Cecy, 24
- *Pierrô e Colombina*, 30
- Polca, 15
- *Ponto de Inhassan*, 18
- *Ponto de Ogum*, 18
- Praça Onze, 17
- Prazer do Estácio, 19
- *Preto de alma branca*, 29
- Primeiro terceto do Estácio, 20, 24
- Prostituição em Porto Alegre, 5
- Prostituição na Argentina, 3, 4
- Prostituição na Europa, 3
- Prostituição no Rio de Janeiro, 1, 2, 5
- Prudente de Moraes, neto, 31
- Pulsação do samba baiano, 9, 12
- Pulsação do samba batucado, 18, 27
- *Quem eu deixar não quero mais*, 23
- Quem Fala de Nós Tem Paixão, 22
- Rancho, 17, 22, 26
- *Rasga o coração*, 20
- Regional de Benedicto Lacerda, 32
- Reinado de Siva, 19
- *Remissão dos pecados*, 14
- *Ri pra não chorar*, 28
- Rubens Maia Barcellos, 20
- Samba baiano no Rio de Janeiro, 12
- Samba batucado, 23, 25
- Samba carioca, 18
- *Samba de verdade*, 9
- *Samba em casa de baiana*, 18
- *Samba raiado*, 28
- *São Paulo*, 18
- *Sedutor*, 18
- *Sei que é covardia*, 32
- Serenata, 20
- *Se você jurar*, 27
- Sociedades dançantes familiares, as SDFs, 15, 17
- *Sofri*, 32
- *Sonhei*, 28
- *Sonho*, 27
- *Só pra contrariar*, 29
- Sylvio Fernandes Lima, o Brancura, 8, 10
- *Talento e formosura*, 20
- *Tango brasileiro*, 14
- *Tango da quitandeira*, 18
- *Tem aguinha*, 29
- Tia Ciata, 17
- Tiberio dos Santos, o Tibelo, 24

Samba batucado do Estácio de Sá, de Carlos Didier

. *Toma jeito*, 27
. Trio Ismael Silva, Nilton Bastos e
   Francisco Alves, 25
. *Tristezas não pagam dívidas*, 22
. *Trunfo às avessas*, 16
. *Tudo que você diz*, 31
. Ubiratan da Silva, 24
. *Uma jura que eu fiz*, 29
. União do Estácio, 30
. *Urubatan*, 30
. *Urubu malandro*, 18
. *Vejo amanhecer*, 29
. *Vem cá, mulata*, 18
. *Vem cá, não vou*, 30

. Vicente Pedro Marçal, 23
. *Vida alegre*, 31
. Vila Isabel, 29
. Visita do Rei Alberto, 1
. *Você não morre tão cedo*, 31
. *Vou fazer tua vontade*, 30
. *Yara*, 20
. *Yayá do Bomfim*, 23
. Zé pereira, 26
. Zona do Mangue, 1, 2, 6, 20

ÍNDICE DE NOMES POR CAPÍTULO

Abbadie Faria Rosa, 30
Abdon Lyra, 20
Abelardo Alarico dos Reis, 23
Abel Cardoso Júnior, 27, 28
Abel Ferreira, 32
Abilio Mello Fontes, 11
Abilio Nicolau Congo, 31
Abner Chatachvili, 6
Adelaide Labottière, 15
Adelino Antonio da Silva, o Lorde Fica Firme, 19
Adelmar Adour, o Cobrinha, 25
Adelmar Tavares, 20
Adherbal de Assis, 22
Adhemar Figueira Pegado, 22
Adolf Terschak, 15
Adolpho da Silva, 23
Affonso Celso de Assis Figueiredo, visconde de Ouro Preto, 19
Affonso de Carvalho, 9
Affonso Lanza, 26
Affonso Martinez Grau, 9
Afonso Alves do Amaral, 32
Afrânio Antônio da Costa, 32
Afrânio Peixoto, 29
Agnaldo Tinguá, 19
Agostinho Carmo, 11
Aída Baptista de Jesus, 31
Aída Souto, 20
Aída Vasconcellos, 18
Albano Catton, 19
Albenzio Perrone, 29
Alberico de Souza, o Bequinho, 20, 25
Alberto Botelho, 9
Alberto Queriquim, 10
Alberto Ribeiro, 32
Albino Gomes Rocha, 17
Alcebiades Maia Barcellos, o Bide, 7, 10. 11, 19, 20, 21, 23, 24, 25, 26, 27, 28, 29, 30, 31, 32
Alcebiades Rosa Nogueira, 19, 20, 21
Alcides Gerardi, 32
Alcino Santos, 23
Alda Garrido, 23
Alexandre de Mello Moraes, 12, 17
Alexandre de Mello Moraes Filho, 11, 12, 15, 17, 19, 26

Alexandre Dias, 18
Alexandre Dumas, 28
Alexandre Ferreira Bastos, 15
Alexandre Gonçalves Pinto, 15, 18
Alexandrino, 19
Alfred Marc, 3, 4, 5, 6
Alfredinho do Recreio das Flores, 17
Alfredo Albuquerque, 17
Alfredo Augusto de Souza, 11
Alfredo da Rocha Vianna, o Pixinguinha, 17, 18, 19, 30, 32
Alfredo da Rocha Vianna, o pai, 17
Alfredo Francisco Soares, o Camisa Preta, 19, 20, 22
Alfredo Gonçalves Pinto, 15
Alfredo Pinto Filho, 23
Alfredo Raymundo Richard, 17
Alice Rosa da Silva, 20, 21
Alicio Calixto, 30
Alphonse Daudet, 19
Altamiro Carrilho, 20, 24, 27
Althair Bastos, 27
Aluisio da Silva Araujo, 31
Aluísio de Vasconcellos Didier, 32
Aluisio Moreira Didier, 32
Alvaro de Miranda Ribeiro, 25
Alvaro José Fernandes, o Bilu, 19
Alvaro Moreyra, 9, 31
Alvaro Paes Leme de Abreu, 30
Alvaro Sandim, 17
Alvaro Soares, o Maciste, 10
Aluizio Azevedo, 14, 20
Amaro dos Santos, 31
Amélia, irmã de Dolores, 31
Amélia Cardoso, 15
Amélia Silvana de Araujo, 29
Americo Silva, 26
Anacleto de Medeiros, 17, 20
Ana Rosa da Conceição, 19
Anatole, 4
Andrade Muricy, 25
André de Fouquières, 3
André Xavier, 10
Anésio da Frota Aguiar, 10
Angela de Almeida, 32
Angela Delphina da Costa, 32
Angelina Keller Delavechia, 30

Samba batucado do Estácio de Sá, de Carlos Didier

Angelo Squassafichi, 26
Angenor de Oliveira, o Cartola, 10, 26, 29, 31, 32
Aniceto de Menezes e Silva Júnior, 28
Anilza Leoni, 32
Anna Casaloni Barboglio, 13
Anna de Albuquerque Mello, 25
Anna Roza de São Francisco, 13
Anna Slezak, 15
Anne Charton-Demeur, 13
Annibal Monteiro Machado, 31, 32
Antenor Costa, 30
Antenor de Oliveira, 22
Antenor do Pendura Saia, 18
Antenor Ferreira, o Garganta de Ouro, 21
Antenor Santíssimo de Araujo, o Gargalhada, 29, 31
Antonino, do Gente do Morro, 32
Antonio, pandeiro do Gente do Morro, 32
Antonio Alves de Mesquita, 13
Antonio Bastos, 9
Antonio Cardoso Martins, o Russo do Pandeiro, 11, 25, 32
Antônio Conceição, 18
Antônio Conceição, guitarrista português, 32
Antônio da Silva de Oliveira, 11
Antônio de Brito, 32
Antônio de Campos, 17
Antonio de Cerqueira, filho, 15
Antonio dos Santos, 31
Antonio Faria, o Bulldog, 30, 31
Antonio Frederico de Castro Alves, 16, 22
Antonio Gomes, o Milonguita, 29
Antonio Gomes Ferreira, 12
Antonio Gomes Freire de Andrade, o Conde de Bobadella, 12
Antonio Gonçalves Dias, 22
Antonio Ildefonso Gomes, 12
Antonio José da Silva, capoeira, 15
Antonio José da Silva, o Mulatinho, 30
Antonio José de Mello, 15
Antonio Martins de Araujo, 29
Antonio Mendes D'Almeida, 11
Antonio Moreira da Silva, 8, 20, 23, 30, 31
Antonio Nássara, 10, 17, 25, 29, 30
Antonio Queiroz, 18
Antônio Raposo de Almeida, 32

Antonio Ribeiro, 11
Antonio Sorrentino, 19
Antonio Vicente da Costa, 13
Anton Joseph Reicha, 13, 14
Apolinário da Costa Gonçalves, 17
Aracy Cortes, 9, 29
Aracy de Almeida, 29, 32
Aracy Malhadinha, 30
Archimedes de Oliveira, 18
Aramita Conceição, 18
Arethusa, 18
Ariano Suassuna, 29
Aristeu, 20, 22
Aristotelina Corrêa Maciel, 21
Arlindo Meira, 27, 28
Arlindo Soriano Pupe, 31
Armando Costa, 32
Armando Fernandes Lima, o Doca, 8, 24, 27
Armando Fonseca Leite, 30
Armando Ramos, 22
Armando Vianna, 30
Armando Vidal, 2, 24
Armando Vieira Marçal, 20, 23, 31, 32
Armênio Mesquita Veiga, 31
Armindo Rangel, 31
Arnaud, do Gente do Morro, 32
Arnô Canegal, 30
Arthur Amorim, o Andarahy, 10
Arthur Azevedo, 9, 14, 15, 16
Arthur Bernardes, 21
Arthur Coelho da Silva, 18
Arthur Costa, 25, 31
Arthur Costa, o Sabiá, 25
Arthur de Meira Lima, 10, 23, 28
Artur de Souza Nascimento, 17
Arthur Fernandes Lima, 8
Arthur Friedenreich, 20
Arthur Maia de Araujo, o Lorde Reinado Thebas, 19
Arthur Morris Jones, 14, 26
Arthur Napoleão, 14, 15
Arthur Ramos, 12
Arthur Trombone, 19
Ary Barroso, 25, 27, 32
Ary de Azevedo Franco, 32
Ary Vasconcellos, 17, 21, 22, 23, 28, 32
Ascendino Lisboa, 27
Ascendino Machado
A. Silva Tavares, 19
Assis Valente, 32

Astolpho Marcellino dos Passos, 30
Atalá Vasconcellos, 18
Ataulfo Alves, 31, 32
Attila Silva Neves, 10
Auguste Maquet, 28
Augusto Calheiros, 27
Augusto Francisco do Nascimento, 31
Augusto Marzagão, 32
Augustus Earle, 26
Aureliano Restier Gonçalves, 11
Aurelio dos Santos, 30
Aurelio Gomes, 24, 30, 31, 32
Aurora Miranda, 31
Avelino Collaço, 31
Avelino de Castro, 23
Avelino do Catumbi. 23
Avelino Pedro de Alcantara, 26
Avelino Rezende, 23
Avelino Vieira Marçal, 23
Ayrde Martins Costa, 29
Baden Powell, 32
Bahiano, cantor, 14, 18
Bahiano, do Gente do Morro, 32
Bamboxê Obitikô, 17
Baptiste Louis Garnier, 19
Barão de Drummond, 29
Barão de La Vayssière, 5
Barbadinho, 19
Barbosa Idalino, 11
Barros, 18
Bartholomeu Caetano Vasques, 31
Baziza Cavaquinho, 15
Belisario Tavora, 18
Bellarmino de Souza, 21
Belo Brun, 3, 6
Benedicta de Jesus, 8
Benedicto, 19
Benedicto Dantas, 15
Benedicto Dias, 17
Benedicto Lacerda, 11, 20, 21, 23, 24, 25, 26, 27, 29, 30, 31, 32
Benedicto Trindade, 30
Benicio Barbosa, 20, 27
Benigno, 17
Benjamim, chefe de Russo, 32
Benjamin Baptista Cruz, 22
Benjamin Costallat, 9
Benjamin da Silva, 22
Benzinho, babalaô, 17, 26
Betinho, 17
B. Gouvêa, 18

Bicho Novo, 32
Bismarque, 17
Boaventura dos Santos, o Ventura, 31
Bonfiglio de Oliveira, 17, 25, 30
Bonifacio Paim, 30
Brandão Sobrinho, 25
Breno Ferreira, 29
Bricio de Abreu, 9
Bucy Moreira, 8, 10, 17, 20, 21, 23, 24, 25, 26, 27, 28, 29, 30, 31
Bueno Machado, 10
Bulhões, 19
Cabeça de Bagre, 30
Cadeado, 30
Calixto Cordeiro, o KLixto 18, 25
Camisa do Paraíso, 20
Canário, 18
Cândida Maria, 2
Candido das Neves, o Índio, 19, 28
Cândido Motta Filho, 32
Candido Pereira da Silva, o Candinho Trombone,17, 30
Caneta, 26
Cantalice, 19
Cantildo Araujo Prazeres, 22, 30
Canuto da Silva Paranhos, 25
Capão, 20, 22
Capenga, 19
Cara Cortada, 20, 22
Cardoso de Menezes, 9
Carioca, 23
Carl Friedrich Philipp von Martius, 12, 13, 14, 15
Carlos Alberto Ferreira Braga, o João de Barro, 25, 29, 32
Carlos Alberto Nobrega da Cunha, 18
Carlos Araujo, 10
Carlos Baptista de Castro Junior, 23
Carlos Bittencourt, 9
Carlos Cardoso Pinto, 24
Carlos de Vasconcellos Didier, o Caola, 32
Carlos Drummond de Andrade, 31
Carlos Eugênio Líbano Soares, 7, 19
Carlos Faria, 29
Carlos Felinto Cavalcanti, 20, 23, 24, 26, 27, 28, 29, 30, 31, 32
Carlos Galhardo, 32
Carlos Gomes, 15, 25
Carlos Leite, 24
Carlos Lentine, 32

Samba batucado do Estácio de Sá, de Carlos Didier

Carlos Machado, delegado, 30
Carlos Magalhães, o Nené, 29
Carlos Pimentel, o Paraiso, 18
Carlos Poyares, 32
Carlos Romero, 23
Carlos Vogeler, 25
Carmem Costa, 32
Carmen Faria, 29
Carmen Miranda, 25, 32
Carmem Verônica, 32
Carole, 20
Carolina Cardoso de Menezes, 29
Carolina Maria Vieira Marçal, 23
Carolina Moraes Alves, 32
Casimiro de Abreu, 17
Castelar de Carvalho, 29
Castro Barbosa, 20, 28
Catullo da Paixão Cearense, 17, 20
Cavalcanti, 19
Celeste Wolf, 25
Celestina Gonçalves Martins, 18
Celestino Silva, 25
Celia Zenatti, 21, 23
Celuta Figueira Pegado Cahet, 22
Cesar Cruz, 29, 31
Cevi, 17
Cezar Marcondes, 9
Charles Baudelaire, 13, 28
Chechéo, 16
Chicão, 23
Chico, 17
Chico Gordinho, 30
Christina Buarque de Hollanda, 31, 32
Cinira Polonio, 18
Ciro Monteiro, 32
Claudionor Cruz, 32
Clementina de Jesus, 28, 32
Clementina Pinheiro Neves, 17
Climerio Pereira Velloso, 19
Clodoaldo de Brito, o Codó, 32
Clóvis Bornay, 32
Cole Porter, 32
Conceição, 17
Concetta Garritano, 11
Conde D'Eu, 14
Consuelo Leandro, 32
Corbiniano Villaça, 25
Corumbanda, 17
Coryntho de Andrade, o Esfolado, 24
Couto Xavier, 17
Criatura, 20, 22
Cristalino Pereira da Silva, o Bijou, 26, 30
Cruz, 24
Cruz Cordeiro, 32
Custodio Mesquita, 31
Cypriano Silva, o Pirauá, 25, 32
Cyro Pio Pereira, 32
Dalila Costa, 18
Dalva de Oliveira, 32
Dante Santoro, 25
Dario Ferreira, 32
Delphina Maria da Conceição, 23
Demócrito, 20
Demosthenes de Almeida, o Moleque Quatro, 21
Deocleciano da Silva Paranhos, o Canuto, 24, 25, 26, 29, 30, 31
Deodoro da Fonseca, 19, 26
Dermeval José da Fonseca, o Decio, 18
Desiderio Dorisson, 13
Dias, chefe de Russo, 32
Dida, 32
Didi da Gracinda, 17
Djalma Guimarães, 30, 31
Djanira da Costa Jumbeba, 30
Dionisio Vega, 13
Dircinha Baptista, 29
Diva Lopes do Nascimento, 30, 31, 32
Dodô, 17, 18
Doidinho, 32
Dolores, amor de mano Rubens, 20
Dolores, irmã de Amélia, 31
Domingos Caldas Barbosa, 13, 14, 15
Domingos Gonçalves Ribeiro, 23
Domingos José Ferreira, 17
Domingos Miguel, 15
Domingos Monteiro Guimarães, 19
Domingos Nobre de Araujo, 23
Domingos Roque, 25
Donaieller, 25
Dora de Oliveira Alves, 18
Doralice, 18
Dulce, sobrinha de Ismael Silva, 32
Durvalina Silva, 18
Dyonisio, 18
Edgard Arantes, 25
Edgard Marcellino dos Passos, 19, 20, 23, 28, 30, 31
Edgard Roquette-Pinto, 29
Edigar de Alencar, 17, 18
Edinha Diniz, 22

Edison Carneiro, 17
Edith Maia Barcellos, 20
Edmundo Octavio Ferreira, 20
Edson Martins, 11
Eduardo Alexandre dos Prazeres, 18
Eduardo Corrêa de Azevedo, 25
Eduardo Daniel Villas Boas, 13
Eduardo das Neves, 14, 18
Eduardo Garrido, 14
Eduardo Jardim, 32
Eduardo Quintas, 32
Eduardo Spazafumo, 30, 31
Eduardo Tavares Pereira, 31
Edmundo André, 25
Elias Antonio Lopes, 16
Eliziario da Silva Neves, 17
Eloy Anthero Dias, mano Eloy, 18, 19
Eloy Borges, 11
Elpidio, 17
Elpidio Dias, 25
Elsa Caetano Vasques, 31
Elza Rocha, 18
Emilia Baptista, 20
Emilia Corrêa Chaves, 22, 31, 32
Emilia de Almeida, 21, 32
Emilia Meirelles da Rocha, 2
Emilio de Menezes, 20
Emilio Rouède, 12
Epitacio Pessoa, 1, 18
Eponina Anna da Cruz, 2
Ercilia Gonçalves, 22
Erico Marinho da Gama Coelho, 22
Ernani Braga, o Careca, 31
Ernani Fernandes Lima, o Ernani do Estácio, 8, 24, 27, 30
Ernani Silva, o Sete, 31, 32
Ernestino Mendes de Almeida, 30
Ernest Louis Marie Daudet, 19
Ernesto, da Casa Vieira Machado, 25
Ernesto Barbosa da Silva, 18
Ernesto dos Santos, o Donga, 16, 17, 18, 25, 29, 30, 32
Ernesto Nazareth, 14, 15, 16, 17, 18, 20
Ernesto Pereira Pinto, 17
Esmerino Cardoso, 30, 31
Esther Bergerat, 18
Esther Pedreira de Mello, 22
Euclydes Galdino, 29
Euclydes Nascimento, 18
Eugène Mathieu, 13
Eugenia Camara, 16
Eugenio dos Santos, 29
Eugenio Guimarães Rebello, 17
Eurico Antonio Baptista, 29
Eurico das Coroas, 30
Eurico Rodolpho Paixão, 10, 31
Euripedes Ferreira Capellani, o Bahiano, 18, 30
Eurydice Isabel da Conceição, 7
Faria, 30
Fausto de Oliveira, o Cobrinha, 29
Feliciana Adelaide Callado, 15
Felinery Heredia de Sá, 21
Felipe José Bernardo, o Chatinho, 30
Felippe Santiago, 23
Felisberto Caldeira Brant Pontes, o Marquês de Barbacena, 26
Fernando Faro, 10, 17, 31, 32
Fernando Paiva, 23
Ferro Velho, 19
F. G., colunista de A Nação, 31
Flausina Maia Barcellos, 20
Florencio Aguiar de Mattos, 10
Floriano Peixoto Coelho, 24
Floriano Peixoto Corrêa, 20
Floriano Rosa Faria, o V. Neno, 24
Fonseca Junior, 17
Francelino Ferreira Godinho, 24, 26, 30, 31
Francesco Gumirato, 13
Francisca Gonzaga, 12, 14, 16, 17, 18, 22
Francisca Moura Bacellar, 31
Francisco, sobrinho de Ismael Silva, 32
Francisco Alves de Cerqueira Bastos, 27
Francisco Antonio Rocha, o Chico da Bahiana, 23
Francisco Antunes Maciel Junior, 30
Francisco Augusto Pereira da Costa, 12
Francisco Braga, 25
Francisco Buarque de Hollanda, 32
Francisco Canavezes, 31
Francisco Cardoso Martins, 11, 32
Francisco Carvalho, 11
Francisco Chaves, 11
Francisco Christóvão Cardoso, 23
Francisco Coringa, 32
Francisco Corrêa Vasques, 16

Samba batucado do Estácio de Sá, de Carlos Didier

Francisco de Moraes Alves, o Chico Viola, 8, 9, 10, 18, 19, 20, 21, 23, 24, 25, 27, 28, 29, 31, 32
Francisco de Oliveira, 30
Francisco de Paula Brandão Rangel, o Gaúcho, 31
Francisco de Paula Candido, 22
Francisco de Paula Queiroz Ribeiro, 31
Francisco de Sá Noronha, 12
Francisco Duarte, 8, 10, 17, 20, 21, 23, 24, 25, 26, 27, 28, 30, 31, 32
Francisco Fernandes, 29
Francisco Guimarães, o Vagalume, 1, 17, 18, 24, 26
Francisco José Antonio Bicho, 30
Francisco José de Freitas, 15
Francisco José Freire Junior, 21, 23, 25
Francisco Maia Barcellos, 20, 21
Francisco Manuel da Silva, 13, 21, 25
Francisco Pezzi, 27
Francisco Pinheiro de Medeiros, 23
Francisco Rodrigues, 15
Francisco Wesser, 29
François Emmanuel Joseph Bazin, 13
François-René de Chateaubriand, 22
Frank Baptista Santos, 30
Franklin Martins, 20
Franz Joseph Haydn, 13
Frédéric Chopin, 25
Frederico Figner, 21
Frederico Rocha, 25
Freitas, 17
Gabriel Gervásio Ferreira, 2
Gaetano Donizetti, 15
Galo, 20, 22
Gaspar da Silva, o J. Praxedes, 25
Gastão, 18
Gastão de Oliveira, 20, 23, 24, 25, 26, 29, 30, 31, 32
Gastão Formenti, 25
Gato Barbieri, 32
Geminiano da Franca, 1, 2
Georgina, 27
Georgina da Silva Gomes, 27
Georgina Maria Vasques, 31
Geraldo Pinaldi, 11
Geraldo Vagabundo, 20, 23
Germano Augusto, 10
Germano Hasslocher, 19
Germano Lopes da Silva, 17
Getulio da Praia, 30
Getulio Marinho da Silva, o Amor, 17, 18, 19, 22, 24, 28, 30
Gioachino Rossini, 18
Giacomo Meyerbeer, 15
Gilberto Inácio Gonçalves, 23
Gioacchino Giannini, 13
Giuseppe Miccolis, 9
Giuseppe Verdi, 13, 15
Glauco Vianna, 29
Glyceria da Silva Moreira, 17, 28
Graça Aranha, 31
Graciliana Silva, 18
Gracinda do Didi, 17
Grácio Barbalho, 23
Graziella Caporazio, 11
Gregorio Cavalcanti de Siqueira, 30
Grijó Sobrinho, 32
Guénée, 15
Guilherme de Almeida, 31
Guilherme Eduardo Moreira, 17, 28
Guilherme Ferreira Bastos, 11
Guilherme Mendes, 19
Guilherme Peregrine, 32
Guilhermina, a avó de Irma, 31
Guimarães Junior, 2
Guiomar Oliveira Mello, 31
Gustave Fraipont, 14
Gustavo Coutinho, 17
Haroldo Lobo, 32
Heitor Catumby, 17
Heitor dos Prazeres, 10, 17, 18, 19, 20, 21, 24, 25, 30, 31, 32
Heitor Silva, 23
Helena, 32
Hélio Rosa, 29
Henri Cellarius, 15
Henrique Alves de Mesquita, 12, 13, 14, 15, 16, 17, 18, 19, 21
Henrique Assumano Mina do Brasil, 17, 18
Henrique Britto, 25, 32
Henrique Chaves, 24
Henrique de Almeida, 17
Henrique Domingues Foréis, o Almirante, 18, 20, 23, 25, 29, 31
Henrique Gipson Vogeler, 25
Henrique Lima de Mesquita, 7
Henrique Luiz da Silva, 23
Henrique Maximiano Coelho Netto, 12, 17
Henrique Pongetti, 31
Henriqueta de Souza Barcellos, 20

Henrique Vianna, 17
Heráclito, o obscuro, 26
Herbert Pepper, 26
Hermínio Bello de Carvalho, 10, 32
Hilaria Pereira Ernesto, a Tia Ciata, 10, 17, 18, 20, 28, 30
Hilario Jovino Ferreira, 17, 18, 26
Homero Dornellas, 25, 29, 31
Honorato Silva, 18
Honoria Figueira Pegado, 22
Horacio Campos, 9, 29
Horacio Fluminense, 15
Horondino José da Silva, o Dino 7 Cordas, 27, 32
Huguette, 3
Humberto Cozzo, 30
Humberto de Alencar Castelo Branco, 32
Humberto Franceschi, 10, 16, 18, 22
Ignacio Guimarães, 25
Ignez Alves, 2
Ildefonso Norat, 25, 27
Ilheuzinho, 30
Iracema Lopes do Nascimento, 31
Iracema Vianna, 18
Iraceminha, 18
Iracy Seixas Ferreira, a Ceci, 30
Irineu de Almeida, 17
Irma, 31
Irving Berlin, 32
Isabel Dowsley, 27
Isaura, 27
Isaurinha Garcia, 32
Ismael da Silva, 10, 11, 19, 20, 21, 22, 23, 24, 25, 26, 27, 28, 29, 30, 31, 32
Ismenia Matteos, 9
Isolina dos Santos, 2
Itamar de Souza, 32
Izabel Pereira Ernesto, 17
Izaura Vieira, 30
Jacaré, 20, 22
Jacob Luiz, 23
Jacob Palmieri, 30
Jacquot, 3
Jacy Pacheco, 29
Jacy Pio Pereira, o Gorgulho, 25, 27, 32
Jadir Zanardi, 25
Jairo Severiano, 23
J. A. Silva, 22

J. Aymberê, 30
Jayme Costa, 24
Jayme Thomaz Florencio, o Meira, 32
J. David Santos, 17
Jean-Baptiste Debret, 12, 15, 26
Jean Baptiste Parent-Duchatelet, 6
Jenny Rodrigues, 2
Jererê, 30
Jesus Cristo, 32
Jesy Barbosa, 25, 29
Joana Guedes, 11
Joan Corominas , 14
João VI, 11, 12, 16
João Alexandre Viégas, 32
João Avelino Camargo, 25
João Avelino da Silva, 23
João Baptista Cruz, 22
João Baptista da Silva, 17
João Baptista Sampaio Ferraz, 7, 13, 19
João Baptista Siqueira, 13, 15
João Caetano, 12, 26
João Cancio Vieira da Silva, 26
João Carlos Botezelli, o Pelão, 32
João Carlos Carino, 32
João Carlos Rodrigues, 17
João Cartolinha, 18
João Catumby, 17
João Corrêa Britto, 22
João da Bola, 20
João da Cunha, 11
João da Luz, 11
João da Mata, 17
João das Neves, 32
João de Deus, 9
João Elias da Cunha, 15
João Felisberto de Sant'Anna, 2
João Ferreira Gomes, o Jota Efegê, 17, 31
João Flautim, 18
João Gandola, 18
João Gomes Valle, 17
João Hermogenes Britto, 19
João Machado Guedes, o João da Bahiana, 17, 18, 19, 30, 32
João Maria, 18
João Martins, 9
João Mina, 26, 28
João Paulo da Silva, 17
João Paulo de Mello Barreto Filho, 31

Samba batucado do Estácio de Sá, de Carlos Didier

João Paulo Rodrigues, o Lorde Quebra Coco, 19
João Pereira da Silva, 30
João Pereira Felippe, 17
João Pernambuco, 17
João Pinheiro, 10
João Prudente, 29
João Teixeira, 29
Joãozinho do Vê Se Pode, 31
Joaquim Antonio da Silva Callado, pai, 15
Joaquim Antonio da Silva Callado Junior, 14, 15, 16, 17
Joaquim Baptista, 32
Joaquim Cardoso, 31
Joaquim de Luna, 29
Joaquim Heleodoro, 16
Joaquim José da França Junior, 13, 15, 16, 26, 31
Joaquim Manoel da Câmara, 15
Joaquim Maria Machado de Assis, 14, 16, 19, 28
Joaquim Nabuco, 19
Joaquim Valle, 2
Joel de Almeida, 31
Johann Baptist von Spix, 12, 13, 14, 15
Johannes Gutenberg, 16
Johann Strauss II, 15
Johann Wolfgang von Goethe, 29
Jonjoca, 28
Jordão, 17
Jorge Amado, 31
Jorge Seixas, 29
Jorge Vianna, 18
José Alves de Mesquita Basto, 13
José Alves Visconti, 29
José Antonio Lima Guimarães, o Guima, 9
José Antônio Nonato Duque Estrada de Barros, 28, 32
José Barbosa da Silva, o Sinhô, 9, 17, 18, 21, 24, 25, 29, 32
José Candido da Silva, 29
José Carvalho de Bulhões, o J. Bulhões, 18, 22, 28
José César de Lima, o José do Carmo, 32
José Coelho Ventura, 11
José Cordeiro, 31
José Cury, 11
José da Costa, 11
José da Rocha Soutello, 30
José da Silva Magacho, 19
José de Alencar, 26
José de Castro, 11
José de la Peña Neto, 32
José de Souza Lima Corrêa, 15
José de Souza Pinto, 11
José do Patrocínio, pai, 19
José do Patrocínio Filho, 18
Josefina Félix, a Fina, 23
José Francisco de Freitas, 9, 29
José Francisco Salles, 29
José Gomes da Costa, o Zé Espinguela, 18, 26, 31
José Gurgel Dantas, 31
José Jannyni, 29
José Joaquim da Silva Monteiro, 21
José Joaquim de Araujo Camizão, 17
José Leite Brandão, 30
José Lopes dos Santos Valadim, 17
José Loureiro, 30
José Luiz de Moraes, o Caninha, 18, 21, 32
José Luiz Rodrigues Calazans, o Jararaca, 20, 25
José Maria Arantes, 31
José Más, 20
José Mauricio Nunes Garcia, 13
José Ministro, 15
José Nascimento, 18
José Nunes Ribeiro, 25
José Oiticica, 31
José Orges Brandão, 23
José Paracampo, 11
José Pedro Parreiras Horta, 32
Josepha Pereira Ernesto, 17
Josephine Baker, 25
Josephina Maria Vieira de Jesus, 23
José Ramos Tinhorão, 11, 17, 18, 21, 22, 28, 29
José Ribeiro, 2
José Rimo, o Perriba, 11
José Souza Pinto, o Alegria, 29
Joseph Neruda, 15
José Soares Barboza, 15
José Teixeira de Gouvea, 21
José Vieira Fazenda, 13
J. Octaviano, 25
Jota Machado, 29
Jota Thomaz, 25
Jovita Rocha, 18
J. Rezende, 26, 27
Juarez Barroso, 9, 19, 20, 30

Juca Valle, 15
Julia Martins, 9
Julio Bemol, 15
Julio Cesar Pegado, 22
Julio dos Santos, o Julinho, 19, 24, 25, 26, 27, 30, 32
Julio Junqueira de Aquino, 9
Julio Prestes, 25
Juvenal de Oliveira Coutinho, 31
Juvenal Lopes, o Nanau do Estácio, 24, 25, 26, 27, 30, 32
Joyce Raschle, 32
Laláo, 18
Lamartine Babo, 32
Lanfranco Rossi Rossini, o Lan, 32
Laudelina Vieira Marçal, 23
Lauro Boa Morte, 17
Lauro Pinto de Figueiredo, 23
Leal de Souza, 26
Leandro Gomes de Barros, 29
Leandro Joaquim, 12
Lena Frias, 32
Lená Medeiros de Menezes, 3, 5, 6
Leonardo Castilho, 32
Leon Barg, 18
Leofontino de Souza Lins, 20
Leonidia Maia de Lima, 8
Leonidio, 18
Léon Giavelly, 15
Léon Langlois, 14
Leopoldina, imperatriz do Brasil, 14
Leopoldino da Costa Jumbeba, 17
Leopoldo Miguez, 15, 28
Leopoldo Tavares da Silva, 16
Léo Vianna, 17
Liberato José Rodrigues, 19
Licinia da Costa Jumbeba, a Lili, 17, 30, 31
Lilian Zaremba, 32
Lima Rocha, 19
Lindolfo Gaya, 32
Lino, da Casa Mozart, 25
Lino Silva, 31
Lottin, 25
Louis Bousquet, 14
Louis de Freycinet, 16
Louis Reybaud, 29
Louise, 20
Lourival de Carvalho, o Louro, 17
Lourival Montenegro, 25
Luciana Portinho, 32

Luciano Gallet, 12
Lucio do Nascimento Rangel, 10, 25, 28, 31, 32
Lucy Campos, 29
Luigi Bordèse, 21
Luís Jardim, 31
Luís Martins, 6
Luiza Barcellos, 32
Luiza Fonseca, 25
Luiz Alves da Costa, pai, 28
Luiz Alves da Costa Filho, 24, 27, 28, 31
Luiz Americano, 30, 31
Luiz Antonio de Almeida, 16
Luiz Carlos Monteiro de Barros, 29
Luiz Blaso, 17
Luiz de Barros, 9
Luiz de Camões, 29
Luiz de Carvalho Viegas, 12
Luiz de França, 26
Luiz Delfino dos Santos, 16
Luiz Dias Pereira, 10
Luiz Gallotti, 32
Luiz Heitor Corrêa de Azevedo, 13
Luiz José da Cunha, 13
Luiz José Pereira da Silva, 29
Luiz Murat, 17
Luiz Paulo Parreiras Horta, 32
Luiz Peixoto, 29
Luiz Pinto Pereira, 15
Luiz Vicente De-Simoni, 13
Luzia, sobrinha de Ismael Silva, 31
Lydia Salgado, 29
Lygia Guimarães, 11
Machadinho, do Gente do Morro, 32
Macrino Medeiros, 32
Mafalda, 18
Mahmed Alim Abbdo Omran, 19
Malaquias Clarinete, 18
Maldonado Alves, 30
Mamede Libanio, 6
Mané Carambola, 18
Manezinho Araujo, 31
Manoel Antonio de Moraes, 17
Manoel Caetano Pinto, 11, 19
Manoel Carreira Rodrigues, 11
Manoel da Silva, o Baiano, 22, 23, 32
Manoel Domingos, 19
Manoel Ferreira do Couto, 2
Manoel Joaquim Corrêa, 10, 11, 19
Manoel José Pereira da Silva Maia, 13

Samba batucado do Estácio de Sá, de Carlos Didier

Manoel Lacerda, 21, 25
Manoel Lopes, 2
Manoel Maria da Motta, 15
Manoel Martins do Espírito Santo, 10
Manoel Pereira, 15
Manoel Vidal Martins, 10
Manuel Antonio de Almeida, 15
Manuel Bandeira, 31
Manuel Bastos Tigre, 18
Manuel da Harmonia, 17, 19
Manuel do Espírito Santo, o Zé Pretinho, 8, 10, 20, 24, 28, 29
Manuel Ferraz de Campos Salles, 19
Manuel Ferreira, 8, 23, 29, 31
Manuel Maria Barbosa du Bocage, 14
Manuel Mulatinho, 28
Manuel Paulino do Nascimento, 32
Manuel Pedro dos Santos, o Bahiano, 22
Manuel Pinheiro da Fonseca, 11
Marcellino de Oliveira, o Oliveira da Cuíca, 26, 28, 29, 30
Marcelo Bonavides, 25, 32
Marcos Portugal, 15
Margarida Max, 9, 25
Margarida Rocha, 10, 30
Margelina Bastos, 27
Maria Adamastor, 19
Maria Antônia Fernandes, 6
Maria Clementina Pereira Cunha, 10, 31
Maria da Conceição, mãe de Vicente Pedro Maçal, 23
Maria da Conceição Pereira, 11
Maria da Gloria, 31
Maria da Gloria de Azevedo, 31
Maria da Luz, 30
Maria das Dores Prado, 6
Maria de Rezende, 25
Maria Dolores, 27
Maria Dolores Meira, 20
Maria Felismina, 18
Maria Felizarda, 31
Maria José Baptista, 19
Maria José Bastos, 27
Maria José da Silva Bastos, 27, 28
Maria José di Savoia, 1
Maria José Xaltron, 22
Maria Julia, 31
Maria Louzada Lacerda, 21
Maria Lúcia Rangel, 25, 28
Maria Lucinda de Oliveira, 17
Maria Luiza, 23
Maria Oliveira Costa, 23
Maria Virginia da Silva, 17
Marilia Baptista, 31
Mario de Andrade, 12, 15, 31, 32
Mario de Souza Martins, 10, 11, 20
Mario Ferreira, 30
Mario Fioravanti, 17
Mario Nunes, 9
Mario Pereira de Lucena, 10, 28
Mario Pinheiro, 18, 20
Mario da Silveira Reis, 9, 10, 18, 23, 24, 25, 27, 28, 30, 31, 32
Marlene Martins de Jesus, 31, 32
Marques Rebelo, 20
Marques Porto, 9
Marthe Blance Rose Bourgois, 6
Masson, 17
Mathieu-André Reichert, 14
Mauro de Almeida, 16, 18
Maximino de Souza, 25
Medeiros, sargento, 31
Medeiros e Albuquerque, 28
Meinrado Mattman, 29
Meira Lima, o Bico de Ouro, 19
Melado, o Chico Diabo, 20, 22
Mello, 20, 22
Mello Tamborim, 18
Mena, 32
Menezes, 17
Meningite, 27
Menotti del Picchia, 31
Messad Benchitrite, 6
Messias Santos Júnior, 32
Mete o Braço, 30
Miguel Ângelo de Azevedo, o Nirez, 23, 25, 32
Miguel Emygdio Pestana, 17
Miguel Sacramento Lopes Gama, 18
Millôr Fernandes, 28, 29
Milton Boca de Sopa, 32
Milton de Oliveira, 32
Moacyr Andrade, 9
Moacyr Baptista Pessoa, 10
Moacyr Cardoso, 24
Moacyr de Moraes Jardim, 31
Moleque Antenor, 30
Moleque França, 18
Moleque Laurindo, 11
Monarco, 32
Moreira Sampaio, 14
Mozart Araujo, 30

M. Pacheco, 24
Mundico, 18
Muniz Sodré, 18, 19, 23, 27, 29
Nair Alves, 24
Nair da Costa Jumbeba, 30, 31
Nair Luzia dos Santos, 26, 30
Napoleão Bonaparte, 30
Narciso José Pinto Braga, 14, 15
Natalie Curtis, 26
Nelson Alves, 25, 31
Nelson Britto, 31
Nelson Cavaquinho, 32
Nelson Januario Gomes, 10, 28
Nelson Pinto de Souza, 30
Neném Macaco, 18
Nestor, 18
Nestor da Silva, 29
Nestor de Hollanda Cavalcanti, 8
Newton Teixeira, 31
Ney Orestes, 32
Nicanor Nascimento, 30
Nicolau Granado, 21
Nilton Bastos, 19, 24, 25, 27, 28, 29, 30, 31, 32
Nilton Delfino Marçal, 21, 23, 26, 28, 32
Nina Ivanovich, 6
Nina Teixeira, 18
Nino do Estácio, 26
Nympha, 18
Noel de Medeiros Rosa, 10, 25, 28, 29, 30, 31, 32
Noemia Gloria da Silva, 17
Nogueira da Gama, 15
Noite Escura, 17
Nongaret, 15
Nonô Cabeça, 23
Nonô do Catumbi, 23
Nonô do Estácio, 31
Norberto da Costa Guimarães, 17
Norberto Lucio Bittencourt, 24
Norberto Vieira Marçal, 23, 32
Nuno Marques Pereira, 14
Octacilio Pinto de Azevedo, 30
Octavio José Pinto, o Meia Noite, 10
Octavio Reis, 31
Octavio Souza Leão, 23
Octavio Vianna, o China, 17
Odete Silva, 32
Odette Fiuza, 18
Oduvaldo Vianna Filho, 32

Olavo Bilac, 17, 20, 22, 26, 29
Olavo Carvalho, 29
Olegario, clarim, 26
Olegario Marianno Carneiro da Cunha, 9, 25
Olga Muniz, 21
Olinda, 31
Ondina Gonçalves Vieira, 21
Onofre da Silva. 30
Orestes Barbosa, 9, 10, 19, 20, 26, 27, 28, 30
Orestina Baptista Cruz, 22, 31, 32
Orivaldo Perin, 32
Orlando Thomaz Coelho, o Cebola, 23
Orlando Vieira, 18
Orson Welles, 32
Oscar de Almeida, 30
Oscar Luiz Werneck Pellon, o Oscar Bolão, 25, 26, 32
Oscar Maia, 17
Oscar Rocha, 31
Osmar de Freitas Tavares, 2
Oswaldo Aranha, 30
Oswaldo Bartholomeu Vasques, o Baiaco, 8, 10, 19, 24, 26, 27, 28, 29, 30, 31, 32
Oswaldo Cruz, 22
Oswaldo dos Santos, 30
Oswaldo dos Santos Lisboa, o Boi da Papoula, 26, 30
Oswaldo Gogliano, o Vadico, 32
Oswaldo Moreira, 8
Oswaldo Silva, 31
Otavio D. Moreno, 22
Otávio Henrique de Oliveira, o Blecaute, 21
Ottilia Caetano Vasques, 31
Ottilia Nascimento Pereira, 20
Ottilia Soares Amorim, 8, 9, 30
Pacheco Filho, 9
Pacífico Cesario da Gama, 15
Padre Telles, 15
Palmyra Baptista Cruz, 22
Palmyra Bastos, 9
Pardal Mallet, 17
Patricio Teixeira, 27
Paula Machado, 29
Paul Henry, 22
Paul le Balafré, 3
Paulina de Souza, 10

Samba batucado do Estácio de Sá, de Carlos Didier

Paulino Jumento, 20, 22
Paulo Barreto, o João do Rio, 17, 18, 26
Paulo Benjamin de Oliveira, o Paulo da Portela, 10, 25, 26, 31
Paulo de Magalhães, 25
Paulo de Mello Borges, 32
Paulo de Vasconcellos Varzea, 20, 22, 28
Paulo Lima, 18
Paulo Mathias, 21
Paulo Medeiros, 19
Pavão, 20, 22
Pedro I, 12, 13
Pedro II, 7, 11, 13, 15, 16, 19
Pedro V, 15
Pedro Bloch, 23, 27, 29, 31, 32
Pedro Calmon, 14
Pedro Canivete, 18
Pedro de Alcantara, 15, 20
Pedro de Oliveira, 29
Pedro de Oliveira Costa, 23
Pedro Dias, 9
Pedro França, 18
Pedro Joaquim Maria, 29
Pedro Marçal de Souza, 23
Pedro Nava, 31
Pedro Paulo Rodrigues, 19
Pedro Sartoris, 15
Peixeirinho, 23
Pepa Delgado, 18
Pequenina, 18
Pequenino, pianista, 19
Pequenino do Catete, 30
Perciliana, mãe de João da Bahiana, 17
Perfilino Neto, 17
Perpetua Clara Guerra Dutoya, 24
Perpetua Jacy Guerra, a Cecy, 24, 32
Pery Cunha, 25
Phillipe Caton, 15
Philomena Maria de Jesus, 20
Pierre Georges Nicolas Lagrange, 10, 31
Piloto, 19
Platão, 15, 20
Policarpo, o Poli, 28
Porphirio Lessa, 22
Prosper Henry, 22
Prudente de Moraes, neto, 31, 32
Puruca do Salgueiro, 31
Quintino Bocaiúva, 22
Quintiliano Gonçalves Pinto, 15

Radamés Gnattali, 32
Rafael Bluteau, 26
Raimundo Magalhães Júnior, 32
Rainha Elizabeth, 1
Ranulpho Cavalcanti, 30
Raphael Martins de Jesus, 31
Raquel Barroso Silva, 13
Raul Amaro Nin Ferreira, 32
Raul de Barros, 32
Raul de Moraes Cahet, 22
Raulino Bastos, 27
Raul Palmieri, 30
Raul Pederneiras, 9, 18
Raul Soares, 9
Raul Vieira Marçal, 23
Raymundo Corrêa, 28
Raymundo Cunha, 10
Rei Alberto, 1
Renato de Almeida, 12, 31
Renato Murce, 29
Renato Vivacqua, 32
Ricardo Cravo Albin, 28, 32
Risoleta, 20
Rita dos Santos, 11
Robert Georges Nicolau Lagrange, 10, 31
Roberto Martins, 10, 20, 28, 29, 31
Roberto Rodrigues, 24
Robson Florence, o Sapequinha, 25
Rodrigo Mello Franco de Andrade, 31
Rogerio Guimarães, 21, 25
Rolô, 32
Romão, 26
Romeu Ghipsmann, 25
Romualdo Miranda, o Bronzeado, 25
Romualdo Peixoto, o Nonô, 31
Ronald de Carvalho, 31
Roque das Neves, 31
Rosita Gressner, 6
Rozendo de Souza Martins, 11, 20
Rubem Braga, 10, 18, 31
Rubens Maia Barcellos, o mano Rubens, 19, 20, 21, 23, 24, 26, 27, 28, 30
Rufino de Loy, 31
Ruggero Leoncavallo, 25
Russinho, 27
Ruth, 24
Salomão Jorge
Salvador Garcia Barciela, 11
Salvyano Cavalcanti de Paiva, 9
Sante Athos, 9

Sarah Nobre, 25
Sarcey-Mirim, 18
Satu, 26
Saturnino Jovino Ferreira, 20
Satyro Lopes de Alcantara Bilhar, 15, 17
Scudo, 15
Sebastião Cicero dos Guimarães Passos, 17
Sebastião dos Santos, 2
Sebastião Fernandes da Silva, 11
Sebastião Monteiro da Vide, 12, 15
Sebastião Rocha, 18
Secundino Gomes de Souza, 10
Sérgio Buarque de Hollanda, 31
Sérgio Cabral, pai, 10, 21, 23, 26, 28, 32
Sérgio Milliet, 31
Severino Rangel, o Ratinho, 25
Sidney Ferreira das Neves, 31
Sigismund von Neukomm, 15
Silvio Narciso de Figueiredo Caldas, 19, 23, 29, 30, 31, 32
Simon Bountmann, 24, 27, 31
Sleiman Alim Abbdo Omran, 19
S. Luiz Castro, 15
Sophia Pelez, 6
Sotero Gonçalves do Valle, 15
Sotero Ribeiro Fernandes, 17
Spinelli Santos, 10
Stefana de Macedo, 25
Stelio Galvão Bueno, 31
Sylvio da Fonseca, 30
Sylvio Fernandes Lima, o Brancura, 8, 9, 10, 19, 20, 21, 24, 25, 27, 30, 31
Sylvio Machado, 29
Talisman da Silva Campos, 10, 28
Tancredo da Silva Pinto, 8, 10, 20, 21
Tertuliano de Menezes, 31
Theodomiro Penna Vieira, 31
Theodorico Sampaio, 21
Theodoro José da Silva, 17
Theophilo Braga, 20
Thiago Henrique Canongia, 14, 16
Tia Eliziaria, 18
Tia Romana, 18
Tiberio dos Santos, o Tibelo, 24, 25, 26, 32
Tico-Tico, 18
Tisco, 17
Tito Martins, 18
Tobias de Almeida, 17
Tom Réo, 27
Toninho Xereta, 32
Tuper, 25
Turbinha do Araujo, 18
Turiano, 19
Ubiratan da Silva, 24, 28
Ursulina Neves Paranhos, 25
Vasconcellos, 18
Venancio Pereira Velloso, pai, 19
Venancio Pereira Velloso Filho, 11, 19
Veterano Saturnino, 30
Vicente Celestino, 20
Vicente Blasco Ibañez, 20
Vicente Pedro Marçal, 23
Vicente Reis, 18
Victor André Barcellos, o Dedé, 30
Vieira Machado, 21
Vinicius de Moraes, 31, 32
Virgilio de Mattos, 24
Virgilio Varzea, 20, 22
Virgolina Vieira Marçal, 23
Viriato Figueira da Silva, 15
Vozinha, 27
Waldemar Cardoso de Vasconcellos, 10
Waldemar Corrêa de Sá, 30
Waldemar Silva, 31
Waldir Marçal, 32
Waldiro Tramontano, o Canhoto do Cavaquinho, 27, 31, 32
Waldomiro Silveira Noronha, 11
Walfrido Silva, 30
Wanda Pachocinska, 6
Wantuil de Carvalho, 27
Wenceslao Barcellos, 10
William Thomas Moncrieff, 12
Xaxau, 17
Xisto Bahia, 14, 16
Yolanda, 4
Yolanda Osório, 24, 25, 29
Zacharias do Rego Monteiro, 29
Zaíra de Oliveira, 29
Zé Bacurau, 28
Zeca Leite, 18
Zé Kéti, 32
Z. E. Salisbury, 25
Zica, 32
Zizinha Vasconcellos, 18
Zumbi dos Palmares, 21
Zuzu, 20, 22

Samba batucado do Estácio de Sá, de Carlos Didier

Que saibam todos

Este livro permaneceria apenas um sonho antigo sem as entrevistas colhidas por Carlos Cavalcanti, Fernando Faro, Francisco Duarte, José Ramos Tinhorão, Juarez Barroso e Sérgio Cabral, sem os depoimentos gravados pelo Museu da Imagem e do Som, sem os discos preservados em suas coleções por Ary Vasconcellos, Humberto Franceschi, José Ramos Tinhorão e Leon Barg, sem a Discografia Brasileira de 78 rpm, organizada por Alcino Santos, Grácio Barbalho, Jairo Severiano e Miguel Ângelo de Azevedo, sem as partituras da Biblioteca Nacional, Casa do Choro, Chiquinha Gonzaga, Ernesto Nazareth, Gallica e Instituto do Piano Brasileiro, sem os almanaques, jornais e revistas da Biblioteca Nacional, sem os processos criminais do Arquivo Nacional, sem os mapas do Arquivo Geral da Cidade do Rio de Janeiro, sem os registros de nascimento, batismo, casamento e morte da Family Search.

Que saibam todos da gratidão do autor.

Carlos Didier

Samba batucado do Estácio de Sá, de Carlos Didier

SOBRE A MÚSICA

"O discurso musical, antes de ser o lugar de um mistério, é o lugar de uma absoluta clareza linguística. Mais do que qualquer outro, o discurso musical presta-se a ser analisado estruturalmente, em termos de relações mensuráveis e concretas".
(Umberto Eco, *A definição da arte*, Elfos, 1995)

Samba batucado do Estácio de Sá, de Carlos Didier

SOBRE O AUTOR

Carlos Didier é escritor, compositor, violonista e musicólogo, biógrafo de Noel Rosa, Orestes Barbosa e Antonio Nássara. Formado em engenharia de produção, pós-graduado em finanças, fez-se engenheiro da música popular.

Samba batucado do Estácio de Sá, de Carlos Didier

Nasci no Estácio
Eu fui educada na roda de bamba
E fui diplomada na escola de samba
Sou independente, conforme se vê.

Nasci no Estácio
Não posso mudar minha massa de sangue
Você pode crer que palmeira do Mangue
Não vive na areia de Copacabana.

(Noel Rosa, *O x do problema*, 1935)

Livro composto em Garamond

Milton Keynes UK
Ingram Content Group UK Ltd.
UKHW020613040823
426323UK00012B/369